国内外经典教材辅导系列·经济类

高鸿业《西方经济学(微观部分)》(第7版)

笔记和课后习题(含考研真题)详解

(修订版)

主编：圣才考研网
www.100xuexi.com

中国石化出版社

内 容 提 要

本书是普通高等教育“十一五”国家级规划教材《西方经济学(微观部分)》(第7版，高鸿业主编，中国人民大学出版社)的学习辅导书。本书遵循第7版的章目编排，共分11章，每章由三部分组成：第一部分为复习笔记，总结本章的重难点内容；第二部分为课后习题详解，对该书的课后思考题进行了详细解答；第三部分为名校考研真题详解，精选名校近年考研真题，并提供了详细的解答。

圣才考研网(www.100xuexi.com)提供高鸿业《西方经济学(微观部分)》网授精讲班【教材精讲+考研真题串讲】、电子书、题库。购书即可享受大礼包增值服务【本书电子书+全国名校经济学考研试卷分析及真题详解电子书+高鸿业微观部分网授精讲班(1~3章)+考研专业课咨询服务】。手机扫码(本书封面的二维码)领取本书大礼包。

图书在版编目(CIP)数据

高鸿业《西方经济学(微观部分)》(第7版)笔记和课后习题(含考研真题)详解/圣才考研网主编.—2版.—北京:中国石化出版社,2021.3
(国内外经典教材辅导系列·经济类)
ISBN 978-7-5114-6171-1

Ⅰ.①高… Ⅱ.①圣… Ⅲ.①西方经济学-研究生-入学考试-自学参考资料②微观经济学-研究生-入学考试-自学参考资料 Ⅳ.①F091.3②F016

中国版本图书馆CIP数据核字(2021)第043201号

中国石化出版社出版发行

地址:北京市东城区安定门外大街58号
邮编:100011 电话:(010)57512500
发行部电话:(010)57512575
http://www.sinopec-press.com
E-mail:press@sinopec.com
湖北新华印务有限公司印刷
全国各地新华书店经销

*

787×1092毫米 16开本 16.75印张 422千字
2021年4月第2版 2021年4月第1次印刷
定价:68.00元

序　言

我国各大院校一般都把国内外通用的权威教科书作为本科生和研究生学习专业课程的参考教材，这些教材甚至被很多考试(特别是硕士和博士研究生入学考试)和培训项目作为指定参考书。为了帮助读者更好地学习专业课，我们有针对性地编著了一套与国内外教材配套的复习资料，并提供配套的名师讲堂和题库。

高鸿业主编的《西方经济学》(中国人民大学出版社)被列为普通高等教育“十一五”国家级规划教材，是我国众多高校采用的经济学优秀教材，也被众多高校(包括科研机构)指定为“经济类”专业考研参考书目(详细介绍参见本书书后附录)。作为该教材的习题详解辅导书，本书具有以下几个方面的特点：

1. 框架图表体系，通俗易懂易记

本书每章的知识框架图和考点归纳表，在全方位把握核心考点的同时，提纲挈领地以思维导图形式，呈现重要的考点、难点，脉络清晰，一目了然，更容易记忆。

2. 星级标记＋拓展延伸＋典型例题，透彻剖析必考点

本书每章的核心考点均按重要程度分为一星(一般了解)至五星(熟练掌握)，并对相关重要知识点进行了延伸和归纳，部分重要知识点处还附有典型例题及答案详解，方便考生更有针对性地复习。

3. 解析课后习题，提供详尽答案

本书参考大量微观经济学相关资料对高鸿业主编的《西方经济学(微观部分)》(第7版)的课后思考题进行了详细的分析和解答。

4. 精选考研真题，巩固重难点知识

本书精选了部分名校近年的微观经济学考研真题，并提供了详细的答案。所选考研真题涵盖的知识点全面，特别注重理论联系实际，凸显当前热点。

与本书相配套，圣才考研网提供高鸿业《西方经济学(微观部分)》网授精讲班【教材精讲＋考研真题串讲】、电子书、题库。

要深深牢记：考研不同一般考试，概念题(名词解释)要当作简答题来回答，简答题要当作论述题来解答，而论述题的答案要像是论文，多答不扣分。有的论述题的答案简直就是一份优秀的论文(其实很多考研真题就是选自一篇专题论文)，完全需要当作论文来回答！

购书即可享受大礼包增值服务，手机扫码(本书封面的二维码)领取本书大礼包。具体包括：①本书电子书；②全国名校经济学考研试卷分析及真题详解电子书；③高鸿业微观部分网授精讲班(1～3章)；④考研专业课咨询服务。

圣才考研网(www.100xuexi.com)是圣才学习网旗下的考研考博专业网站，提供全国各高校经济类专业考研考博辅导班【一对一辅导(面授/网授)、网授精讲班等】、电子书、题库、全套资料(历年真题及答案、笔记讲义等)、经济类国内外经典教材名师讲堂、考研教辅图书等。

考研辅导：kaoyan.100xuexi.com(圣才考研网)

资格考试：www.100xuexi.com(圣才学习网)

圣才考研网编辑部

目　录

第1章　引　论 ……………………………………………………………………… (1)
　1.1　复习笔记 ……………………………………………………………………… (1)
　1.2　课后习题详解 ………………………………………………………………… (4)
　1.3　名校考研真题详解 …………………………………………………………… (4)
第2章　需求、供给和均衡价格 …………………………………………………… (8)
　2.1　复习笔记 ……………………………………………………………………… (8)
　2.2　课后习题详解 ………………………………………………………………… (18)
　2.3　名校考研真题详解 …………………………………………………………… (31)
第3章　消费者选择 ……………………………………………………………… (37)
　3.1　复习笔记 ……………………………………………………………………… (37)
　3.2　课后习题详解 ………………………………………………………………… (47)
　3.3　名校考研真题详解 …………………………………………………………… (60)
第4章　生产技术 ………………………………………………………………… (68)
　4.1　复习笔记 ……………………………………………………………………… (68)
　4.2　课后习题详解 ………………………………………………………………… (74)
　4.3　名校考研真题详解 …………………………………………………………… (82)
第5章　成　本 …………………………………………………………………… (89)
　5.1　复习笔记 ……………………………………………………………………… (89)
　5.2　课后习题详解 ………………………………………………………………… (98)
　5.3　名校考研真题详解 …………………………………………………………… (109)
第6章　完全竞争市场 …………………………………………………………… (117)
　6.1　复习笔记 ……………………………………………………………………… (117)
　6.2　课后习题详解 ………………………………………………………………… (129)
　6.3　名校考研真题详解 …………………………………………………………… (139)
第7章　不完全竞争市场 ………………………………………………………… (147)
　7.1　复习笔记 ……………………………………………………………………… (147)
　7.2　课后习题详解 ………………………………………………………………… (155)
　7.3　名校考研真题详解 …………………………………………………………… (166)
第8章　生产要素价格的决定 …………………………………………………… (175)
　8.1　复习笔记 ……………………………………………………………………… (175)
　8.2　课后习题详解 ………………………………………………………………… (183)
　8.3　名校考研真题详解 …………………………………………………………… (191)
第9章　一般均衡论和福利经济学 ……………………………………………… (197)
　9.1　复习笔记 ……………………………………………………………………… (197)

9.2　课后习题详解 …………………………………………………………………………（203）
9.3　名校考研真题详解 ……………………………………………………………………（212）
第10章　博弈论初步 …………………………………………………………………（221）
10.1　复习笔记 ……………………………………………………………………………（221）
10.2　课后习题详解 ………………………………………………………………………（223）
10.3　名校考研真题详解 …………………………………………………………………（231）
第11章　市场失灵和微观经济政策 ……………………………………………………（236）
11.1　复习笔记 ……………………………………………………………………………（236）
11.2　课后习题详解 ………………………………………………………………………（241）
11.3　名校考研真题详解 …………………………………………………………………（251）
附录　指定高鸿业《西方经济学》教材为考研参考书目的院校列表 …………………（260）

第1章 引论

1.1 复习笔记

【知识框架(庖丁解牛)】

- 引论
  - 什么是经济学
    - 经济学的定义
    - 经济学的基本问题
  - 经济学的分析方法
    - 经济模型
    - 规范分析和实证分析
    - 静态分析、比较静态分析和动态分析
    - 均衡分析和边际分析
  - 理性人假定和经济原理
  - 微观经济学与宏观经济学
    - 微观经济学的研究对象
    - 宏观经济学的研究对象
    - 微观经济学与宏观经济学的区别和联系

【考点难点归纳(厚积薄发)】

考点一：什么是经济学 ★★

1. 经济学的定义

关于经济学，迄今为止，还没有一个完全统一的定义。经济学大师萨缪尔森在其著作《经济学》中给出的定义是：经济学研究的是社会如何利用稀缺的资源以生产有价值的商品，并将它们分配给不同的个人。

2. 经济学的基本问题

为了有效率地使用稀缺资源，以满足人们的各种欲望和需求，任何社会或国家都必须解决四个基本经济问题，具体如表1-1所示。

表1-1 四个基本经济问题

问题	具体内容
What?	生产什么产品，各生产多少？面对稀缺的经济资源，人类需要权衡各种需求的轻重缓急，确定生产什么产品，生产多少，以满足比较强烈的需求
How?	用什么方法去生产？由于各种生产要素一般都有很多用途，各种生产要素之间也大多存在一定的替代关系，所以同一种产品的生产往往可以采用很多方法，但它们的生产效率却不尽相同。经济社会必须在各种可供选择的资源组合中，确定哪一种组合是成本最低、效率最高的生产方法

续表

问题	具体内容
For whom?	生产出来的产品如何在社会成员之间进行分配?因为资源存在稀缺性,没有人能获得他想要的一切,因此每个社会都必须建立某种机制来分配产品
When?	何时生产?何时生产是指资源利用的时间配置,即发展计划。正因为资源的稀缺性,所以必须做好动态规划,以达到可持续发展的目的

上述四个问题被称为资源配置问题,不同的社会经济制度解决这四个基本经济问题的方式是不同的。

考点二:经济学的分析方法(见表1-2) ★★★★

表1-2 经济学的分析方法

分析方法		具体内容
经济模型		是一种用来描述与研究的对象有关的经济变量之间依存关系的理论结构,即用变量的函数关系来表示经济理论。模型所要决定的变量称为内生变量,而由模型以外的因素所决定的已知变量称为外生变量
规范分析和实证分析	规范分析	从一定的社会价值判断标准出发,根据这些标准,对一个经济体系的运行进行评价,并进一步说明一个经济体系应当怎样运行,以及为此提出相应的经济政策。简言之,规范经济学回答了“应当是什么”的问题
	实证分析	研究实际经济体系是怎样运行的。它对经济行为做出有关的假设,根据假设分析和陈述经济行为及其后果,并试图对结论进行检验。简言之,实证经济学回答了“是什么”的问题
静态分析、比较静态分析和动态分析	静态分析	根据既定外生变量求得内生变量的分析方法
	比较静态分析	研究外生变量变化对内生变量的影响,分析比较不同数值的外生变量下的内生变量的不同数值的方法
	动态分析	对经济中发生变动的有关变量在一定时间中的变动进行分析,包括经济变量在变动过程中的相互影响和彼此制约关系,以及它们在每一时点上的变动速率等
均衡分析和边际分析		在经济分析中,均衡指的是这样一种状态:各个经济决策主体(如消费者、厂商等)所做出的决策正好相容,并且在外界条件不变的情况下,每个人都不愿意再调整自己的决策,从而不再改变其经济行为。均衡分析包括局部均衡分析和一般均衡分析。在均衡状态下,当事人决策的最优化是通过边际分析实现的

◆小试牛刀◆

经济学家讨论“人们的收入差距大一点好还是小一点好”这一问题属于(　　)所要研究的问题。

A. 实证经济学　　B. 规范经济学　　C. 宏观经济学　　D. 微观经济学

【答案】B

【解析】规范分析是从一定的价值判断出发,提出某些标准并把这些标准作为制定经济政策的依据,研究如何才能符合这些标准的分析方法。它回答“应该是什么”,或研究“应该如何解决经济问题”。

◆拓展延伸◆

经济研究中常犯的两类错误：

(1)合成谬误。合成谬误是这样一种陈述，对局部正确的就推论来说对整体也正确，或者对整体正确的就推论来说对局部也正确。一般而言，局部正确的事情不等于整体也正确。很多经济状况产生合成谬误，其原因在于局部之间相互影响才能产生整体的结果，而这个整体的结果与局部却不同。

(2)事后谬误。事后谬误是指“在此之后，因此，由于这一点”。事后谬误是由于第一个事件发生在第二个事件之前，所以第一个事件引起第二个事件的推理失误。

考点三：理性人假定和经济原理　★★★

在研究经济问题时，西方经济学家假定从事经济活动的人都是理性人，即经济主体追求利益最大化或目标最优化。更一般地，理性人的基本特征是：每一个从事经济活动的人都是利己的，他们试图以自己最小的经济代价去获取最大的经济利益。

在理性人假定的前提下，可得出一些重要的经济原理，如图1-1所示。

- 经济学十大原理
  - 关于个人做出决策的基本结论
    - 原理一：人们面临权衡取舍
    - 原理二：机会成本
    - 原理三：边际分析法
    - 原理四：激励因素
  - 关于人们之间相互影响的基本结论
    - 原理五：市场经济
    - 原理六：市场调节机制
    - 原理七：政府干预
  - 关于整体经济如何运行的基本结论
    - 原理八：国家整体经济
    - 原理九：货币政策
    - 原理十：通货膨胀与失业之间的短期交替关系

图1-1　经济学十大原理

考点四：微观经济学与宏观经济学　★★★

1. 微观经济学的研究对象

微观经济学是经济学的一个重要分支，又被称为“小经济学”。它以对经济个体的行为分析为基础，研究现代西方经济社会市场机制的运行和对经济资源的配置作用，以及相关的改善途径。微观经济学的核心问题是价格问题，主要内容包括价格理论、消费者行为理论、生产理论、成本理论、厂商均衡理论、收入分配理论、福利经济学以及一般均衡理论等。

2. 宏观经济学的研究对象

宏观经济学是经济学的另一个重要分支，又被称为“大经济学”。如果说微观经济学研究的是森林中的树木，那么宏观经济学研究的就是森林整体。宏观经济学以整个国民经济活动作为考察对象，研究社会总体经济问题以及相应的经济变量的总量是如何决定及其相互关系。宏观经济学的中心和基础是总供给-总需求模型，具体来说主要包括总需求理论、总供给理论、失业与通货膨胀理论、经济周期与经济增长理论、开放经济理论以及宏观经济政策等内容。

3. 微观经济学与宏观经济学的区别和联系(见表1-3)

表1-3 微观经济学与宏观经济学的区别和联系

		微观经济学	宏观经济学
区别	研究方法	个量分析	总量分析
	前提假设	假定资源利用已解决，以经济资源的最优配置为目标	假定资源配置已经解决，以经济资源的有效利用为目标
联系	互为前提	它们互相把对方所考察的对象作为自己的理论前提，把对方的理论前提作为自己的研究对象	
	紧密联系	一方面，总量是由个量构成的，微观经济学是宏观经济学的基础；另一方面，个量总是在一定的总量中运行的，只有了解了宏观经济学，才能更深刻地理解微观经济学	
	逐渐融合	微观经济学与宏观经济学两个分支共同构成了现代经济学。这两个领域一度界限分明，但近来，这两个子学科逐渐融合起来，很多经济学家已经运用微观经济学的工具来分析诸如失业和通货膨胀这类属于宏观经济学领域的问题	

1.2 课后习题详解

本章没有课后习题。本章是全书的一个引言，主要要求读者对西方经济学有一个整体了解，然后在以后各章的学习中逐渐深化认识。

1.3 名校考研真题详解

一、名词解释

1. 稀缺(scarcity)(中央财大2000研；安徽大学2016研；中国地质大学(北京)2018研)

答：经济学所说的稀缺是指在给定的时间内，相对于人的需求(欲望)而言，经济资源的供给总是不足的。一方面，人类对经济物品的欲望是无限的；另一方面，用来满足人类欲望的经济物品是有限的。因此，现实生活中存在着资源的有限性和人类欲望与需求的无限性之间的矛盾。

人类消费各种物品的欲望是无限的。满足这种欲望的物品，有的可以不付出任何代价而随意取得，称之为自由物品，如阳光和空气；但绝大多数物品是不能自由取用的，因为世界上的资源(包括物质资源和人力资源)有限，这种有限的且为获取它必须付出某种代价的物品，称之为“经济物品”。相对于人类的无穷欲望而言，经济物品或生产这些经济物品所需要的资源总是不足的。

2. 规范分析(复旦大学2000研；云南大学2008研)

答：规范分析是经济学分析经济问题的一种方法。规范分析以一定的价值判断作为出发点，提出行为的标准，并研究如何才能符合这些标准。它力求说明“应该是什么”的问题，或者说，它回答这样的问题：为什么要做出这种选择，而不做出另一种选择？不同于实证分析的是，规范分析是伦理的判断，它并不是先去检验经济运行过程，而是先去检验假定本身，并通过对假定的检验，对经济运行过程做出判断。

制度经济学中的分析，基本上属于规范分析。而宏观经济学与微观经济学中所进行的分析，基本上属于实证分析，但这些实证分析都是建立在一定的规范前提之上的。如果事先不搞清这些规范前提，甚至接受那些被实证分析的严密性所掩盖着的错误规范，那么，无论在实证分析上如何煞费苦心，都不能得出正确的结论。

3. 均衡（中山大学2002研）

答：均衡是在经济学中被广泛运用的一个重要的概念。均衡最一般的意义是指经济事物中有关变量在一定条件下的相互作用下所达到的一种相对静止的状态。经济事物之所以能够处于这样的一种静止状态，是由于在这样的状态中有关该经济事物的各方面的力量能够相互制约和相互抵消，有关该经济事物的各方面的愿望都能得到满足。正因为如此，进一步地，经济学家认为，经济学的研究往往在于寻找在一定条件下经济事物变化最终趋于静止之点的均衡状态。

在微观经济分析中，市场均衡可以分为局部均衡和一般均衡。局部均衡分析是就单个市场或部分市场的供求与价格之间的关系和均衡状态进行分析。一般均衡分析是就一个经济社会中的所有市场的供求与价格之间的关系和均衡状态进行分析。一般均衡假定各种商品的供求和价格都是相互影响的，一个市场的均衡只有在其他所有市场都达到均衡的情况下才能实现。

4. 比较静态分析（山东大学2011研；湖南大学2017研）

答：比较静态分析是考察当原有的条件或外生变量发生变化时，原有的均衡状态会发生什么变化，并分析比较新旧均衡状态。例如，在均衡价格决定模型中，当外生变量的变化使得需求曲线或供给曲线的位置发生移动时，均衡点的位置也会随之发生变化，对新旧均衡点的分析比较就是比较静态分析。

二、简答题

1. 为什么稀缺性是产生经济问题的根源？（中山大学2003研）

答：(1)稀缺性是指人们的欲望总是超过了能用于满足欲望的资源的状态。这里的稀缺不是指这种资源是不可再生的或者可以消耗尽的，也不是指这种资源的绝对量是稀少的，而是指在给定的时间内，与人类需求相比，其供给量总是不足的。

(2)稀缺性是客观存在的。人类之所以有经济行为，之所以要从事生产、分配、交换、消费的经济活动，是由于人类的欲望和由此引起的对物品和劳务的需求是无限多样且永不停止的。可是在现实生活中，用来满足这些无限需求的手段即用来提供这些物品和劳务的生产资源是稀缺的。

稀缺性是任何社会和任何时期人们都会面临的一个基本事实，它反映了欲望的无限性和资源的有限性的矛盾，正是这种矛盾引起了人类各种各样的经济活动，并产生大量的经济问题。

(3)由稀缺性产生的经济问题主要有：第一，生产什么。面对稀缺的经济资源，人们需要权衡各种需求的轻重缓急，确定生产什么物品，生产多少，以满足比较强烈的需求。第二，如何生产。由于各种生产要素一般都有多种用途，各种生产要素之间也大多存在一定的技术替代关系，所以同一种产品的生产往往可以采用多种方法，经济社会必须在各种可供资源组合中，选择哪一种组合是成本最低、效率最高的生产方法。第三，为谁生产。因为存在稀缺性，没有人能获得他想要的一切，每个社会都必须建立某种机制来为其成员分配产品。第四，何时生产。资源的稀缺性要求对资源利用时间做好动态规划，以达到可持续发展的目的。

上述四个问题被称为资源配置问题，正是为了解决这些问题，才产生了经济学。

2．谈谈经济学中的静态分析、比较静态分析和动态分析。(社科院研究生院2003研)

答：静态分析、比较静态分析和动态分析是经济学的三种分析方法。由于经济学的目的在于寻找均衡状态，所以可以从研究均衡状态的角度来区别和理解静态分析、比较静态分析和动态分析这三种分析方法。

(1)静态分析是指考察在既定的条件下某一经济事物在经济变量的相互作用下所实现的均衡状态。例如，在均衡价格决定模型中，在需求曲线和供给曲线给定的情况下，二者的交点即为均衡点，此时的价格为均衡价格，此时的数量为均衡数量，没有外力的情况下均衡点不再发生变化，这就是静态分析。

(2)比较静态分析是指考察当原有的条件或外生变量发生变化时，原有的均衡状态会发生什么变化，并分析比较新旧均衡状态。例如，在均衡价格决定模型中，当外生变量的变化使得需求曲线或供给曲线的位置发生移动时，均衡点的位置也会随之发生变化，对新旧均衡点的分析比较就是比较静态分析。

(3)动态分析是指在引进时间变化序列的基础上，研究不同时点上变量的相互作用在均衡状态的形成和变化过程中所起的作用，考察在时间变化过程中均衡状态的实际变化过程。例如，蛛网模型就是一个典型的动态分析。

三、论述题

简述西方经济学的发展历程。(兰州大学2009研)

答：西方经济学从它的产生一直到现在，经历了一个漫长的演化和发展过程，大致经历了重商主义、古典经济学、新古典经济学、凯恩斯主义以及后凯恩斯主义阶段。

(1)重商主义：

重商主义盛行于15～17世纪中期。该学派的主要观点是："黄金白银是财富的象征，认为财富的积累必须借助于商业贸易的发展，一个国家应该在国与国之间的贸易上鼓励出口，限制进口"。该学派专注于流通领域的研究。

(2)古典经济学：

古典经济学主导的时间段大致为17世纪中叶到19世纪70年代，代表人物为亚当·斯密、大卫·李嘉图、马尔萨斯、约翰·穆勒和萨伊等，代表著作为1776年亚当·斯密发表的《国富论》。该学派专注于国民财富的增长和积累，是对重商主义的革命，突破了重商主义局限于流通领域的狭小研究视野，将经济学研究领域扩展到对生产领域的研究上来。

(3)新古典经济学：

新古典经济学辉煌的时期为19世纪70年代到20世纪30年代，代表人物有英国的杰文斯、奥地利的门格尔、法国的瓦尔拉斯(三人被称为边际三杰)。将古典经济学推向成熟的则是希克斯的代表作《价值与资本》以及萨缪尔森的《经济学分析基础》，新古典经济学最重要的代表作为马歇尔1890年出版的《经济学原理》。该学派起源于杰文斯、门格尔、瓦尔拉斯等发起的经济学边际革命，认为商品的价值取决于商品给消费者带来的单位满足程度。虽然新古典经济学派和古典经济学一样都是在完全竞争这一框架里分析经济学问题，但它使用的分析工具却不一样，同时它的研究领域也进一步扩大到了消费和需求方面。

(4)凯恩斯主义：

凯恩斯主义盛行于20世纪30～70年代，代表人物为英国的凯恩斯、罗宾逊·琼和美国的萨缪尔森。与新古典及其先前的经济学流派借助完全竞争市场这只“看不见的手”来剖析经济学运行不同的是，凯恩斯主义强调政府作用的“看得见的手”。20世纪30年代爆发的经济大萧条，打破了完全竞争市场的神话，证明了市场也是有缺陷的。市场不可能让经济活动自动出清，需要借助外界力量对其进行调控，那么调控者则是掌握一定话语权和资源调配能力的政府，这样凯恩斯主义崭露头角，成为了经济学的新宠并受到政府的青睐。凯恩斯主义从需求角度来研究国民收入增长问题，认为失业和经济不景气的原因应归结于有效需求不足。凯恩斯革命宣告现代宏观经济学的诞生，其代表作为1936年出版的《就业、利息和货币通论》。

(5)后凯恩斯主义：

后凯恩斯主义兴起于20世纪70年代，代表人物有货币数量论集大成者弗里德曼、理性预期创始人卢卡斯等人。20世纪70年代出现经济停止增长、失业加剧的滞胀局面，打破了凯恩斯主义的神话，自由主义重新抬头，他们认为政府的作用是有限的，政府的过度干预不但不会将市场调控到健康的道路上，反而会引发更为严重的市场问题。

第2章　需求、供给和均衡价格

2.1　复习笔记

【知识框架(庖丁解牛)】

- 需求、供给和均衡价格
  - 微观经济学的特点
    - 微观经济学的研究对象
    - 微观经济学的基本内容
  - 需求
    - 需求的概念
    - 影响需求的因素
    - 需求的表示方式
    - 需求定理
    - 需求量的变动与需求的变动
  - 供给
    - 供给的概念
    - 影响供给的因素
    - 供给的表示方式
    - 供给定理
    - 供给量的变动与供给的变动
  - 供求的共同作用
    - 均衡的含义
    - 均衡价格的决定
    - 均衡价格的变动
    - 均衡价格理论的运用
      - 支持价格
      - 限制价格
  - 需求弹性和供给弹性
    - 弹性的一般含义
    - 需求价格弹性
    - 需求收入弹性
    - 需求交叉价格弹性
    - 供给价格弹性

【考点难点归纳(厚积薄发)】

考点一：微观经济学的特点　★★★

1. 微观经济学的研究对象

微观经济学以对经济个体的行为分析为基础，其具体考察对象是包括单个消费者、单个生产者和单个市场等在内的个体经济单位。微观经济学对个体经济单位的考察，是通过以下三个层次逐步展开的：

(1)单个消费者和单个生产者的经济行为。

（2）单个市场的均衡价格的决定。

（3）所有单个市场均衡价格的同时决定。

2．微观经济学的基本内容

微观经济学的基本内容是在市场有效、完全信息条件下研究局部市场的个体选择问题，并延展分析一般均衡、不完全信息以及市场失灵。如图 2-1 所示。

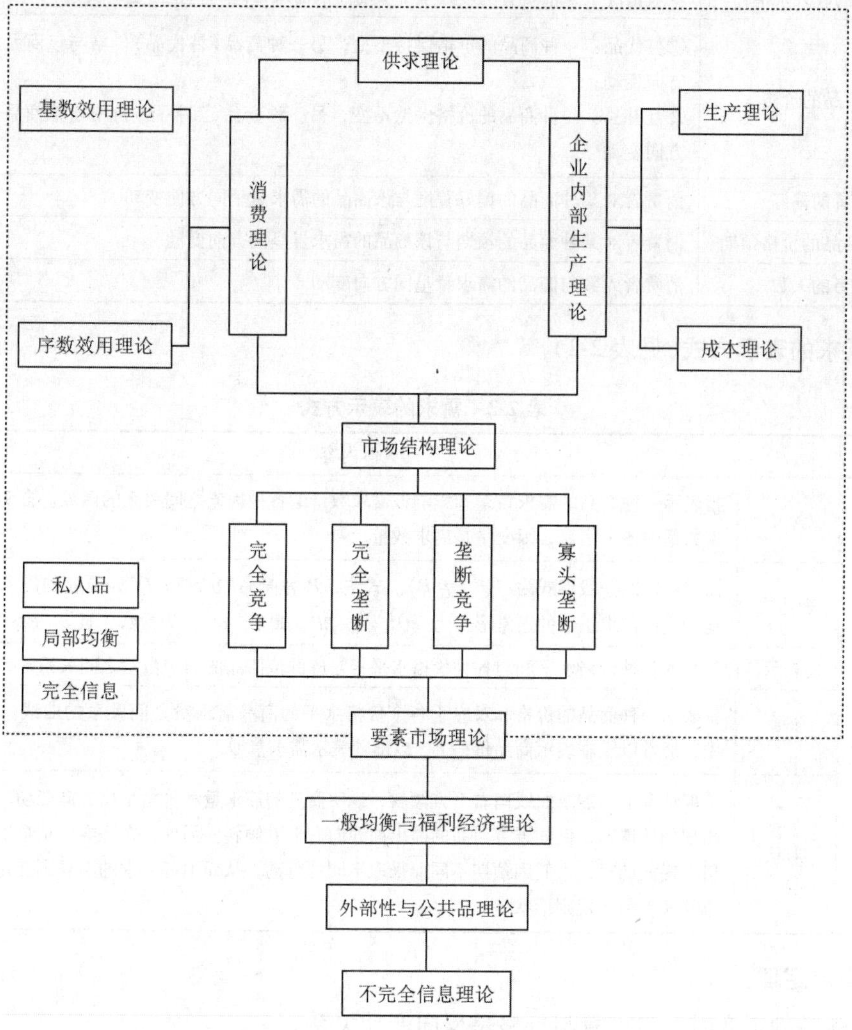

图 2-1　微观经济学内容框架

考点二：需求　★★★★

1．需求的概念

一种商品的需求是指在其他因素不变的条件下，消费者在一定时期内在各种可能的价格水平愿意并且能够购买的该商品的数量。它包含两层含义：①消费者有购买的欲望；②消费者有购买能力。

2. 影响需求的因素(见表2-1)

表2-1 影响需求的因素

因素	与需求量的关系
商品的自身价格	一般情况下，商品的价格与该商品的需求量之间呈反向变动关系
消费者的收入水平	一般情况下，消费者的收入水平与商品的需求量之间呈正向变动关系
相关商品的价格	①替代品：一种商品的价格保持不变，另一种商品(替代品)价格与该商品需求量呈同方向变动； ②互补品：一种商品的价格保持不变，另一种商品(互补品)价格与该商品需求量呈反方向变动
消费者的偏好	消费者对某种商品的偏好程度与该商品的需求量呈同方向变动
消费者对商品的价格预期	消费者对某种商品的预期与该商品的需求量呈同方向变动
消费者的人数	消费者人数与商品的需求量呈同方向变动

3. 需求的表示方式(见表2-2)

表2-2 需求的表示方式

要点	具体内容	
需求函数	含义	指表示一种商品的需求数量和影响该需求数量的各种因素之间关系的函数。自变量是影响需求数量的各个因素，因变量是需求数量
	表达式	需求函数的一般形式为：$Q^d=f(P)$。式中，P为商品的价格；Q^d为商品的需求数量。特别地，线性需求函数的通常形式为：$Q^d=\alpha-\beta P$。式中，α、β为常数，且α、$\beta>0$
需求表	指表示某种商品的各种价格水平和与各种价格水平相对应的该商品的需求数量之间关系的数字序列表	
需求曲线	含义	指表示一种商品的价格和对应于各个价格水平的商品需求量之间关系的曲线。微观经济学中，通常以纵轴表示商品价格P，以横轴表示需求量Q
	形状	一般情况下，需求曲线向右下方倾斜，说明商品的需求量和价格呈反方向变动。但也有可能出现例外情形，例如吉芬商品的需求曲线向右上方倾斜。另外，在证券、黄金市场上，当价格大幅波动时，人们因预期不同而采取不同的行动，从而引起需求的不规则变化，需求曲线也就表现为不规则形状

4. 需求定理

在其他条件不变时，需求量与价格呈反向变动关系。

5. 需求量的变动与需求的变动(见表2-3)

表2-3 需求量的变动与需求的变动

变动	含义	表现
需求量的变动	在其他条件不变的情况下，由商品的价格变动所引起的该商品的需求数量变动	同一条需求曲线上不同点的变动($A\to B$)，如图2-2
需求的变动	在商品价格不变的条件下，由于其他因素变动所引起的该商品的需求数量变动	整条需求曲线的移动，如图2-3

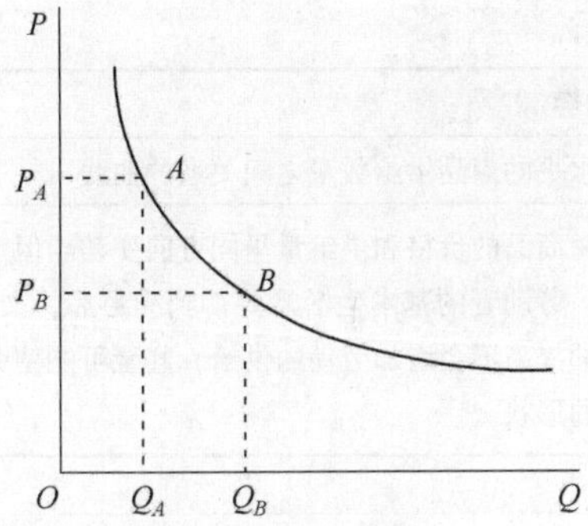

图 2-2　需求量的变动

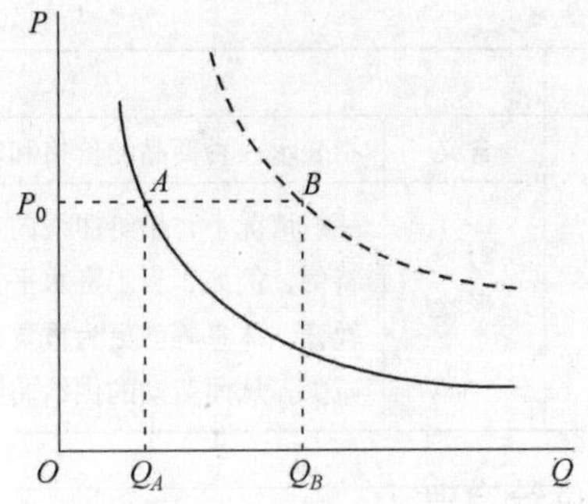

图 2-3　需求的变动

考点三：供给 ★★★★

1. 供给的概念

一种商品的供给是指在其他因素不变的条件下，生产者在一定时期内在各种可能的价格水平愿意并且能够提供出售的该种商品的数量。它有两个基本条件：①厂商有生产和供给的欲望；②厂商有供给能力。

2. 影响供给的因素(见表 2-4)

表 2-4　影响供给的因素

因素	与供给量的关系
商品的自身价格	一般来说，商品的自身价格与生产者提供的产量呈同方向变动
生产的成本	在商品自身价格不变的条件下，生产成本与厂商提供的产量呈反方向变动
生产的技术水平	一般来说，生产的技术水平与厂商提供的产量呈同方向变动
相关商品的价格	①两种商品在资源投入上相互竞争：在一种商品的价格不变的情况下，另一种商品的价格与该商品的供给量呈反向变动； ②两种商品共享同一种资源：在一种商品的价格不变的情况下，另一种商品的价格与该商品的供给量呈同方向变动
生产者对未来的预期	生产者对未来的预期与商品的供给量呈同方向变动
生产者的人数	生产者的人数与产品的供给量呈同方向变动

3. 供给的表示方式(见表 2-5)

表 2-5　供给的表示方式

要点		具体内容
供给函数	含义	指表示一种商品的供给数量和影响该供给数量的各种因素之间关系的函数
	表达式	供给函数的一般形式为：$Q^s=f(P)$。式中，P 为商品的价格；Q^s 为商品的供给量。特别地，线性供给函数的通常形式为：$Q^s=-\delta+\gamma P$。式中，δ、γ 为常数，且 δ、$\gamma>0$
供给表		指表示一种商品的价格和对应于各个价格水平的商品供给数量之间关系的数字序列表

续表

要点	具体内容	
供给曲线	含义	指表示一种商品的价格和对应于各个价格水平的商品供给数量之间关系的曲线
	形状	一般情况下，供给曲线向右上方倾斜，说明商品的价格和供给量呈同方向变动。但也存在着特例，例如，当工资水平上升到一定程度，劳动者的基本生活需要得到满足后，文化娱乐、教育、休息等就更为重要，这时工资水平的提高不会增加劳动的供给，甚至可能使劳动供给减少，从而劳动的供给曲线表现为不规则的形状

4. 供给定理

在其他条件不变的情况下，商品的价格和供给量呈同方向变动。

5. 供给量的变动与供给的变动(见表2-6)

表2-6　供给量的变动与供给的变动

变动	含义	表现
供给量的变动	在其他条件不变的情况下，由商品的价格变动所引起的该商品的供给数量变动	同一条供给曲线上不同点的变动($A \to B$)，如图2-4
供给的变动	在商品价格不变的条件下，由于其他因素变动所引起的该商品的供给数量变动	整条供给曲线的移动，如图2-5

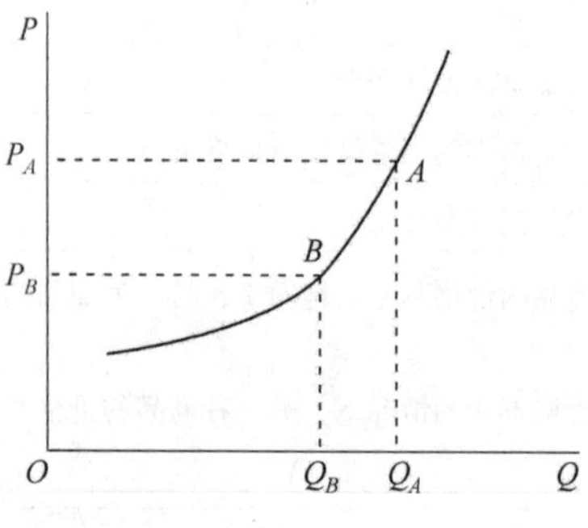

图2-4　供给量的变动

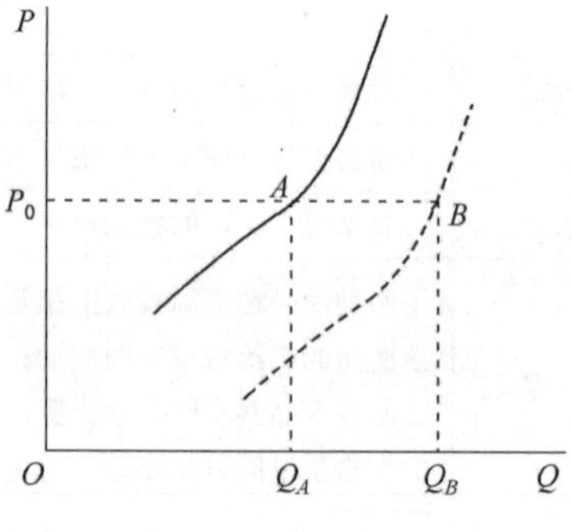

图2-5　供给的变动

考点四：供求的共同作用 ★★★★

1. 均衡的含义

在经济学中，均衡最一般的意义是指经济事物中有关的变量在一定条件的相互作用下所达到的一种相对静止的状态。

在微观经济分析中，市场均衡可以分为局部均衡和一般均衡。局部均衡分析是就单个市场或部分市场的供求与价格之间的关系和均衡状态进行分析。一般均衡分析是就一个经济社会中的所有市场的供求与价格之间的关系和均衡状态进行分析。

2. 均衡价格的决定

(1)图解：

如图2-6所示，D是需求曲线，S是供给曲线。E点为供求均衡点，E点对应的价格P_0

为均衡价格，对应的产量 Q_0 为均衡产量。此时，市场出清(market-clearing)。

当价格位于 P_1(高于均衡价格)时，会存在超额供给 Q_3-Q_2。此时供给大于需求，由于大量商品的积压，商品的价格必然下降，向均衡点 E 运动。当价格位于 P_2(低于均衡价格)时，则会出现超额需求 Q_4-Q_1。此时需求大于供给，由于大量商品的抢购，商品的价格必然上涨，向均衡点 E 运动。

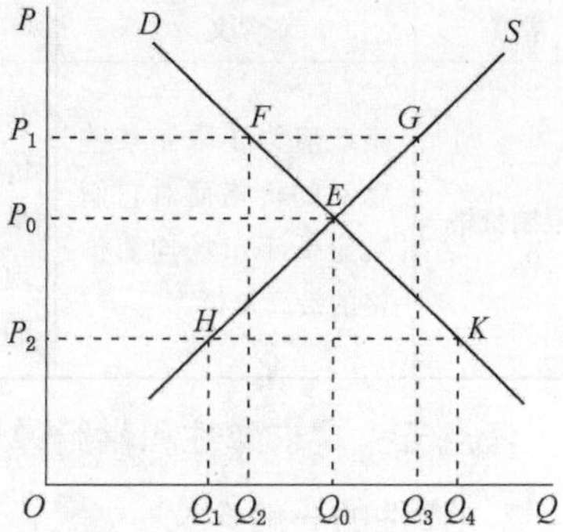

图 2-6　均衡价格的决定

(2)均衡价格的决定路径：

均衡价格的决定实质上是市场经济运作三大机制(价格机制、供求机制和竞争机制)共同作用的结果，其具体路径如下：

供给 > 需求⇒价格↓⇒企业利润↓⇒生产↓⇒供给 < 需求⇒价格↑⇒企业利润↑⇒生产↑…⇒供给 = 需求⇒均衡价格

3. 均衡价格的变动

(1)需求变动和供给变动对均衡价格和均衡数量的影响如表 2-7 所示：

表 2-7　需求变动和供给变动对均衡价格和均衡数量的影响

供求变动	供给未变	供给增加	供给减少
需求未变	价格相同，数量相同	价格下降，数量增加	价格上升，数量减少
需求增加	价格上升，数量增加	价格不确定，数量增加	价格上升，数量不确定
需求减少	价格下降，数量减少	价格下降，数量不确定	价格不确定，数量减少

(2)供求定理：

在其他条件不变的情况下，需求变动分别引起均衡价格和均衡数量的同方向变动；供给变动引起均衡价格的反方向变动和均衡数量的同方向变动。

◆小试牛刀◆

若市场成交数量增加而市场价格并无变化，则下列哪一条件是必要的？(　　)

A. 供求曲线均为线性　B. 供求量等幅增加　C. 供求等幅增加　D. 上述条件都不必要

【答案】C

【解析】当供求同时等幅增加(或减少)时，均衡产量增加(或减少)，均衡价格不变。

4. 均衡价格理论的运用(见表 2-8)

表 2-8　均衡价格理论的运用

措施	含义	结果	手段
支持价格	又称为最低限价，指政府为了扶植某一行业的生产而规定的该行业产品的最低价格	实行支持价格后，该商品市场价格上升，供给量就会大于需求量，该商品市场将出现过剩	①收购过剩商品，用于储备或出口；②对该商品的生产实行产量限制，规定将生产的数量控制在均衡产量，使供求平衡；③对购买者给予价格补贴

续表

措施	含义	结果	手段
限制价格	指政府为了限制某些物品的价格而对它们规定低于市场均衡价格的最高价格	实行限制价格后，该商品的市场价格下跌，刺激需求，这时需求量大于供给量，该商品市场将出现短缺，市场上往往会出现抢购、黑市交易、投机等现象	采取配给制来控制需求量，限定消费者购买的数量

考点五：需求弹性和供给弹性 ★★★★★

1. 弹性的一般含义

在经济学中，弹性是用来说明经济变量间某变量(因变量)对另一变量(自变量)变化的敏感程度，其一般公式为：

弹性系数＝因变量的变动比例/自变量的变动比例

设两个经济变量之间的函数关系为 $Y=f(X)$，则具体的弹性公式为：

$$e=(\Delta Y/Y)/(\Delta X/X)=(\Delta Y/\Delta X)\times(X/Y)$$

式中，e 为弹性系数；ΔX、ΔY 分别为变量 X、Y 的变动量。

若经济变量的变化量趋于无穷小，即：当上式中的 $\Delta X\to 0$ 且 $\Delta Y\to 0$ 时，则弹性公式为：

$$e=\lim_{\Delta X\to 0}\frac{\frac{\Delta Y}{Y}}{\frac{\Delta X}{X}}=\frac{\frac{\mathrm{d}Y}{Y}}{\frac{\mathrm{d}X}{X}}=\frac{\mathrm{d}Y}{\mathrm{d}X}\cdot\frac{X}{Y}$$

注意：弹性是两个变量各自变化比例的一个比值，是一个具体的数字，与变量的度量单位无关。

2. 需求价格弹性

(1)需求价格弹性的含义和计算公式：

需求价格弹性表示在一定时期内一种商品的需求量变动对于该商品价格变动的反应程度。或者说，它表示在一定时期内当一种商品的价格变化百分之一时所引起的该商品的需求量变化的百分比。其公式为：

需求价格弹性系数＝－需求量变动率/价格变动率

(2)需求价格弧弹性：

需求价格弧弹性表示某商品需求曲线上两点之间的需求量的变动对于价格变动的反应程度。简单地说，它表示需求曲线上两点之间的弹性。假定需求函数为 $Q=f(P)$，ΔQ 和 ΔP 分别表示需求量的变动量和价格的变动量，e_d表示需求价格弹性系数，则需求价格弧弹性的公式为：$e_d=-(\Delta Q/Q)/(\Delta P/P)=-(\Delta Q/\Delta P)\times(P/Q)$。

需求价格弧弹性的中点公式：

$$e_d=-\frac{\Delta Q}{\Delta P}\cdot\frac{\frac{P_1+P_2}{2}}{\frac{Q_1+Q_2}{2}}$$

注意：由于需求量与价格反方向变化，所以 $\Delta Q/\Delta P$ 为负值，$(\Delta Q/\Delta P)\cdot(P/Q)$ 也为负值。为了方便起见，高鸿业版本的教材在 $(\Delta Q/\Delta P)\cdot(P/Q)$ 前加负号，使 e_d 为正。而有一些国内教材和英文教材中需求价格弹性的计算公式中没有负号。

(3)需求价格点弹性：

①含义和计算公式：

当需求曲线上两点之间的变化量趋于无穷小时，需求价格弹性要用点弹性来表示。也就是说，它表示需求曲线上某一点上的需求量变动对于价格变动的反应程度。需求价格点弹性的公式为：

$$e_d = \lim_{\Delta P \to 0} -\frac{\Delta Q}{\Delta P}\cdot\frac{P}{Q} = -\frac{\mathrm{d}Q}{\mathrm{d}P}\cdot\frac{P}{Q}$$

②几何意义：

线性需求曲线价格点弹性的几何意义如图 2-7 所示，线性需求曲线分别与纵坐标和横坐标相交于 A、B 两点，令 C 点为该需求曲线上的任意一点。从几何意义看，根据价格点弹性的定义，C 点的需求价格弹性可以表示为：

$$e_d = -(\mathrm{d}Q/\mathrm{d}P)\times(P/Q) = (GB/CG)\times(CG/OG) = GB/OG = CB/AC = FO/AF$$

线性需求曲线上的任何一点的弹性，都可以通过由该点出发向价格轴或数量轴引垂线的方法来求得。

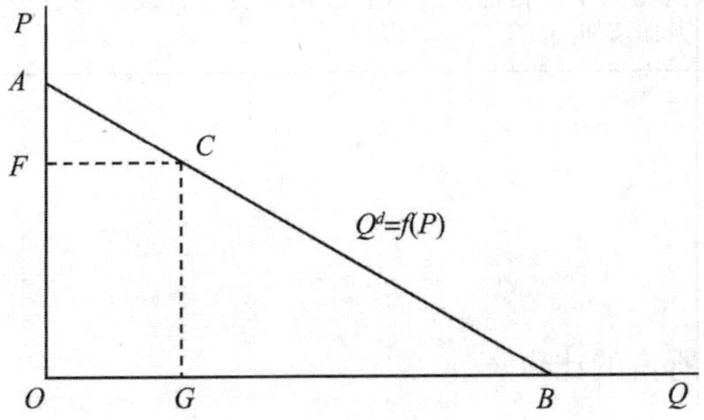

图 2-7　线性需求曲线的点弹性

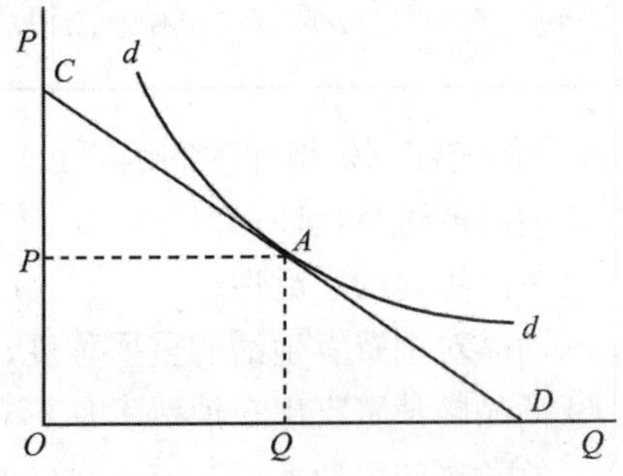

图 2-8　非线性需求曲线上点弹性的测定

非线性需求曲线的点弹性的几何意义如图 2-8 所示，A 点的弹性系数仍用 AD/AC 表示。先过该点作切线，将该切线视为线性需求曲线，然后再用线性需求曲线点弹性的几何意义列公式求解。

(4)需求价格弹性的分类如表 2-9 所示：

表 2-9　需求价格弹性的分类

弹性大小	类型	需求随价格变动情况	需求曲线形状
$e_d=0$	需求完全无弹性	需求量不随价格变动而改变	一条垂线
$0<e_d<1$	需求缺乏弹性	需求量变动的比率小于价格变动的比率	陡峭向右下方倾斜的直线
$e_d=1$	需求单位弹性	需求量与价格按同一比率发生变动	45°向右下方倾斜的直线
$e_d>1$	需求富有弹性	需求量变动的比率大于价格变动的比率	平缓向右下方倾斜的直线
$e_d=\infty$	需求弹性无穷大	商品的需求变动对其价格变动异常敏感	一条水平线

(5)线性需求曲线上的点弹性的特征：

线性需求曲线上的点的位置越高，相应的点弹性系数值就越大；相反，位置越低，相应的点弹性系数值就越小。这一特征在图2-9中得到了充分的体现。

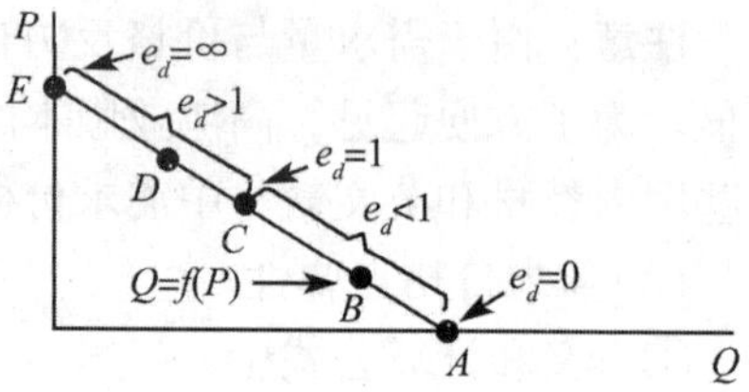

图2-9　线性需求曲线上的点弹性的特征

(6)需求价格弹性和厂商的销售收入：

需求价格弹性和厂商的销售收入之间的关系可以用数理方法予以证明。证明如下：

由于 $TR=PQ$，所以有：

$$\frac{\mathrm{d}TR}{\mathrm{d}P}=\frac{\mathrm{d}(P\cdot Q)}{\mathrm{d}P}=Q+P\cdot\frac{\mathrm{d}Q}{\mathrm{d}P}=Q\left(1+\frac{P}{Q}\cdot\frac{\mathrm{d}Q}{\mathrm{d}P}\right)=Q(1-e_d)$$

商品需求价格弹性和厂商的销售收入之间的综合关系如表2-10所示。

表2-10　需求价格弹性和销售收入

弹性 收入 价格	$e_d>1$	$e_d=1$	$e_d<1$	$e_d=0$	$e_d=\infty$
降价	增加	不变	减少	同比例于价格的下降而减少	既定价格下，收益可以无限增加，因此，厂商不会降价
涨价	减少	不变	增加	同比例于价格的上升而增加	收益会减少为零，故厂商也不会涨价

(7)影响需求价格弹性的因素：

①商品的可替代性；

②商品用途的广泛性；

③商品对消费者生活的重要程度；

④商品的消费支出在消费者预算总支出中所占的比重；

⑤所考察的消费者调节需求量的时间。

◆小试牛刀◆

教科书的需求价格弹性小于教学参考书的需求价格弹性，如果纸张涨价使得这两种商品的供给都减少了30%，则(　　)。(对外经济贸易大学2018研)

A. 教学参考书的价格上升幅度更大　　B. 教科书的价格上升幅度更大

C. 两种商品价格的上升幅度相同　　D. 不能判断哪种商品价格的上升幅度更大

【答案】B

【解析】需求的价格弹性表示在一定时期内一种商品的需求量变动对于该商品的价格变动的反应程度。当两种商品的供给量减少幅度相同时，需求价格弹性大的商品价格上升幅度小。由于教科书的需求弹性小，所以其价格上升幅度更大。

3. 需求收入弹性

(1)需求收入弹性的含义与计算公式：

需求的收入弹性衡量了在其他条件不变的情况下，一种产品或服务的需求量对收入变动的反应程度，其计算公式为：

需求的收入弹性 = 需求量变动的百分比 ÷ 收入变动的百分比

假定某商品的需求量 Q 是消费者收入水平 M 的函数，即 $Q=f(M)$，则该商品的需求收入弹性公式为：

$$e_M=(\Delta Q/Q)/(\Delta M/M)=(\Delta Q/\Delta M)\times(M/Q)$$

或者：

$$e_M=\lim_{\Delta M\to 0}\frac{\Delta Q}{\Delta M}\cdot\frac{M}{Q}=\frac{\mathrm{d}Q}{\mathrm{d}M}\cdot\frac{M}{Q}$$

(2)需求收入弹性与商品分类：

需求的收入弹性可以是正的，也可以是负的，并分为三种：①大于 1(正常物品，奢侈品，富有收入弹性)；②在 0 与 1 之间(正常物品，必需品，缺乏收入弹性)；③小于 0(低档物品)。

(3)恩格尔定律：

恩格尔定律指出：在一个家庭或一个国家中，食物支出在收入中所占的比例随着收入的增加而减少。

用弹性概念来表述恩格尔定律可以是：对于一个家庭或一个国家来说，富裕程度越高，则食物支出的收入弹性就越小；富裕程度越低，食品支出的收入弹性就越大。

4. 需求交叉价格弹性

(1)需求交叉价格弹性的含义与计算公式：

需求的交叉弹性衡量了在其他条件不变的情况下，一种产品的需求对其替代品或互补品价格变动的反应程度，其计算公式为：

需求的交叉弹性 = 需求量变动百分比 ÷ 替代品或互补品价格变动百分比

假定商品 X 的需求量 Q_X 是它的相关商品 Y 的价格 P_Y 的函数，即 $Q_X=f(P_Y)$，则商品 X 的需求交叉价格弧弹性公式为：

$$e_{XY}=(\Delta Q_X/Q_X)/(\Delta P_Y/P_Y)=(\Delta Q_X/\Delta P_Y)\times(P_Y/Q_X)$$

当 X 商品的需求量的变化量 ΔQ_X 和相关商品价格的变化量 ΔP_Y 均趋于无穷小时，则商品 X 的需求交叉价格点弹性公式为：

$$e_{XY}=\lim_{\Delta P_Y\to 0}\frac{\frac{\Delta Q_X}{Q_X}}{\frac{\Delta P_Y}{P_Y}}=\frac{\frac{\mathrm{d}Q_X}{Q_X}}{\frac{\mathrm{d}P_Y}{P_Y}}=\frac{\mathrm{d}Q_X}{\mathrm{d}P_Y}\cdot\frac{P_Y}{Q_X}$$

(2)需求交叉价格弹性的分类如表 2-11 所示：

表 2-11 需求交叉价格弹性的分类

数值	含义	商品分类
$e_{XY}>0$	商品 X、Y 之间存在替代关系，且其弹性系数越大，替代性就越强	替代品
$e_{XY}<0$	商品 X、Y 之间存在互补关系，且其弹性系数越大，互补性就越强	互补品
$e_{XY}=0$	X 的需求量并不随 Y 的价格变动而发生变动，X、Y 之间没有相关性	相对独立品

5. 供给价格弹性

(1)供给价格弹性的含义与计算公式:

供给价格弹性衡量了当其他所有影响销售计划的因素保持不变时，一种产品供给量对其价格变动的反应程度，其计算公式为:

供给价格弹性 = 供给量变动的百分比 ÷ 价格变动的百分比

假定供给函数为 $Q=f(P)$，以 e_s 表示供给价格弹性系数，则供给价格弧弹性的公式为:

$$e_s=(\Delta Q/Q)/(\Delta P/P)=(\Delta Q/\Delta P)\times(P/Q)$$

供给价格点弹性的公式为:

$$e_s=\lim_{\Delta P\to 0}\frac{\Delta Q}{\Delta P}\cdot\frac{P}{Q}=\frac{\mathrm{d}Q}{\mathrm{d}P}\cdot\frac{P}{Q}$$

(2)供给价格弹性的分类如表2-12所示:

表2-12 供给价格弹性的分类

弹性大小	类型	供给随价格变动情况	供给曲线形状
$e_s=0$	供给完全无弹性	价格变动不引起供给数量变动	一条垂线
$0<e_s<1$	供给缺乏弹性	供给量变动的幅度小于价格变动的幅度	陡峭向右上方倾斜的直线
$e_s=1$	供给为单位弹性	供给量变动的幅度等于价格变动的幅度	45°向右上方倾斜的直线
$e_s>1$	供给富有弹性	供给量变动的幅度大于价格变动的幅度	平缓向右上方倾斜的直线
$e_s=\infty$	供给弹性无穷大	供给量变动对价格异常敏感	一条水平线

(3)影响供给价格弹性的因素:

①生产的难易程度;

②生产规模和规模变化的难易程度;

③成本的变化;

④时间的差异、厂商生产能力、对未来价格的预期等。

2.2 课后习题详解

一、简答题

1. 下列事件对 x 商品的需求有何影响?

(1) x 商品的生产厂商投入大量资金做广告宣传。

(2)生产 x 商品的工人的工资增加了。

(3) y 商品是 x 商品的替代品，y 商品的价格下降了。

(4)消费者的收入增加了。

答: (1)生产厂商投入资金做广告宣传，会传递更多该商品的有关信息给消费者，从而导致消费者对 x 商品的需求上升，需求曲线向右移动。

(2)生产 x 商品的工人工资增加，会导致 x 商品的供给下降，但不会影响需求。

(3)由于 y 商品是 x 商品的替代品，交叉价格弹性为正，所以当 y 商品价格下降时，对 y 商品的需求将增多，从而对 x 商品的需求将减少。

(4)消费者收入增加，如果 x 商品是正常品，则消费者对 x 商品的需求将增加，需求曲线右移；如果 x 商品是劣等品，则消费者对 x 商品的需求将下降。

2. 下列事件对棉花供给有何影响?

(1)气候恶劣导致棉花歉收。

(2)种植棉花所需的化肥的价格上升。

(3)政府对种植棉花的农户实施优惠政策。

(4)棉花价格上升。

答：(1)气候恶劣导致棉花歉收，将使得棉花供给减少，供给曲线左移。

(2)化肥可以视为种植棉花投入的原材料，在原材料价格上涨，且商品价格不变时，棉花商品的供给将减少，供给曲线左移。

(3)政府对棉花种植农户的优惠政策相当于降低了棉花的生产成本，棉花的供给将上升，供给曲线右移。

(4)在其他条件不变的情况下，由商品的价格变动所引起的该商品的供给数量的变动称为供给量的变动。它在图上反映为供给曲线上点的移动。因此，棉花价格上升，将导致厂商对棉花的供给量上升，但是只是在原有供给曲线上变动，而供给曲线并没有发生移动。

3. 已知某一时期内某商品的需求函数为 $Q^d=50-5P$，供给函数为 $Q^s=-10+5P$。

(1)求均衡价格 P_e 和均衡数量 Q_e，并作出几何图形。

(2)假定供给函数不变，由于消费者的收入水平提高，需求函数变为 $Q^d=60-5P$。求出相应的均衡价格 P_e 和均衡数量 Q_e，并作出几何图形。

(3)假定需求函数不变，由于生产技术水平提高，使供给函数变为 $Q^s=-5+5P$。求出相应的均衡价格 P_e 和均衡数量 Q_e，并作出几何图形。

(4)利用(1)、(2)和(3)，说明静态分析和比较静态分析的联系与区别。

(5)利用(1)、(2)和(3)，说明需求变动和供给变动对均衡价格和均衡数量的影响。

解：(1)将需求函数 $Q^d=50-5P$ 和供给函数 $Q^s=-10+5P$ 代入均衡条件 $Q^d=Q^s$，有：

$$50-5P=-10+5P$$

解得：$P_e=6$。

将均衡价格 $P_e=6$ 代入需求函数 $Q^d=50-5P$。

解得均衡数量：$Q_e=20$。

所以，均衡价格和均衡数量分别为 $P_e=6$，$Q_e=20$。几何图形如图2-10所示。

(2)将由于消费者收入水平提高而产生的需求函数 $Q^d=60-5P$ 和原供给函数 $Q^s=-10+5P$ 代入均衡条件 $Q^d=Q^s$，有：

$$60-5P=-10+5P$$

解得：$P_e=7$。

将均衡价格 $P_e=7$ 代入需求函数 $Q^d=60-5P$。

解得均衡数量：$Q_e=25$。

所以，均衡价格和均衡数量分别为 $P_e=7$，$Q_e=25$。几何图形如图2-11所示。

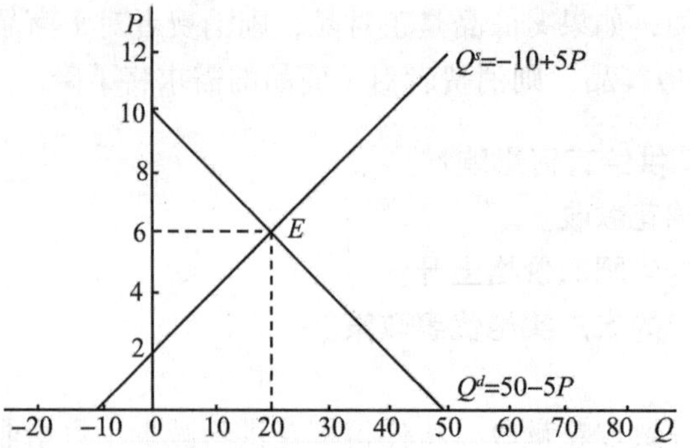

图 2-10　供求均衡

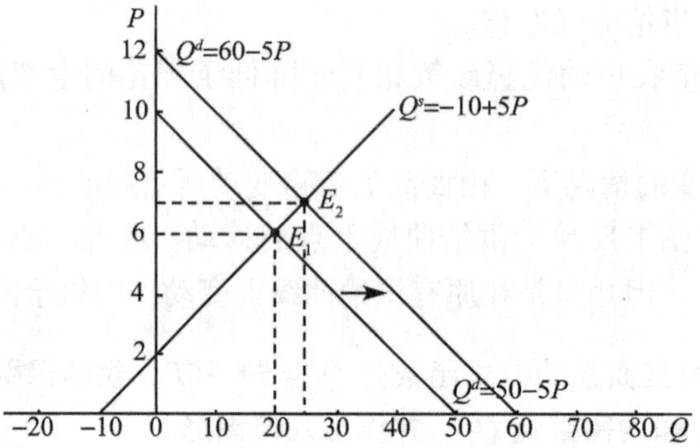

图 2-11　需求变化

(3)据题意可知新的供给函数为：$Q^s=-5+5P$，将其与原需求函数 $Q^d=50-5P$ 代入均衡条件 $Q^d=Q^s$，可得：

$$50-5P=-5+5P$$

解得：均衡价格 $P_e=5.5$，均衡数量 $Q_e=22.5$，几何图形如图 2-12 所示。

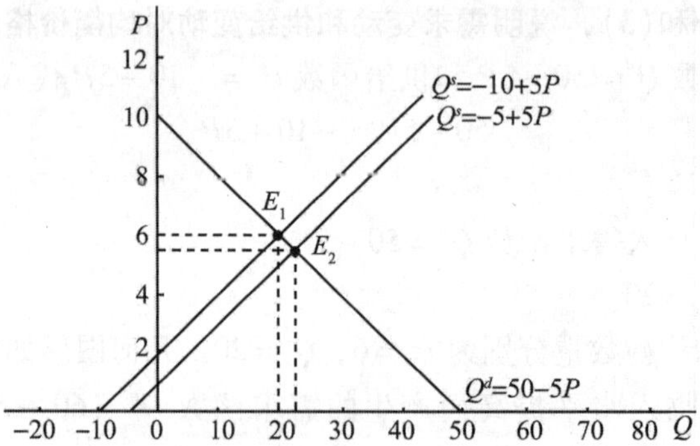

图 2-12　供给变化

(4)①静态分析是考察在既定条件下某一经济事物在经济变量的相互作用下所实现的均衡状态及其特征。也可以说，静态分析是在一个经济模型中根据给定的外生变量来求内生变量的一种分析方法。以(1)为例，在图 2-10 中，均衡点 E 就是一个体现了静态分析特征的点。它是在给定的供求力量的相互作用下所达到的一个均衡点。在此，给定的供求力量分别用给定的供给函数 $Q^s=-10+5P$ 和需求函数 $Q^d=50-5P$ 表示，均衡点 E 具有的特征是：均衡价格为 $P_e=6$，且当 $P_e=6$ 时，有 $Q^d=Q^s=Q_e=20$；同时，均衡数量为 $Q_e=20$，且当 $Q_e=20$ 时，有 $P^d=P^s=P_e=6$。

也可以这样来理解静态分析：在外生变量包括需求函数中的参数(50，-5)以及供给函数中的参数(-10，5)给定的条件下，求出的内生变量分别为 $P_e=6$ 和 $Q_e=20$。

依此类推，以上所描述的关于静态分析的基本要点，在(2)及其图 2-11 和(3)及其图 2-12中的每一个单独的均衡点 $E_i(i=1,2)$都得到了体现。

②比较静态分析是考察当原有的条件发生变化时，原有的均衡状态会发生什么变化，并分析比较新旧均衡状态。也可以说，比较静态分析是考察在一个经济模型中外生变量变化时对内生变量的影响，并分析比较由不同数值的外生变量所决定的内生变量的不同数值，以(2)为例加以说明。在图 2-11 中，由均衡点 E_1 变动到均衡点 E_2，就是一种比较静态分析。它表示当需求增加即需求函数发生变化时对均衡点的影响。比较新、旧两个均衡点 E_1 和 E_2 可以看到：由于需求增加导致需求曲线右移，最后使得均衡价格由 6 上升为 7，同时，均衡数量由 20 增加为 25。

也可以这样理解比较静态分析：在供给函数保持不变的前提下，由于需求函数中的外生变量发生变化，即其中一个参数值由 50 增加为 60，从而使得内生变量的数值发生变化，其结果为，均衡价格由原来的 6 上升为 7，同时，均衡数量由原来的 20 增加为 25。

类似地，利用(3)及其图 2-12 也可以说明比较静态分析方法的基本要点。

(5)由(1)和(2)可见，当消费者收入水平提高导致需求增加，即表现为需求曲线右移时，均衡价格提高了，均衡数量增加了。

由(1)和(3)可见，当技术水平提高导致供给增加，即表现为供给曲线右移时，均衡价格下降了，均衡数量增加了。

总之，一般地有，在其他条件不变的情况下，需求变动分别引起均衡价格和均衡数量的同方向的变动；供给变动引起均衡价格的反方向的变动，引起均衡数量的同方向的变动。

4. 假定某社区的音乐会门票价格是由市场力量决定的，其需求与供给情况如表 2-13 所示。

表 2-13 需求与供给表

价格(元)	需求量(张)	供给量(张)
20	1400	800
40	1100	800
60	800	800
80	500	800
100	200	800

(1)画出相应的需求曲线和供给曲线。你发现供给曲线有什么特点？为什么？

(2)音乐会门票的均衡价格和均衡数量各是多少？

(3)该社区明年将增加一批新居民，这批新居民对社区音乐会门票的需求情况如表 2-14 所示。

表 2-14　新增居民的需求表

价格(元)	需求量(张)
20	840
40	660
60	480
80	300
100	120

绘制将新老居民合在一起计算出的社区音乐会门票需求表。新的均衡价格和均衡数量各是多少?

(4)为了更好地满足新老居民对文化生活的需求，社区决定扩建音乐厅，由此将音乐会门票的供给增加到1280张。届时，音乐会门票的均衡价格和均衡数量又将各是多少?

答：(1)需求曲线表达式：$Q^d=-15P+1700$，供给曲线表达式：$Q^s=800$。显然，若把音乐会门票视为商品，则在以价格为纵轴、以供给量为横轴的坐标系中，其供给曲线是一条垂线，这是由于受到场地等因素制约，短期内音乐厅无法扩建从而无法增加门票供给量。

(2)均衡时有 $Q^d=Q^s$，故令 $-15P+1700=800$，解得 $P^e=60$，$Q^e=800$，即均衡价格为60元，均衡数量为800张。

(3)将新、老居民的需求进行水平加总，可得新老居民合计的需求表如表2-15所示。由该表可得新的需求曲线表达式：$Q^d=-24P+2720$，令 $-24P+2720=800$，解得 $P^e=80$，$Q^e=800$，即均衡价格为80元，均衡数量为800张。

表 2-15　新老居民合计的需求表

价格(元)	需求量(张)
20	2240
40	1760
60	1280
80	800
100	320

(4)由题意得，扩建后均衡时有 $-24P+2720=1280$，即 $P^e=60$，$Q^e=1280$，即均衡价格为60元，均衡数量为1280张。

5. 每逢春节来临，一些新鲜蔬菜的价格就会有所上升，譬如蒜苗、西红柿、黄瓜、豆角等。试利用供求曲线图说明其原因。

答：每逢春节来临，从需求的角度讲，消费者对新鲜蔬菜的需求数量会增加，尤其是一些比较高档的新鲜蔬菜，这种需求数量的增加发生在新鲜蔬菜的任何价格水平下。在图2-13中，这种新鲜蔬菜需求的增加表现为需求曲线由 D_1 向右移动到 D_2。

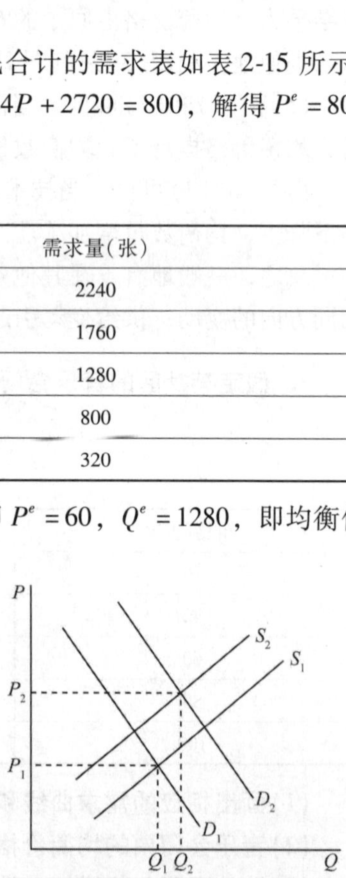

图 2-13　供给和需求同时变动

从供给的角度讲，春节时处于冬季，冬季的新鲜蔬菜基本产自大棚种植。相对于蔬菜的田园种植，蔬菜的大棚生产有两个基本特征：一是生产成本高；二是产量非常有限。这两个因素均导致新鲜蔬菜的供给数量减少。类似地，这种供给数量的减少也发生在新鲜蔬菜的任何价格水平下。在图2-13中，这种新鲜蔬菜供给的减少表现为新鲜蔬菜的供给曲线由S_1向左移动到S_2。

如图2-13所示，需求曲线由D_1向右移至D_2，供给曲线由S_1向左移至S_2，均衡价格将由P_1提高至P_2，但需注意，均衡数量的变化是不确定的，图2-13中均衡数量增加，但如果供给曲线向左移动幅度足够大，均衡数量可能不变甚至减少。

6. 图2-14中有三条线性的需求曲线*AB*、*AC*和*AD*。

(1)比较*a*、*b*、*c*三点的需求的价格点弹性的大小。

(2)比较*a*、*f*、*e*三点的需求的价格点弹性的大小。

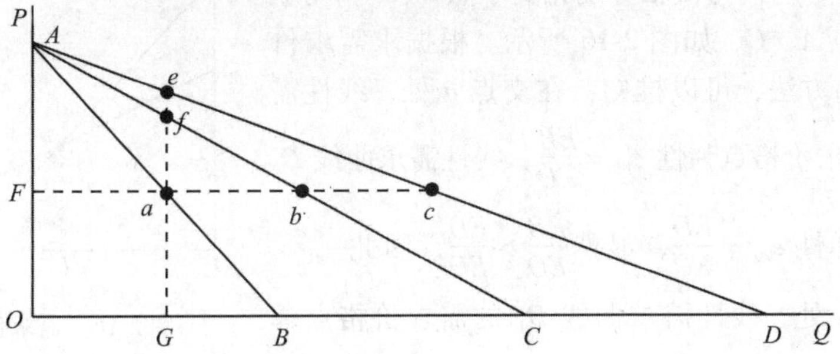

图2-14

解：(1)根据求需求价格点弹性的几何方法，易知分别处于三条不同的线性需求曲线上的a、b、c三点的需求价格点弹性是相等的。原因在于，在这三点上，都有：

$$e_d = \frac{FO}{AF}$$

(2)根据求需求价格点弹性的几何方法，同样可推知：分别处于三条不同的线性需求曲线上的a、f、e三点的需求价格点弹性是不相等的，且有$e_d^a < e_d^f < e_d^e$。其理由在于：

在a点有：$e_d^a = \frac{GB}{OG}$

在f点有：$e_d^f = \frac{GC}{OG}$

在e点有：$e_d^e = \frac{GD}{OG}$

在以上三式中，由于$GB < GC < GD$，所以$e_d^a < e_d^f < e_d^e$。

7. 利用图2-15比较需求的价格点弹性的大小。

(1)在图2-15(a)中，两条线性需求曲线D_1和D_2相交于a点。试问：在交点a，这两条直线型需求曲线的需求的价格点弹性相等吗？

(2)在图2-15(b)中，两条曲线型的需求曲线D_1和D_2相交于a点。试问：在交点a，这两条曲线型需求曲线的需求的价格点弹性相等吗？

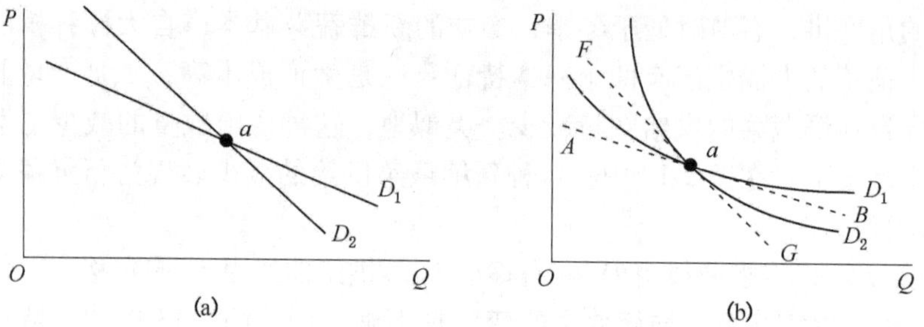

图 2-15

解：(1)这两条线性需求曲线在交点 a 的需求价格点弹性不相等，斜率绝对值较小即较为平缓的线性需求曲线 D_1 在交点 a 处的需求价格点弹性大一些。分析如下：

将图 2-15(a)的两条线性需求曲线 D_1 和 D_2 分别向横轴和纵轴延伸，它们与横轴分别相交于点 B、D，与纵轴分别相交于点 A、C，如图 2-16 所示。根据求需求价格点弹性的几何方法，可以推知：在交点 a 处，线性需求曲线 D_1 的需求价格点弹性 $e_{d1}=\frac{EB}{EO}$，线性需求曲线 D_2 的需求价格点弹性 $e_{d2}=\frac{ED}{EO}$，显然$\frac{EB}{EO}>\frac{ED}{EO}$，因此 $e_{d1}>e_{d2}$，即在交点 a 处，线性需求曲线 D_1 的需求价格点弹性大一些。

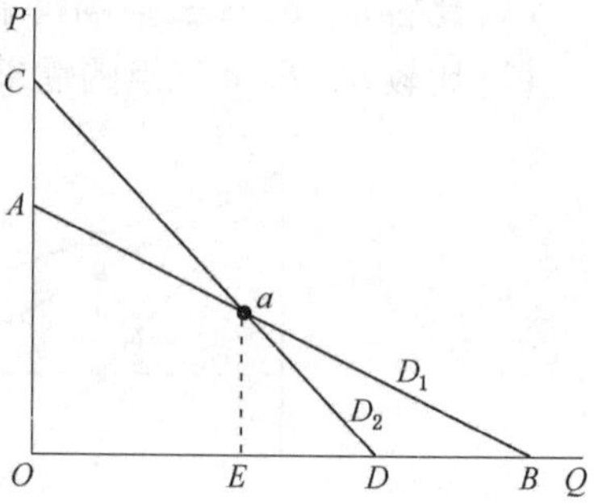

图 2-16 需求价格点弹性

(2)在交点 a 处，这两条曲线型需求曲线的需求价格点弹性不相等。如图 2-15(b)所示，在交点 a 处，虽然它们具有相同的坐标位置，但由于需求曲线 D_1 的切线 AB 的斜率的绝对值小于需求曲线 D_2 的切线 FG 的斜率的绝对值，因此在交点 a 处，曲线型需求曲线 D_1 的需求价格点弹性大于曲线型需求曲线 D_2 的需求价格点弹性。

二、计算题

1. 假定表 2-16 是需求函数 $Q^d=500-100P$ 在一定价格范围内的需求表。

表 2-16 某商品的需求表

价格(元)	1	2	3	4	5
需求量	400	300	200	100	0

(1)求出价格 2 元和 4 元之间的需求的价格弧弹性。

(2)根据给出的需求函数，求 $P=2$ 元时的需求的价格点弹性。

(3)根据该需求函数或需求表做出几何图形，利用几何方法求出 $P=2$ 元时的需求的价格点弹性。它与(2)的结果相同吗?

解：(1)根据中点公式 $e_d=-\frac{\Delta Q}{\Delta P}\cdot\frac{\frac{P_1+P_2}{2}}{\frac{Q_1+Q_2}{2}}$，有：$e_d=\frac{200}{2}\times\frac{\frac{2+4}{2}}{\frac{300+100}{2}}=1.5$。

即价格 2 元和价格 4 元之间的需求价格弧弹性为 $e_d=1.5$。

(2) 当 $P=2$ 时，$Q^d=500-100\times2=300$，所以，有：

$$e_d=-\frac{dQ}{dP}\cdot\frac{P}{Q}=-(-100)\times\frac{2}{300}=\frac{2}{3}$$

(3) 根据该需求函数可得线性需求曲线如图 2-17 所示。由图 2-17，$P=2$ 时的需求价格点弹性为：

$$e_d=\frac{CB}{AC}=\frac{GB}{OG}=\frac{500-300}{300}=\frac{2}{3}$$

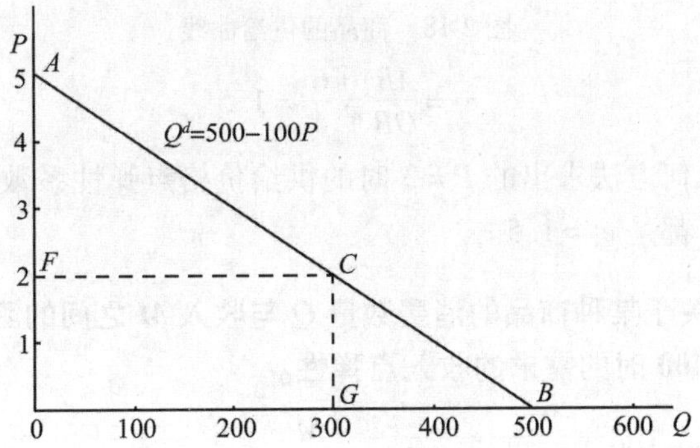

图 2-17　商品的需求曲线

显然，用几何方法计算出的弹性值与 (2) 中根据定义公式求出的结果是相同的。

2. 假定表 2-17 是供给函数 $Q^s=-2+2P$ 在一定价格范围内的供给表。

表 2-17　某商品的供给表

价格(元)	2	3	4	5	6
供给量	2	4	6	8	10

(1) 求出价格 3 元和 5 元之间的供给的价格弧弹性。

(2) 根据给出的供给函数，求 $P=3$ 元时的供给的价格点弹性。

(3) 根据该供给函数或供给表作出几何图形，利用几何方法求出 $P=3$ 元时的供给的价格点弹性。它与 (2) 的结果相同吗?

解： (1) 根据供给价格弧弹性的中点计算公式 $e_s=\frac{\Delta Q}{\Delta P}\cdot\frac{\frac{P_1+P_2}{2}}{\frac{Q_1+Q_2}{2}}$，有：

$$e_s=\frac{4}{2}\times\frac{\frac{3+5}{2}}{\frac{4+8}{2}}=\frac{4}{3}$$

即价格 3 元和 5 元之间的供给价格弧弹性为 4/3。

(2) 由于当 $P=3$ 时，$Q^s=-2+2\times3=4$，所以 $e_s=\frac{dQ}{dP}\cdot\frac{P}{Q}=2\times\frac{3}{4}=1.5$。

(3) 根据图 2-18，在 C 点即 $P=3$ 时的供给价格点弹性为：

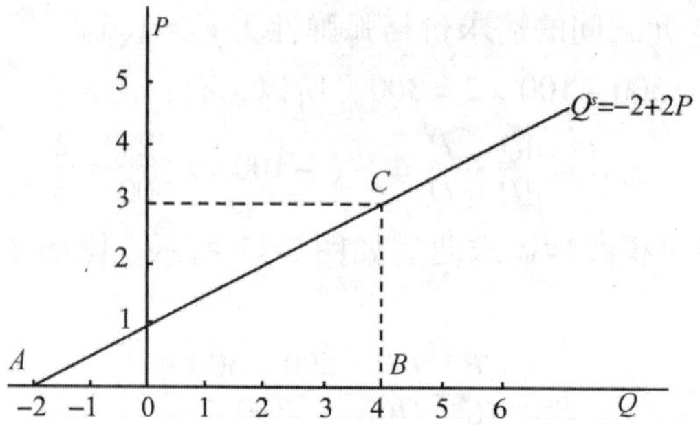

图 2-18 商品的供给曲线

$$e_s=\frac{AB}{OB}=\frac{6}{4}=1.5$$

显然，在此利用几何方法求出的 $P=3$ 时的供给价格点弹性系数和(2)中根据定义公式求出的结果是相同的，都是 $e_s=1.5$。

3. 假定某消费者关于某种商品的消费数量 Q 与收入 M 之间的函数关系为 $M=100Q^2$。求：当收入 $M=6400$ 时的需求的收入点弹性。

解：由已知条件 $M=100Q^2$，可得：$Q=\sqrt{\frac{M}{100}}$。

于是有：

$$\frac{dQ}{dM}=\frac{1}{2}\left(\frac{M}{100}\right)^{-\frac{1}{2}}\cdot\frac{1}{100}$$

进一步，可得：

$$e_M=\frac{dQ}{dM}\cdot\frac{M}{Q}=\frac{1}{2}\left(\frac{M}{100}\right)^{-\frac{1}{2}}\cdot\frac{1}{100}\cdot\frac{M}{\sqrt{\frac{M}{100}}}=\frac{1}{2}$$

观察并分析以上计算过程及其结果可发现，当收入函数 $M=aQ^2$（其中 $a>0$ 且为常数）时，则无论收入 M 为多少，相应的需求收入点弹性恒等于$\frac{1}{2}$。

4. 假定需求函数为 $Q=MP^{-N}$，其中 M 表示收入，P 表示商品价格，$N(N>0)$ 为常数。

求：需求的价格点弹性和需求的收入点弹性。

解：由已知条件 $Q=MP^{-N}$ 可得：

$$e_d=-\frac{dQ}{dP}\cdot\frac{P}{Q}=-M\cdot(-N)\cdot P^{-N-1}\cdot\frac{P}{MP^{-N}}=N$$

$$e_M=\frac{dQ}{dM}\cdot\frac{M}{Q}=P^{-N}\cdot\frac{M}{MP^{-N}}=1$$

由此可见，一般地，对于幂指数需求函数 $Q(P)=MP^{-N}$ 而言，其需求价格点弹性总等于幂指数的绝对值 N。而对于线性需求函数 $Q(M)=MP^{-N}$ 而言，其需求收入点弹性总是等于 1。

5．假定某商品市场上有100个消费者，其中，60个消费者购买该市场$\frac{1}{3}$的商品，且每个消费者的需求的价格弹性均为3；另外40个消费者购买该市场$\frac{2}{3}$的商品，且每个消费者的需求的价格弹性均为6。

求：按100个消费者合计的需求的价格弹性系数是多少？

解：个人需求价格弹性与市场需求价格弹性之间的关系为：市场需求价格弹性可视为消费者在市场需求量的份额乘其需求价格弹性之和。数学证明如下(假设有两个消费者)：

$$Q = q_A^d + q_B^d$$

$$e_d = -\frac{P}{Q}\cdot\frac{\mathrm{d}Q}{\mathrm{d}P} = -\frac{q_A^d}{Q}\cdot\frac{P}{q_A^d}\cdot\frac{\mathrm{d}q_A^d}{\mathrm{d}P} - \frac{q_B^d}{Q}\cdot\frac{P}{q_B^d}\cdot\frac{\mathrm{d}q_B^d}{\mathrm{d}P}$$

$$= \frac{q_A^d}{Q}\cdot e_d^A + \frac{q_B^d}{Q}\cdot e_d^B$$

本题中，可将这100个消费者分为两类，其中60个需求价格弹性相同的消费者视为一类，需求价格弹性为3，所占市场需求份额为$\frac{1}{3}$；其中40个需求价格弹性相同的消费者视为一类，需求价格弹性为6，所占市场需求份额为$\frac{2}{3}$。因此，这100个消费者合起来的需求价格弹性为：

$$e_d = \frac{1}{3}\times 3 + \frac{2}{3}\times 6 = 5$$

6．假定某消费者的需求的价格弹性$e_d = 1.3$，需求的收入弹性$e_M = 2.2$。求：

(1)在其他条件不变的情况下，商品价格下降2%对需求数量的影响。

(2)在其他条件不变的情况下，消费者收入提高5%对需求数量的影响。

解：(1)由于$e_d = -\frac{\frac{\Delta Q}{Q}}{\frac{\Delta P}{P}}$，将$e_d = 1.3$和$\frac{\Delta P}{P} = -2\%$代入，有：$1.3 = -\frac{\frac{\Delta Q}{Q}}{-0.02}$，得$\frac{\Delta Q_d}{Q_d} = 0.026$。

因此，在其他条件不变的情况下，商品价格下降2%时，需求数量增加2.6%。

(2)由于$e_M = \frac{\frac{\Delta Q}{Q}}{\frac{\Delta M}{M}}$，于是有：

$$\frac{\Delta Q}{Q} = e_M\cdot\frac{\Delta M}{M} = 2.2\times 5\% = 11\%$$

因此，在其他条件不变的情况下，收入提高5%时，需求数量增加11%。

7．假定在某市场上A、B两厂商是生产同种有差异的产品的竞争者；该市场对A厂商的需求曲线为$P_A = 200 - Q_A$，对B厂商的需求曲线为$P_B = 300 - 0.5Q_B$；两厂商目前的销售

量分别为 $Q_A=50$，$Q_B=100$。求：

(1)目前A、B两厂商的需求的价格弹性 e_{dA} 和 e_{dB} 各是多少？

(2)如果B厂商降价使得B厂商的需求量增加为 $Q'_B=160$，同时使竞争对手A厂商的需求量减少为 $Q'_A=40$。那么，A厂商的需求的交叉价格弹性 e_{AB} 是多少？

(3)如果B厂商追求销售收入最大化，那么，你认为B厂商的降价是一个正确的行为选择吗？

解：(1)关于A厂商：

由于 $P_A=200-Q_A=200-50=150$，且A厂商的需求函数可以写成：

$$Q_A=200-P_A$$

于是，A厂商的需求价格弹性为：

$$e_{dA}=-\frac{dQ_A}{dP_A}\cdot\frac{P_A}{Q_A}=-(-1)\times\frac{150}{50}=3$$

关于B厂商：

由于 $P_B=300-0.5Q_B=300-0.5\times100=250$，且B厂商的需求函数可以写成：

$$Q_B=600-2P_B$$

于是，B厂商的需求价格弹性为：

$$e_{dB}=-\frac{dQ_B}{dP_B}\cdot\frac{P_B}{Q_B}=-(-2)\times\frac{250}{100}=5$$

(2)令B厂商降价前后的价格分别为 P_B 和 P'_B，且A厂商相应的需求量分别为 Q_A 和 Q'_A，根据题意有：

$$P_B=300-0.5Q_B=300-0.5\times100=250$$
$$P'_B=300-0.5Q'_B=300-0.5\times160=220$$
$$Q_A=50$$
$$Q'_A=40$$

因此，A厂商的需求交叉价格弹性为：

$$e_{AB}=\frac{\Delta Q_A}{\Delta P_B}\cdot\frac{P_B}{Q_A}=\frac{40-50}{220-250}\times\frac{250}{50}=\frac{5}{3}$$

(3)由(1)可知，B厂商在 $P_B=250$ 时的需求价格弹性为 $e_{dB}=5$，也就是说，对B厂商产品的需求是富有弹性的。对于富有弹性的商品而言，厂商的价格和销售收入成反方向的变化，所以，B厂商将商品价格由 $P_B=250$ 下降为 $P'_B=220$，将会增加其销售收入。具体地有：

降价前，当 $P_B=250$ 且 $Q_B=100$ 时，B厂商的销售收入为：

$$TR_B=P_B\cdot Q_B=250\times100=25000$$

降价后，当 $P'_B=220$ 且 $Q'_B=160$ 时，B厂商的销售收入为：

$$TR'_B=P'_B\cdot Q'_B=220\times160=35200$$

显然，$TR_B<TR'_B$，即B厂商降价增加了它的销售收入，所以，对于B厂商的销售收入最大化的目标而言，它的降价行为是正确的。

8. 假定某商品的需求的价格弹性为 1.6，现售价格为 $P=4$。

求：该商品的价格下降多少，才能使得销售量增加 10%？

解： 设该商品价格下降 ΔP 时才能使得销售量增加 10%。由需求价格点弹性计算公式有：

$$e_d = 1.6 = -\frac{\Delta Q}{\Delta P} \cdot \frac{P}{Q} = -\frac{10\%}{\Delta P/4}$$

得：$\Delta P = -10\% \times 4 \div 1.6 = -0.25$。

即该商品价格下降 0.25 时才能使得销售量增加 10%，此时商品价格为 3.75。

9. 假定小李的两个消费场景如下：

(1) 当话剧门票价格为 120 元时，小李打算买两张话剧门票。但事实上话剧门票价格上涨为 180 元，于是小李决定放弃看话剧。求小李关于话剧门票需求的价格弹性。

(2) 小李在某公司上班，公司附近只有一家可供用餐的快餐店。当每份套餐的价格为 8 元时，小李每天中午都在该快餐店用餐；当每份套餐的价格上涨为 12 元时，他仍然每天中午都在该快餐店用餐。求小李关于快餐需求的价格弹性。

(3) 对小李的两个消费场景而言，为什么(1)和(2)结果相差甚远？

答： (1) 根据需求价格弹性定义 $e_{Q,P} = -\frac{\Delta Q}{\Delta P} \cdot \frac{P}{Q}$，但是当($P$，$Q$)的取值分别为(120，2)或(180，0)时，结果是不同的。所以此处运用需求的价格弧弹性的中点公式来计算，即小李关于话剧门票的需求的价格弧弹性为：$e_1 = -(-2/60) \times (150/1) = 5$。

(2) 同理，假设小李每天中午用餐量几乎没有变化，则小李关于快餐的需求价格弹性为：$e_2 = \lim\limits_{\Delta Q \to 0} -\frac{\Delta Q}{Q} \times \frac{8}{4} = 0$。

(3) $e_1 = 5$，$e_2 = 0$，可知小李对话剧门票的需求富有弹性，而对快餐的需求完全无弹性，因此小李对话剧门票的价格变化非常敏感，而对快餐的价格变化不敏感。这主要是由于话剧门票具有较多的替代品，而快餐本身是生活必需品，弹性低，而公司附近唯一的快餐店又由于地理位置在一定范围内形成局部垄断，更加难以替代。

三、论述题

1. 利用图阐述需求的价格弹性的大小与厂商的销售收入之间的关系，并举例加以说明。

答： 需求价格弹性是指需求量变化的百分率与价格变化的百分率之比，它用来测度商品需求量变动对于商品自身价格变动反应的敏感性程度。商品的需求价格弹性与提供该商品的厂商的销售收入之间存在着密切的关系，归纳如下：

(1) 对于 $e_d > 1$ 的富有弹性的商品，降低价格会增加厂商的销售收入，相反，提高价格会减少厂商的销售收入，即厂商的销售收入与商品的价格成反方向的变动。这种情况可用图 2-19(a)予以描述。图 2-19(a)中需求曲线上 a、b 两点之间是富有弹性的，两点之间的价格变动率引起一个较大的需求量的变动率。具体地看，当价格为 P_1，需求量为 Q_1时，销售收入 $P \cdot Q$ 相当于矩形 OP_1aQ_1的面积；当价格为 P_2，需求量为 Q_2时，销售收入 $P \cdot Q$ 相当

于矩形 OP_2bQ_2 的面积。显然，前者面积小于后者面积。这就是说，若厂商从 a 点运动到 b 点，则降价的结果会使销售收入增加；若厂商从 b 点运动到 a 点，则提价的结果会使销售收入减少。

可以举例说明这种情况。假设某商品的 $e_d=2$。开始时，商品的价格为 10 元，需求是 100，厂商的销售收入 $=10\times100=1000$(元)。当商品的价格上升 1%，即价格为10.10元时，由于 $e_d=2$，所以，相应的需求量的下降率为 2%，即需求量下降为 98，厂商的销售收入 $=10.10\times98=989.80$(元)。显然，厂商提价后的销售收入反而减少了。

(2)对于 $e_d<1$ 的缺乏弹性的商品，降低价格会使厂商的销售收入减少，相反，提高价格会使厂商的销售收入增加，即销售收入与商品的价格成同方向的变动。用图 2-19(b)说明这种情况。图 2-19(b)中需求曲线上 a、b 两点之间的需求是缺乏弹性的，两点之间价格变动率引起一个较小的需求量的变动率。价格分别为 P_1 和 P_2 时，销售收入分别为矩形 OP_1aQ_1 的面积和矩形 OP_2bQ_2 的面积，且前者面积大于后者面积。这就是说，当厂商降价，即由 a 点运动到 b 点时，销售收入是减少的；相反，当厂商提价，即由 b 点运动到 a 点时，销售收入是增加的。

(3)对于 $e_d=1$ 的单位弹性的商品，降低价格或提高价格对厂商的销售收入都没有影响。用图 2-19(c)说明这种情况。图 2-19(c)中需求曲线上 a、b 两点之间为单位弹性。价格为 P_1 时的销售收入即矩形 OP_1aQ_1 的面积等于价格为 P_2 时的销售收入即矩形 OP_2bQ_2 的面积。显然，不管厂商是因降价由 a 点运动到 b 点，还是因提价由 b 点运动到 a 点，其销售收入量是不变的。

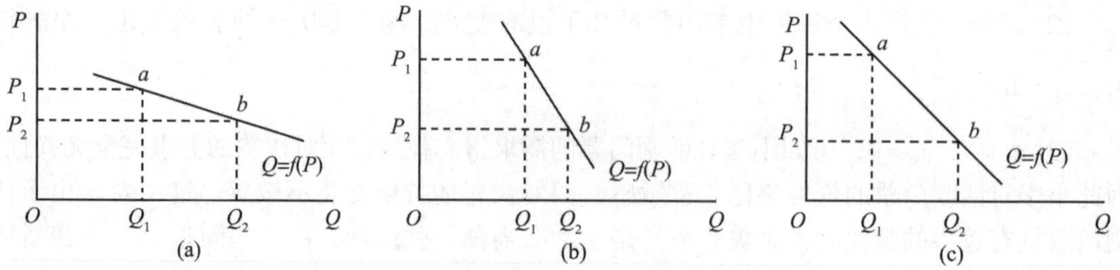

图 2-19　需求价格弹性与销售收入

2. 利用(教材中)图 2-1 简要说明微观经济学的理论体系框架。

答：微观经济学通过对个体经济单位的经济行为的研究，说明经济社会市场机制的运行和作用，以及改善这种运行的途径。

以需求、供给和均衡价格为出发点，微观经济学通过效用论研究消费者追求效用最大化的行为，并由此推导出消费者的需求曲线，进而得到市场的需求曲线。生产论、成本论和市场论主要研究生产者追求利润最大化的行为，并由此推导出生产者的供给曲线，进而得到市场的供给曲线。运用市场的需求曲线和供给曲线，就可以决定市场的均衡价格，并进一步理解在所有的个体经济单位追求各自经济利益的过程中，一个经济社会如何在市场价格机制的作用下，实现经济资源的配置。至此，微观经济学便完成了对教材中图 2-1 中上半部分所涉及的关于产品市场的内容的研究。为了更完整地研究价格机制对资源配置的作用，市场论又将考察的范围从产品市场扩展至生产要素市场。生产要素的需求方面的理论，从生产者追求利润最大化的行为出发，推导生产要素的需求曲线；生产要素的供给方面的理论，从消费者追求效用最大化的角度出发，推导生产要素的供给曲线。据此，进一步说明生产要素市场均衡价格的决定及其资源配置的效率问题。这样，微观经济学便完成了对教材中图 2-1 中下半部分所涉及关于生产要素市场的内容的研究。

在以上讨论了单个产品市场和单个生产要素市场的均衡价格决定及其作用之后，一般均衡理论讨论了一个经济社会中所有的单个市场的均衡价格决定问题，其结论是：在完全竞争经济中，存在着一组价格(P_1，P_2，…，P_n)使得经济中所有的 n 个市场同时实现供求相等的均衡状态。这样，微观经济学便完成了对其核心思想即“看不见的手”原理的证明。

在上面实证研究的基础上，微观经济学又进入了规范研究部分，即福利经济学。福利经济学的一个主要命题是：完全竞争的一般均衡就是帕累托最优状态。也就是说，在帕累托最优的经济效率的意义上，进一步肯定了完全竞争市场的配置资源的作用。

在讨论了市场机制的作用以后，微观经济学又讨论了市场失灵的问题。市场失灵产生的主要原因包括垄断、外部经济、公共物品和不完全信息。为了克服市场失灵导致的资源配置的无效率，经济学家又探讨和提出了相应的微观经济政策。

2.3　名校考研真题详解

一、名词解释

1. 需求价格弹性(武汉大学 2002、2004 研；江西财大 2004 研；电子科技大学 2006 研；厦门大学 2008、2017 研；社科院研究生院 2010 研；财政部财科所 2012 研；浙江大学 2014 研；东北大学 2016 研；山东大学 2018 研)

答：需求价格弹性表示在一定时期内一种商品的需求量变动对于该商品的价格变动的反应程度。或者说，它表示在一定时期内当一种商品的价格变化百分之一时所引起的该商品的需求量变化的百分比。其公式为：

$$\text{需求价格弹性系数} = -\frac{\text{需求量变动率}}{\text{价格变动率}}$$

影响需求价格弹性的因素有很多，其中主要有：商品的可替代性、商品用途的广泛性、商品对消费者生活的重要程度、商品的消费支出在消费者预算总支出中所占的比重和所考察的消费者调节需求量的时间。

2. 经济人(中央财大 2005 研复试；中南大学 2005 研；南京财经大学 2015 研；中南财大 2016 研)

答：经济人是西方经济学在进行经济分析时的一个基本假设，也称为理性人，是经济生活中一般人的抽象。其本性被假设为是利己的，总是力图以最小的经济代价去追逐和获取自身的最大的经济利益。这样人们做出经济决策的出发点就是私人利益，在追求私人利益的过程中，每个人都寻求个人利益最大化，而不会做出于己无利的事。

经济人假设包括以下内容：①在经济活动中，个人所追求的唯一目标是自身经济利益的最大化。②个人所有的经济行为都是有意识的和理性的，不存在经验性和随机性的决策。③经济人拥有充分的经济信息，每个人都清楚地了解其所有经济活动的条件与后果。因此，经济中不存在任何不确定性，获取信息也不需要支付任何成本。④各种生产资源可以自由地、不需要任何成本地在部门之间、地区之间流动。

经济人的利己主义假设并不等于通常意义上所说的“自私自利”，即该假设并不意味着这些市场活动个体只会关心自己的钱袋子，相反，他们会在孜孜以求地追求自己最大利益的过程中，自然地且必然地为社会提供最优的产品和服务，从而客观上实现一定的社会利益。

3. 恩格尔定律(北师大2001研；东北大学2004研；财政部财科所2004研；对外经贸大学2006研；华东理工大学2006研；南京大学2007研；中南财大2009研；中央财大2010、2016研；山东大学2015研；大连理工大学2018研；东北财大2014、2019研)

答：恩格尔定律是19世纪德国统计学家恩格尔根据统计资料，对消费结构的变化得出的一个规律。该规律的内容是：在一个家庭或在一个国家中，食物支出在收入中所占的比例随着收入的增加而减少。反映恩格尔定律的系数被称为恩格尔系数，公式表示为：

$$\text{恩格尔系数}=\frac{\text{消费者用于购买食品的支出}}{\text{消费者的可支配收入}}$$

用弹性概念来表述恩格尔定律可以是：对于一个家庭或一个国家来说，富裕程度越高，则食物支出的收入弹性就越小；反之，则越大。

4. 蛛网模型(对外经贸大学2004研；中南财大2010、2021研；中南大学2010研；兰州大学2015研)

答：蛛网模型是运用弹性原理解释某些生产周期较长的商品在失去均衡时发生的不同波动情况的一种动态分析理论。古典经济学理论认为，如果供给量和价格的均衡被打破，经过竞争，均衡状态会自动恢复。蛛网模型却证明，按照古典经济学静态下完全竞争的假设，均衡一旦被打破，经济系统并不一定自动恢复均衡。

与均衡价格决定模型不同的是，蛛网模型是一个动态模型。它假定商品的本期产量Q_t^s取决于前一期的价格P_{t-1}，即供给函数为$Q_t^s=f(P_{t-1})$，并根据需求弹性、供给弹性的不同，可以把蛛网模型分为“收敛型蛛网”、“发散型蛛网”和“封闭型蛛网”三种类型。

蛛网模型解释了某些生产周期较长的商品的产量和价格的波动的情况，对实践具有一定的指导作用。但是，这个模型还是一个很简单的和有缺陷的模型，需要进一步的完善。

5. 需求收入弹性(武汉大学2003、2012研；华中科大2008、2010研；中国青年政治学院2010研；东北大学2017研；山东大学2017研)

答：需求收入弹性表示在一定时期内消费者对某种商品的需求量的变动对于消费者收入量变动的反应程度。或者说，它表示在一定时期内当消费者的收入变化百分之一时所引起的商品需求量变化的百分比。如果用e_M表示需求收入弹性系数，用M和ΔM分别表示收入和收入的变动量，Q和ΔQ表示需求量和需求量的变动量，则需求收入弹性公式为：

$$e_M=\frac{\Delta Q}{\Delta M}\cdot\frac{M}{Q}$$

在影响需求的其他因素既定的前提下，可以通过需求收入弹性系数值来判断该商品是必需品、奢侈品还是劣等品。如果某种商品的需求收入弹性系数大于1，即$e_M>1$，表示消费者对商品需求量增加的幅度大于收入水平上升幅度，则该商品为奢侈品；如果某种商品的需求收入弹性小于1，即 $e_M<1$，表示消费者对商品需求量增加的幅度小于收入水平上升幅度，则该商品为必需品；如果某种商品的需求收入弹性小于0，即 $e_M<0$，表示随着收入水平的提高，消费者对此种商品的需求反而下降，则该商品为劣等品。

二、简答题

1. 什么叫理性人假设？试举两例说明微观经济学是建筑在这个假设基础上的。（人大2005研）

答：(1)“理性人”或者“经济人”的假设是对在经济社会中从事经济活动的所有人的基本特征的一个一般性的抽象。它是指每一个从事经济活动的人都是利己的，也可以说，每一个从事经济活动的人所采取的经济行为都是力图以自己的最小经济代价去获得最大经济利益。经济学家认为，在任何经济活动中，只有这样的人才是“合乎理性的人”，否则，就是非理性的人。

(2)“合乎理性的人”的假设条件是微观经济分析的基本前提，它存在于微观经济学的所有不同的理论之中。

①以效用论为例，每一个理性的消费者都在追求自身效用的最大化。在这个基础上，产生了基数效用论的边际效用分析方法和序数效用论的无差异曲线分析方法，来确定达到消费者均衡时的条件。边际效用分析法认为实现消费者均衡的条件是在某一特定期间内，消费者在各种商品的消费中，其所支出的最后一元钱所获取的边际效用皆相等：$\frac{MU_X}{P_X}=\frac{MU_Y}{P_Y}=\lambda$。而序数效用论通过无差异曲线和预算线来确定最佳的消费组合点，即在该点上要满足$\frac{P_X}{P_Y}=MRS_{XY}=\frac{MU_X}{MU_Y}$。

②再有一个例子是生产论中厂商追求自身利益的最大化，具体而言表现在既定成本下的产量最大化和既定产量下的成本最小化，因此厂商会在满足 $MRTS_{LK}=\frac{MP_L}{MP_K}=\frac{w}{r}$这个条件下进行生产。

2. 需求曲线斜率与需求价格弹性的关系。（中央财大2005研复试；华南理工大学2012研）

答：需求价格弹性是指需求量相对价格变化作出的反应程度，即商品价格变化百分之一所引起的该商品需求量变化的百分比。需求曲线的斜率是指价格和需求量的实际变化量之比。之所以用需求价格弹性而不是斜率作为反映程度的衡量工具，是因为当所使用的单位发生变化时，需求曲线的斜率就取决于所涉及的单位及其变化。需求曲线斜率与需求价格弹性的关系为：

(1)需求价格弹性反映了需求曲线陡峭或平缓的程度。

(2)当需求曲线所涉及的单位相同并且按同一比例绘制需求曲线时，通过某一点的需求曲线越平坦，需求价格弹性就越大；通过某一点的需求曲线越陡峭，需求价格弹性就越小。

(3)当需求曲线为线性需求曲线时，线性需求曲线上的所有点都具有相同的斜率。但是，在该线性需求曲线中点的上方，需求富有弹性；在该线性需求曲线中点的下方，需求缺乏弹性；在该线性需求曲线中点，需求具有单位弹性。

由此可见，直接把需求曲线的斜率和需求价格弹性等同起来，是错误的。严格区分这两个概念，不仅对于线性需求曲线的点弹性，而且对于任何形状的需求曲线的弧弹性和点弹性来说，都是有必要的。

3. 针对春节火车票一票难求的现象，请你用供求理论分析其中的原理，并据此提出解决的办法。（西南财大2013研）

答：（1）一票难求现象的经济学解释：

春节是中国传统团圆的节日，大量外出务工人员都会选择回家过年，而铁路交通是返乡的主要交通选择，因此春节火车票的市场需求曲线向右平行移动的幅度很大。然而，修建新的铁路在短期内是不容易完成的，因此，供给曲线是垂直的。在春节期间会加开一些列车来缓解供需矛盾，但是通过这种措施新增的火车票供给是非常有限的，因此，供给曲线向右移动幅度是非常小的，从而使得需求远超于供给，出现一票难求。

如图2-20所示，在春节期间，火车票的需求曲线由D向右移动到D'。供给曲线由S移动到S'，可以发现增加的座位数为Q_2-Q_1，要使得供需平衡，则价格需由P_1上涨到P_2。然而春节期间，相对于汽车票和飞机票，火车票的价格一般比较稳定不会上涨，因而价格会保持在P_1，此时形成巨大的超额需求Q_3-Q_2，因而会出现一票难求的现象。

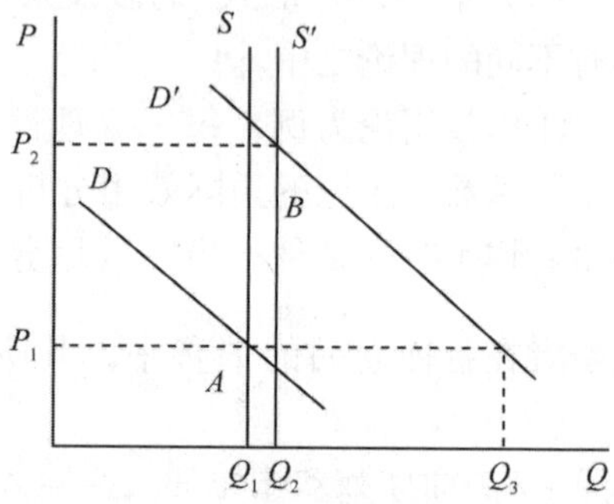

图2-20 一票难求现象

（2）一票难求现象的解决办法：

①供给方面，短期内，可采取增开临时列车或增加车厢数量的方式；长期内，可通过铁路线路规划，修建新铁路等方式，来缓解春运期间铁路运输的拥挤现象。

②需求方面，降低地区之间的不平衡发展，使得更多的外出务工人员能够在家乡附近工作，从而减少春节期间对火车的需求。另外改善外出务工人员在外地过节的环境，适当予以补贴，使更多的人选择在工作地过年或错开回家的时间，同样可以减少和缓解对火车票的需求。同时可以通过调整汽车、飞机等的票价来引导部分乘客选择其他出行方式，从而减少对火车出行的需求。

三、计算题

1. 已知某商品的需求方程和供给方程分别为：$Q_D=14-3P$，$Q_S=2+6P$。试求该商品的均衡价格，以及均衡时的需求价格弹性和供给价格弹性。（武汉大学2006研）

解：市场均衡时，需求和供给相等，即：$Q_D=14-3P=Q_S=2+6P$，解得市场均衡价格为：$P=\frac{4}{3}$，市场均衡产量为：$Q=10$。

此时，需求价格弹性为：$e_d=-\frac{dQ}{dP}\cdot\frac{P}{Q}=-(-3)\times\frac{\frac{4}{3}}{10}=0.4$

供给价格弹性为：$e_s=\frac{dQ}{dP}\cdot\frac{P}{Q}=6\times\frac{\frac{4}{3}}{10}=0.8$

2. 设现阶段我国居民对新汽车需求的价格弹性是 $e_d=-1.2$，需求的收入弹性是 $e_m=3.0$，计算：

(1)在其他条件不变的情况下，价格提高3%对需求的影响；

(2)在其他条件不变的情况下，收入提高2%对需求的影响；

(3)假设价格提高8%，收入增加10%。2002年新汽车的销售量为800万辆。利用有关弹性系数估算2003年新汽车的销售量。(华中科大2003研；武汉大学2009研)

解：(1)由需求价格弹性可知：

$$\frac{\Delta Q}{Q}=e_d\times\frac{\Delta P}{P}=-1.2\times3\%=-3.6\%$$

即在其他条件不变的情况下，如果价格提高3%，则需求将下降3.6%。

(2)$e_m=\frac{\Delta Q}{\Delta M}\cdot\frac{M}{Q}$，将$\frac{\Delta M}{M}=0.02$，$e_m=3.0$代入可得：

$$3.0=\frac{\frac{\Delta Q}{Q}}{0.02}\Rightarrow\frac{\Delta Q}{Q}=0.06$$

因此，其他条件不变，收入提高2%时，需求增加6%。

(3)假设价格提高8%，收入增加10%。2002年新汽车的销售量为800万辆。则有：

$$\Delta Q=(-1.2\times8\%+3.0\times10\%)\times800=163.2(\text{万辆})$$

即2003年新汽车的销售量为800+163.2=963.2(万辆)。

3. 假设某商品的市场需求函数为 $Q=a-bP(a>0,\ b>0)$。

(1)求市场价格为 P_0 时的需求价格弹性。

(2)当 $a=3$，$b=1.5$ 时，需求价格弹性为1.5，求市场价格和需求量。

(3)求出价格上升能够带来市场销售额增加的市场价格范围。(辽宁大学2012研)

解：(1)当市场价格为 P_0 时，需求价格弹性为：

$$E_d=-\frac{dQ}{dP}\cdot\frac{P}{Q}=-(-b)\cdot\frac{P}{Q}=b\cdot\frac{P_0}{a-bP_0}$$

(2)当 $a=3$，$b=1.5$，$E_d=1.5$ 时，可知：

$$E_d=\frac{1.5P}{3-1.5P}=1.5$$

解得：$P=1.2$。代入市场需求函数 $Q=3-1.5P$ 可得需求量为：$Q=1.2$。

(3)根据销售收入与需求价格弹性间的关系可知：当需求价格弹性小于1时，价格上升可使销售收入上升。即有：

$$E_d=\frac{bP}{a-bP}<1$$

因此，当$P<\frac{a}{2b}$时，价格上升能带来销售额的增加。

四、论述题

俗话说："谷贱伤农"，即粮食丰收反而会带来农民收入的下降，请分析背后的经济学原因，并说明政府在农业领域可以发挥哪些作用。（清华大学2005研；湖南大学2007研；北航2009研；南京财经大学2010研；北京理工大学2018研；中国地质大学(北京)2018研；哈尔滨工业大学2018研；人大2019研）

答：(1)"谷贱伤农"的含义：

"谷贱伤农"是指风调雨顺时，农民收获的粮食数量增加，但是卖粮收入反而减少的现象。该现象的经济学逻辑是：在其他因素不变的条件下，粮食丰收使得粮食价格下降，并且粮食价格下降的程度大于粮食产量增加的程度。

(2)"谷贱伤农"的经济学分析：

造成"谷贱伤农"这种现象的根本原因在于农产品往往是缺乏需求弹性的商品。以图2-21来具体说明。图2-21中的农产品的需求曲线D是缺乏弹性的。农产品的丰收使供给曲线由S的位置向右平移至S'的位置，在缺乏弹性的需求曲线的作用下，农产品的均衡价格大幅度地由P_1下降为P_2。由于农产品均衡价格的下降幅度大于农产品的均衡数量的增加幅度，最后致使农民总收入量减少，总收入的减少量相当于图2-21中矩形$OP_1E_1Q_1$和$OP_2E_2Q_2$的面积之差。

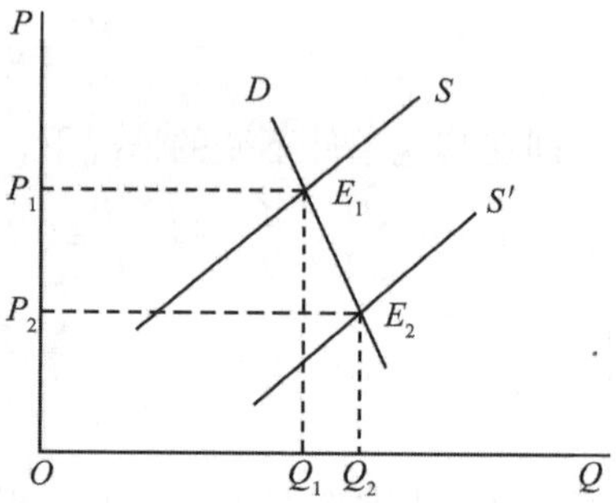

图2-21　谷贱伤农

(3)政府在农业领域可以发挥的作用：

由于粮食是需求缺乏弹性的商品，粮食的丰收反而会降低农民的收入，这会降低农民生产的积极性，因此政府需要采取措施保证农民的收入，具体来说，可以采取以下两个措施：

第一，政府对粮食收购提供支持价格。即在农业丰收时，为了避免价格大幅度下降，政府设定粮食收购保护价。这就保证了农民可以以较高的价格出售粮食，从而使得粮食丰收时农民获得更高的收入，保证了农民农业生产的积极性。

第二，对农业生产进行补贴。政府可以采取直接补贴的形式，对进行农业生产的农民进行财政补贴，这种补贴实质上降低了农业生产的成本。农民不会因为粮食丰收反而收入减少，这就在一定程度上保证了农民未来农业生产的积极性。

第3章　消费者选择

3.1　复习笔记

【知识框架（庖丁解牛）】

- 消费者选择
  - 效用论概述
    - 效用的概念
    - 基数效用论和序数效用论
  - 边际效用分析
    - 总效用与边际效用的概念及其数学表达公式
    - 边际效用递减规律
    - 货币的边际效用
    - 消费者均衡
    - 需求曲线的推导
  - 无差异曲线分析
    - 关于消费者偏好的几个假定
    - 无差异曲线
    - 边际替代率及其递减法则
    - 无差异曲线的特殊形状
    - 预算线
    - 消费者均衡条件及其图解
  - 消费者均衡比较静态分析
    - 价格变化的影响
    - 收入变化的影响
  - 替代效应和收入效应
    - 替代效应和收入效应的含义
    - 商品价格变化所引起的替代效应和收入效应
  - 消费者剩余
    - 消费者剩余的概念
    - 消费者剩余的计算和几何图形表示
    - 消费者剩余的变化
  - 市场需求
  - 不确定性和风险
    - 不确定性和风险的含义
    - 期望效用与期望值的效用的区别
    - 消费者对风险的态度

【考点难点归纳(厚积薄发)】

考点一：效用论概述 ★★★

1. 效用的概念

效用是指消费者从商品或服务中获得的满足感，是一种主观上的对于商品或服务的评价。效用具有以下特点：①不含伦理评价；②自我比较；③理性人假设下不讨论负效用。

2. 基数效用论和序数效用论

(1)基数效用论的基本观点是：效用是可以计量的。因此，效用的大小可以用基数(1，2，3，…)来表示，消费者消费某一物品所得到的满足程度可以用效用单位来进行衡量。

(2)序数效用论的基本观点是：效用作为一种心理现象无法计量，也不能加总求和，只能表示出满足程度的高低与顺序。因此，效用只能用序数(第一，第二，第三，…)来表示。

(3)基数效用论与序数效用论的异同点如表3-1表示。

表3-1 基数效用论与序数效用论的异同点

异同点 \ 度量效用的方法		基数效用论	序数效用论
不同点	假设	消费者消费商品所获得的效用是可以度量的，可以用基数表示	消费所获得的效用只可以进行排序，而不可以度量
	分析方法	使用 MU，即在预算约束下求效用值的最大化作为分析工具	使用无差异曲线、预算线作为分析工具
	均衡条件的表达式	$MU_i/P_i=\lambda$	$MRS_{XY}=MU_X/MU_Y=P_X/P_Y$
相同点	①都是从市场的需求方着手，通过推导需求曲线，说明需求曲线上的任一点都表示消费者获得了效用最大化； ②都是一种消费者行为理论，都把消费者的行为看作是在既定的收入条件下追求最大化效用的过程； ③都以边际效用理论为基础，认为商品的价值或价格是由商品带给消费者的边际效用的大小来决定的； ④推导的需求曲线具有相同的趋势，都符合需求规律		

考点二：边际效用分析 ★★★★

1. 总效用与边际效用的概念及其数学表达公式(见表3-2)

表3-2 总效用与边际效用的概念及其数学表达公式

要点	概念	数学表达公式
总效用	指消费者从消费一定量的某种物品或劳务中所得到的总的满足程度，用 TU 表示	$TU=f(Q)$
边际效用	指消费者每增加一个单位物品的消费所引起的总效用的变化量，用 MU 表示	$MU=\lim\limits_{\Delta Q\to 0}\dfrac{\Delta TU(Q)}{\Delta Q}=\dfrac{dTU(Q)}{dQ}$

2. 边际效用递减规律(戈森第一定律)(见表3-3)

表3-3 边际效用递减规律(戈森第一定律)

要点	具体内容
内容	边际效用递减规律是指在一定时间内，在其他商品的消费数量保持不变的条件下，随着消费者对某种商品消费量的增加，消费者从该商品连续增加的每一消费单位中所得到的效用增量，即边际效用是递减的
原因	①生理或心理的原因：随着相同消费品的连续增加，从每一单位消费品中所感受到的满足程度和对重复刺激的反应程度是递减的； ②消费品的用途重要性：消费品的边际效用随着消费品的用途重要性的下降而递减； ③消费有饱和点：消费者对任何一种商品的消费都有饱和点，只有当消费商品的边际效用逐步递减为零时，消费者才达到消费饱和点

3. 货币的边际效用

基数效用论者认为，货币如同商品一样，也具有效用。商品的边际效用递减规律同样适用于货币。但是，在分析消费者行为时，基数效用论者又通常假定货币的边际效用不变。

4. 消费者均衡

如果消费者的货币收入水平固定，市场上各种商品的价格已知，那么，消费者应该使自己所购买的各种商品的边际效用与价格之比相等，即消费者应使自己花费在各种商品购买上的最后一元钱所带来的边际效用相等。

消费者效用最大化的均衡条件可以用公式表示为：

$$P_1X_1+P_2X_2+\cdots+P_nX_n=I$$

$$MU_1/P_1=MU_2/P_2=\cdots=MU_n/P_n=\lambda$$

式中，P_1、P_2、…、P_n分别为n种商品的既定价格，λ为不变的货币的边际效用，X_1、X_2、…、X_n分别表示n种商品的数量，MU_1、MU_2、…、MU_n分别表示n种商品的边际效用。

5. 需求曲线的推导

假定每元货币的边际效用为λ，即：

$$\lambda=MU/P \text{ 或 } P=MU/\lambda$$

在边际效用递减规律的作用下，需求量和需求价格反向变动，如图3-1所示。这也解释了边际效用是决定需求价格的因素，而不是总效用。

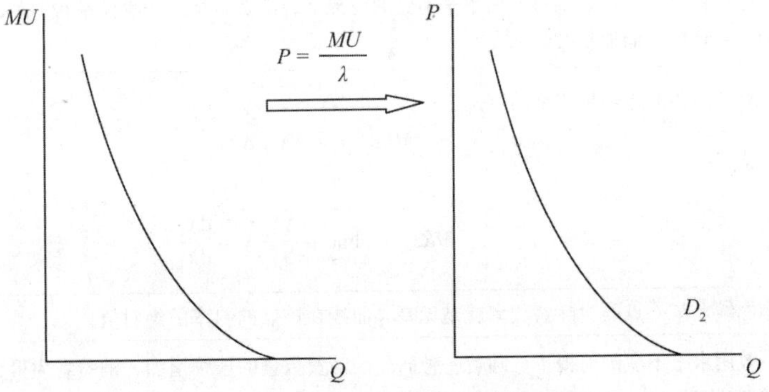

图3-1 边际效用曲线与需求曲线

考点三：无差异曲线分析 ★★★★

1. 关于消费者偏好的几个假定(见表3-4)

表3-4　关于消费者偏好的几个假定

要点	具体内容
偏好的完全性	指消费者总是可以比较和排列所给出的不同商品组合
偏好的非饱和性	如果两个商品组合的区别仅在于其中一种商品的数量不同，则消费者总是偏好于含有这种商品数量较多的那个商品组合
偏好的可传递性	如果消费者对A的偏好大于B，对B的偏好大于C，那么对A的偏好就大于C
偏好的单调性	如果一个消费组合所包含的每种商品的数量至少同另一个消费组合的一样多，那么，这个消费组合至少同另一个消费组合一样好
偏好的凸性	正常情况下，消费者总是会愿意用一种商品去换取另外的商品，最终消费各种商品的一部分，即大多数情况下各种商品是搭配消费的，所以无差异曲线是凸的

2. 无差异曲线(见表3-5)

表3-5　无差异曲线

要点	基本内容
含义	无差异曲线是表示能够给消费者带来相同的效用水平或满足程度的两种商品的所有组合的曲线，如图3-2所示
基本特征	①在同一坐标平面上的任何两条无差异曲线之间，可以有无数条无差异曲线。离原点越远的无差异曲线代表的效用水平越高，离原点越近的无差异曲线代表的效用水平越低。 ②在同一坐标平面上的任意两条无差异曲线不会相交。 ③无差异曲线向右下方倾斜，且凸向原点

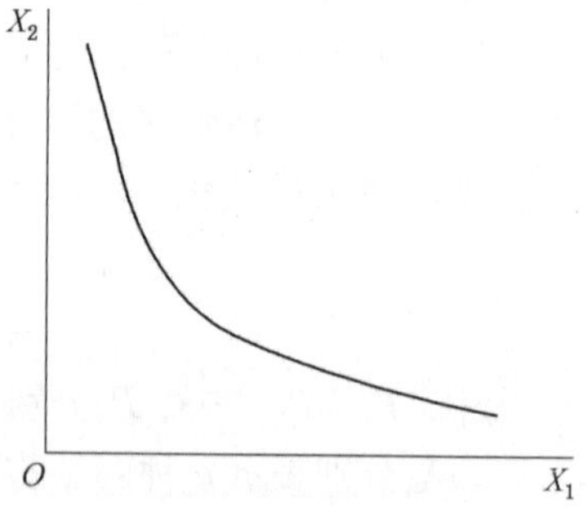

图3-2　无差异曲线图

3. 边际替代率及其递减法则(见表3-6)

表3-6　边际替代率及其递减法则

要点	具体内容
含义	商品的边际替代率是指在维持效用水平不变的前提下，消费者增加一单位某种商品的消费数量时所需要放弃的另一种商品的消费数量
公式	商品1对商品2的边际替代率的定义公式为：$MRS_{12}=-\Delta X_2/\Delta X_1$ 或者：$MRS_{12}=\lim\limits_{\Delta X_1\to 0}-\dfrac{\Delta X_2}{\Delta X_1}=-\dfrac{dX_2}{dX_1}$
几何意义	无差异曲线上某一点的边际替代率就是无差异曲线在该点的斜率的绝对值
递减法则	在维持效用水平不变的前提下，随着一种商品的消费数量的连续增加，消费者为得到每一单位的这种商品所需要放弃的另一种商品的消费数量是递减的

4. 无差异曲线的特殊形状

(1)完全替代型偏好的无差异曲线形状：一条斜率不变的直线。

(2)完全互补型偏好的无差异曲线形状："L"型直角。

5. 预算线

(1)预算线的含义与数学公式表达：

预算线又称为预算约束线、消费可能线或价格线，表示在消费者的收入和商品的价格给定的条件下，消费者的全部收入所能购买到的两种商品的各种组合。

预算线方程：$P_1X_1+P_2X_2=I$。其中，I表示消费者的既定收入，X_1和X_2分别为商品1和商品2的购买数量，P_1和P_2分别为商品1和商品2的价格。

(2)预算线的变动如表3-7所示：

表3-7 预算线的变动

商品1的价格	商品2的价格	消费者的收入	预算线的位置
不变	不变	变	发生平移
与商品2的价格同比例变动	与商品1的价格同比例变动	不变	发生平移
变	不变	不变	预算线斜率发生变化，预算线与X_1轴的截距发生变化，如图3-3(b)所示
不变	变	不变	预算线斜率发生变化，预算线与X_2轴的截距发生变化，如图3-3(c)所示
与收入和商品2的价格同比例同方向变化	与收入和商品1价格的同比例同方向变化	与商品1和商品2的价格同比例同方向变化	不变

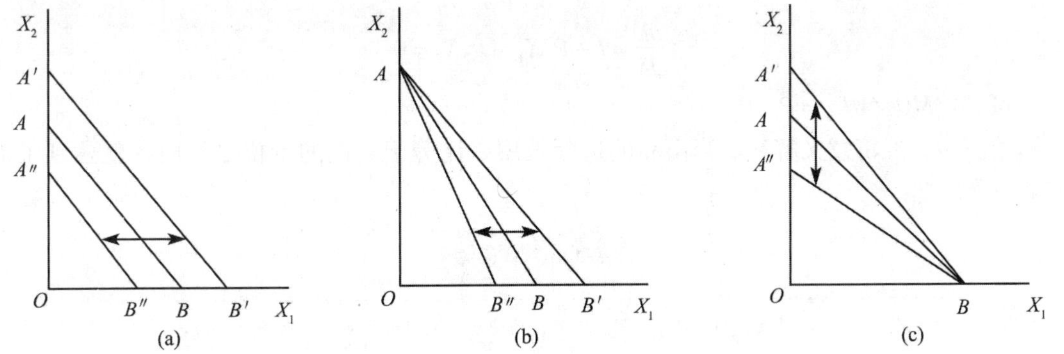

图3-3 预算线的变动

◆小试牛刀◆

若商品X和Y的价格按照相同的比率上升，而收入不变，则预算线(　　)。(暨南大学2017研)

A. 不会发生变动

B. 向左下方平行移动

C. 向右上方平行移动

D. 可能向左下方平行移动，也可能向右上方平行移动

【答案】B

【解析】若商品 X 和 Y 的价格按照相同的比率上升，收入不变时，不影响预算线的斜率，只能使预算线的横截距和纵截距下降，因此预算线会向左下方平行移动。

6. 消费者均衡条件及其图解

(1)消费者均衡条件：$MRS_{12}=P_1/P_2$。

在一定的预算约束下，为了实现最大的效用，消费者应该选择最优的商品组合，使得两商品的边际替代率等于两商品的价格之比。

(2)图解：消费者的均衡如图3-4所示。

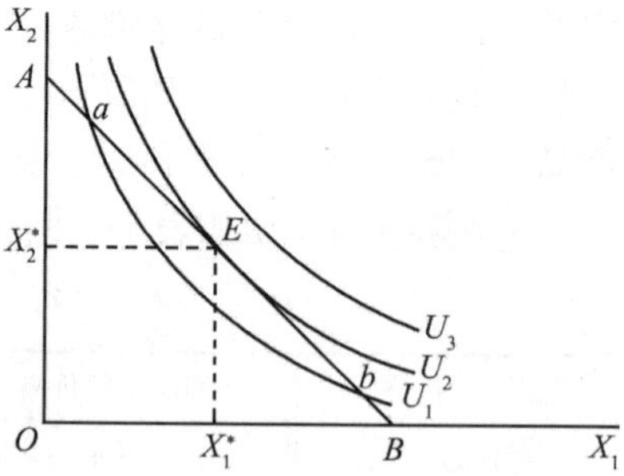

图3-4 消费者的均衡

序数效用论条件下的消费者均衡条件为 $MU_1/MU_2=P_1/P_2$，表示无差异曲线与预算线相切的切点即为消费者均衡点。这一均衡条件可以用数学方法予以证明。证明如下：

第一步，将经济问题转化成数学模型，即：在约束条件 $P_1X_1+P_2X_2=I$ 下，求 $U(X_1, X_2)$ 的最大值。

第二步，数学求解。构造拉格朗日函数 $L=U(X_1, X_2)+\lambda(I-P_1X_1-P_2X_2)$。拉格朗日定理认为，最优选择必定满足以下三个一阶条件：

$$\frac{\partial L}{\partial X_1}=\frac{\partial U(X_1, X_2)}{\partial X_1}-\lambda P_1=0$$

$$\frac{\partial L}{\partial X_2}=\frac{\partial U(X_1, X_2)}{\partial X_2}-\lambda P_2=0$$

$$\frac{\partial L}{\partial \lambda}=I-P_1X_1-P_2X_2=0$$

可得：$MU_1/MU_2=P_1/P_2$。

第三步，经济意义解释。当商品的边际效用之比等于它们的价格之比时，就达到了消费者均衡。

◆小试牛刀◆

假定 X、Y 的价格 P_X、P_Y 已定，当 $MRS_{XY}>P_X/P_Y$ 时，消费者为达到最大满足，他将(　　)。

A. 增购 X，减少 Y

B. 减少 X，增购 Y

C. 同时增购 X、Y

D. 同时减少 X、Y

【答案】A

【解析】$MRS_{XY}=MU_X/MU_Y>P_X/P_Y$，因此根据边际效用递减可知，增加对 X 的消费，减少对 Y 的消费，可以满足 $MRS_{XY}=MU_X/MU_Y=P_X/P_Y$，从而满足消费者效用最大化的条件。

考点四：消费者均衡比较静态分析 ★★★★

1. 价格变化的影响

(1) 价格-消费曲线：

价格-消费曲线是在消费者收入和其他商品价格不变的条件下，随着一种商品价格的变动，消费者均衡点的变动轨迹。在图 3-5 中，预算约束线将围绕着 A 点逆时针旋转，由 B、B' 变动到 B''。对应于每一条特定的预算约束线，消费者依照效用最大化原则，选择消费商品的数量组合。图 3-5 中，B、B' 和 B'' 分别与 U_1、U_2 和 U_3 的切点 E_1、E_2 和 E_3 给出了相应于不同价格下的消费者均衡点。连接这些均衡点，得到一条曲线，即价格-消费曲线。

(2) 消费者的需求曲线：

由消费者的价格-消费曲线可以推导出消费者的需求曲线。如图 3-5(a) 所示，当均衡点为 E_1 时，商品 1 的价格为 P_1^1，商品 1 的需求量为 X_1^1。当均衡点为 E_2 时，商品 1 的价格为 P_1^2，商品 1 的需求量为 X_1^2。当均衡点为 E_3 时，商品 1 的价格为 P_1^3，商品 1 的需求量为 X_1^3。把这些价格和需求量的组合绘制在商品的价格-数量坐标图上，便可以得到单个消费者对商品 1 的需求曲线 $X_1=f(P_1)$，如图 3-5(b) 所示。

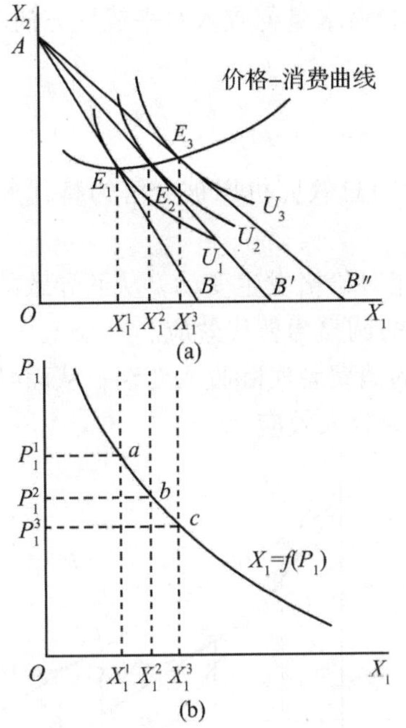

图 3-5 价格-消费曲线和消费者的需求曲线

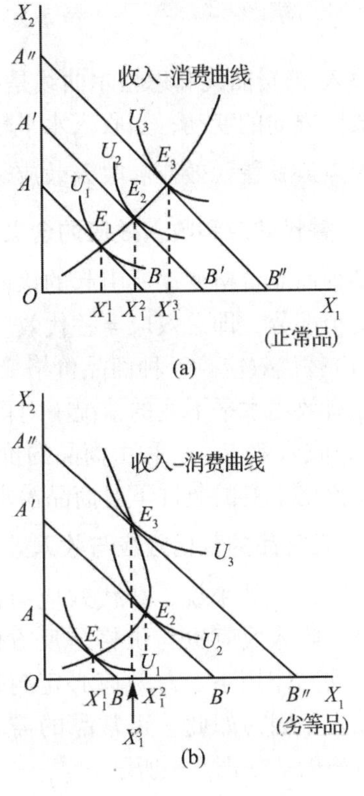

图 3-6 收入-消费曲线

2. 收入变化的影响

(1) 收入-消费曲线：

收入-消费曲线是在商品价格保持不变的条件下，随着消费者收入水平的变动，消费者均衡点变动的轨迹。

(2)恩格尔曲线：

恩格尔曲线表示消费者在每一收入水平对某商品的需求量。与恩格尔曲线相对应的函数关系为 $X=f(I)$，其中，I 为收入水平；X 为某种商品的需求量。消费者的恩格尔曲线可以由消费者的收入-消费曲线推导。收入-消费曲线反映了消费者的收入水平和商品的需求量之间存在着一一对应的关系：以商品 1 为例，收入水平 I_1、I_2 和 I_3 对应的需求量分别为 X_1^1、X_1^2 和 X_1^3，把这些收入和需求量的组合描绘在相应的平面坐标图中，便可得到一条曲线，此即为恩格尔曲线，如图 3-7 所示。

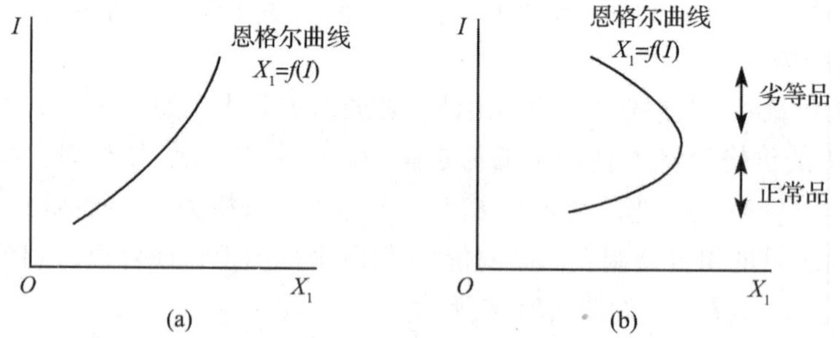

图 3-7　恩格尔曲线

收入-消费曲线和恩格尔曲线是相对应的。当收入水平较低时，商品 1 的需求量与收入水平成同方向的变动；当收入水平较高时，商品 1 的需求量与收入水平成反方向的变动。

考点五：替代效应和收入效应 ★★★★

1. 替代效应和收入效应的含义

某种商品价格变动所引起的该商品需求量变动的总效应可以被分解为替代效应和收入效应两个部分，即总效应 = 替代效应 + 收入效应。

(1)替代效应。一种商品价格变动引起商品的相对价格发生变动，从而导致的消费者在维持原有效用水平不变的情况下对商品的需求做出的调整为替代效应。

(2)收入效应。一种由商品的价格变动所引起的消费者实际收入变动，从而导致消费者在保持价格不变的条件下对商品需求量做出的调整为收入效应。

2. 正常品的替代效应与收入效应

对于正常品来说，替代效应与价格呈反方向的变动，收入效应也与价格呈反方向的变动，在它们的共同作用下，总效应必定与价格呈反方向的变动。正因为如此，正常品的需求曲线是向右下方倾斜的。如图 3-8 所示。

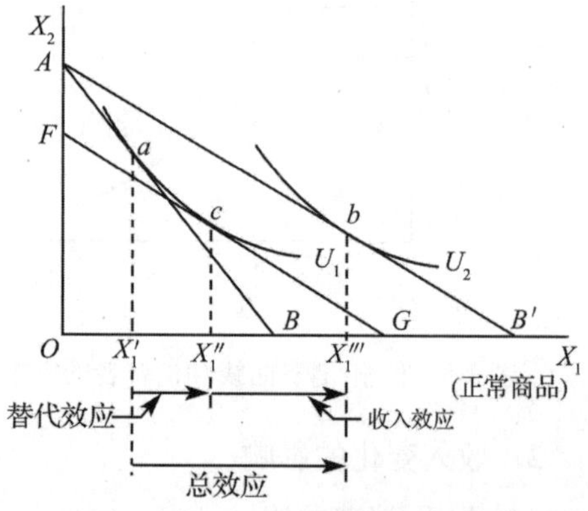

图 3-8　正常品的替代效应与收入效应

3. 劣等品的替代效应与收入效应

对于劣等品来说，替代效应与价格呈反方向的变动，收入效应与价格呈同方向的变动，而且，在大多数的场合，收入效应的作用小于替代效应的作用，所以，总效用与价格呈反方向的变动，相应的需求曲线是向右下方倾斜的，如图 3-9 所示，但吉芬品除外。

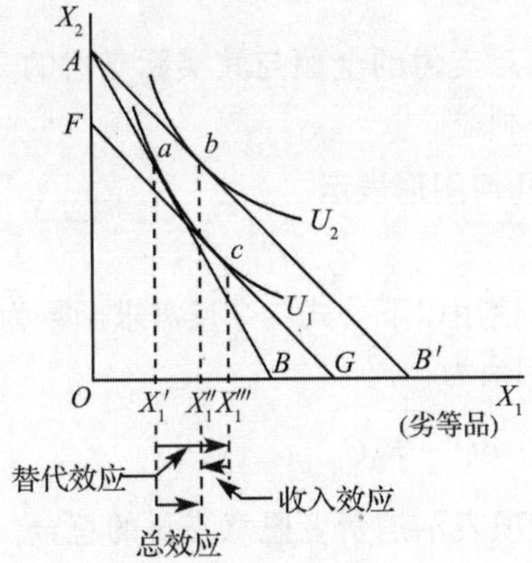

图 3-9 劣等品的替代效应与收入效应

4. 吉芬品的替代效应与收入效应

作为劣等品，吉芬品的替代效应与价格呈反方向的变动，收入效应与价格呈同方向的变动。吉芬品的特殊性就在于：它的收入效应的作用很大，以至于超过了替代效应的作用，从而使得总效应与价格呈同方向的变动。这也就是吉芬品的需求曲线呈现出向右上方倾斜的特殊形状的原因。如图 3-10 所示。

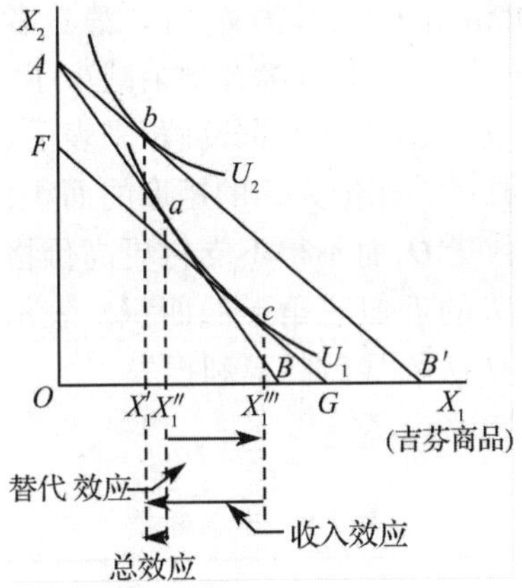

图 3-10 吉芬品的替代效应与收入效应

综上所述，商品价格变化所引起的替代效应和收入效应如表 3-8 所示。

表 3-8 商品价格变化所引起的替代效应和收入效应

商品类别	替代效应与价格的关系	收入效应与价格的关系	总效应与价格的关系	需求曲线的形状
正常品	反方向变化	反方向变化	反方向变化	向右下方倾斜
劣等品	反方向变化	同方向变化	反方向变化	向右下方倾斜
吉芬品	反方向变化	同方向变化	同方向变化	向右上方倾斜

考点六：消费者剩余 ★★★★

1. 消费者剩余的概念

消费者剩余是指消费者愿意支付的金额与其实际支付的金额之间的差额。它代表了消费者以低价购买商品所获得的利益。

2. 消费者剩余的计算和几何图形表示

(1)消费者剩余的计算：

在计算消费者剩余时可以使用以下公式：令反需求函数为 $P^d=f(Q)$，价格为 P_0 时消费者的需求量为 Q_0，则消费者剩余为：

$$CS=\int_0^{Q_0}f(Q)\mathrm{d}Q-P_0Q_0$$

公式右边的第一项即积分项表示消费者愿意支付的总金额，第二项表示消费者实际支付的总金额。

(2)消费者剩余的几何图形表示：

如图3-11所示，需求曲线以反需求函数的形式 $P^d=f(Q)$ 给出，它表示消费者对每一单位商品所愿意支付的最高价格。消费者剩余就是消费者需求曲线以下、市场价格以上的面积。

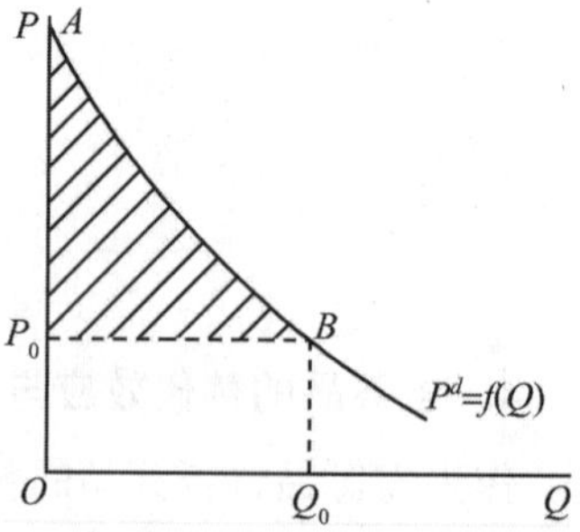

图3-11　消费者剩余

3. 消费者剩余的变化

如图3-12所示，当商品价格由 P_1 上升为 P_2 时，消费者的需求量由 Q_1 减少为 Q_2，价格上升使得消费者剩余减少了，损失的消费者剩余可用图中近似梯形的阴影部分面积来表示。

图中阴影面积由两部分构成：①标记为 S 的矩形的面积，表示消费者为了继续购买商品数量 Q_2 而不得不支付更高价格所遭受的福利损失；②标记为 T 的近似三角形的面积，表示由于价格上升引起消费量减少 Q_2Q_1 而导致的福利损失。

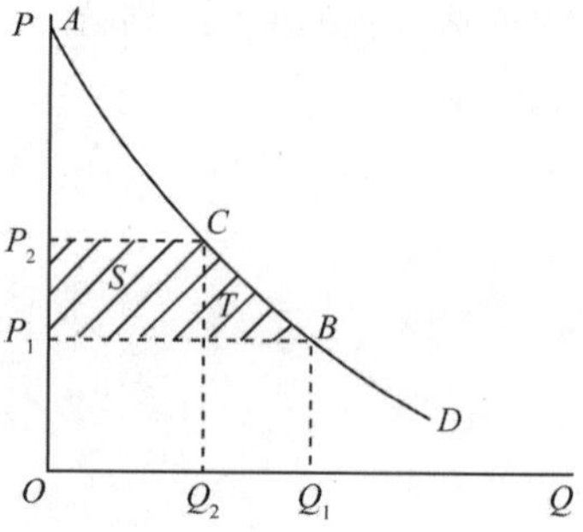

图3-12　消费者剩余的变化

考点七：市场需求(见表3-9) ★★★

表3-9　市场需求

要点	具体内容
含义	市场需求是指在一定时期内在各种不同的价格下市场中所有消费者对某种商品的需求数量
市场需求函数	假定在某一商品市场上有 n 个消费者，他们都具有不同的个人需求函数 $Q_i^d=f_i(P)$，$i=1, 2, \cdots, n$，则该商品市场的需求函数为：$Q^d=\sum_{i=1}^{n}f_i(P)$
市场需求曲线	市场需求曲线是单个消费者的需求曲线的水平加总，一般向右下方倾斜。市场需求曲线表示某商品市场在一定时期内在各种不同的价格水平上所有消费者愿意而且能够购买的该商品的数量。市场需求曲线上的每个点都表示在相应的价格水平下可以给全体消费者带来的最大效用水平或满足程度的市场需求量

考点八：不确定性和风险 ★★★

1. 不确定性和风险的含义

不确定性是指经济行为者在事先不能准确地知道自己的某种决策的结果，描述不确定性的指标有概率、期望值、方差等。

风险是指在消费者知道自己某种行为决策的各种可能的结果时，消费者还知道各种可能结果发生的概率。

2. 期望效用与期望值的效用的区别(见表3-10)

表3-10　期望效用与期望值的效用的区别

类型＼区别	含义	公式
期望效用	又称预期效用，是指不确定条件下可能得到的各种结果的效用的加权平均数	期望效用公式为： $EU=pU(W_1)+(1-p)U(W_2)$ p 和 $1-p$ 分别表示两种结果 W_1 和 W_2 发生的概率
期望值的效用	指消费者在不确定条件下所拥有财富的加权平均数	期望值公式为： $EW[p,\ W_1,\ W_2]=pW_1+(1-p)W_2$ 期望值效用 $=U[pW_1+(1-p)W_2]$

3. 消费者对风险的态度(见表3-11)

表3-11　消费者对风险的态度

类型	期望效用与期望值效用的大小关系	效用函数的形状
风险回避者	期望效用小于期望值效用	风险回避者的效用函数严格向上凸出，其曲线斜率随着财富的增加而变得越来越平坦
风险爱好者	期望效用大于期望值效用	风险爱好者的效用函数严格向下凸出，其曲线斜率随着财富的增加而变得越来越陡峭
风险中立者	期望效用等于期望值效用	风险中立者的效用函数为一条穿过原点的直线

注意：现实生活中，大多数人在大多数时间里是风险规避者。但是，有些人在某种情况下却喜欢冒风险。真正的风险中立者可能并不多见。

3.2　课后习题详解

一、简答题

1. 已知一件衬衫的价格为80元，一份肯德基快餐的价格为20元，在某消费者关于这两种商品的效用最大化的均衡点上，一份肯德基快餐对衬衫的边际替代率 *MRS* 是多少？

解：按照两商品的边际替代率 *MRS* 的定义公式，可以将一份肯德基快餐对衬衫的边际替代率写成：

$$MRS_{XY} = -\frac{\Delta Y}{\Delta X}$$

其中，X 表示肯德基快餐的份数；Y 表示衬衫的件数；MRS_{XY}表示在维持效用水平不变的前提下，消费者增加一份肯德基快餐消费时所需要放弃的衬衫的消费数量。

在该消费者实现关于这两种商品的效用最大化时，在均衡点上有：

$$MRS_{XY} = \frac{P_X}{P_Y}$$

即有：$MRS_{XY} = \frac{20}{80} = 0.25$。

它表明，在效用最大化的均衡点上，对于该消费者来说，一份肯德基快餐对衬衫的边际替代率为0.25。

2. 假设某消费者的均衡如图3-13所示。其中，横轴 OX_1和纵轴 OX_2分别表示商品1和商品2的数量，线段 AB 为消费者的预算线，曲线 U 为消费者的无差异曲线，E 点为效用最大化的均衡点。已知商品1的价格 $P_1 = 2$ 元。

(1)求消费者的收入。

(2)求商品2的价格 P_2。

(3)写出预算线方程。

(4)求预算线的斜率。

(5)求 E 点的 MRS_{12}的值。

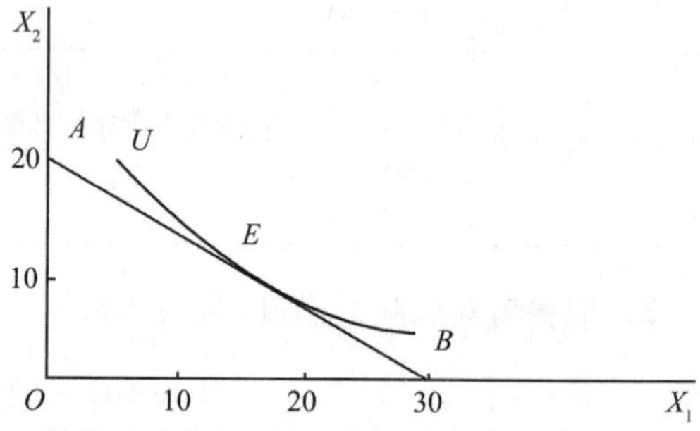

图3-13　消费者效用最大化

解：(1)图3-13中的横截距表示消费者的收入全部购买商品1的数量为30单位，且已知 $P_1 = 2$(元)，所以消费者的收入 $I = 2 \times 30 = 60$(元)。

(2)图3-13中的纵截距表示消费者的收入全部购买商品2的数量为20单位，且由(1)已知收入 $I = 60$(元)，所以商品2的价格 $P_2 = \frac{I}{20} = \frac{60}{20} = 3$(元)。

(3)由于预算线方程的一般形式为：

$$P_1X_1 + P_2X_2 = I$$

所以，由(1)、(2)可将预算线方程具体写为：$2X_1 + 3X_2 = 60$。

(4)将(3)中的预算线方程进一步整理为 $X_2 = -\frac{2}{3}X_1 + 20$，显然，预算线的斜率为 $k = -\frac{2}{3}$。

(5)在消费者效用最大化的均衡点 E 上，有 $MRS_{12} = \frac{P_1}{P_2}$，即无差异曲线的斜率的绝对值(即 MRS)等于预算线斜率的绝对值$\frac{P_1}{P_2}$。因此，在 E 点，$MRS_{12} = \frac{P_1}{P_2} = \frac{2}{3}$。

3. 对消费者实行补助有两种方法：一种是发给消费者一定数量的实物补助，另一种是发给消费者一笔现金补助，这笔现金额等于按实物补助折算的货币量。试用无差异曲线分析法，说明哪一种补助方法能给消费者带来更大的效用。

答：如图3-14所示，以X代表所补助的实物，以Y代表其他商品，消费者原来的预算约束线是AB。若进行实物补助，则消费者的预算约束线变为折线CB'，若进行现金补助，则预算线变为$A'B'$。如果无差异曲线与直线$A'B'$相切于CB'段（如E点），则实物补助与现金补助无差别，两种方法给消费者带来的效用相同；但如果无差异曲线与直线$A'B'$相切于$A'C$段（如D点），则现金补助优于实物补助，因为在现金补助下消费者的最优选择是D点，其相应的效用水平为U_2，而在实物补助下只能达到C点，其相应的效用水平为U_1，显然$U_1 < U_2$。

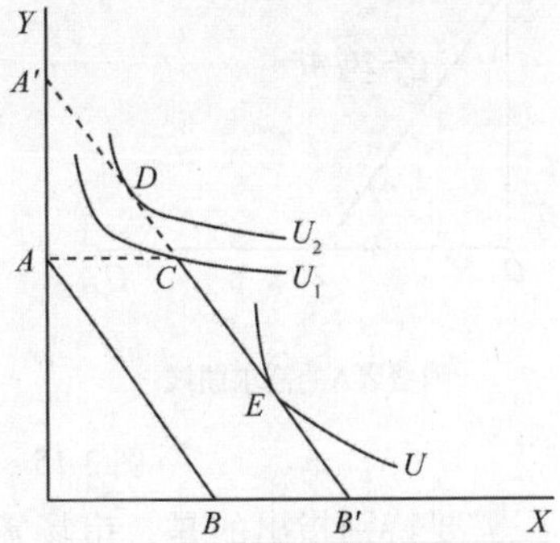

图3-14 实物补助与现金补助

因此，整体而言，现金补助优于实物补助。

4. 假设某商品市场上只有A、B两个消费者，他们的需求函数各自为$Q_A^d = 20 - 4P$和$Q_B^d = 30 - 5P$。

（1）列出这两个消费者的需求表和市场需求表。

（2）根据（1），画出这两个消费者的需求曲线和市场需求曲线。

答：（1）由消费者A的需求函数$Q_A^d = 20 - 4P$，可编制消费者A的需求表；由消费者B的需求函数$Q_B^d = 30 - 5P$，可编制消费者B的需求表。至于市场需求表的编制可以使用两种方法，一种方法是利用已得到消费者A、B的需求表，将每一价格水平上两个消费者的需求数量加总来编制市场需求表；另一种方法是先将消费者A和B的需求函数加总来求得市场需求函数，即市场需求函数$Q^d = Q_A^d + Q_B^d = (20 - 4P) + (30 - 5P) = 50 - 9P$，然后，运用所得到的市场需求函数$Q^d = 50 - 9P(P \leqslant 5)$，来编制市场需求表。这两种方法所得到的市场需求表是相同的。

按以上方法编制的三张需求表如下所示。

表3-12 消费者A的需求表

P	Q_A^d
0	20
1	16
2	12
3	8
4	4
5	0

表3-13 消费者B的需求表

P	Q_B^d
0	30
1	25
2	20
3	15
4	10
5	5
6	0

表3-14 市场的需求表

P	$Q^d = Q_A^d + Q_B^d$
0	50
1	41
2	32
3	23
4	14
5	5
6	0

（2）由（1）中的三张需求表，所画出的消费者A和B各自的需求曲线以及市场的需求曲线如图3-15所示。

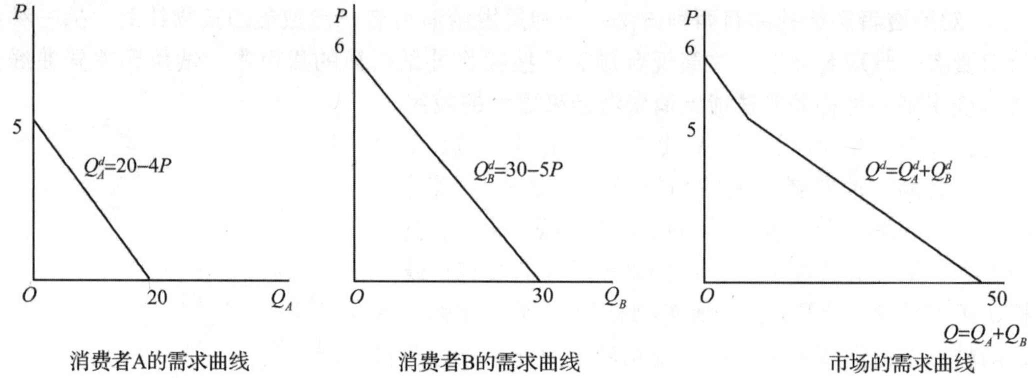

图3-15 从单个消费者的需求曲线到市场需求曲线

需要特别指出的是，市场需求曲线有一个折点，该点发生在价格 $P=5$ 和需求量 $Q^d=5$ 的坐标点位置。对于市场需求曲线的这一特征，可以从两个角度来解释：一个角度是从图形来理解，市场需求曲线是市场上单个消费者需求曲线的水平加总，即在 $P\leqslant 5$ 的范围，市场需求曲线由两个消费者需求曲线水平加总得到；而当 $P>5$ 时，只有消费者B的需求曲线发生作用，所以，它的需求曲线就是市场需求曲线。另一个角度是从需求函数看，在 $P\leqslant 5$ 的范围，市场需求函数 $Q^d=Q_A^d+Q_B^d=50-9P$ 成立；而当 $P>5$ 时，只有消费者B的需求函数才构成市场需求函数，即 $Q^d=Q_B^d=30-5P$。

5. 某消费者是一个风险回避者，他面临是否参与一场赌博的选择：如果他参与这场赌博，他将以5%的概率获得10000元，以95%的概率获得10元；如果他不参与这场赌博，他将拥有509.5元。那么，他会参与这场赌博吗？为什么？

解：该消费者不会选择赌博。分析如下：

该消费者现在在无风险条件下(即不赌博条件下)可以持有的确定的货币财富是509.5元。在风险条件下即参与赌博时，该消费者财富的期望值为：

$$5\%\times 10000+95\%\times 10=509.5$$

该消费者财富的期望值与持有的确定的货币财富一样。由于该消费者是风险回避者，他认为持有一笔确定的货币财富的效用大于在风险条件下赌博的期望效用，因而他不会选择赌博。

二、计算题

1. 已知某消费者关于 X、Y 两商品的效用函数为 $U=\sqrt{xy}$，其中 x、y 分别为对商品 X、Y 的消费量。

(1)求该效用函数关于 X、Y 两商品的边际替代率表达式。

(2)在总效用水平为6的无差异曲线上，若 $x=3$，求相应的边际替代率。

(3)在总效用水平为6的无差异曲线上，若 $x=4$，求相应的边际替代率。

(4)该无差异曲线的边际替代率是递减的吗?

解：(1)商品 X 和商品 Y 的边际替代率为：$MRS_{xy}=\dfrac{MU_x}{MU_y}=\dfrac{0.5x^{-0.5}y^{0.5}}{0.5y^{-0.5}x^{0.5}}=\dfrac{y}{x}$。

(2)由于 $U=6$，$x=3$，则 $y=12$，故 $MRS_{xy}=12/3=4$。

(3)由于 $U=6$，$x=4$，则 $y=9$，故 $MRS_{xy}=9/4$。

(4)显然，同一条无差异曲线上 U 为定值 U_0，随着 x 的不断增大，$y=(U_0)^2/x$ 不断减小，从而 $MRS_{xy}=y/x$ 也不断减小，即该无差异曲线的边际替代率是递减的。

2. 已知某消费者每年用于商品1和商品2的收入为540元，两商品的价格分别为 $P_1=20$ 元和 $P_2=30$ 元，该消费者的效用函数为 $U=3X_1X_2^2$，该消费者每年购买这两种商品的数量应各是多少？每年从中获得的总效用是多少？

解：(1)据题意有：$I=540$，$P_1=20$，$P_2=30$，$U=3X_1X_2^2$。

根据消费者效用最大化的均衡条件：$MU_1/P_1=MU_2/P_2$。

其中，由 $U=3X_1X_2^2$ 可得：

$$MU_1=\frac{\partial U}{\partial X_1}=3X_2^2$$

$$MU_2=\frac{\partial U}{\partial X_2}=6X_1X_2$$

于是有：$\dfrac{3X_2^2}{6X_1X_2}=\dfrac{20}{30}$。

整理得：$X_2=\dfrac{4}{3}X_1$。　①

将①式代入预算约束式 $P_1X_1+P_2X_2=I$，即：$20X_1+30X_2=540$。

解得：$X_1^*=9$，$X_2^*=12$。

因此，该消费者每年购买 X_1 和 X_2 这两种商品的数量分别为9和12。

(2)将以上最优的商品组合代入效用函数，得：

$$U^*=3X_1^*(X_2^*)^2=3\times9\times12^2=3888$$

即该消费者最优商品购买组合给他带来的最大效用水平为3888。

3. 假定某消费者的效用函数为 $U=x_1^{\frac{3}{8}}x_2^{\frac{5}{8}}$，两商品的价格分别为 P_1、P_2，消费者的收入为 M。分别求该消费者关于商品1和商品2的需求函数。

解：建立拉格朗日函数：$L(x_1,x_2,\lambda)=U(x_1,x_2)+\lambda(M-P_1x_1-P_2x_2)$。

效用最大化的一阶条件为：

$$\frac{\partial L}{\partial x_1}=\frac{3}{8}\left(\frac{x_2}{x_1}\right)^{\frac{5}{8}}-\lambda P_1=0$$

$$\frac{\partial L}{\partial x_2}=\frac{5}{8}\left(\frac{x_1}{x_2}\right)^{\frac{3}{8}}-\lambda P_2=0$$

$$\frac{\partial L}{\partial \lambda}=M-P_1x_1-P_2x_2=0$$

由上式联立可得：$x_1^*=\dfrac{3M}{8P_1}$，$x_2^*=\dfrac{5M}{8P_2}$。

此分别为商品1和商品2的需求函数。

4. 假定某消费者的效用函数为 $U=q^{0.5}+3M$，其中，q 为某商品的消费量，M 为收入。求：

(1)该消费者关于该商品的需求函数。

(2)该消费者关于该商品的反需求函数。

(3)当 $p=\frac{1}{12}$，$q=4$ 时的消费者剩余。

解：(1)由题意可得，商品的边际效用为：

$$MU=\frac{\partial U}{\partial q}=0.5q^{-0.5}$$

货币的边际效用为：

$$\lambda=\frac{\partial U}{\partial M}=3$$

于是，根据消费者效用最大化条件$\frac{MU}{p}=\lambda$，有：

$$\frac{0.5q^{-0.5}}{p}=3$$

整理得需求函数为 $q=\frac{1}{36p^2}$。

(2)由需求函数 $q=\frac{1}{36p^2}$可得反需求函数为：

$$p=\frac{1}{6\sqrt{q}}$$

(3)由反需求函数 $p=\frac{1}{6\sqrt{q}}$可得消费者剩余为：

$$CS=\int_0^q\left(\frac{1}{6\sqrt{q}}\right)\mathrm{d}q-pq=\frac{1}{3}q^{\frac{1}{2}}\Big|_0^q-pq=\frac{1}{3}q^{\frac{1}{2}}-pq$$

将 $p=\frac{1}{12}$和 $q=4$ 代入上式，则得消费者剩余：

$$CS=\frac{1}{3}\times4^{\frac{1}{2}}-\frac{1}{12}\times4=\frac{1}{3}$$

5. 设某消费者的效用函数为柯布－道格拉斯类型的，即 $U=x^{\alpha}y^{\beta}$，商品 x 和商品 y 的价格分别为 P_x 和 P_y，消费者的收入为 M，α 和 β 为常数，且 $\alpha+\beta=1$。

(1)求该消费者关于商品 x 和商品 y 的需求函数。

(2)证明当商品 x 和 y 的价格以及消费者的收入均以相同的比例变化时，消费者对两商品的需求量维持不变。

(3)证明消费者效用函数中的参数 α 和 β 分别为商品 x 和商品 y 的消费支出占消费者收入的份额。

解：(1)由消费者的效用函数 $U=x^{\alpha}y^{\beta}$，可得：

$$MU_x=\frac{\partial U}{\partial x}=\alpha x^{\alpha-1}y^{\beta}$$

$$MU_y = \frac{\partial U}{\partial y} = \beta x^{\alpha} y^{\beta - 1}$$

消费者的预算约束方程为 $P_x x + P_y y = M$ ①

根据消费者效用最大化条件：

$$\begin{cases} \dfrac{MU_x}{MU_y} = \dfrac{P_x}{P_y} \\ P_x x + P_y y = M \end{cases} \quad ②$$

得：

$$\begin{cases} \dfrac{\alpha x^{\alpha-1} y^{\beta}}{\beta x^{\alpha} y^{\beta-1}} = \dfrac{P_x}{P_y} \\ P_x x + P_y y = M \end{cases} \quad ③$$

解方程组③，可得：

$$x = \alpha M / P_x \quad ④$$

$$y = \beta M / P_y \quad ⑤$$

关系式④和⑤即为消费者关于商品 x 和商品 y 的需求函数，其图形如图 3-16 所示。

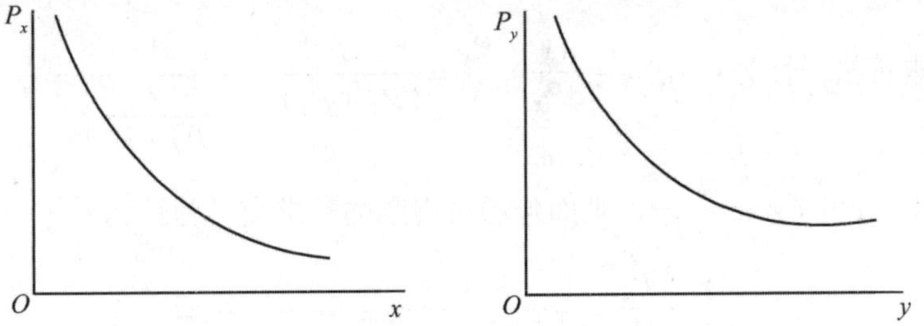

图 3-16 商品 x 和商品 y 的需求曲线

(2) 当商品 x 和 y 的价格以及消费者的收入均以相同的比例变化时，相当于消费者的预算线变为：

$$\lambda P_x x + \lambda P_y y = \lambda M \quad ⑥$$

其中 λ 为一非零常数。

此时消费者效用最大化的均衡条件变为：

$$\begin{cases} \dfrac{\alpha x^{\alpha-1} y^{\beta}}{\beta x^{\alpha} y^{\beta-1}} = \dfrac{P_x}{P_y} \\ \lambda P_x x + \lambda P_y y = \lambda M \end{cases} \quad ⑦$$

由于 $\lambda \neq 0$，故方程组⑦化为：

$$\begin{cases} \dfrac{\alpha x^{\alpha-1} y^{\beta}}{\beta x^{\alpha} y^{\beta-1}} = \dfrac{P_x}{P_y} \\ P_x x + P_y y = M \end{cases} \quad ⑧$$

显然，方程组⑧就是方程组③，故其解就是式④和式⑤。

这表明，消费者在这种情况下对两商品的需求量维持不变。

(3) 由消费者的需求函数④和⑤，可得：

$$\alpha = P_x x/M \quad ⑨$$

$$\beta = P_y y/M \quad ⑩$$

关系式⑨的右边正是商品 x 的消费支出占消费者收入的份额。关系式⑩的右边正是商品 y 的消费支出占消费者收入的份额，故结论得证。

6. 假定肉肠和面包卷是完全互补品。人们通常以一根肉肠和一个面包卷为比率做一个热狗，并且已知一根肉肠的价格等于一个面包卷的价格。

(1)求肉肠的需求价格弹性。

(2)求面包卷对肉肠的需求交叉弹性。

(3)如果肉肠的价格是面包卷的价格的两倍，那么，肉肠的需求价格弹性和面包卷对肉肠的需求交叉弹性各是多少?

解: 假设肉肠的需求量为 X，面包卷的需求量为 Y，二者的价格分别为 P_X、P_Y。

(1)由于假定肉肠和面包卷为完全互补品，则有 $X=Y$，根据 $P_X=P_Y$，有 $P_XX=P_YY$。假定消费者在肉肠和面包卷，即热狗上的消费总额为 I，则 $P_XX+P_YY=I$，可以解得肉肠的需求函数为 $X=\frac{I}{P_X+P_Y}$。

肉肠的需求价格弹性为：$e_{dX}=-\frac{\mathrm{d}X}{\mathrm{d}P_X}\cdot\frac{P_X}{X}=\frac{I}{(P_X+P_Y)^2}\cdot\frac{P_X}{\frac{I}{(P_X+P_Y)}}=\frac{1}{2}$。

(2)根据(1)易知 $Y=\frac{I}{P_X+P_Y}$，则面包卷对肉肠的需求交叉弹性为：

$$e_{XY}=\frac{\mathrm{d}Y}{\mathrm{d}P_X}\cdot\frac{P_X}{Y}=-\frac{I}{(P_X+P_Y)^2}\times\frac{P_X}{\frac{I}{(P_X+P_Y)}}=-\frac{1}{2}$$

(3)如果 $P_X=2P_Y$，$X=Y$，将其代入 $P_XX+P_YY=I$，可以解得 $X=\frac{I}{P_X+P_Y}$，$Y=\frac{I}{P_X+P_Y}$。

肉肠的需求价格弹性为：$e_{dX}=-\frac{\mathrm{d}X}{\mathrm{d}P_X}\cdot\frac{P_X}{X}=\frac{I}{(P_X+P_Y)^2}\times\frac{P_X}{\frac{I}{(P_X+P_Y)}}=\frac{2}{3}$。

面包卷对肉肠的需求交叉弹性为：$e_{XY}=\frac{\mathrm{d}Y}{\mathrm{d}P_X}\cdot\frac{P_X}{Y}=-\frac{I}{(P_X+P_Y)^2}\times\frac{P_X}{\frac{I}{(P_X+P_Y)}}=-\frac{2}{3}$。

7. 已知某消费者的效用函数为 $U=X_1X_2$，两商品的价格分别为 $P_1=4$，$P_2=2$，消费者的收入为 $M=80$。现在假定商品1的价格下降为 $P_1=2$。求:

(1)由商品1的价格 P_1 下降所导致的总效应，使得该消费者对商品1的购买量发生多少变化?

(2)由商品1的价格 P_1 下降所导致的替代效应，使得该消费者对商品1的购买量发生多少变化?

(3)由商品1的价格 P_1 下降所导致的收入效应，使得该消费者对商品1的购买量发生多少变化?

解：(1)消费者效用最大化的问题是：

$$\max U = X_1 X_2$$
$$s.t.\ P_1X_1 + P_2X_2 = 80$$

当 $P_1 = 4$，$P_2 = 2$ 时，可得出最优消费束为 $(X_1^*,\ X_2^*) = (10,\ 20)$，此时消费者的效用水平为：$U = X_1X_2 = 200$。

当 P_1 下降到2元时，可得出此时最优消费束为 $(X_1^*,\ X_2^*) = (20,\ 20)$，此时消费者的效用水平为：$U = X_1X_2 = 400$。

所以，当 P_1 从4元下降到2元时，消费者对商品1的购买量从10增加到20，增加了10个单位。

(2)下面在保持原来效用不变的情况下，在新的价格水平下，求出 X_1 的需求量。此时，最优化问题是：

$$\min 2X_1 + 2X_2$$
$$s.t.\ U = X_1X_2 = 200$$

可得出当 $X_1 = X_2 = 10\sqrt{2}$ 时，达到了原有的效用水平，且为经过调整后的最优消费束。

所以，X_1 价格下降的替代效应使 X_1 的购买量变化为 $10\sqrt{2} - 10 \approx 4.14$。即由商品1的价格 P_1 下降所导致的替代效应，使得该消费者对商品1的购买量增加4.14。

(3)由于 X_1 价格下降的总的变化效应为 $20 - 10 = 10$，替代效应使得购买量变化为4.14，所以收入效应为 $10 - 4.14 = 5.86$。即由商品1的价格下降所导致的收入效应，使得该消费者对商品1的购买量增加5.86。

8. 某消费者消费两种商品 X 和 Y，假定无差异曲线在各点的斜率的绝对值均为 y/x，x、y 为两商品的数量。

(1)说明每一种商品的需求数量均不取决于另一种商品的价格。

(2)证明每一种商品的需求的价格弹性均等于1。

(3)证明每一种商品的需求的收入弹性均等于1。

(4)每一种商品的恩格尔曲线的形状如何？

解：由于无差异曲线上某一点的边际替代率就是无差异曲线在该点的斜率的绝对值，所以 $MRS_{xy} = \frac{MU_x}{MU_y} = -\frac{\mathrm{d}y}{\mathrm{d}x} = \frac{y}{x}$，又消费者效用最大化的均衡条件要求 $\frac{MU_x}{MU_y} = \frac{P_x}{P_y}$，从而有 $P_x x = P_y y$。

又因为 $P_x x + P_y y = I$，所以 $P_x x = P_y y = \frac{1}{2}I$，从而 $x = \frac{I}{2P_x}$，$y = \frac{I}{2P_y}$。

(1)商品 X 对 Y 的交叉价格弹性为 $e_{x,P_y} = \frac{\mathrm{d}x}{\mathrm{d}P_y} \cdot \frac{P_y}{x} = 0$，同理商品 Y 对 X 的交叉价格弹性也为0，故每一种商品的需求数量均不取决于另一种商品的价格。

(2)商品 X 的需求价格弹性为 $e_{x,P_x} = -\frac{\mathrm{d}x}{\mathrm{d}P_x} \cdot \frac{P_x}{x} = \frac{I}{2P_x^2} \cdot \frac{P_x}{x} = 1$，同理可得，$e_{y,P_y} = 1$。

(3)商品 X 的需求收入弹性为 $e_{x,I} = \frac{\mathrm{d}x}{\mathrm{d}I} \cdot \frac{I}{x} = \frac{1}{2P_x} \cdot \frac{2xP_x}{x} = 1$，同理可得，$e_{y,I} = 1$。

(4)由于$\frac{dx}{dI}=\frac{1}{2P_x}>0$，$\frac{dy}{dI}=\frac{1}{2P_y}>0$，故X、Y两种商品的恩格尔曲线均向右上方倾斜，具有正的斜率。

三、论述题

1. 根据基数效用论者关于消费者均衡的条件：

(1)如果$\frac{MU_1}{P_1}\neq\frac{MU_2}{P_2}$，消费者应该如何调整两种商品的消费数量？为什么？

(2)如果$\frac{MU_i}{P_i}\neq\lambda$，其中常数λ表示不变的货币的边际效用，消费者应该如何对该种商品i的消费数量进行调整？为什么？

答：(1)设两种商品分别为x_1、x_2。若$\frac{MU_1}{P_1}>\frac{MU_2}{P_2}$，则应当增加对$x_1$的消费，并减少对$x_2$的消费。由于对$x_1$的消费增加，其边际效用$MU_1$不断下降，与此同时，对$x_2$的消费减少，其边际效用$MU_2$不断上升。最终必有$\frac{MU_1}{P_1}=\frac{MU_2}{P_2}=\lambda$，消费者均衡实现。类似的，若$\frac{MU_1}{P_1}<\frac{MU_2}{P_2}$，则应当增加对$x_2$的消费，并减少对$x_1$的消费。

(2)若$\frac{MU_i}{P_i}\neq\lambda$，则分$\frac{MU_i}{P_i}>\lambda$和$\frac{MU_i}{P_i}<\lambda$两种情况讨论。若$\frac{MU_i}{P_i}>\lambda$，则应当增加对$x_i$的消费，由于对$x_i$的消费增加，其边际效用$MU_i$不断下降，最终有$\frac{MU_i}{P_i}=\lambda$，实现消费者均衡。若$\frac{MU_i}{P_i}<\lambda$，则应当减少对$x_i$的消费，由于对$x_i$的消费减少，其边际效用$MU_i$不断提高，最终有$\frac{MU_i}{P_i}=\lambda$，实现消费者均衡。

2. 基数效用论者是如何推导需求曲线的？

答：基数效用论者以边际效用递减规律和建立在该规律上的消费者效用最大化的均衡条件为基础推导消费者的需求曲线。

基数效用论者认为，商品的需求价格取决于商品的边际效用。一单位的某种商品的边际效用越大，消费者为购买这一单位的该种商品所愿意支付的价格就越高；反之，一单位的某种商品的边际效用越小，消费者为购买这一单位的该种商品所愿意支付的价格就越低。由于边际效用递减规律的作用，随着消费者对某一种商品消费量的连续增加，该商品的边际效用是递减的，相应地，消费者为购买这种商品所愿意支付的价格即需求价格也是越来越低的。

进一步地，联系消费者效用最大化的条件进行分析，考虑消费者购买任何一种商品的情况，那么，消费者均衡条件可以写为：$MU_i/P_i=\lambda(i=1,2,3,\cdots\cdots)$。它表示：消费者对任何一种商品的最优购买量应该是使最后一元钱购买该商品所带来的边际效用和所付出的这一元钱的货币的边际效用相等。该式还意味着：由于对于任何一种商品来说，随着需求量的不断增加，边际效用 MU 是递减的，于是，为了保证均衡条件的实现，在货币的边际效用 λ 不变的前提下，商品的需求价格 P 必然同比例于 MU 的递减而递减。

就这样，基数效用论者在对消费者行为的分析中，运用边际效用递减规律的假定和消费者效用最大化的均衡条件，推导出了消费者的向右下方倾斜的需求曲线。

3. 用图说明序数效用论者对消费者均衡条件的分析，以及在此基础上对需求曲线的推导。

答：(1)序数效用论消费者均衡条件是：在一定的预算约束下，为了实现最大的效用，消费者应该选择最优的商品组合，使得两商品的边际替代率等于两商品的价格之比。或者说，在消费者的均衡点上，消费者愿意用一单位的某种商品去交换的另一种商品的数量，应该等于该消费者能够在市场上用一单位的这种商品去交换得到的另一种商品的数量。

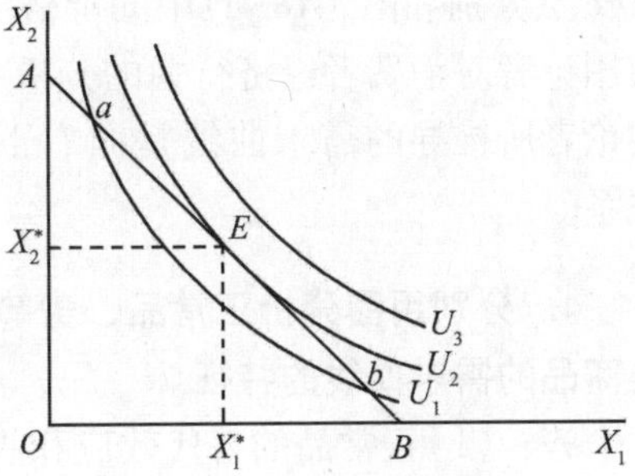

图 3-17　消费者的均衡

如图 3-17 所示，把无差异曲线与预算线放在一块进行分析。图 3-17 中有一条预算线和三条反映不同效用程度的无差异曲线。只有预算线 AB 和无差异曲线 U_2 的相切点 E，才是消费者在给定的预算约束下能够获得最大效用的均衡点。这是因为：①就无差异曲线 U_3 来说，虽然代表的效用水平高于无差异曲线 U_2，但它与既定的预算线 AB 既无交点又无切点，说明消费者在既定的收入水平下无法实现无差异曲线 U_3 上的任何一点的商品组合的购买。②就无差异曲线 U_1 来说，虽然它与既定的预算线 AB 相交于 a、b 两点，这表明消费者利用现有收入可以购买 a、b 两点的商品组合。但是，这两点的效用水平低于无差异曲线 U_2，因此，理性的消费者不会用全部收入去购买无差异曲线 U_1 上 a、b 两点的商品组合。消费者选择 AB 线段上位于 a 点右边或 b 点左边的任何一点的商品组合，都可以达到比 U_1 更高的无差异曲线，获得比 a 点和 b 点更大的效用水平。这种沿着 AB 线段由 a 点往右和由 b 点往左的运动，最后必定在 E 点达到均衡。在切点 E，无差异曲线和预算线两者的斜率是相等的，无差异曲线斜率的绝对值就是商品的边际替代率 MRS_{12}，预算线的斜率的绝对值可以用两商品的价格之比 P_1/P_2 来表示。由此，在均衡点 E 有：$MRS_{12}=P_1/P_2$，这就是消费者效用最大化的均衡条件。它表示：在一定的预算约束下，为了实现最大的效用，消费者应该选择最优的商品组合，使得两商品的边际替代率等于两商品的价格之比。

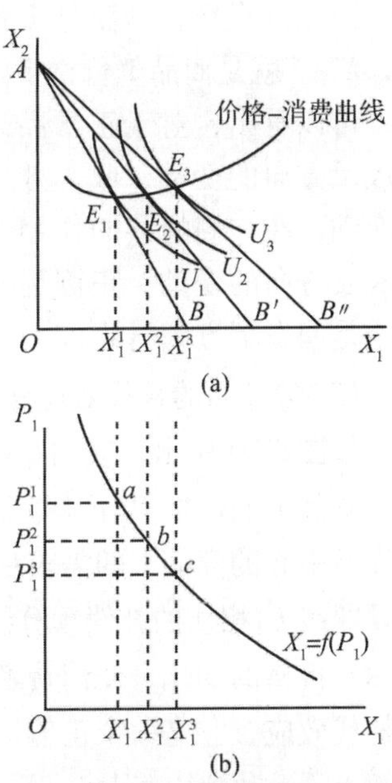

图 3-18　由价格-消费曲线推导出消费者的需求曲线

(2)推导消费者的需求曲线：

分析图 3-18(a)中价格-消费曲线上的三个均衡点 E_1、E_2 和 E_3 可以看出，在每一个均衡点上，都存在着商品 1 的价格与商品1的需求量之间一一对应的关系。在均衡点E_1，商品1的价格为P_1^1，商品1的需求量为X_1^1。在均衡点E_2，商品1的价格由P_1^1下降到P_1^2，则商品1的需求量由X_1^1增加到X_1^2。在均衡点E_3，商品1的价格由P_1^2下降到P_1^3，则商品1的需求量由X_1^2增加到X_1^3。把每一个P_1数值和相应的均衡点上的X_1数值绘制在商品的价格-数量坐标图上，便可以得到单个消费者的需求曲线。这便是图3-18(b)中的需求曲线$X_1=f(P_1)$。在图3-18(b)中，横轴表示商品1的数量X_1，纵轴表示商品1的价格P_1。图3-18(b)中需求曲线$X_1=f(P_1)$上的a、b、c点分别和图3-18(a)中的价格-消费曲线上的均衡点E_1、E_2、E_3相对应。至此，从序数效用论者对消费者经济行为的分析中推导出了消费者的需求曲线。由图3-18可见，序数效用论者所推导的需求曲线是向右下方倾斜的，它表示商品的价格和需求量成反方向变动关系。

4. 分别用图分析正常品、劣等品和吉芬品的替代效应和收入效应，并进一步说明这三类商品的需求曲线的特征。

答：(1)正常品的替代效应和收入效应：

如图3-19所示，横轴OX_1和纵轴OX_2分别表示商品1和商品2的数量，其中，商品1是正常品。X_1'是价格变化前消费者对商品1的需求量。商品1的价格下降后，商品需求量增加到X_1'''。商品1需求量的增加量为$X_1'X_1'''$，这便是商品1的价格下降所引起的总效应。

如果作一补偿线FG，使该线与价格变化后的预算线AB'平行，并与价格变化前的无差异曲线U_1相切，则切点处c对应的对商品1的需求量X_1''就是在商品价格变化后，剔除了收入效应的消费量。因此，$X_1'X_1''$就是商品1价格下降后的替代效应，$X_1''X_1'''$就是商品1价格下降后的收入效应。

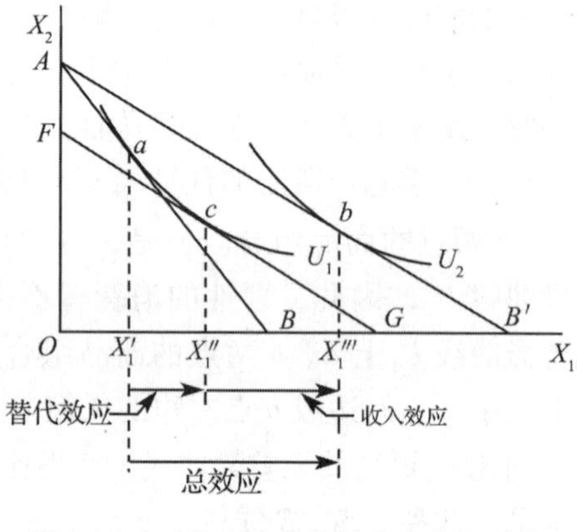

图3-19　正常品的替代效应和收入效应

可以看出，对于正常品来说，替代效应与价格成反方向的变动，收入效应也与价格成反方向的变动，在它们的共同作用下，总效应必定与价格成反方向的变动。正因为如此，正常品的需求曲线是向右下方倾斜的。

(2)劣等品的替代效应和收入效应：

如图3-20所示，横轴OX_1和OX_2分别表示商品1和商品2的数量，其中，商品1是劣等品。商品1的价格P_1下降前后，消费者的效用最大化的均衡点分别为a、b点，因此，价格下降所引起的商品1的需求量的增加量为$X_1'X_1''$，这是总效应。作与预算线AB'平行且与无差异曲线U_1相切的补偿预算线FG，将总效应分解成替代效应和收入效应。P_1下降引起的商品相对价格的变化，使消费者由均衡点a运动到均衡点c，相应的需求增加量为$X_1'X_1'''$，这就是替代效应，它是一个正值。而P_1下降引起的消费者的实际收入水平的变动，使消费者由均衡点c运动到均衡点b，需求量由OX_1'''减少到OX_1''，这就是收入效应，它是一个负值。

对劣等品来说，替代效应与价格成反方向的变动，收入效应与价格成同方向的变动，而且，在大多数的场合，收入效应的作用小于替代效应的作用，总效应与价格成反方向的变动，相应的需求曲线是向右下方倾斜的。

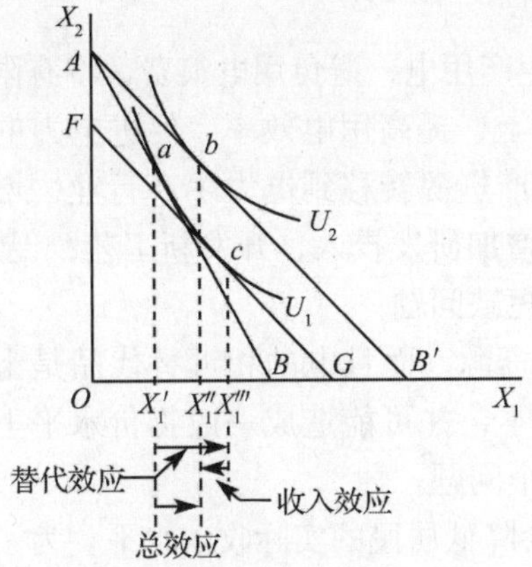

图 3-20　劣等品的替代效应和收入效应

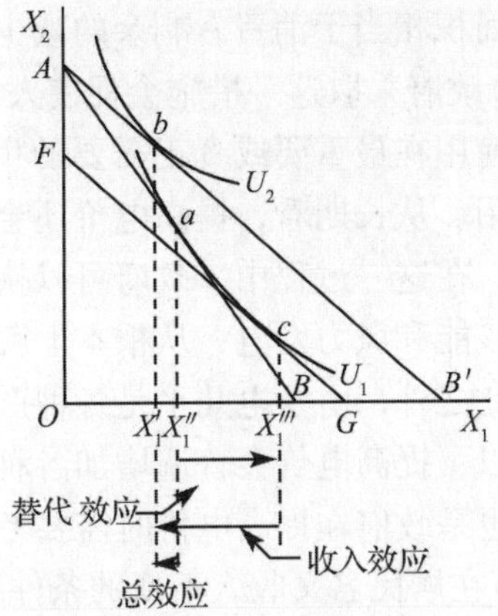

图 3-21　吉芬品的替代效应和收入效应

(3) 吉芬品的替代效应和收入效应：

如图 3-21 所示，横轴 OX_1 和纵轴 OX_2 分别表示商品 1 和商品 2 的数量，其中，商品 1 是吉芬品。商品 1 的价格 P_1 下降前后，消费者的效用最大化的均衡点分别为 a 点和 b 点，相应的商品 1 的需求量的减少量为 $X_1'X_1''$，这就是总效应。通过补偿预算线 FG 可得：$X_1''X_1'''$ 为替代效应；$X_1'X_1'''$ 是收入效应，它是一个负值。而且，负的收入效应 $X_1'X_1'''$ 的绝对值大于正的替代效应 $X_1''X_1'''$ 的绝对值，所以，最后形成的总效应 $X_1'X_1''$ 为负值。在图 3-21 中，a 点必定落在 b、c 两点之间。

对吉芬品来说，替代效应与价格成反方向变动，收入效应与价格成同方向变动，但收入效应的作用大于替代效应的作用，总效应与价格是同方向变动，相应的需求曲线就呈现向右上方倾斜的特殊形状。

5. 我国一些城市生活和生产的用电激增，导致用电紧张，电力供给不足。请设计一种方案供政府来缓解或消除这一现象，并回答以下问题：

(1) 这种措施对消费者剩余有什么影响？

(2) 这种措施对生产资源的配置会产生哪些影响？

(3) 这种措施对消费者收入会产生什么影响？政府又可以做些什么？

答：(1) 政府可以通过提高电价来缓解或消除用电紧张的状态。因为通过提高电价，一方面可以减少用电的需求；另一方面又可以刺激电力的供给，从而缓解甚至消除这个问题。这一措施会减少消费者剩余。如图 3-22 所示，电的需求曲线为 D。当电的市场价格为 P_1 时，消费者的用电需求量为 Q_1，消费者剩余相当于 $\triangle P_1CA$ 的面积。当政府将电的市场价格提高到 P_2 时，消费者的用电需求量减少为 Q_2，

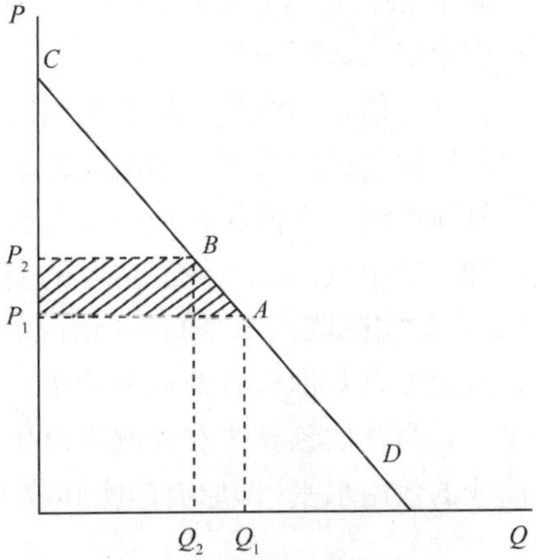

图 3-22　消费者剩余减少

消费者剩余相当于$\triangle P_2CB$的面积。显然，政府提高电价，减少了消费者剩余，图3-22中阴影部分面积相当于消费者剩余的减少量。

（2）政府采取这一措施会促使人们节约生活和生产用电，避免用电浪费，将有限的电力供给量使用在最重要或真正需要的生活和生产用途上，提高用电效率，促进电力的合理配置与使用。从长期看，提高电价还会促使更多的生产资源转移到电力生产行业，增加电力供给量。在这一过程中，政府可以扶植和鼓励企业增加研发投入，开发新工艺，促进火力、水力、核能和风力发电，从根本上解决电力供给的短缺问题。

除此之外，由于电几乎是各种产品的基本生产资源，而且电的相近替代品是十分缺乏的，所以，提高电价会普遍增加各种产品的生产成本，并可能造成一般物价水平上涨。因此，这也是政府在提高电价时需要考虑和协调的一个问题。

（3）在居民名义收入不变的条件下，提高电价会降低居民的实际收入水平。为了保持居民的实际收入水平不变，政府可以对居民实行用电补贴。

3.3 名校考研真题详解

一、名词解释

1. 吉芬商品（Giffen goods）（武汉大学2000、2002、2003研；人大2003研；中山大学2005、2016研；西安交大2007研；中央财大2008、2009研；北理工2012、2021研；对外经贸大学2013、2019研；厦门大学2021研）

答：吉芬商品是指在其他因素不变的情况下，当商品价格上升时，需求量增加，价格下降时，需求量减少的商品。

吉芬商品是一种特殊的低档商品。作为低档商品，吉芬商品的替代效应与价格成反方向的变动，收入效应与价格成同方向的变动。吉芬商品的特殊性就在于：它的收入效应的作用很大，以至于超过了替代效应的作用，从而使得总效应与价格成同方向的变动。这也就是吉芬商品的需求曲线呈现出向右上方倾斜的特殊形状的原因。

2. 补偿预算线（人大2004研；华中科大2006研；西安交大2009研；西南大学2012研；中南财大2017研）

答：补偿预算线是用来表示当商品的价格发生变化引起消费者的实际收入水平发生变化时，用假设的货币收入的增减来维持消费者的实际收入水平不变的一种分析工具。

具体来说，在商品价格下降引起消费者的实际收入水平提高时，假设可以取走消费者的一部分货币收入，以使消费者的实际收入下降到只能维持原有的无差异曲线的效用水平（即原有的实际收入水平）这一情况。相反，在商品价格上升引起消费者实际收入水平下降时，假设可以对消费者的损失给予一定的货币收入补偿，以使消费者的实际收入维持原有的水平，则补偿预算线在此就可以用来表示消费者的货币收入提高到得以维持原有的无差异曲线的效用水平（即原有的实际收入水平）这一情况。

3. 边际替代率（marginal rate of substitution）（武汉大学2019研；厦门大学2021研）

答：边际替代率（MRS）是指在维持效用水平或满足程度不变的前提下，消费者增加一单位的某种商品的消费时所需放弃的另一种商品的消费数量。商品1对商品2的边际替代率的定义公式为：$MRS_{12}=-\Delta X_2/\Delta X_1$。式中，$\Delta X_1$ 和 ΔX_2 分别为商品1和商品2的变化量。当商品数量的变化趋于无穷小时，则商品的边际替代率公式为：

$$MRS_{12}=\lim_{\Delta X_1\to 0}-\frac{\Delta X_2}{\Delta X_1}=-\frac{\mathrm{d}X_2}{\mathrm{d}X_1}$$

显然，无差异曲线上某一点的边际替代率就是无差异曲线在该点的斜率的绝对值。

商品的边际替代率递减规律的内容是：在维持效用水平不变的前提下，随着一种商品消费量的连续增加，消费者为得到一单位的这种商品所需放弃的另一种商品的消费量是递减的。边际替代率递减规律的原因是：随着一种商品的消费数量的逐步增加，消费者想要获得更多的这种商品的愿望就会递减，从而，他为了多获得一单位的这种商品而愿意放弃的另一种商品的数量就会越来越少。商品的边际替代率递减规律决定了无差异曲线的形状凸向原点。

4. 无差异曲线（武汉大学2005研；西安交大2006研；北京交大2007研；华中科大2007研；中央财大2007研；北邮2008研；浙江大学2009研；广东外语外贸大学2015研；东北财大2016研；东北大学2017研；湖南大学2018研；贵州大学2018研；中国地质大学2019研；中国人民大学2021研）

答：无差异曲线是序数效用论的一种分析方法，是用来表示消费者偏好相同的两种商品的所有组合的。或者说，它是表示能够给消费者带来相同的效用水平或满足程度的两种商品的所有组合的。无差异曲线的绘制如图3-23所示。

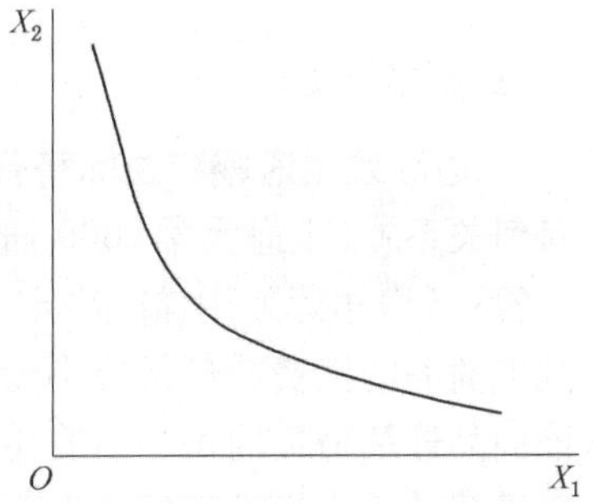

图3-23　无差异曲线

图3-23中，横轴和纵轴分别表示商品1的数量 X_1 和商品2的数量 X_2。图3-23中的曲线表示商品1和商品2的所有不同组合给消费者带来的效用水平是相同的。与无差异曲线相对应的效用函数为 $U=f(X_1,X_2)=U_0$。其中，X_1、X_2 分别为商品1和商品2的消费数量；U_0 是常数，表示某个效用水平。

无差异曲线具有以下三个基本特征：第一，由于通常假定效用函数是连续的，所以，在同一坐标平面上的任何两条无差异曲线之间，可以有无数条无差异曲线；第二，在同一坐标平面图上的任何两条无差异曲线不会相交；第三，无差异曲线是凸向原点的，即无差异曲线的斜率的绝对值是递减的。

5. 消费者均衡（equilibrium of the consumer）（人大2001、2005研；中国海洋大学2001研；东南大学2002、2006研；中南财大2004研；中国政法大学2005研；东北财大2007、2012研；对外经贸大学2014研；南京财经大学2015研；四川大学2018研；合肥工业大学2018研；浙江工商大学2018研）

答：消费者均衡是指消费者的效用达到最大并维持不变的一种状态，其研究单个消费者如何把有限的货币收入分配在各种商品的购买中以获得最大的效用。也可以说，它是研究单个消费者在既定收入下实现效用最大化的均衡条件。这里的均衡指消费者实现最大效用时既不想再增加、也不想再减少任何商品购买数量的这么一种相对静止的状态。

6. 消费者剩余(南开大学2005、2009研;中山大学2005、2006研;厦门大学2006、2007研;华中科大2007研;上海财大2007研;对外经贸大学2007研;财政部财科所2008研;中央财大2010、2013研;华东理工大学2015研;东北财大2018研;人大2019研;东北大学2019研;南京大学2007、2019研)

答:消费者剩余是指消费者在购买一定数量的某种商品时愿意支付的最高总价格和实际支付的总价格之间的差额。由于消费者消费不同数量的同种商品所获得的边际效用是不同的,所以,他们对不同数量的同种商品所愿意支付的价格也是不同的。但是,消费者在市场上所面临的同种商品的价格往往却是相同的,这样,消费者为一定数量的某种商品所愿意支付的价格和他实际支付的价格之间就会有一定的差额,这一差额就构成消费者剩余。消费者剩余可以用图3-24来表示。

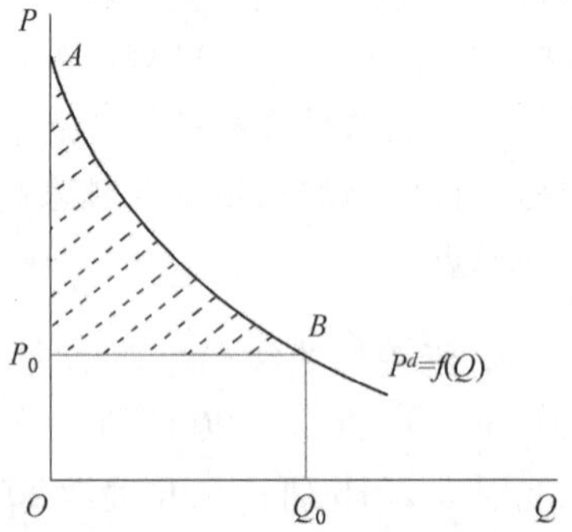

图3-24　消费者剩余

如图3-24所示,反需求函数$P^d=f(Q)$表示消费者对每一单位商品所愿意支付的最高价格。消费者剩余可以用消费者需求曲线以下、市场价格线以上的面积来表示,即图3-24中的阴影部分面积所示。

消费者剩余是消费者的主观心理评价,它反映消费者通过购买和消费商品所感受到的状态的改善。因此,消费者剩余通常被用来度量和分析社会福利问题。

二、简答题

1. 边际效用递减和边际替代率递减有何关系?消费者最优选择的等边际条件和切点条件有何关系?(上海大学2009研;北京理工大学2018研)

答:(1)边际效用递减决定了边际替代率递减。边际效用递减规律是指在一定时间内,在其他商品的消费数量保持不变的条件下,随着消费者对某种商品消费量的增加,消费者从该商品连续增加的每一消费单位中所得到的效用增量是递减的。边际替代率递减规律是指在维持效用水平不变的前提下,随着一种商品的消费数量的连续增加,消费者为得到每一单位的这种商品所需要放弃的另一种商品的消费数量是递减的。之所以会普遍发生商品的边际替代率递减的现象,其原因在于:随着一种商品的消费数量的逐步增加,消费者从该商品连续增加的每一消费单位中所得到的效用增量即边际效用是递减的,从而消费者想要获得更多的这种商品的愿望就会递减,也即他为了多获得一单位的这种商品而愿意放弃的另一种商品的数量就会越来越少。由此可知,边际效用递减决定了边际替代率递减。

(2)由于在保持效用水平不变的前提下,消费者增加一种商品的数量所带来的效用增加量和相应减少的另一种商品数量所带来的效用减少量必定是相等的,即有:$|MU_1\cdot\Delta X_1|=|MU_2\cdot\Delta X_2|$,该式可以写为$\frac{MU_1}{MU_2}=-\frac{\Delta X_2}{\Delta X_1}=MRS_{12}$,即消费者的最优选择的等边际条件和切点的斜率相等。

2. 为什么对人的生命不可或缺的水的价格要比没有多少实际用处的钻石的价格低？（中国政法大学 2003 研；南京财经大学 2004 研；中山大学 2005 研；北理工 2006 研；中南财大 2010 研；厦门大学 2010 研；北师大 2018 研）

答： 对人的生命不可或缺的水的价格要比没有多少实际用处的钻石的价格低这一悖论就是著名的“钻石与水悖论”，也称为“价值悖论”。

约翰·劳认为水之所以用途大、价值小，是因为世界上水的数量远远超过对它的需求，而用途小的钻石之所以价值大，是因为世界上钻石的数量太少，不能满足人们对它的需求，即物以稀为贵。

边际学派用“边际效用”来说明价值悖论。按照边际学派的观点，价格取决于商品的边际效用，而不是总效用。由于水源充足，边际效用很小，所以价格也就很便宜。同理，由于钻石稀缺，边际效用很大，其价格也就相应地昂贵。

马歇尔用供求均衡来解释“价值悖论”。他认为，人们对水所愿支付的价格，由于水的供应量极其充足，而仅能保持在一个较低的水平；可是，钻石的供应量却非常少，而需要的人又多，所以，想得到它的人，就必须付出超出众人的价格。

3. 设：消费者所消费的两种商品组合集 $U^0(Q_i^0, Q_j^0)$ 和 $U^1(Q_i^1, Q_j^1)$ 分别代表两个不同的效用总量 U^0 和 U^1（亦即 $U^0 \neq U^1$）。求证：这两种组合集所描出的无差异曲线 U^0 和 U^1 在平面 (i, j) 上不相交。（厦门大学 2005 研；清华大学 2006 研）

证明： 如图 3-25 所示，假设这两种组合集所描出的无差异曲线 U^0 和 U^1 在平面 (i, j) 上相交，相交点为 a 点。

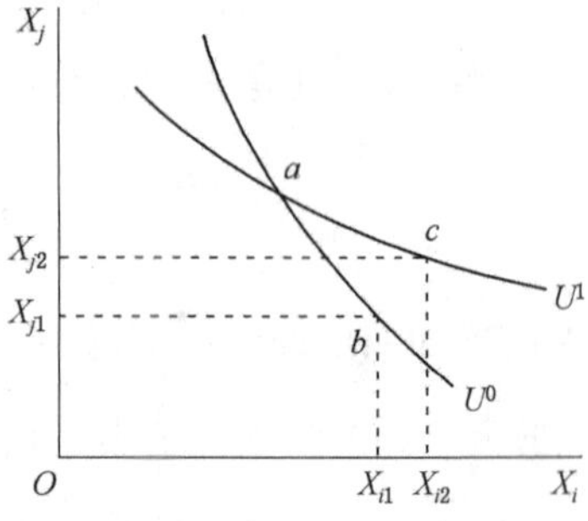

图 3-25　无差异曲线不能相交

根据无差异曲线的定义，由无差异曲线 U^0 可知 a、b 两点的效用水平是相等的，由无差异曲线 U^1 可知 a、c 两点的效用水平是相等的。于是，根据偏好可传递性的假定，必定有 b 和 c 这两点的效用水平是相等的。但是，观察和比较图 3-25 中 b 和 c 这两点的商品组合，可以发现 c 组合中的每一种商品的数量都多于 b 组合，于是，根据偏好的非饱和性假定，必定有 c 点的效用水平大于 b 点的效用水平。

这样一来，矛盾产生了：该消费者在认为 b 点和 c 点无差异的同时，又认为 c 点要优于 b 点，这就违背了偏好的完备性假定。由此证明：对于任何一个消费者来说，同一坐标平面内两条无差异曲线是不可能相交的。所以，这两种组合集所描出的无差异曲线 U^0 和 U^1 在平面 (i, j) 上不相交。

三、计算题

1. 设有一居民李四效用函数为 $U(x, y) = x^{\frac{1}{4}}y^{\frac{3}{4}}$，其中 x 为食品消费量，y 为其他商品的消费量，且该居民的收入为 5000 元，x 与 y 的价格均为 10 元，请计算：

(1) 该居民的最优消费组合。

(2) 若政府提供该居民 2000 元的食品兑换券，此兑换券只能用于食品消费，则该居民的消费组合有何变化？（厦门大学 2003 研）

解：(1)要实现消费者的效用最大化，应满足：

$$\frac{MU_x}{MU_y}=\frac{P_x}{P_y}$$

即$\dfrac{\frac{1}{4}x^{-\frac{3}{4}}y^{\frac{3}{4}}}{\frac{3}{4}x^{\frac{1}{4}}y^{-\frac{1}{4}}}=\dfrac{10}{10}$。

得 $y=3x$ ①

同时要满足收入约束：$10x+10y=5000$ ②

联立①②得：$x=125$，$y=375$。

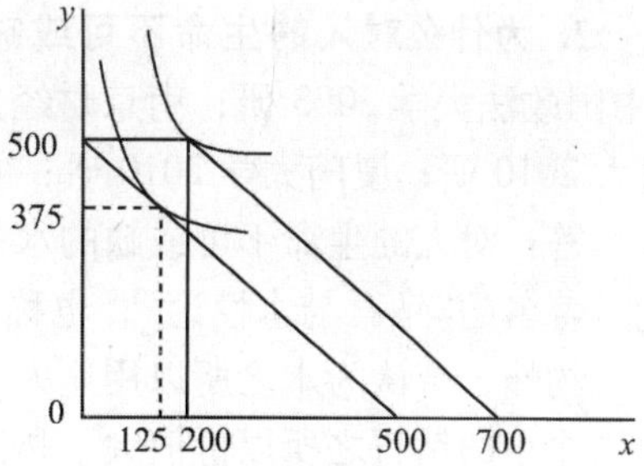

图 3-26 政府提供食品兑换券对居民消费组合的影响

(2)消费者的预算约束如图 3-26 所示，政府提供该居民 2000 元的食品兑换券后，消费者的预算线变为一条折线。此时，消费者的无差异曲线与其没有公切点。所以，该居民的最优消费组合为折点，即：$x=200$，$y=500$。

2. 市场上黄瓜价格 $P_X=3$ 元，西红柿价格 $P_Y=4$ 元，张三的收入为 50 元，其效用函数为 $U(X,Y)=\sqrt{X^2+Y^2}$。

(1)根据上述条件计算张三的最大效用；

(2)做出张三的无差异曲线和预算线的图，分析张三的最优消费组合，与(1)对比，说明其有何区别并说明理由。(人大 2010 研)

解：(1)由题意得预算约束方程为 $3X+4Y=50$。由效用函数 $U(X,Y)=\sqrt{X^2+Y^2}$ 得 $MU_X=\dfrac{X}{\sqrt{X^2+Y^2}}$，$MU_Y=\dfrac{Y}{\sqrt{X^2+Y^2}}$，边际替代率 $MRS_{XY}=\dfrac{MU_X}{MU_Y}=\dfrac{X}{Y}$，可见边际替代率是随着 X 的增加而增加的，所以不能根据消费者均衡条件$\dfrac{MU_X}{P_X}=\dfrac{MU_Y}{P_Y}$去求效用最大化时的消费组合(最大化的二阶条件不满足)，此时效用最大化的点只能在预算线上的两个端点处获得，在点$(0,\dfrac{25}{2})$处的效用为$\dfrac{25}{2}$，在另外一个点$(\dfrac{50}{3},0)$的效用为$\dfrac{50}{3}$，因此张三的最大效用是$\dfrac{50}{3}$。

(2)张三的无差异曲线和预算线如图 3-27 所示。

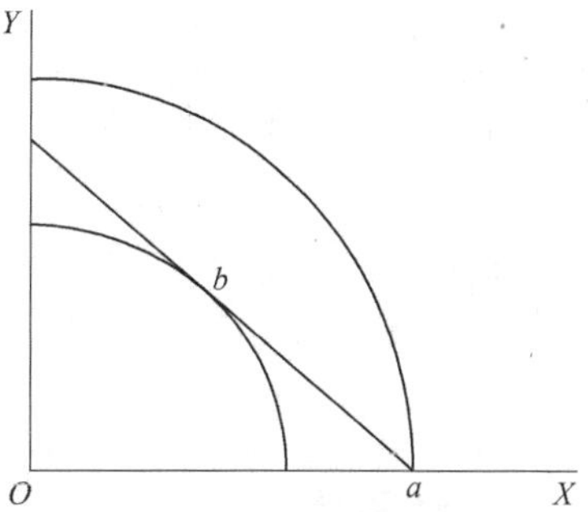

图 3-27 张三的无差异曲线和预算线

可以看出，无差异曲线是以原点为中心的一条条圆弧，而预算线是一条直线，一条无差异曲线与预算线相切于 b 点，而另一条无差异曲线与预算线相交于 a 点，b 点是张三效用最小化的那一点，而 a 点是张三效用最大化的那一点，不难算出张三的最优组合为$(\dfrac{50}{3},0)$，这和(1)的结果一致。

3. 王先生对财富 w 的效用函数为 $\ln w$，他目前有 1 万元，他的地里可以种植某种作物，旁边有条小河，有 10% 的概率可能发生灾害，发生灾害了就会颗粒无收，如果没有发生灾害就会得到两倍的毛收益，问：

(1)王先生会投资多少?

(2)有提供竞争性保险的保险公司，保费是多少?（上海财大2010研）

解:(1)设王先生投资x元，则剩余$(10000-x)$元。如果发生灾害，他这一部分的效用为$\ln(10000-x)$；如果没有发生灾害，则投资的收益为$2x$元，总财富变为$(10000-x)+2x=10000+x$，他这一部分的效用为$\ln(10000+x)$。要使总效用$TU=0.1\ln(10000-x)+0.9\ln(10000+x)$最大，则根据一阶条件得：

$$-0.1\times\frac{1}{10000-x}+0.9\times\frac{1}{10000+x}=0$$

解得：$x=8000$。

因此，王先生会投资8000元。

(2)假如王先生投资8000元，则发生灾害的话，其损失为8000元。设定保费为y元，则保险公司的收益为$(y-8000)$元，而假如没有发生灾害的话，保险公司的收益为y元，因此保险公司的期望收益为：

$$0.1\times(y-8000)+0.9y=y-800$$

因为保险市场是竞争性的，因此保险公司的期望收益为零，于是有$y-800=0$，因此保险费y为800元。

4. 抛一枚硬币，正面朝上的概率是p；你连续抛硬币，直到第一次出现正面为止(连续抛j次，在第j次第一次出现正面)，这时候你的回报是\$$2^j$。

(1)如果$p=1/2$，计算你的期望回报；

(2)假定你的期望效用函数为$u(x)=\ln(x)$，用级数求和的形式表示抛硬币带来的期望效用；

(3)计算该预期效用值。（中央财大2009研）

解:(1)在第j次第一次出现正面的概率是$p_j=(1-p)^{j-1}p(j=1,2,3\cdots\cdots)$

期望回报$E=\sum\limits_{j=1}^{n}p_j2^j=\sum\limits_{j=1}^{n}(1-p)^{j-1}p2^j$

当$p=1/2$时，期望回报$E=\sum\limits_{j=1}^{n}\left(\frac{1}{2}\right)^{j-1}\left(\frac{1}{2}\right)2^j=\sum\limits_{j=1}^{n}1=n$。

(2)期望效用函数为$u(x)=\ln(x)$，则在第j次第一次出现正面的时候，效用$u_j=\ln(2^j)=j\ln2$，则期望效用$E=\sum\limits_{j=1}^{n}p_jj\ln2=\sum\limits_{j=1}^{n}(1-p)^{j-1}pj\ln2$。

(3)$E=\sum\limits_{j=1}^{n}\left(\frac{1}{2}\right)^{j-1}\left(\frac{1}{2}\right)j\ln2=\ln2\sum\limits_{j=1}^{n}\frac{j}{2^j}$

令$S_n=\sum\limits_{j=1}^{n}\frac{j}{2^j}=\frac{1}{2^1}+\frac{2}{2^2}+\frac{3}{2^3}+\cdots\cdots+\frac{n}{2^n}$

$\therefore 2S_n=1+\frac{2}{2^1}+\frac{3}{2^2}+\cdots\cdots+\frac{n}{2^{n-1}}$

$\therefore 2S_n-S_n=1+\frac{1}{2^1}+\frac{1}{2^2}+\cdots\cdots+\frac{1}{2^{n-1}}-\frac{n}{2^n}$

$$\therefore S_n=\frac{1-(1/2)^n}{1-1/2}-\frac{n}{2^n}\Rightarrow\lim_{n\to\infty}S_n=2$$

即该预期效用值 $E=2\ln 2$。

5. 设某商品的需求方程为：$Q=10-2P$，试求价格 $P_1=2$ 和 $P_2=4$ 时的消费者剩余各为多少？（上海交大2000研）

解：消费者剩余测量的是消费 x 单位的净效益，为 x 单位的商品所带来的总效益减去购买 x 单位商品的支出。

如图3-28所示，AB 表示该商品的需求曲线。当价格 $P_1=2$ 时，产量 $Q_1=10-2P_1=6$，此时消费者剩余为 $\triangle AP_1M$ 的面积，即 $CS_1=\frac{1}{2}\times(5-2)\times 6=9$；当价格 $P_2=4$ 时，产量 $Q_2=10-2P_2=2$，此时消费者剩余为 $\triangle AP_2N$ 的面积，即 $CS_2=\frac{1}{2}\times(5-4)\times 2=1$。

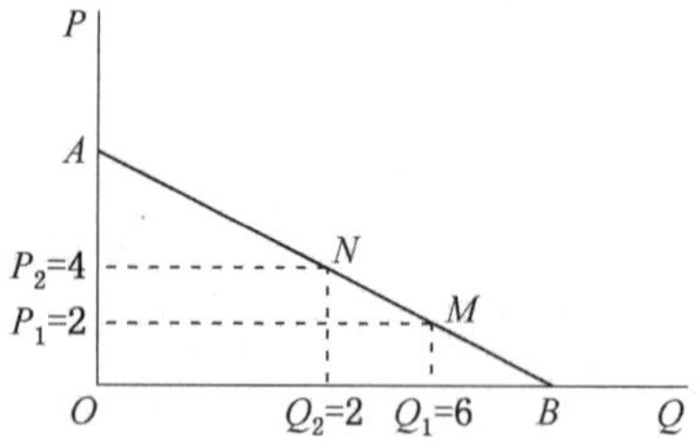

图3-28　消费者剩余

四、论述题

1. 在中国北方许多大城市，由于水资源不足造成居民用水紧张。请根据边际效用递减规律设计一种方案供政府来缓解或消除这个问题，并回答与你的方案有关的下列问题：

(1)对消费者剩余有何影响？

(2)对生产资源的配置有何有利的影响？

(3)对城市居民的收入分配有何影响？有何补救的办法？（北京交大2005研）

答：可用提高自来水的使用价格来缓解或消除这个问题。自来水的价格提高：一方面，用户会减少(节约)用水；另一方面，可扩大自来水的生产或供给。这样，自来水供应紧张的局面也许可得到缓解或消除。

(1)采取这一措施，会使用户消费者剩余减少。

在图3-29中，横轴代表自来水的数量，纵轴代表自来水的价格。直线 d 代表自来水的需求曲线。当自来水价格从 P_1 提高到 P_2 时，用户对自来水的需求量从 q_1 下降到 q_2。于是，消费者剩余从 $\triangle P_1AC$ 减少为 $\triangle P_2BC$。

(2)对生产资源配置的有利效应是节约了水资源，可使之用于人们更需要的途径上，从而使水资源得到更合理有效的使用。但这样做，也许会造成其他资源的浪费。比如，工厂里本来用水来冷却物体，现在要改用电来冷却，增加了对电和有关装置的需求。如果自来水价格提高过度，必然会带来更多其他资源的消耗，这是不利的一面。

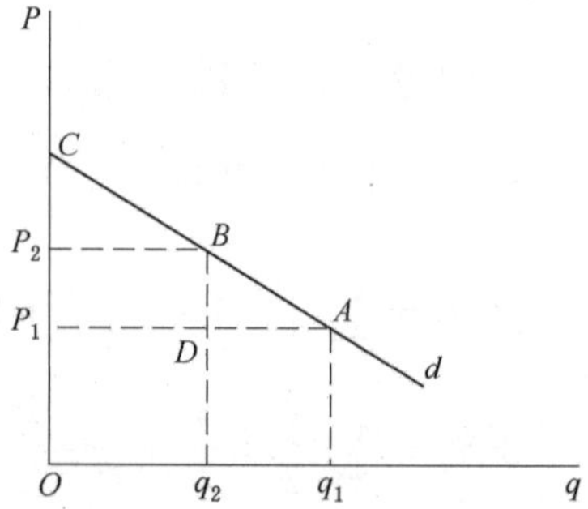

图3-29　自来水的需求曲线

(3)如果城市居民的名义收入不变，自来水的价格提高无异是降低了居民的实际收入，降低了居民的实际购买力。对此，可以给居民增加货币工资或予以价格补贴。

2. 政府对居民征税一般有两种办法，一种是征收消费税，另一种是征收所得税，不论采取哪一种征税办法，政府征收的税额都是一样，那么哪一种征税办法对居民会更为有利些？（清华大学 2010 研）

答：假定该消费者只消费两种物品，征税前，该消费者的预算约束 $p_1x_1+p_2x_2=m$，但当对物品 1 征收消费税后，该消费者的预算约束变为$(p_1+t)x_1+p_2x_2=m$。消费税的效果在图 3-30 中表示出来。如果用(x_1^*, x_2^*)表示税后消费水平，则征税所能得到的税收为 tx_1^*。

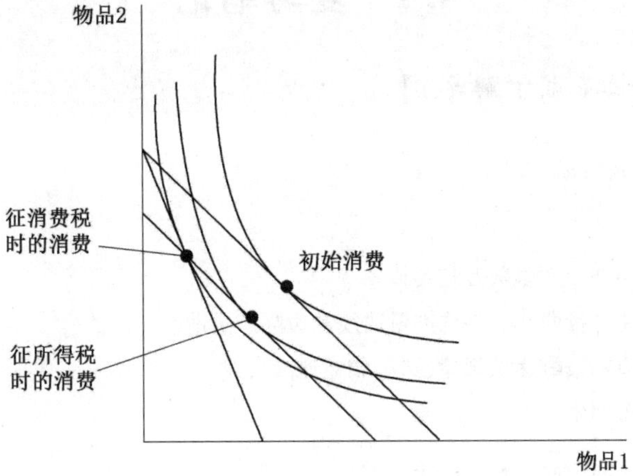

图 3-30 产品税与所得税

现在假定要对所得征税以获取同样的税收。消费者的预算约束则变为 $p_1x_1+p_2x_2=m-tx_1^*$。这是一条斜率为 $-\frac{p_1}{p_2}$并通过(x_1^*, x_2^*)的直线，如图 3-30 所示。需要注意的是，这条预算线穿过了通过(x_1^*, x_2^*)的无差异曲线，所以，尽管都能得到同样的税收，但消费者相对于缴纳消费税而言，缴纳所得税能获得更高的效用水平。

对于获取同样的税收而言，消费者被征以消费税比被征以所得税所蒙受的效用损失更大。

第 4 章　生产技术

4.1　复习笔记

【知识框架(庖丁解牛)】

- 生产技术
  - 厂商的组织形式及目标
  - 生产
  - 短期生产函数
    - 短期生产函数及相关概念
    - 总产量曲线、平均产量曲线和边际产量曲线
    - 边际报酬递减规律(边际收益递减规律)
    - 短期生产的三个阶段
  - 长期生产函数
    - 长期生产函数的形式
    - 等产量曲线的含义与性质
    - 边际技术替代率及其递减规律
    - 生产函数的几种形式
  - 规模报酬
    - 规模报酬的含义及其与要素报酬含义的区别
    - 规模报酬的三种类型
    - 规模报酬的规律

【考点难点归纳(厚积薄发)】

考点一：厂商的组织形式及目标(见表 4-1)　★

表 4-1　厂商的组织形式及目标

要点	具体内容
组织形式	厂商的组织形式主要有三种：个人企业、合伙制企业和公司制企业。三种形式的公司在法律意义上存在差别，但是在经营上没有差异
目标	传统经济学观点认为，利润最大化是企业的基本目标。从企业自身来看，利润是企业赖以生存和扩展的前提条件，这一利润可以是短期利润或当期利润，也可以是未来利润或长期利润。追求利润是企业的基本经济目标

考点二：生产(见表 4-2) ★

表 4-2　生产

要点	具体内容
生产要素	生产要素是指在生产中投入的各种经济资源。生产要素一般划分为劳动、土地、资本和企业家才能四种类型，在经济学中最常使用的要素是劳动和资本
生产函数	生产函数是指在一定时期内，在技术水平不变的条件下，生产中各种生产要素的投入数量与所能生产的最大产量之间的关系。生产中投入的各种要素之间的配合比例称为技术系数。常见的生产函数中假定只有资本和劳动两种投入要素，写作 $Q=f(L,\ K)$
短期与长期	短期是指生产过程中至少有一种生产要素固定不变的生产周期。长期是指所有的生产要素都是可以调整的生产周期。经济学中最常见的是短期内资本保持不变，长期中两种生产要素都是可变的

考点三：短期生产函数 ★★★★★

1. 短期生产函数及相关概念(见表 4-3)

表 4-3　短期生产函数及相关概念

要点	具体内容
短期生产函数	短期生产函数是指假定资本数量不变的情况下，劳动投入与最大产量之间的关系，一般写作 $Q=f(L,\ \overline{K})$
劳动总产量	劳动的总产量 TP_L 是指与一定的可变要素劳动的投入量相对应的最大总产量，即 $TP_L=f(L,\ \overline{K})$
劳动平均产量	劳动的平均产量 AP_L 是指平均每一单位可变要素劳动的投入量所生产的产量，即 $AP_L=TP_L(L,\ \overline{K})/L$
劳动边际产量	劳动的边际产量 MP_L 是指增加一单位可变要素劳动投入量所增加的产量，即 $MP_L=\Delta TP_L(L,\ \overline{K})/\Delta L=\mathrm{d}TP_L(L,\ \overline{K})/\mathrm{d}L$

2. 总产量曲线、平均产量曲线和边际产量曲线

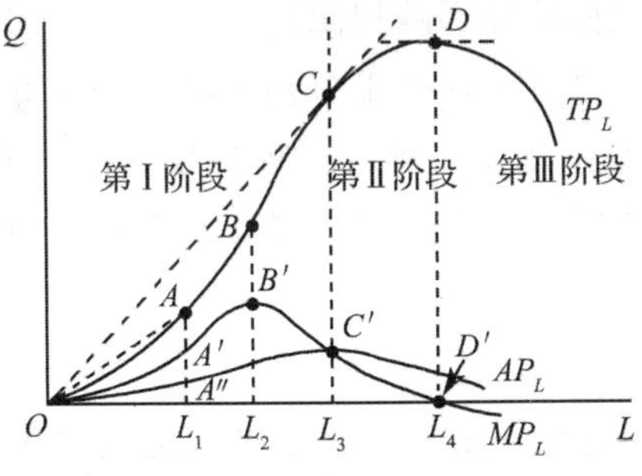

图 4-1　产量曲线和产量三阶段

总产量、平均产量与边际产量的曲线如图 4-1 所示，从图中可以总结出这三个产量之间的关系。

(1) 总产量与边际产量的关系：

①TP_L曲线上每一点的斜率代表边际产量。当劳动量在 $0\sim L_2$之间时，MP_L不仅是正数，

而且是逐渐增加的，TP_L曲线的斜率为正，TP_L曲线向上凹。在$L=L_2$时，MP_L达最大(即B'点)，这时总产量曲线的斜率最大。

②当劳动量$L_2<L<L_4$时，边际产量虽然是正数，但是递减的，MP_L逐渐变小，在TP_L曲线上表示向上凸；当劳动量$L=L_4$时，这时总产量极大，即D点是总产量最大值点，MP_L曲线此时与横轴相交于D'点，即$MP_L=0$。

③当劳动量$L>L_4$时，MP_L为负数，MP_L曲线达到横轴以下，总产量也处于递减阶段，即当再投入劳动量时，总产量会减少。

(2)总产量与平均产量的关系：

①连接TP_L曲线上任意一点和坐标原点的线段的斜率，就是相应的AP_L值。当投入劳动量$0<L<L_3$时，总产量与平均产量都是增加的。当$L=L_3$时，AP_L达到最大，即C'点。

②当$L>L_3$时，随着劳动量投入的增加，总产量虽不断增加，但到$L=L_4$时达到最大，此后就要递减，而平均产量在$L>L_3$时已处于递减阶段。

(3)平均产量与边际产量的关系：

①当平均产量处于递增阶段，即$0<L<L_3$时，$MP_L>AP_L$；当$L=L_3$时，$MP_L=AP_L$，平均产量达最大。

②当平均产量处于递减阶段，即$L>L_3$时，$MP_L<AP_L$，说明边际产量的下降幅度大于平均产量的下降幅度。

◆小试牛刀◆

在以纵轴度量产量，横轴度量劳动投入的坐标系中，平均产量等于(　　)。(暨南大学2019研)

A. 总产量曲线切线的斜率　　B. 从原点向总产量曲线所引射线的斜率

C. 边际产量曲线切线的斜率　　D. 从原点向平均产量曲线所引射线的斜率

【答案】B

【解析】平均产量是每单位劳动投入的产出，由总产出Q除以总劳动投入L得出。因此，平均产量是以纵轴度量产量，横轴度量劳动投入的坐标系中从原点向总产量曲线所引射线的斜率。

3. 边际报酬递减规律(边际收益递减规律)

边际报酬递减规律的内容是：在技术水平和其他因素不变的条件下，在连续等量地将某一种可变生产要素投入增加到其他一种或几种数量固定不变的生产要素上去的过程中，该可变要素的边际产量先是递增的，在这种可变要素的投入量增加到一定数量之后，其边际产量开始递减。

4. 短期生产的三个阶段

根据总产量曲线、平均产量曲线和边际产量曲线之间的关系，把产量的变化分为三个阶段，如图4-1所示。

第Ⅰ阶段，是平均产量递增阶段。可变要素劳动量L投入的增加，使平均产量增加。这时，因为边际产量高于平均产量，每增加一个单位的劳动都能提高平均产量。这表明，和可变要素劳动量L相比，固定要素(如资本K等)投入太多，很不经济。在这一阶段，增加劳动投入是有利可图的，它不仅能充分利用固定要素，而且能使总产量以递增的比率增加，任何理性的厂商通常不会把可变要素投入的使用量限制在这一阶段内。

第Ⅱ阶段，是平均产量递减，边际产量大于零的阶段。从平均产量最高点开始，随着可变要素劳动量 L 投入的增加，边际产量虽递减但大于0，故总产量仍递增，一直到达最大时为止。另一方面，平均产量开始递减，因为边际产量已小于平均产量。

第Ⅲ阶段，是负边际产量阶段。从总产量达到最高点开始，随着可变要素劳动量 L 投入的增加，边际产量成为负值，总产量开始递减，这时每减少一个单位的可变要素投入反而能提高总产量，表明与固定要素投入相比，可变要素投入太多了，也不经济。显然，理性的厂商也不会在这一阶段进行生产。

可见，第Ⅱ阶段是理性厂商短期生产的决策区间，或称生产要素的合理投入区间。但是，生产者究竟要投入多少可变要素或生产多少取决于成本函数，假如厂商不考虑单位产品成本，而希望得到最大产量，那么劳动要素的投入量以图4-1中 D' 点最合适；假如厂商考虑的是单位产品成本，而不要求得到最大产量，那么劳动要素的投入量以图4-1中 C' 点最合适。

考点四：长期生产函数 ★★★★★

1. 长期生产函数的形式

在长期内，所有的生产要素的投入量都是可变的，多种可变生产要素的长期生产函数可以写为：$Q=f(X_1, X_2, \cdots, X_n)$，式中，$Q$ 为产量；$X_i(i=1, 2, \cdots, n)$ 为第 i 种可变生产要素的投入数量。该生产函数表示：长期内在技术水平不变的条件下由 n 种可变生产要素投入量的一定组合所能生产的最大产量。

假定生产者使用劳动和资本两种可变生产要素来生产一种产品，则两种可变生产要素的长期生产函数可以写为：$Q=f(L, K)$。式中，L 为可变要素劳动的投入量，K 为可变要素资本的投入数量，Q 为产量。

2. 等产量曲线的含义与性质

等产量曲线表示在技术水平不变的条件下，为生产一定的产量所需投入的两种生产要素之间的所有不同组合的轨迹。以常数 Q^0 表示既定的产量水平，则与等产量曲线相对应的生产函数为 $Q=f(L, K)=Q^0$。等产量曲线有如下性质：

(1)表示某一生产函数的等产量曲线图中，可以画出无数条等产量曲线，并且任何两条等产量曲线不能相交。

(2)等产量曲线上的任一点的斜率的绝对值等于该点上以生产要素 L 代替生产要素 K 的边际技术替代率，边际技术替代率($MRTS$)是递减的，即等产量曲线凸向原点。

(3)离原点越近的等产量曲线代表的产量越低，离原点越远的等产量曲线代表的产量越高。

3. 边际技术替代率及其递减规律

(1)边际技术替代率：

边际技术替代率是指在维持产量水平不变的条件下，增加一单位某种要素的投入量时所需要减少的另一种要素的投入量。劳动对资本的边际技术替代率的定义公式为：$MRTS_{LK}=-\Delta K/\Delta L=-\mathrm{d}K/\mathrm{d}L$。式中，$\Delta K$ 和 ΔL 分别为资本投入量和劳动投入量的变化量。

边际技术替代率还可以表示为两要素的边际产量之比，即 $MRTS_{LK}=-\mathrm{d}K/\mathrm{d}L=$

MP_L/MP_K。

等产量曲线上的斜率的绝对值等于两种要素之间的边际技术替代率。

(2)边际技术替代率递减规律:

在维持产量不变的前提下,在一种可变要素的投入量不断增加的过程中,每一单位这种可变要素所能替代的另一种可变要素的数量是递减的。

边际技术替代率递减规律决定了等产量曲线具有凸向原点的特征。

◆拓展延伸◆

替代弹性是指边际技术替代率的相对变动所引起的要素投入比例的相对变动。

考虑两种投入的生产函数,替代弹性用 E_S 表示为:

$$E_S=\frac{\mathrm{d}\left(\frac{K}{L}\right)/\frac{K}{L}}{\mathrm{d}MRTS_{LK}/MRTS_{LK}}$$

由于 $MRTS_{LK}=MP_L/MP_K$,替代弹性也可以表达为:

$$E_S=\frac{\mathrm{d}\left(\frac{K}{L}\right)/\frac{K}{L}}{\mathrm{d}\left(\frac{MP_L}{MP_K}\right)/\frac{MP_L}{MP_K}}$$

当技术水平发生变化时,投入要素的边际产量会发生改变,从而导致要素间的边际替代率变化,替代弹性常用于评价技术水平或技术系数发生变化时对要素投入比例的影响。

4. 生产函数的几种形式

(1)固定替代比例的生产函数:

固定替代比例的生产函数也被称为线性生产函数,表示在每一产量水平上任何两种生产要素之间的替代比例都是固定的。假定生产过程中只使用劳动和资本两种要素,则固定替代比例的生产函数的通常形式为:

$$Q=aL+bK$$

其中,Q 为产量,L 和 K 分别表示劳动和资本的投入量,常数 a、$b>0$。

(2)固定投入比例的生产函数:

固定投入比例的生产函数也被称为里昂惕夫生产函数,是指在每一个产量水平上任何一对要素投入量之间的比例都是固定的生产函数。假定生产过程中只使用劳动和资本两种要素,则固定投入比例生产函数的通常形式为:

$$Q=\min\{L/u,\ K/v\}$$

式中,Q 为产量;L 和 K 分别为劳动和资本的投入量;常数 u、$v>0$,分别为固定的劳动和资本的生产技术系数,它们分别表示生产一单位产品所需要的固定的劳动投入量和固定的资本投入量。

对一个固定投入比例生产函数来说,最优投入要素组合应满足:$Q=L/u=K/v$。

(3)柯布-道格拉斯生产函数:

柯布-道格拉斯生产函数是最常见的一种生产函数,其一般形式为:

$$Q=AL^{\alpha}K^{\beta}$$

式中,Q 为产量;A 表示技术系数;L 和 K 分别为劳动和资本投入量;α 和 β 为参数。

该生产函数的主要特征为：

①α 和 β 分别表示劳动和资本在生产过程中的相对重要性，或者说是表示劳动所得和资本所得在总产量中所占的份额。

$$L \cdot MP_L = L \cdot A\alpha L^{\alpha-1}K^{\beta} = \alpha AL^{\alpha}K^{\beta} \Rightarrow \frac{L \cdot MP_L}{AL^{\alpha}K^{\beta}} = \alpha$$

$$K \cdot MP_K = K \cdot A\beta L^{\alpha}K^{\beta-1} = \beta AL^{\alpha}K^{\beta} \Rightarrow \frac{K \cdot MP_K}{AL^{\alpha}K^{\beta}} = \beta$$

②$A(\lambda L)^{\alpha}(\lambda K)^{\beta} = \lambda^{\alpha+\beta}AL^{\alpha}K^{\beta}$。

如果 $\alpha+\beta>1$，则此时为规模报酬递增的生产；如果 $\alpha+\beta=1$，则此时为规模报酬不变的生产；如果 $\alpha+\beta<1$，则此时为规模报酬递减的生产。

考点五：规模报酬 ★★★

1. 规模报酬的含义及其与要素报酬含义的区别

规模报酬与生产要素报酬是两个不同的概念。规模报酬所涉及的是企业的生产规模变化与所引起的产量变化之间的关系，而要素报酬是指要素投入的边际产量收益。前者是厂商根据经营规模设计不同的工厂，属长期分析；后者是在既定的生产规模中，增加可变要素时相应产量的变化，属短期分析。

2. 规模报酬的三种类型（见表4-4）

表4-4 规模报酬的三种类型

类型	含义	原因	数学表达（$\lambda>1$）
规模报酬递增	指产量增加的比例大于各种生产要素投入量增加的比例	生产专业化程度提高；生产要素具有不可分的性质；管理更合理	$f(\lambda L, \lambda K) > \lambda f(L, K)$
规模报酬不变	指产量增加的比例等于各种生产要素投入量增加的比例	规模报酬递增的因素吸收完毕，某种生产组合的调整受到了技术上的限制	$f(\lambda L, \lambda K) = \lambda f(L, K)$
规模报酬递减	指产量增加的比例小于各种生产要素投入量增加的比例	规模过大造成管理效率的下降	$f(\lambda L, \lambda K) < \lambda f(L, K)$

◆小试牛刀◆

生产函数为 $Y=L+2K+5$，则有（　　）。（暨南大学2019研）

A. 规模报酬递增　B. 规模报酬不变　C. 规模报酬递减　D. 劳动的边际产量递减

【答案】C

【解析】假设劳动和资本的初始投入量为 L_0 和 K_0，那么产出为 $Y_0=L_0+2K_0+5$。此时若劳动和资本的投入量都增加至初始投入量的2倍，产出为 $Y_1=2L_0+4K_0+5<2Y_0=2L_0+4K_0+10$，表示产量增加的幅度小于要素投入的增长幅度，表明规模报酬递减。

3. 规模报酬的规律

当企业从最初的很小的生产规模开始逐步扩大的时候，企业面临的是规模报酬递增的阶段。在企业得到了由生产规模扩大所带来的产量递增的全部好处以后，一般会继续扩大生产规模，将生产保持在规模报酬不变的阶段。这个阶段有可能比较长。在这以后，企业若继续扩大生产规模，就会进入一个规模报酬递减的阶段。

4.2 课后习题详解

一、简答题

1. 如何准确区分生产的短期和长期这两个基本概念?

答: 生产的短期和长期的区分是以能否变动全部要素的投入数量为标准的。

生产的短期是指生产者来不及调整全部生产要素的数量，至少有一种生产要素的数量是固定不变的生产周期。由此，短期生产的要素投入区分为固定要素投入和可变要素投入。诸如机器设备、厂房等在短期内无法进行数量调整的要素为固定要素投入；诸如劳动、原材料、燃料等在短期内可以进行数量调整的要素为可变要素投入。

生产的长期是指生产者可以调整全部生产要素的生产周期。例如，生产者在长期可以通过对全部要素投入量的调整，来缩小或扩大生产规模，甚至进入或退出一个行业的生产。由于在长期生产中每种要素投入数量都是可以调整的，因而也就不存在可变要素投入和不变要素投入的区分。

2. 下面是一个一种可变生产要素的短期生产函数的产量表(见表4-5)。

表4-5 短期生产函数的产量表

可变要素的数量	可变要素的总产量	可变要素的平均产量	可变要素的边际产量
1		2	
2			10
3	24		
4		12	
5	60		
6			6
7	70		
8			0
9	63		

(1)在表中填空。

(2)该生产函数是否表现出边际报酬递减?如果是，是从第几单位的可变要素投入量开始的?

答: (1)利用短期生产的总产量(*TP*)、平均产量(*AP*)和边际产量(*MP*)之间的关系，可以完成对该表的填空，其结果如表4-6所示。

表4-6 短期生产函数的产量表

可变要素的数量	可变要素的总产量	可变要素的平均产量	可变要素的边际产量
1	2	2	2
2	12	6	10

续表

可变要素的数量	可变要素的总产量	可变要素的平均产量	可变要素的边际产量
3	24	8	12
4	48	12	24
5	60	12	12
6	66	11	6
7	70	10	4
8	70	35/4	0
9	63	7	-7

(2)边际报酬递减是指短期生产中一种可变要素的边际产量在达到最高点以后开始逐步下降的这样一种普遍的生产现象。本题的生产函数表现出边际报酬递减的现象，具体地说，由表4-6可见，当可变要素的投入量由第4单位增加到第5单位时，该要素的边际产量由原来的24下降为12。

3. 区分边际报酬递增、不变和递减的情况与规模报酬递增、不变和递减的情况。

答：规模报酬的递增、不变和递减与边际报酬递增、不变和递减的区别如下：规模报酬所涉及的是，一厂商的规模本身发生变化(这假定为该厂的厂房、设备等固定要素和劳动、原材料等可变要素发生了同比例变化)时相应的产量是递增、不变还是递减，或者说是厂商根据他的经营规模大小(产销量大小)设计不同的工厂规模；而边际报酬递增、不变和递减所讨论的则是在该厂的规模已经固定下来，即其他要素既定不变，某一种要素的变化引起的产量(报酬)递增、不变和递减三种情况。

4. 假设生产函数 $Q=\min\{5L, 2K\}$。

(1)作出 $Q=50$ 时的等产量曲线。

(2)推导该生产函数的边际技术替代率函数。

(3)分析该生产函数的规模报酬情况。

解：(1)生产函数 $Q=\min\{5L, 2K\}$ 表明该生产函数是一个固定投入比例的生产函数，它反映了劳动和资本在某一技术水平下必须以固定比例投入的情况。本题 $Q=50$ 时等产量曲线为如图4-2所示的直角形式，资本和劳动应满足 $\frac{K}{L}=\frac{5}{2}$，且 $5L=2K=50$。联立解得：$K=25$，$L=10$。

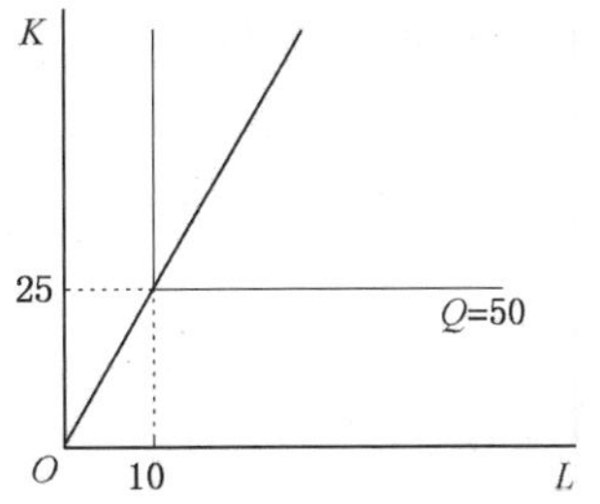

图4-2　$Q=50$ 时的等产量曲线

(2)由于生产要素 K 和 L 是不可替代的，因此边际技术替代率为零。

(3)因为 $Q=f(L, K)=\min\{5L, 2K\}$，所以有：

$$f(\lambda L, \lambda K)=\min\{5\lambda L, 2\lambda K\}=\min\lambda\{5L, 2K\}=\lambda\min\{5L, 2K\}=\lambda Q$$

故该生产函数呈现出规模报酬不变的特征。

5. 已知柯布-道格拉斯生产函数为 $Q=AL^{\alpha}K^{\beta}$。请讨论该生产函数的规模报酬情况。

解：因为 $Q=f(L, K)=AL^{\alpha}K^{\beta}$，所以有：

$$f(\lambda L,\ \lambda K)=A(\lambda L)^{\alpha}(\lambda K)^{\beta}=\lambda^{\alpha+\beta}AL^{\alpha}K^{\beta}$$

故，当 $\alpha+\beta>1$ 时，柯布－道格拉斯生产函数 $Q=AL^{\alpha}K^{\beta}$ 具有规模报酬递增的性质。

当 $\alpha+\beta=1$ 时，柯布－道格拉斯生产函数 $Q=AL^{\alpha}K^{\beta}$ 具有规模报酬不变的性质。

当 $\alpha+\beta<1$ 时，柯布－道格拉斯生产函数 $Q=AL^{\alpha}K^{\beta}$ 具有规模报酬递减的性质。

6. 如果一个生产函数呈现规模报酬不变，那么，该生产函数的边际技术替代率是否一定是不变的？为什么？

答：不一定。规模报酬和边际技术替代率是两个不同的概念。规模报酬分析涉及的是企业的生产规模变化与所引起的产量变化之间的关系，要求所有生产要素同时变化，属于长期生产理论问题。而边际技术替代率是指在维持产量水平不变的条件下，增加一单位某种生产要素的投入量时所减少的另一种要素的投入数量。

例如，假设某厂商的生产函数为柯布－道格拉斯型 $F(K,\ L)=AK^{\alpha}L^{\beta}$，若 $\alpha+\beta=1(0<\alpha<1$ 且 $0<\beta<1)$，则有 $F(\lambda K,\ \lambda L)=A(\lambda K)^{\alpha}(\lambda L)^{\beta}=\lambda^{\alpha+\beta}AK^{\alpha}L^{\beta}=\lambda AK^{\alpha}L^{\beta}=\lambda F(K,\ L)$，显然，该生产函数呈现规模报酬不变。但是，其边际技术替代率 $MRTS_{LK}=\dfrac{MP_L}{MP_K}=\dfrac{\beta AK^{\alpha}L^{\beta-1}}{\alpha AK^{\alpha-1}L^{\beta}}=\dfrac{\beta K}{\alpha L}$，所以，随着 L 增加，为保持产量不变 K 需减少，这将导致 $MRTS_{LK}$ 减小，即边际技术替代率是递减的。

这说明，规模报酬不变和边际技术替代率递减可以同时存在。故规模报酬不变并不意味着边际技术替代率一定不变。

7. 如何区分固定投入比例的生产函数与具有规模报酬不变特征的生产函数？

答：固定投入比例的生产函数又称里昂惕夫生产函数，其一般形式为 $Q(K,\ L)=\min\{L/u,\ K/v\}$。而规模报酬不变的生产函数可表示为 $F(\lambda K,\ \lambda L)=\lambda F(K,\ L)$。

显然，固定投入比例的生产函数可以具有规模报酬不变的特征，如 $Q(\lambda K,\ \lambda L)=\min\{\lambda L/u,\ \lambda K/v\}=\lambda\min\{L/u,\ K/v\}=\lambda Q(K,\ L)$。但是，规模报酬不变的生产函数除上述情况外，还可以是其他形式，例如固定替代比例生产函数 $Q=aK+bL$，$\alpha+\beta=1$ 的柯布－道格拉斯生产函数 $F(K,\ L)=AK^{\alpha}L^{\beta}$，都具有规模报酬不变的特征。

二、计算题

1. 已知生产函数 $Q=f(L,\ K)=2KL-0.5L^2-0.5K^2$，假定厂商目前处于短期生产，且 $\overline{K}=10$。

(1)写出在短期生产中该厂商关于劳动的总产量 TP_L 函数、劳动的平均产量 AP_L 函数和劳动的边际产量 MP_L 函数。

(2)分别计算当劳动的总产量 TP_L、劳动的平均产量 AP_L 和劳动的边际产量 MP_L 各自达到极大值时的厂商的劳动投入量。

(3)什么时候 $AP_L=MP_L$？它的值又是多少？

解：(1)将 $\overline{K}=10$ 代入生产函数 $Q=f(L,\ K)=2KL-0.5L^2-0.5K^2$ 中，得：

$$Q=-0.5L^2+20L-50$$

于是，根据总产量、平均产量和边际产量的定义，有以下函数：

劳动的总产量函数 $TP_L = -0.5L^2 + 20L - 50$；

劳动的平均产量函数 $AP_L = -0.5L + 20 - \frac{50}{L}$；

劳动的边际产量函数 $MP_L = -L + 20$。

(2)令 $MP_L = 0$，解得 $L = 20$ 且 $\frac{d^2 TP_L}{dL^2} = -1 < 0$。

所以当劳动的投入量为 20 时，劳动的总产量 TP_L 达到最大。

令 $\frac{dAP_L}{dL} = -0.5 + \frac{50}{L^2} = 0$，解得 $L = 10$（负值舍去）。

且有 $\frac{d^2 AP_L}{dL^2} = -100L^{-3} < 0$。

所以，当劳动投入量为 $L = 10$ 时，劳动的平均产量 AP_L 达到最大。

由劳动的边际产量函数 $MP_L = -L + 20$ 可知，$\frac{dMP_L}{dL} = -1 < 0$，边际产量曲线是一条斜率为负的直线。当劳动投入量 $L = 0$ 时劳动的边际产量 MP_L 达到极大值。

(3)当劳动的平均产量 AP_L 达到最大时，一定有 $AP_L = MP_L$。

即 $-0.5L + 20 - \frac{50}{L} = -L + 20$，解得：$L = 10$。

此时 $AP_L = MP_L = 10$。

2. 已知生产函数为 $Q = \min\{2L, 3K\}$，求：

(1)当产量 $Q = 36$ 时，L 与 K 值分别是多少？

(2)如果生产要素的价格分别为 $P_L = 2$，$P_K = 5$，则生产 480 单位产量的最小成本是多少？

解：(1)生产函数 $Q = \min\{2L, 3K\}$ 表示该函数是一个固定投入比例的生产函数，所以，当厂商进行生产时，总有 $Q = 2L = 3K$。

因为已知 $Q = 36$，解得 $L = 18$，$K = 12$。

(2)由 $Q = 2L = 3K$，$Q = 480$，可得：

$$L = 240, \quad K = 160$$

又因为 $P_L = 2$，$P_K = 5$，所以有：

$$TC = P_L \cdot L + P_K \cdot K = 2 \times 240 + 5 \times 160 = 1280$$

即生产 480 单位产量的最小成本为 1280。

3. 假设某厂商的短期生产函数为 $Q = 35L + 8L^2 - L^3$。求：

(1)该企业的平均产量函数和边际产量函数。

(2)如果企业使用的生产要素的数量为 $L = 6$，是否处于短期生产的合理区间？为什么？

解：(1)由厂商的短期生产函数可得平均产量函数 AP_L 和边际产量函数 MP_L，即有：

$$AP_L = \frac{TP_L}{L} = \frac{35L + 8L^2 - L^3}{L} = 35 + 8L - L^2$$

$$MP_L=\frac{dTP_L}{dL}=35+16L-3L^2$$

(2)短期生产的合理区间为平均产量最大至边际产量为零的区间。

当 AP_L 最大时，有 $\frac{dAP_L}{dL}=0$，即 $-2L+8=0$，可得 $L=4$。

当 $MP_L=0$ 时，有 $35+16L-3L^2=0$，可得 $L=7$ 或 $-\frac{5}{3}$(舍去)。

因此，短期生产的合理区间为劳动投入处于4到7之间，则当生产要素 $L=6$ 时，处于短期生产的合理区间。

4. 已知生产函数 $Q=AL^{1/3}K^{2/3}$。判断：

(1)在长期生产中，该生产函数的规模报酬属于哪一种类型?

(2)在短期生产中，该生产函数是否受边际报酬递减规律的支配?

解：(1)因为 $Q=f(L,K)=AL^{\frac{1}{3}}K^{\frac{2}{3}}$，于是有：

$$f(\lambda L,\lambda K)=A(\lambda L)^{\frac{1}{3}}(\lambda K)^{\frac{2}{3}}=A\lambda^{\frac{1}{3}+\frac{2}{3}}L^{\frac{1}{3}}K^{\frac{2}{3}}=\lambda AL^{\frac{1}{3}}K^{\frac{2}{3}}=\lambda\cdot f(L,K)$$

所以，生产函数 $Q=AL^{\frac{1}{3}}K^{\frac{2}{3}}$ 属于规模报酬不变的生产函数。

(2)假定在短期生产中，资本投入量不变，用 $\overline{K}$ 表示；而劳动投入量可变，用 L 表示。

对于生产函数 $Q=AL^{\frac{1}{3}}\overline{K}^{\frac{2}{3}}$，有：

$$MP_L=\frac{1}{3}AL^{-\frac{2}{3}}\overline{K}^{\frac{2}{3}}$$

且 $\frac{dMP_L}{dL}=-\frac{2}{9}AL^{-\frac{5}{3}}\overline{K}^{\frac{2}{3}}<0$

这表明：在短期资本投入量不变的前提下，随着一种可变要素劳动投入量的增加，劳动的边际产量 MP_L 是递减的。

相类似地，假定在短期生产中，劳动投入量不变，以 $\overline{L}$ 表示；而资本投入量可变，以 K 表示。

对于生产函数 $Q=A\overline{L}^{\frac{1}{3}}K^{\frac{2}{3}}$，有：

$$MP_K=\frac{2}{3}A\overline{L}^{\frac{1}{3}}K^{-\frac{1}{3}}$$

且 $\frac{dMP_K}{dK}=-\frac{2}{9}A\overline{L}^{\frac{1}{3}}K^{-\frac{4}{3}}<0$

这表明：在短期劳动投入量不变的前提下，随着一种可变要素资本投入量的增加，资本的边际产量 MP_K 是递减的。

以上的推导过程表明该生产函数在短期生产中受边际报酬递减规律的支配。

5. 令生产函数 $f(L,K)=\alpha_0+\alpha_1(LK)^{\frac{1}{2}}+\alpha_2K+\alpha_3L$，其中 $0\leqslant\alpha_i\leqslant1$，$i=0,1,2,3$。

(1)当满足什么条件时，该生产函数表现出规模报酬不变的特征?

(2)证明：在规模报酬不变的情况下，相应的边际产量是递减的。

解：(1)由$f(L,K)=\alpha_0+\alpha_1(LK)^{\frac{1}{2}}+\alpha_2K+\alpha_3L$

则$f(\lambda L,\lambda K)=\alpha_0+\alpha_1(\lambda^2LK)^{\frac{1}{2}}+\alpha_2(\lambda K)+\alpha_3(\lambda L)$

$$=\alpha_0+\alpha_1\lambda(LK)^{\frac{1}{2}}+\lambda\alpha_2K+\lambda\alpha_3L$$

$$=\lambda[\alpha_0+\alpha_1(LK)^{\frac{1}{2}}+\alpha_2K+\alpha_3L]+(1-\lambda)\alpha_0$$

$$=\lambda f(L,K)+(1-\lambda)\alpha_0$$

如果该生产函数表现出规模报酬不变，则$f(\lambda L,\lambda K)=\lambda f(L,K)$，这就意味着对于任何常数$\lambda>1$都必有$(1-\lambda)\alpha_0=0$，解得$\alpha_0=0$。

可见，当$\alpha_0=0$时，该生产函数表现出规模报酬不变的特征。

(2)在规模报酬不变的情况下，生产函数为$f(L,K)=\alpha_1(LK)^{\frac{1}{2}}+\alpha_2K+\alpha_3L$，这时有：

$$MP_L=\frac{\partial f(L,K)}{\partial L}=\frac{1}{2}\alpha_1\left(\frac{K}{L}\right)^{\frac{1}{2}}+\alpha_3$$

$$MP_K=\frac{\partial f(L,K)}{\partial K}=\frac{1}{2}\alpha_1\left(\frac{L}{K}\right)^{\frac{1}{2}}+\alpha_2$$

$$\frac{\partial MP_L}{\partial L}=-\frac{1}{4}\alpha_1L^{-\frac{3}{2}}K^{\frac{1}{2}}<0$$

$$\frac{\partial MP_K}{\partial K}=-\frac{1}{4}\alpha_1L^{\frac{1}{2}}K^{-\frac{3}{2}}<0$$

这表明在规模报酬不变的情况下，该函数相应的边际产量是递减的。

6．假定某厂商的短期生产函数为$Q=f(L,\bar{K})$，给定生产要素价格P_L、P_K和产品价格P，且利润$\pi>0$。

证明：该厂商在短期生产的第一阶段不存在利润最大化点。

证明：该厂商的利润函数为：

$$\pi=PQ-P_LL-P_K\bar{K}=Pf(L,\bar{K})-P_LL-P_K\bar{K}$$

由题意$\pi>0$，两边同时除以PL，得：$AP_L=\frac{Q}{L}>\frac{P_L}{P}+\frac{P_K}{P}\cdot\frac{\bar{K}}{L}$

π对L求一阶导数得：

$$\frac{d\pi}{dL}=P\cdot MP_L-P_L$$

由于第一阶段$MP_L>AP_L$，所以$MP_L>AP_L>\frac{P_L}{P}+\frac{P_K}{P}\cdot\frac{\bar{K}}{L}$

故$\frac{d\pi}{dL}=P\cdot MP_L-P_L>P_K\cdot\frac{\bar{K}}{L}>0$，故第一阶段必然不存在利润最大化的点。

7．已知某厂商的固定投入比例的生产函数为$Q=\min\{2L,3K\}$。

(1)令$P_L=1$，$P_K=3$。求厂商为了生产120单位产量所使用的K、L值以及最小成本。如果要素价格变化为$P_L=4$，$P_K=2$，厂商为了生产120单位产量所使用的K、L值以及最小成本又是多少？请予以比较与说明。

(2)令$P_L=4$，$P_K=3$。求$C=180$时的K、L值以及最大产量。

解：(1)对于固定投入比例的生产函数 $Q=\min\{2L, 3K\}$，当厂商进行生产时，其最优的要素投入满足 $2L=3K$，即 $K/L=2/3$。

当 $P_L=1$，$P_K=3$ 时，厂商生产120单位产量面临的成本最小化问题是：

$$\min\ C=L+3K$$
$$s.t.\ Q=\min\{2L, 3K\}=120$$

解得：$L=60$，$K=40$，$C=60+120=180$。

同理，当 $P_L=4$，$P_K=2$ 时，可求得：$L=60$，$K=40$，$C=240+80=320$。

可见，由于该生产函数为固定投入比例，无论两种生产要素价格怎样变化，既定产量下的最优要素投入量将不会发生变化。

(2)当 $P_L=4$，$P_K=3$ 时，厂商在成本为180时面临的产量最大化问题为：

$$\max\ Q=\min\{2L, 3K\}$$
$$s.t.\ C=4L+3K=180$$

厂商最优要素投入满足 $K/L=2/3$，将其代入约束条件，解得：$L=30$，$K=20$，$Q=60$。

三、论述题

1. 用图说明短期生产函数 $Q=f(L, \bar{K})$ 的 TP_L 曲线、AP_L 曲线和 MP_L 曲线的特征及其相互之间的关系。

答：短期生产函数的 TP_L 曲线、AP_L 曲线和 MP_L 曲线的综合图如图4-3所示。

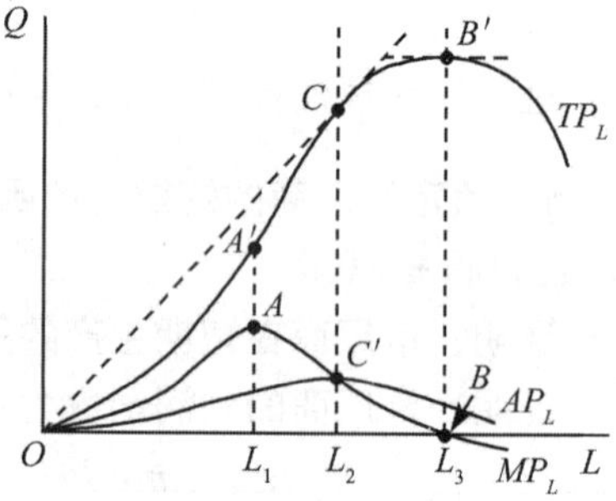

图4-3　短期生产函数曲线

由图4-3可见，在短期生产的边际报酬递减规律的作用下，MP_L 曲线呈现出先上升达到最高点 A 以后又下降的趋势。由边际报酬递减规律决定的 MP_L 曲线出发，可以方便地推导出 TP_L 曲线和 AP_L 曲线，并掌握它们各自的特征及其相互之间的关系。

关于 TP_L 曲线。由于 $MP_L=\frac{dTP_L}{dL}$，所以，当 $MP_L>0$ 时，TP_L 曲线是上升的；当 $MP_L<0$ 时，TP_L 曲线是下降的；而当 $MP_L=0$ 时，TP_L 曲线达最高点。换言之，在 $L=L_3$ 时，MP_L 曲线达到零值的 B 点与 TP_L 曲线达到最大值的 B' 点是相互对应的。此外，在 $L<L_3$ 即 $MP_L>0$ 的范围内，当 $\frac{dMP_L}{dL}>0$ 时，TP_L 曲线的斜率递增，即 TP_L 曲线以递增的速率上升；当 $\frac{dMP_L}{dL}<0$ 时，TP_L 曲线的斜率递减，即 TP_L 曲线以递减的速率上升；而当 $\frac{dMP_L}{dL}=0$ 时，TP_L 曲线存在一个拐点，换言之，在 $L=L_1$ 时，MP_L 曲线斜率为零的 A 点与 TP_L 曲线的拐点 A' 是相互对应的。

关于 AP_L 曲线。由于 $AP_L=\frac{TP_L}{L}$，所以，在 $L=L_2$ 时，TP_L 曲线有一条由原点出发的切线，其切点为 C。该切线是由原点出发与 TP_L 曲线上所有的点的连线中斜率最大的一条连线，故

该切点对应的是 AP_L 的最大值点。再考虑到 AP_L 曲线和 MP_L 曲线一定会相交在 AP_L 曲线的最高点。因此，在图 4-3 中，在 $L = L_2$ 时，AP_L 曲线与 MP_L 曲线相交于 AP_L 曲线的最高点 C'，而且与 C' 点相对应的是 TP_L 曲线上的切点 C。

2. 假定某厂商的生产技术给定，在该生产技术下可以采用四种生产方法来生产 2000 单位产量，如表 4-7 所示。

表 4-7

生产方法	劳动使用量	资本使用量
方法 A	100	600
方法 B	160	500
方法 C	165	700
方法 D	90	700

(1) 请剔除表 4-7 中无效率的生产方法。

(2)“生产方法 B 是最有效率的。因为它所使用的资源总量最少，只有 660 单位。”你认为这种说法正确吗？为什么？

(3) 在(1) 中剔除了无效率的生产方法后，你能在余下的生产方法中找出有效率的生产方法吗？请说明理由。

答：(1) 方法 C 和方法 D 最终产量均为 2000 单位，但方法 C 比方法 D 多使用了 75 单位的劳动量，故方法 C 是无效率的生产方法。

(2) 不正确。在产量相同的情况下，最有效率的生产方法应该是使得总成本最小的方法。虽然方法 B 使用总量最少，但由于 $TC = P_L L + P_K K$，故其总成本不一定最小，所以不一定是最优方法。

(3) 本问采用反证法：

①假设方法 D 最优，则必有 $C_D < C_A$，$C_D < C_B$，从而有：

$90P_L + 700P_K < 100P_L + 600P_K$，整理得 $P_L/P_K > 10$

$90P_L + 700P_K < 160P_L + 500P_K$，整理得 $P_L/P_K > 20/7$

因此，当 $P_L/P_K > 10$ 时，方法 D 最优。

②同理，假设方法 A 最优，则必有 $C_A < C_D$，$C_A < C_B$，从而有：

$100P_L + 600P_K < 90P_L + 700P_K$，整理得 $P_L/P_K < 10$

$100P_L + 600P_K < 160P_L + 500P_K$，整理得 $P_L/P_K > 5/3$

可见，当 $5/3 < P_L/P_K < 10$ 时，方法 A 最优。

③再者，假设方法 B 最优，则必有 $C_B < C_D$，$C_B < C_A$，从而有：

$160P_L + 500P_K < 90P_L + 700P_K$，整理得 $P_L/P_K < 20/7$

$160P_L + 500P_K < 100P_L + 600P_K$，整理得 $P_L/P_K < 5/3$

可见，当 $P_L/P_K < 5/3$ 时，方法 B 最优。

综上所述，可见，在相对价格 P_L/P_K 位于不同区间时，最优方法并不相同。即在特定的相对价格水平下，A、B、D 均可能是最优方法，故本题无法直接找出最有效率的生产方法。

4.3 名校考研真题详解

一、名词解释

1. 边际报酬递减规律(law of diminishing marginal returns)(武汉大学2001、2004研;北理工2003研;中山大学2005研;中国政法大学2005研;南京大学2005、2018研;厦门大学2006、2010、2014研;中国青年政治学院2009研;中央财大2014研;对外经贸大学2015研;四川大学2018研;福州大学2018研;中国地质大学(北京)2018研;人大2019研;浙江大学2019研)

答:边际报酬递减规律是指在技术水平不变的条件下,在连续等量地把某一种可变生产要素增加到其他一种或几种数量不变的生产要素上去的过程中,当这种可变生产要素的投入量小于某一特定值时,增加该要素投入所带来的边际产量是递增的;当这种可变要素的投入量连续增加并超过这个特定值时,增加该要素投入所带来的边际产量是递减的。

从理论上讲,边际报酬递减规律成立的原因在于:对于任何产品的短期生产来说,可变要素投入和固定要素投入之间都存在着一个最佳的数量组合比例。一旦生产要素的投入量达到最佳的组合比例时,可变要素的边际产量达到最大值。在这一点之后,随着可变要素投入量的继续增加,生产要素的投入量越来越偏离最佳的组合比例,相应的可变要素的边际产量便呈现出递减的趋势了。

边际报酬递减规律强调的是:在任何一种产品的短期生产中,随着一种可变要素投入量的增加,可变要素的边际产量最终必然会呈现出递减的特征。

2. 边际技术替代率(Marginal Rate of Technical Substitution)(北师大2006研;西安交大2006研;华中科大2007研;深圳大学2007研;财政部财科所2008研;中山大学2009研;浙江大学2009研;湖南大学2012研;浙江工商大学2016研;东北大学2017研;中南财大2017研;东北财大2017研;中国地质大学2019研;南京大学2019研)

答:边际技术替代率是指在维持产量水平不变的条件下,增加一单位某种生产要素投入量时所需要减少的另一种要素的投入数量,其英文缩写为$MRTS$。用ΔK和ΔL分别表示资本投入量的变化量和劳动投入量的变化量,则劳动对资本的边际技术替代率的公式为:

$$MRTS_{LK}=-\frac{\Delta K}{\Delta L}\text{或}\ MRTS_{LK}=-\frac{\mathrm{d}K}{\mathrm{d}L}$$

生产要素相互替代的过程中存在边际技术替代率递减规律,即在维持产量不变的前提下,当一种生产要素的投入量不断增加时,每一单位的这种生产要素所能替代的另一种生产要素的数量是递减的。边际技术替代率递减的主要原因在于:任何一种产品的生产技术都要求各要素投入之间有一个适当的比例,这意味着要素之间的替代是有限制的。

3. 规模报酬(中南财大2000研;北师大2001研;中央财大2005研;湖南大学2006研;北京理工大学2018研)

答:规模报酬是指在其他条件不变的情况下,企业内部各种生产要素按相同比例变化时所带来的产量变化。规模报酬分析的是企业的生产规模变化与所引起的产量变化之间的关系。企业只有在长期内才可能变动全部生产要素,进而变动生产规模,因此,企业的规模报酬分析属于长期生产理论。

企业的规模报酬变化可以分规模报酬递增、规模报酬不变和规模报酬递减三种情况。其中，产量增加的比例大于各种生产要素增加的比例，称之为规模报酬递增；产量增加的比例等于各种生产要素增加的比例，称之为规模报酬不变；产量增加的比例小于各种生产要素增加的比例，称之为规模报酬递减。

一般说来，在长期生产过程中，企业的规模报酬的变化呈现出如下的规律：当企业从最初的很小的生产规模开始逐步扩大的时候，企业面临的是规模报酬递增的阶段。在企业得到了由生产规模扩大所带来的产量递增的全部好处以后，一般会继续扩大生产规模，将生产保持在规模报酬不变的阶段，这个阶段有可能比较长。在这以后，企业若继续扩大生产规模，就会进入一个规模报酬递减的阶段。

4．等产量曲线（浙江大学2004研；上海交大2006研；东北财大2016研；中国海洋大学2019研）

答：等产量曲线是指在技术水平不变的条件下生产同一产量的两种生产要素投入量的各种不同组合的轨迹。以常数Q^0表示既定的产量水平，L表示投入的劳动数量，K表示投入的资本数量，则与等产量曲线相对应的生产函数为：

$$Q=f(L,\ K)=Q^0$$

如图4-4所示，等产量曲线与坐标原点的距离的大小表示产量水平的高低：离原点越近的等产量曲线代表的产量水平越低；离原点越远的等产量曲线代表的产量水平越高。同一平面坐标上的任意两条等产量曲线不会相交，并且等产量曲线是凸向原点的。

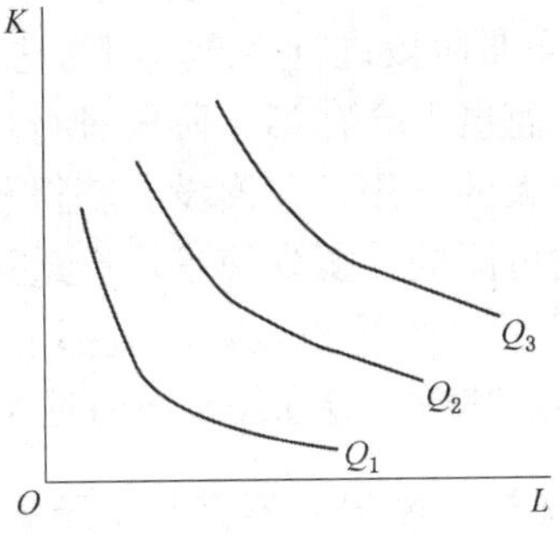

图4-4　等产量曲线

5．规模报酬递增（increasing returns to scale）（武汉大学2008研；厦门大学2009研；湖南大学2018研；中国人民大学2021研）

答：企业的规模报酬变化可以分为规模报酬递增、规模报酬不变和规模报酬递减三种情况。其中，当投入要素数量增加一倍时，如果产出增加高于一倍，则存在规模报酬递增。设生产函数为$Q=f(L,\ K)$，如果$f(\lambda L,\ \lambda K)>\lambda f(L,\ K)$，其中，$\lambda>1$，则生产函数$Q=f(L,\ K)$具有规模报酬递增的性质。

产生规模报酬递增的主要原因是由于企业生产规模扩大所带来的生产效率的提高。它可以表现为：生产规模扩大以后，企业能够利用更先进的技术和机器设备等生产要素，而较小规模的企业可能无法利用这样的技术和生产要素。随着对较多的人力和机器的使用，企业内部的生产分工能够更合理和专业化。此外，人数较多的技术培训和具有一定规模的生产经营管理，也都可以节省成本。

二、简答题

1. 生产的三个阶段是如何划分的？为什么生产者通常会选择在第二阶段生产？（东北财大 2006 研；厦门大学 2006 研；云南大学 2008 研；东华大学 2010 研；南京财经大学 2010 研；华东师范大学 2018 研）

答：(1)生产的三个阶段是在假定生产技术水平和其他要素投入量不变，只有劳动投入可变的条件下，以劳动投入多少来划分的生产不同阶段。

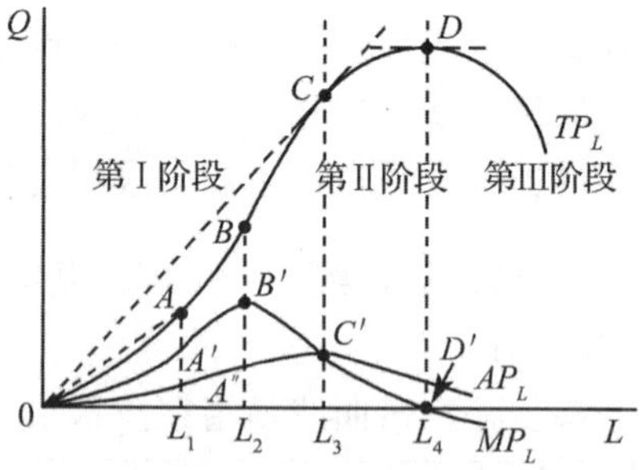

图 4-5　一种可变要素的生产函数的产量曲线

具体而言，生产的三个阶段是根据总产量曲线、平均产量曲线和边际产量曲线的形状及其相互之间的关系来划分的。如图 4-5 所示：第Ⅰ阶段，平均产量递增阶段，即平均产量从 0 增加到最高的阶段，这一阶段是从原点到 AP_L、MP_L 曲线的交点，即劳动投入量由 0 到 L_3 的区间。第Ⅱ阶段，平均产量的递减阶段，边际产量仍然大于 0，所以总产量仍然是递增的，直到总产量达到最高点。这一阶段是从 AP_L、MP_L 两曲线的交点到 MP_L 曲线与横轴的交点，即劳动投入量由 L_3 到 L_4 的区间。第Ⅲ阶段，边际产量为负，总的产量也是递减的，这一阶段是 MP_L 曲线和横轴的交点以后的阶段，即劳动投入量 L_4 以后的区间。

(2)首先，厂商肯定不会在第Ⅲ阶段进行生产，因为这个阶段的边际产量为负值，生产不会带来任何的好处。其次，厂商也不会在第Ⅰ阶段进行生产，因为平均产量在增加，投入的这种生产要素还没有发挥最大的作用，厂商没有获得预期的好处，继续扩大可变投入的使用量从而使产量扩大是有利可图的，至少使平均产量达到最高点时为止。因此厂商通常会在第Ⅱ阶段进行生产，虽然平均产量和边际产量都下降，但是总产量还在不断增加，收入也增加，只是增加的速度逐渐减慢，直到停止增加时为止。

2. 单个生产要素的报酬递减与规模报酬不变并不矛盾，为什么？（西安交大 2007 研；厦门大学 2008 研；浙江大学 2008 研）

答：(1)边际报酬递减规律是指，在技术水平不变的条件下，在连续等量地把某一种可变生产要素增加到其他一种或几种数量不变的生产要素上去的过程中，当这种可变要素的投入量连续增加并超过这个特定值时，增加该要素投入所带来的边际产量是递减的。规模报酬不变是指在所有要素同时等量变动时，产量的变动幅度等于要素变动幅度。

(2)单个生产要素的报酬递减与规模报酬不变并不矛盾。边际报酬递减是一个短期的概念，而规模报酬分析属于长期生产理论，即研究的是长期。规模报酬问题讨论的是工厂本身规模发生变化时产量的变化，而单个要素报酬问题涉及的则是企业规模已经固定下来，增加可变要素时相应的产量变化。事实上，当厂商经营规模较大，在给定技术状况下投入要素的效率固定不变，即规模报酬不变的同时，随着可变要素投入增加到足以使固定要素得到最有效的利用后，继续增加可变要素，总产量的增加同样将会出现递减现象。所以，规模报酬不变的厂商也可能面临单个生产要素的报酬递减现象。

举例如下：对于生产函数 $Q=f(L,\ K)=AK^{\alpha}L^{\beta}$（其中，$\alpha>0$，$\beta>0$）而言，当 $\alpha+\beta=1$ 时，该生产函数具有规模报酬不变的特征。但是，当 $\alpha+\beta=1$ 时，劳动 L 和资本 K 都呈现边际报酬递减，即有 $\frac{dMP_L}{dL}<0$，$\frac{dMP_K}{dK}<0$。因此，在生产过程中是有可能同时存在单个生产要素的边际报酬递减和规模报酬不变的情况的。

3. 假设你是一名雇主，假定其他要素投入短期无法增加，要招聘新的员工，目的是增加产量。对最后一名雇员，在平均产量和劳动的边际产量中，你更关心什么？如果你发现平均产量开始下降，你会雇佣更多的工人吗？这种情况的出现意味着你刚雇佣的工人的边际产量如何？（请用图说明）（厦门大学 2014 研）

答：（1）作为一名雇主，在考虑新雇佣一名工人时，在劳动的平均产量和边际产量中他将更关心劳动的边际产量。平均产量（AP_L）和边际产量（MP_L）的关系如图 4-6 所示。

从图 4-6 中可以看出，就平均产量 AP_L 和边际产量 MP_L 来说，当 $MP_L>AP_L$ 时，AP_L 曲线是上升的；当 $MP_L<AP_L$ 时，AP_L 曲线是下降的；当 $MP_L=AP_L$ 时，AP_L 曲线达极大值。

由以上总结可以得出，边际产量决定了平均产量。只要边际产量超过平均产量，平均产量就会增加。所以，厂商在雇佣工人时更重视边际产量。

（2）如果平均产量开始下降，则应该雇佣更多的工人。平均产量开始下降的点是边际产量等于平均产量的点，此时虽然平均产量开始下降，但是边际产量仍为正的，总产量是增加的，如图 4-6 所示。

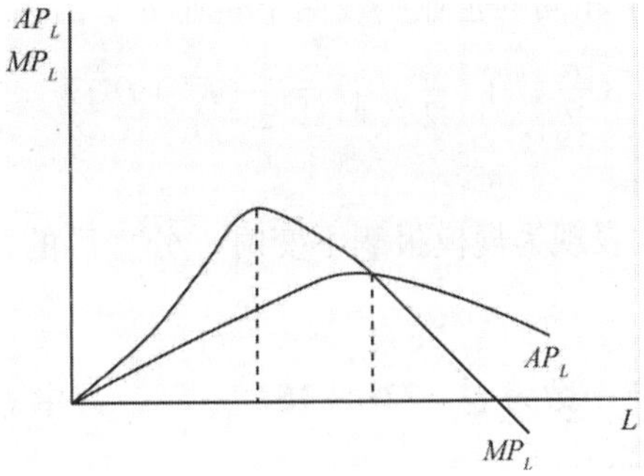

图 4-6　平均产量与边际产量的关系

（3）平均产量下降意味着最后雇佣的一名工人的边际产量小于之前雇佣的工人的平均产量，但其边际产量是大于零的。这时，虽然继续雇佣工人使得平均产量继续下降，但总产量是增加的。只要增加工人带来的边际收益大于边际成本，企业会继续雇佣工人。当总产量开始下降时，一个理性的生产者将会停止雇佣工人。

三、计算题

1. 给定 CES 生产函数 $Q=(K^{\rho}+L^{\rho})^{1/\rho}$，$Q$ 为产出，K、L 分别为资本和劳动的投入量。

（1）证明该企业规模收益不变。

（2）资本和劳动的边际产量为多少？

(3)劳动对资本的边际技术替代率是多少?

(4)证明资本和劳动的产出弹性之和等于1。

(5)把这个企业分为两个相同的企业，分立之后的产出之和与原企业的产出有什么变化?详细写出演算过程。(北京大学光华管理学院2002研)

解:(1)企业的生产函数为 $Q=(K^p+L^p)^{1/p}$，可令 $Q=f(K,L)=(K^p+L^p)^{1/p}$，因为 $f(tK,tL)=[(tK)^p+(tL)^p]^{\frac{1}{p}}=t(K^p+L^p)^{1/p}=tf(K,L)$，所以，该企业规模收益不变。

(2)资本的边际产量 $MP_K=\dfrac{\partial Q}{\partial K}=K^{p-1}\cdot(K^p+L^p)^{\frac{1-p}{p}}$;

劳动的边际产量 $MP_L=\dfrac{\partial Q}{\partial L}=L^{p-1}\cdot(K^p+L^p)^{\frac{1-p}{p}}$。

(3)劳动对资本的边际技术替代率为:

$$MRTS_{LK}=\frac{MP_L}{MP_K}=(\frac{L}{K})^{p-1}$$

(4)劳动的产出弹性为: $E_L=\dfrac{\Delta Q}{Q}/\dfrac{\Delta L}{L}=\dfrac{MP_LL}{Q}=\dfrac{L\cdot L^{p-1}(K^p+L^p)^{\frac{1-p}{p}}}{(K^p+L^p)^{\frac{1}{p}}}=\dfrac{L^p}{K^p+L^p}$;

资本的产出弹性为: $E_K=\dfrac{\Delta Q}{Q}/\dfrac{\Delta K}{K}=\dfrac{MP_KK}{Q}=\dfrac{K^p}{L^p+K^p}$;

所以，$E_L+E_K=\dfrac{L^p+K^p}{K^p+L^p}=1$。

(5)若把该企业分为两个相同的企业则设两个企业的产出为 q，则:

$$q=[(\frac{K}{2})^p+(\frac{L}{2})^p]^{\frac{1}{p}}=\frac{1}{2}(K^p+L^p)^{\frac{1}{p}}=\frac{1}{2}Q$$

即: $2q=Q$。

所以，当CES生产函数表现为规模报酬不变时，分立后的两企业产出之和等于原企业的产出。

2. 设某公司的短期生产函数为 $Q=72L+15L^2-L^3$，其中 Q 和 L 分别代表一定时间内的产量和可变要素投入量。求:

(1) MP_L 和 AP_L 函数。

(2)当 $L=7$ 时，$MP_L=$? 当 L 由7个单位增加到8个单位时，产量增加多少?

(3) L 投入量为多少时，MP_L 将开始面临递减?

(4) L 投入量为多少时，AP_L 将达到最大?

(5)该公司的最大产量是多少?为达到这个最大产量，L 的投入量应为多少?(北京交大2002研)

解:(1)边际产量函数为: $MP_L=\dfrac{dQ}{dL}=\dfrac{d(72L+15L^2-L^3)}{dL}=72+30L-3L^2$;

平均产量函数为: $AP_L=\dfrac{Q}{L}=\dfrac{72L+15L^2-L^3}{L}=72+15L-L^2$。

(2)当 $L=7$ 时，$MP_L=72+30L-3L^2=135$。

当 L 由 7 个单位增加到 8 个单位时，产量增加量为：

$$\Delta Q = Q(8) - Q(7) = 72 \times 8 + 15 \times 8^2 - 8^3 - (72 \times 7 + 15 \times 7^2 - 7^3) = 128$$

(3)令 $\frac{dMP_L}{dL} = 30 - 6L = 0$，得 $L = 5$，此时边际产量 MP_L 为最大值。所以，当 $L = 5$ 时，MP_L 将开始面临递减。

(4)平均产量函数为：$AP_L = 72 + 15L - L^2$，平均产量最大化的一阶条件为：

$$\frac{dAP_L}{dL} = 15 - 2L = 0$$

解得 $L = 7.5$。故 $L = 7.5$ 时，平均产量 AP_L 将达到最大。

(5)公司产量最大化的一阶条件为：

$$\frac{dQ}{dL} = MP_L = 72 + 30L - 3L^2 = 0$$

解得：$L = 12$($L = -2$ 舍去)。

最大产量为：$Q = 72L + 15L^2 - L^3 = 72 \times 12 + 15 \times 12^2 - 12^3 = 1296$。

3. 某厂商的生产函数为：$Q = KL - 0.2L^2 0.8K^2$，Q、K、L 分别表示产量、资本和劳动，假定资本投入是固定的，即 $K = 10$。

(1)请写出劳动的平均产量(AP_L)函数和边际产量(MP_L)函数。

(2)分别计算当总产量、平均产量达到极大值时厂商雇用的劳动。

(3)以本题为例说明当 AP_L 达到极大时，为什么 $AP_L = MP_L$? (西安交大 2008 研)

解：(1)当资本投入是固定的，即 $K = 10$ 时，厂商的生产函数为：$Q = 10L - 16L^2$。由生产函数可得劳动的平均产量(AP_L)和边际产量(MP_L)分别为：

$$AP_L = \frac{Q}{L} = 10 - 16L,\ MP_L = \frac{\partial Q}{\partial L} = 10 - 32L$$

(2)当总产量达到极大值时，即 $\frac{\partial Q}{\partial L} = 0$ 时，厂商雇用劳动 $L = \frac{5}{16}$；$\frac{dAP_L}{dL} = -16 < 0$，所以平均产量一直递减，其最大值在 $L = 0$ 处取得，即此时厂商雇佣劳动量为零。

(3)由(2)可知，当平均产量达到极大值时，厂商雇用劳动为 $L = 0$。当 $L = 0$ 时，$AP_L = 10 - 16L = 10$，$MP_L = 10 - 32L = 10$。可知，当 AP_L 达到极大值时，满足 $AP_L = MP_L$。

四、论述题

试述消费者理论中的边际替代率和生产者理论中的边际技术替代率的异同。(上海财大 2002 研)

答：边际替代率是指在维持效用水平或满足程度不变的前提下，消费者增加 1 单位的某种商品的消费时所需放弃的另一种商品的消费数量。而边际技术替代率是指在维持产量水平不变的条件下，增加一个单位的某种要素投入量时减少的另一种要素的投入数量。消费者理论中的边际替代率和生产者理论中的边际技术替代率之间既有联系，也有区别。

(1)相同点：

①形式上相似，在一定的前提条件下，增加一单位某一变量所要减少的另一单位变量

的数量。

②都是一种比率，边际替代率等于两种商品的消费变化量之比；边际技术替代率是资本投入的变化量和劳动投入的变化量的比率。

③都遵循递减规律，边际替代率遵循商品的边际替代率递减规律，即在维持效用水平不变的前提下，随着一种商品消费量的连续增加，消费者为得到一单位的这种商品所需放弃的另一种商品的消费量是递减的。

(2)不同点：

①所属理论不同，边际替代率属于消费者理论中的概念，而边际技术替代率属于生产者理论中的概念。

②前提条件不同，边际替代率的前提是维持效用水平或满足程度不变，而边际技术替代率的前提是维持产量水平不变。

③计算公式不同，以 MRS 表示商品的边际替代率，ΔX_1 和 ΔX_2 分别是商品 1 和商品 2 的变化量，则商品 1 对商品 2 的边际替代率为：$MRS_{12}=-\frac{\Delta X_2}{\Delta X_1}$；以 $MRTS$ 表示边际技术替代率，ΔK 和 ΔL 分别表示资本投入的变化量和劳动投入的变化量，劳动 L 对资本 K 的边际技术替代率为：$MRTS_{LK}=-\frac{\Delta K}{\Delta L}$。

④二者的含义不同，无差异曲线上任意一点的商品的边际替代率等于无差异曲线上该点的斜率的绝对值；等产量曲线上任意一点的边际技术替代率是等产量曲线上该点斜率的绝对值。

第5章 成 本

5.1 复习笔记

【知识框架(庖丁解牛)】

- 成本
  - 成本和利润
    - 关于成本的几个概念
      - 机会成本
      - 显成本
      - 隐成本
      - 沉没成本
      - 各成本之间的关系
    - 关于利润的几个概念
      - 会计利润
      - 经济利润
      - 正常利润
      - 各利润之间的关系
  - 等成本线
    - 等成本线的含义及表示
    - 等成本线的特点
    - 等成本线把坐标平面分为三部分
  - 成本最小化和产量最大化
    - 既定产量条件下的成本最小化
    - 既定成本条件下的产量最大化
  - 扩展线和生产总成本
    - 扩展线
    - 利润最大化和扩展线
    - 扩展线与长期总成本和短期总成本
  - 短期成本曲线
    - 短期成本的分类
    - 各种成本之间关系的数学表达
    - 各短期成本曲线的形状
    - 边际报酬递减规律
    - 短期成本曲线相互之间的关系
    - 短期产量曲线与短期成本曲线之间的关系
  - 长期成本曲线
    - 长期总成本
    - 长期平均成本
    - 长期边际成本
    - 短期成本曲线和长期成本曲线的综合关系
    - 成本的动态变化——学习曲线

【考点难点归纳(厚积薄发)】

考点一：成本和利润 ★★★

1. 关于成本的几个概念(见表5-1)

表5-1 关于成本的几个概念

要点	具体内容	
机会成本	含义	指生产者所放弃的使用相同生产要素在其他生产用途中所能得到的最高收入
	成因	稀缺性使得资源被用于生产某种或某几种产品时，就不能再被用于其他生产用途
	注意事项	①机会成本不等于实际成本，它不是作出某项选择时实际支付的费用或损失，而是一种观念上的成本或损失； ②机会成本是作出一种选择时所放弃的其他若干种可能的选择中最好的一种，是用于其他选择所能得到的最高收入； ③机会成本并不全是由个人选择所引起的
显成本	指企业购买生产要素所实际支付的价值，包括：雇佣工人、贷款、租用土地的费用等。从机会成本的角度看，这笔支出的总价格必须等于这些生产要素用于其他用途时所能得到的最高收入	
隐成本	指企业在生产或经营过程中所使用的自己所拥有的投入物的价值，包括：亲自管理企业、使用自有资金、使用自有土地等。从机会成本的角度看，这笔成本必须按照企业自有生产要素在其他最佳用途中所能得到的收入来支付，否则企业会把自有生产要素转移出本企业以获得更高的报酬	
沉没成本	指企业已经支付而且无法回收的成本。即便厂商退出生产也无法使沉没成本消失，所以沉没成本不应该影响厂商的未来生产决策	
各成本之间关系	①会计成本 = 显成本； ②经济成本 = 机会成本 = 显成本 + 隐成本	

2. 关于利润的几个概念(见表5-2)

表5-2 关于利润的几个概念

要点	具体内容
会计利润	会计利润是总收益减去会计成本(即减去显成本)
经济利润	经济利润是总收益减去经济成本(即减去显成本和隐成本之和)。经济利润又称超额利润，企业所追求的最大利润就是最大经济利润
正常利润	正常利润是指厂商对自己所提供的企业家才能的报酬支付，以隐成本计入到厂商生产成本中
各利润之间关系	①会计利润 = 总收益 - 显成本； ②经济利润 = 总收益 - 机会成本 = 总收益 -(显成本 + 隐成本)= 会计利润 - 隐成本； ③经济利润中不包含正常利润，当厂商的经济利润为零时，厂商仍实现了全部的正常利润

考点二：等成本线 ★★

1. 等成本线的含义及表示

等成本线是指在成本支出和生产要素价格既定的条件下，生产者可以购买到的两种生产要素的各种不同数量组合的轨迹。

假设厂商既定的成本支出为 C，生产要素市场上既定的劳动价格（即工资率）为 w、资本价格（即利息率）为 r，则成本方程为：$C=wL+rK$ 或者 $K=-wL/r+C/r$，等成本线如图 5-1 所示。

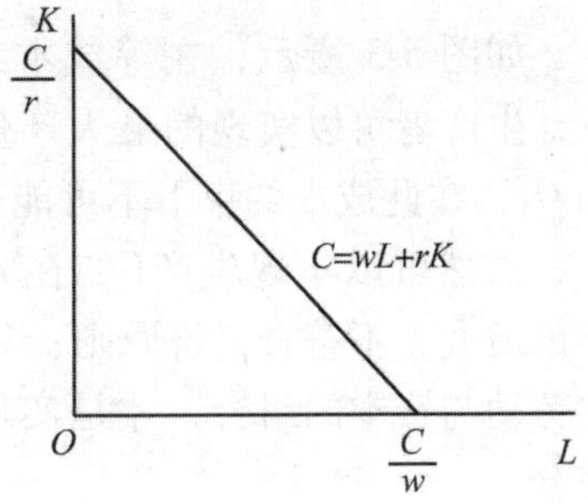

图 5-1 等成本线

2. 等成本线的特点

(1)等成本线的斜率的绝对值等于两种要素价格的比率。等成本线的斜率表示在不改变成本支出的情况下，两种要素相互替代的比率。

(2)在等成本线上，L 和 K 的使用数量呈反方向变化。纵轴截距(C/r)表示用全部成本可以买到的最大资本数量，横轴截距(C/w)表示用全部成本可以买到的最大劳动数量。

(3)当生产要素价格不变时，成本增加，等成本线将向右上方平移；成本减少，等成本线向左下方平移。

3. 等成本线把坐标平面分为三部分

等成本线以外区域中的任何一点所对应的生产要素组合，在既定的全部成本下是不能实现购买的；等成本线以内区域中的任何一点所对应的生产要素组合，在既定的全部成本下可以实现购买，并且还有成本剩余；唯有等成本线上的点所代表的生产要素组合，在既定的全部成本下刚好可以实现购买。

考点三：成本最小化和产量最大化 ★★★

1. 既定产量条件下的成本最小化

如图 5-2 所示，在一定的技术条件下，生产者为了以最小的成本生产既定的产量 Q，只能选择等成本 $A'B'$。低于 $A'B'$ 的成本线，如 $A''B''$，无法实现等产量曲线 Q 的产量水平；高于 $A'B'$ 的成本线，如 AB，虽然可以生产 Q 产量（如 a、b 两点），但花费的成本过高；只有 E 点代表的 L_1 和 K_1 单位的劳动与资本的组合，才是生产 Q 产量的最低成本组合。因此，E 点被称为生产均衡点，在该点有：$MRTS_{LK}=w/r$。

它表示：为实现既定产量条件下的最低成本，厂商所选择的生产要素组合应当满足两种要素的边际技术替代率等于两种要素的价格之比。

由于边际技术替代率可以表示为两要素的边际产量之比，所以，$MRTS_{LK}=w/r$ 可以写为：

$$MRTS_{LK}=MP_L/MP_K=w/r$$

进一步可以有：$MP_L/w=MP_K/r$。

它表示：为实现既定产量条件下的最低成本，厂商应该通过不断调整两种要素的投入量，使得花费在每一种要素上的最后一单位成本支出所带来的边际产量相等。

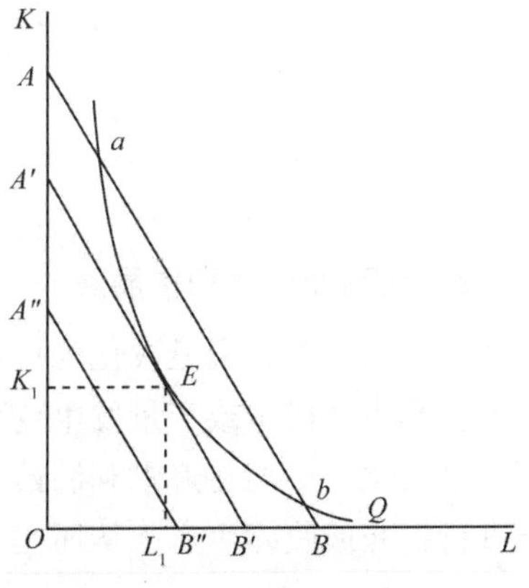

图 5-2 成本最小化

2. 既定成本条件下的产量最大化

如图5-3所示，在等成本线AB的资金成本约束条件下，生产者可以实现的最大产量是Q_2。高于Q_2的产量线，如Q_3，在此成本约束下不可能达到；低于Q_2的产量线，如Q_1，虽然可以实现生产（如在a、b两点生产），但不能使产量最大，不符合经济原则；只有E点代表的L_1和K_1单位的劳动与资本的组合，才是实现既定成本下产量最大化的组合。

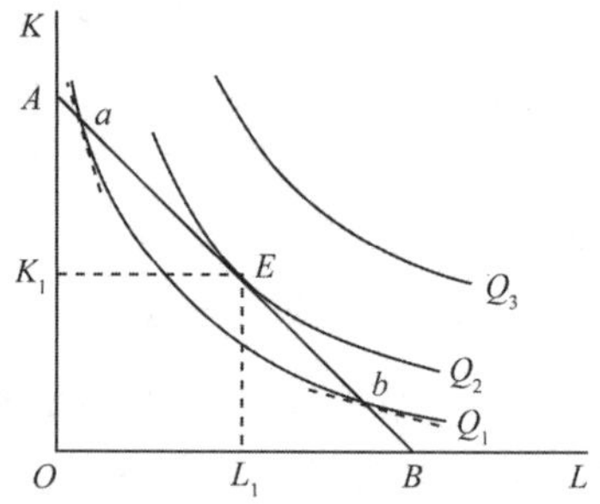

图5-3　既定成本条件下产量最大的要素组合

同样地，在图5-3中，E点被称为生产均衡点，在该点两种要素的边际技术替代率和两种要素的价格之比相等，有：$MRTS_{LK}=w/r$。

考点四：扩展线和生产总成本 ★★

1. 扩展线(见表5-3)

表5-3　扩展线

要点	具体内容
概念	指在生产要素的价格、生产技术和其他条件不变时，不同的等产量线与不同的等成本线相切，所形成一系列生产均衡点的轨迹，如图5-4所示
特点	①扩展线上每一点都满足成本最小化和产量最大化的均衡原则，即两要素的边际技术替代率等于两要素的价格之比； ②由于生产要素的价格既定，两要素的价格之比不变，所以扩展线上所有生产均衡点的边际技术替代率都相等

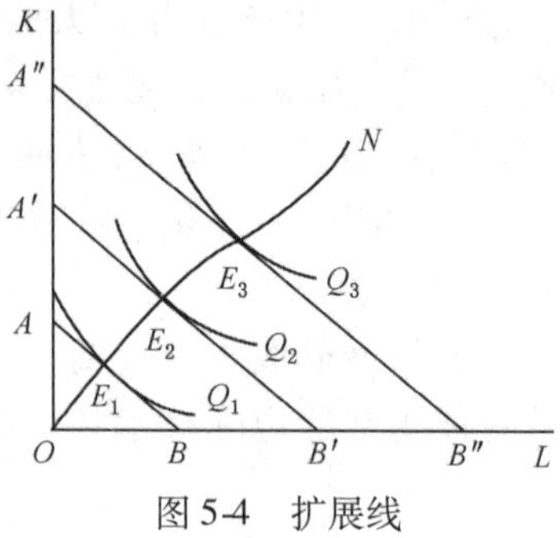

图5-4　扩展线

2. 利润最大化和扩展线

厂商以实现利润最大化为目的。在生产要素价格既定、生产技术和其他条件不变的情况下，当生产成本或产量发生变化时，厂商可以通过对生产要素投入量的不断调整来实现利润最大化。厂商在追求利润最大化的过程中，可以遵循扩展线所代表的最优生产要素组合进行扩张或收缩生产，从而实现长期生产的最优路径。

3. 扩展线与长期总成本和短期总成本

由成本最小化出发，利用扩展线，可以推导和初步理解长期总成本和短期总成本。

考点五：短期成本曲线 ★★★★

1. 短期成本的分类(见表5-4)

表5-4 短期成本的分类

类型	字母表示	概念
总不变成本	*TFC*	指厂商在短期内为生产一定数量的产品对不变生产要素所支付的总成本
总可变成本	*TVC*	指厂商在短期内为生产一定数量的产品对可变生产要素所支付的总成本
总成本	*TC*	指厂商在短期内为生产一定数量的产品对全部生产要素(含可变生产要素和不变生产要素)所支付的总成本
平均不变成本	*AFC*	指厂商在短期内平均每生产一单位产品所支付的不变成本
平均可变成本	*AVC*	指厂商在短期内平均每生产一单位产品所支付的可变成本
平均总成本	*AC*	指厂商在短期内平均每生产一单位产品所支付的全部成本
边际成本	*MC*	指厂商在短期内为增加一单位产量所支付的成本

2. 各种成本之间关系的数学表达

$$TC(Q)=TFC+TVC(Q)$$

$$AFC(Q)=TFC/Q$$

$$AVC(Q)=TVC(Q)/Q$$

$$MC(Q)=\mathrm{d}TC/\mathrm{d}Q=\mathrm{d}TVC/\mathrm{d}Q$$

$$AC(Q)=TC(Q)/Q=[TFC+TVC(Q)]/Q=AFC(Q)+AVC(Q)$$

3. 各短期成本曲线的形状(见表5-5)

表5-5 各短期成本曲线的形状

类型	曲线形状	解释
总不变成本	水平线	总不变成本(固定成本)不随产量的增减而改变，是一个常量
总可变成本	从原点出发的向上倾斜的曲线	当产量为零时，可变成本为零；随着产量的增加，可变成本也相应增加。其形状体现了投入要素的边际生产率的变化：在拐点 *C* 之前，可变投入要素的边际生产率递增，*TVC* 以渐缓的速度增加；过拐点 *C* 以后，可变投入要素的边际生产率递减，*TVC* 的增加渐趋加快
总成本	从原点出发的向上倾斜的曲线	总成本曲线是可变成本曲线向上平移一段相当于 *TFC* 大小的距离后得到的。与总可变成本曲线一样，总成本曲线的形状也取决于可变投入要素的边际收益率
平均不变成本	等轴双曲线	随着产量的增加，平均不变成本逐渐变小，分摊到单位产品上的固定成本越少
平均可变成本	U形线	随着产量的增加，*AVC* 先递减，达到最低点之后再递增
平均总成本	U形线	随着产量的增加，*AC* 先递减，达到最低点之后再递增
边际成本	U形线	随着产量的增加，*MC* 先递减，达到最低点之后再递增。边际成本曲线与 *AVC* 曲线相交于 *AVC* 曲线的最低点，与 *AC* 曲线相交于 *AC* 曲线的最低点

各类短期成本曲线如图5-5所示。

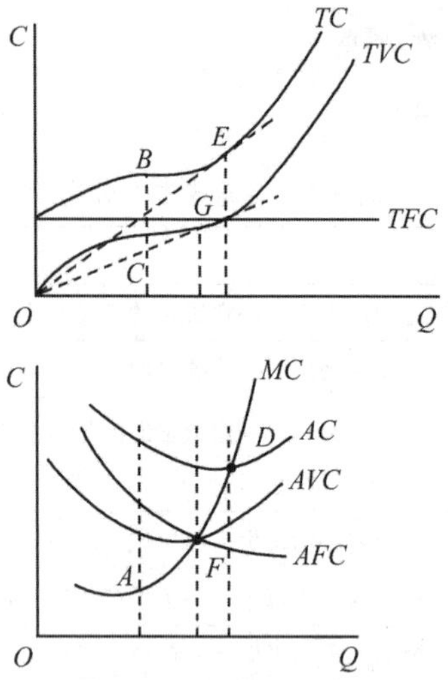

图 5-5 短期成本曲线

4. 边际报酬递减规律

边际报酬递减规律是指在短期生产过程中，在生产技术水平和其他条件不变的前提下，随着一种可变要素投入量的不断增加，生产的边际产量先是递增，达到最大值以后再递减。

从边际成本的角度来理解：边际产量的递增阶段对应着边际成本的递减阶段，边际产量的递减阶段对应着边际成本的递增阶段。因此，在短期生产过程中，受边际报酬递减规律的影响，随着一种可变要素的投入量不断增加，边际成本曲线表现出先降后升的 U 形特征。

5. 短期成本曲线相互之间的关系(见表 5-6)

表 5-6 短期成本曲线相互之间的关系

要点	具体内容
TC、*TVC* 和 *MC* 三条曲线的关系	由于 $MC = dTC/dQ = dTVC/dQ$，所以每一产量上的 *MC* 值就是相应 *TC* 曲线和 *TVC* 曲线的斜率。受边际报酬递减规律的影响，*MC* 曲线先降后升，*TC* 曲线和 *TVC* 曲线的斜率也由递减变为递增。如图 5-5 所示，对应于 *MC* 曲线的极小值点 *A*，*TC* 曲线和 *TVC* 曲线各自存在一个拐点 *B* 和 *C*
AC 和 *MC* 曲线的关系	U 形的 *AC* 曲线和 *MC* 曲线相交于 *AC* 曲线的最低点 *D*。在 *D* 点以前，*MC* 曲线位于 *AC* 曲线下方；在 *D* 点以后，*MC* 曲线则在 *AC* 曲线之上。边际成本要比平均成本更敏感，变动的更快
AVC 和 *MC* 曲线的关系	U 形的 *AVC* 曲线和 *MC* 曲线相交于 *AVC* 曲线的最低点 *F*，点 *F* 位于点 *D* 的左侧。在 *F* 点以前，*MC* 曲线位于 *AVC* 曲线下方；在 *F* 点以后，*MC* 曲线则在 *AVC* 曲线之上。边际成本要比平均可变成本更敏感，变动的更快
TC 和 *MC* 曲线的关系	*TC* 曲线上任一点的斜率即为该产量水平上的边际成本，因此 *MC* 曲线上的最低点对应于 *TC* 曲线上的拐点
AVC 和 *TVC* 曲线的关系	*TVC* 曲线上任一点与原点连线的斜率即为该产量水平上的平均可变成本，因此 *AVC* 曲线上的最低点对应于 *TVC* 曲线上与原点连线斜率最小的点

续表

要点	具体内容
AC 和 TC 曲线的关系	TC 曲线上任一点与原点连线的斜率即为该产量水平上的平均成本，因此 AC 曲线上的最低点对应于 TC 曲线上与原点连线斜率最小的点
AC 和 AVC 曲线的关系	AC 曲线位于 AVC 曲线之上，二者的垂直距离即为 AFC。由于 AFC 随产量增加而递减，两条曲线之间的垂直距离也渐趋缩小

◆小试牛刀◆

已知某产品产量增加20单位时，AC 增加0.4元，则可以推断出 MC（　　）。

A. 随着产量的增加而上升，且在数值上小于 AC

B. 随着产量的增加而下降，且在数值上小于 AC

C. 随着产量的增加而下降，且在数值上大于 AC

D. 随着产量的增加而上升，且在数值上大于 AC

【答案】D

【解析】MC 曲线和 AC 曲线均呈 U 形，且 MC 曲线先达到最低点。另根据 MC 与 AC 的关系可知，当 $MC>AC$ 时，AC 递增；当 $MC<AC$ 时，AC 递减；当 $MC=AC$ 时，AC 曲线达到最低点。因此，当产量增加时 AC 增加，对应的 MC 也随着产量的增加而增加，且数值大于 AC，D 项正确。

6. 短期产量曲线与短期成本曲线之间的关系(见表5-7)

表5-7　短期产量曲线与短期成本曲线之间的关系

要点	具体内容
边际产量和边际成本的关系	由于 $MC=w/MP_L$，可知边际产量和边际成本曲线的变动方向是相反的，MP_L 曲线的上升阶段对应 MC 曲线的下降阶段，MP_L 曲线的下降阶段对应 MC 曲线的上升阶段，MP_L 曲线的最高点对应 MC 曲线的最低点
总产量和总成本的关系	总产量和总成本曲线的形状是相反的，当 TP_L 曲线下凸时，TC 曲线和 TVC 曲线下凹；当 TP_L 曲线下凹时，TC 曲线和 TVC 曲线则下凸；当 TP_L 曲线出现拐点时，TC 曲线和 TVC 曲线也各存在一个拐点
平均产量和平均可变成本的关系	①由于 $AVC=w/AP_L$，可知平均可变成本和平均产量的变动方向是相反的，AVC 曲线递增阶段对应 AP_L 曲线递减阶段，AVC 曲线递减阶段对应 AP_L 曲线递增阶段，AVC 曲线的最高点对应于 AP_L 曲线的最低点； ②MC 曲线和 AVC 曲线的交点与 MP_L 曲线和 AP_L 曲线的交点是对应的

考点六：长期成本曲线 ★★★★

1. 长期总成本(见表5-8)

表5-8　长期总成本

要点	具体内容
概念	指厂商在长期生产过程中，在每一产量水平上通过选择最优的生产规模所能达到的最低总成本

续表

要点	具体内容
函数表示	$LTC = LTC(Q)$
曲线推导	长期总成本曲线是由短期总成本曲线推导出来的，它是无数条短期总成本曲线的包络线。在这条包络线的每一个产量水平上都存在着 LTC 曲线和一条 STC 曲线的相切点，该 STC 曲线所代表的生产规模就是长期中生产该产量的最优规模，该切点所对应的总成本就是生产该产量的最低总成本
曲线形状	从原点出发向右上方倾斜，且 LTC 曲线的斜率先递减，经拐点之后又递增
与短期总成本曲线的不同	①LTC 曲线过原点，而 STC 曲线不过原点； ②STC 曲线的形状是由可变投入要素的边际收益率先递增后递减所决定的，而 LTC 曲线的形状是由规模报酬先递增后递减所决定的

2. 长期平均成本(见表5-9)

表5-9　长期平均成本

要点	具体内容
概念	指厂商在长期生产过程中按产量平均计算的最低总成本
函数表示	$LAC(Q) = LTC(Q)/Q$
曲线推导	①通过长期总成本曲线求得：长期总成本曲线上的任一点与原点连线的斜率即为相应产量水平上的长期平均成本； ②通过短期平均成本曲线求得：在每一个产量水平上，总存在一个最小的平均成本与之相对应
曲线形状	呈先降后升的U形，这是由长期生产中的规模经济和规模不经济决定的： ①规模经济又称内在经济，是指厂商由于扩大生产规模而使经济效益得到提高，一般发生在企业生产扩张的开始阶段，长期成本曲线随规模扩大而下降； ②规模不经济又称内在不经济，是指当生产扩张到一定的规模后，厂商由于扩大生产规模而使经济效益下降，长期平均成本曲线随规模扩大而上升
曲线的移动	外在经济和外在不经济影响了厂商长期平均成本曲线的位置。外在经济的产生得益于厂商生产活动所依赖的外界环境得到改善；外在不经济则是由于外界环境恶化而产生。如图5-6所示，企业的外在经济使 LAC_1 曲线下移至 LAC_2 曲线的位置，外在不经济则使 LAC_2 曲线上移至 LAC_1 曲线的位置
与短期平均成本的关系	长期平均成本曲线是短期平均成本曲线的包络线。虽然 LAC 曲线与 SAC 曲线都是U形，但 SAC 曲线的形状是由可变投入要素的边际收益率先递增后递减决定的，而 LAC 曲线的形状是由规模报酬决定的

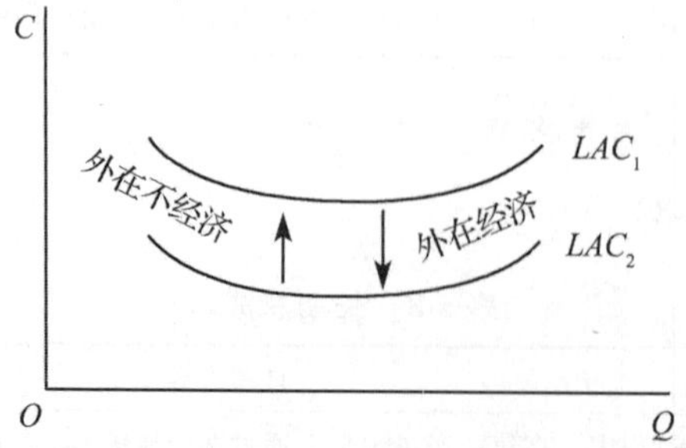

图5-6　长期平均成本曲线的移动

3. 长期边际成本(见表5-10)

表5-10 长期边际成本

要点	具体内容
概念	指厂商在长期生产过程中每增加一单位产量所引起的最低总成本的增量
函数表示	$LMC(Q)=\Delta LTC(Q)/\Delta Q=\mathrm{d}LTC(Q)/\mathrm{d}Q$
曲线推导	①通过长期总成本曲线求得：长期总成本曲线上的任一点的斜率即为相应产量水平上的长期边际成本； ②通过短期平均成本曲线求得：长期总成本曲线是短期总成本曲线的包络线，说明在长期的每一个产量水平上这两条曲线的斜率相等，*LMC* 值与代表最优生产规模的 *SMC* 值也相等
曲线形状	呈U形，与长期平均成本曲线相交于长期平均成本曲线的最低点

4. 短期成本曲线和长期成本曲线的综合关系

(1)*LTC* 曲线与代表最优生产规模的唯一一条 *STC* 曲线相切。

(2)*LAC* 曲线与代表最优生产规模的唯一一条 *SAC* 曲线相切。

(3)*LMC* 值与代表最优生产规模的 *SMC* 值相等。

(4)*LTC* 曲线的拐点对应于 *LMC* 曲线的最低点。

(5)*LMC* 曲线与 *LAC* 曲线相交于 *LAC* 曲线的最低点。

(6)存在一条从原点出发与 *LTC* 曲线相切的直线，其切点对应于 *LAC* 曲线的最低点。

(7)在 *LAC* 曲线的最低点，*LAC* 曲线恰好相切于代表最优生产规模的 *SAC* 曲线的最低点，*LMC* 曲线与代表最优生产规模的 *SMC* 曲线也恰好相交于这一点。

◆小试牛刀◆

长期成本曲线上的每一点都是短期成本曲线上的点，但短期成本曲线上并非每一点都是长期成本曲线上的点，这句话(　　)。(暨南大学2018研)

A. 总是对的　　B. 有时对　　C. 总是错的　　D. 无法判断

【答案】A

【解析】从几何上来说，厂商的长期成本曲线是短期成本曲线的包络线，由短期成本曲线上面的点组成；但是短期成本曲线上除了切点之外，其他点都不在长期成本曲线上。

5. 成本的动态变化——学习曲线

(1)学习曲线的含义和特点：

学习曲线是指刻画工人生产经验对企业生产成本影响的曲线，它描绘了企业累积产出与企业生产单位产出所需投入数量之间的关系。

如图5-7所示，当经营者和工人们在使用可利用的厂房和设备方面更有经验和更有效率时，企业的生产成本会逐渐下降。学习曲线表明了当累积产出增长时每单位产出所需的劳动时间的下降程度。

(2)学习效应与规模效应：

企业可以利用规模经济效益，扩大自身的生产；利用学习效应，使自身的平均生产成本曲线下降。

如图5-8所示，当存在着递增的规模经济报酬时，企业增加产量，企业的平均生产成本逐渐下降，沿LAC_1曲线由A点移动到B点；当存在学习曲线时，企业的平均生产成本曲线下移，由LAC_1曲线上的B点移至LAC_2曲线上的C点。

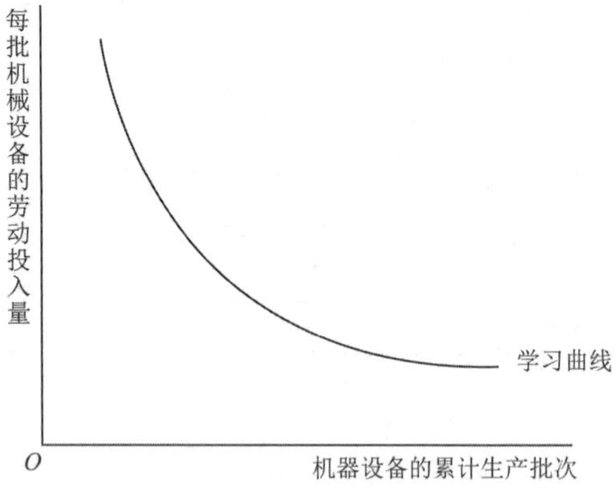

图5-7　学习曲线

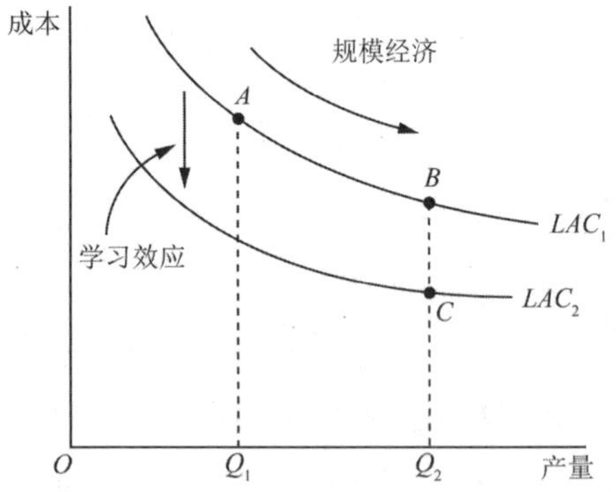

图5-8　规模经济与学习效应

5.2　课后习题详解

一、简答题

1. 表5-11是一个关于短期生产函数$Q=f(L, \bar{K})$的产量表。

表5-11　短期生产的产量表

L	1	2	3	4	5	6	7
TP_L	10	30	70	100	120	130	135
AP_L							
MP_L							

(1)在表中填空。

(2)根据(1)，在一张坐标图上作出TP_L曲线，在另一张坐标图上作出AP_L曲线和MP_L曲线。(提示：为了便于作图与比较，TP_L曲线图的纵坐标的刻度单位大于AP_L曲线图和MP_L曲线图。)

(3)根据(1)，并假定劳动的价格$w=200$，完成下面的相应的短期成本表，即表5-12。

表5-12　短期生产的成本表

L	Q	$TVC=w\cdot L$	$AVC=\frac{w}{AP_L}$	$MC=\frac{w}{MP_L}$
1	10			
2	30			
3	70			
4	100			
5	120			
6	130			
7	135			

(4) 根据表 5-12，在一张坐标图上作出 *TVC* 曲线，在另一张坐标图上作出 *AVC* 曲线和 *MC* 曲线。(提示：为了便于作图与比较，*TVC* 曲线图的纵坐标的单位刻度大于 *AVC* 曲线和 *MC* 曲线图。)

(5) 根据 (2)、(4)，说明短期生产曲线和短期成本曲线之间的关系。

答：(1) 短期生产的产量表如表 5-13 所示。

表 5-13　短期生产的产量表

L	1	2	3	4	5	6	7
TP_L	10	30	70	100	120	130	135
AP_L	10	15	70/3	25	24	65/3	135/7
MP_L	10	20	40	30	20	10	5

(2) 根据 (1) 中的短期生产的产量表所绘制的 TP_L 曲线、AP_L 曲线和 MP_L 曲线如图 5-9 所示。

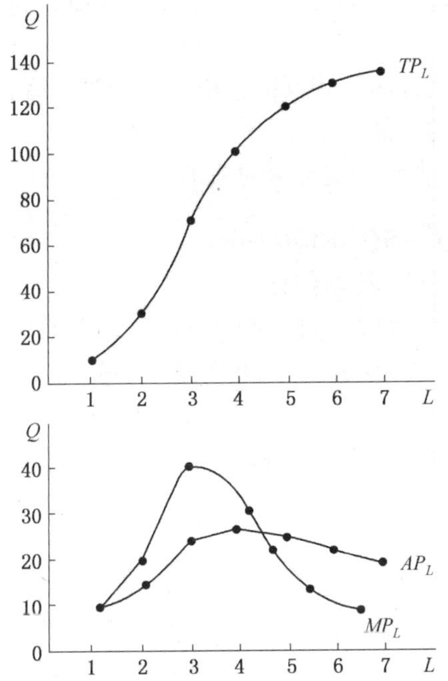

图 5-9　生产函数曲线

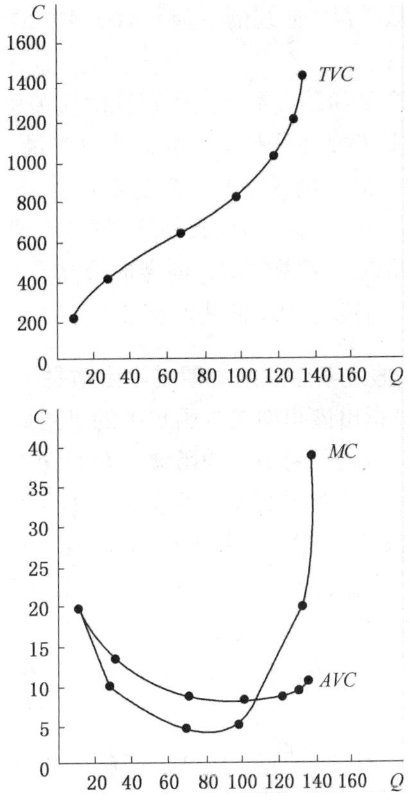

图 5-10　成本曲线

(3) 当 $w=200$ 时，相应的短期成本表如表 5-14 所示。

表 5-14　短期生产的成本表

L	Q	$TVC=w\cdot L$	$AVC=\dfrac{w}{AP_L}$	$MC=\dfrac{w}{MP_L}$
1	10	200	20	20

续表

L	Q	$TVC=w\cdot L$	$AVC=\frac{w}{AP_L}$	$MC=\frac{w}{MP_L}$
2	30	400	40/3	10
3	70	600	60/7	5
4	100	800	8	20/3
5	120	1000	25/3	10
6	130	1200	120/13	20
7	135	1400	280/27	40

(4)根据(3)中的短期生产的成本表所绘制的 TVC 曲线、AVC 曲线和 MC 曲线如图 5-10 所示。

(5)由(2)、(4)可得边际产量和边际成本的关系为：边际成本 MC 和边际产量 MP_L 两者的变动方向是相反的。联系图 5-9 和图 5-10，可以看出：MP_L 曲线的上升段对应 MC 曲线的下降段；MP_L 曲线的下降段对应 MC 曲线的上升段；MP_L 曲线的最高点对应 MC 曲线的最低点。

总产量和总成本之间也存在对应关系：当总产量 TP_L 曲线下凸时，总成本 TC 曲线和总可变成本 TVC 曲线是下凹的；当总产量 TP_L 曲线存在一个拐点时，总成本 TC 曲线和总可变成本 TVC 曲线也各存在一个拐点。

平均可变成本 AVC 和平均产量 AP_L 两者的变动方向是相反的：前者递增时，后者递减；前者递减时，后者递增；前者的最高点对应后者的最低点。

MC 曲线与 AVC 曲线的交点与 MP_L 曲线和 AP_L 曲线的交点是对应的。

2. 假定某企业的短期成本函数是 $TC(Q)=Q^3-5Q^2+15Q+66$。

(1)指出该短期成本函数中的可变成本部分和不变成本部分。

(2)写出下列相应的函数：$TVC(Q)$、$AC(Q)$、$AVC(Q)$、$AFC(Q)$ 和 $MC(Q)$。

解：(1)在短期成本函数 $TC(Q)=Q^3-5Q^2+15Q+66$ 中，可变成本部分为：$TVC(Q)=Q^3-5Q^2+15Q$；不变成本部分为：$TFC=66$。

(2)根据已知条件和(1)，可以得到以下相应的各类短期成本函数：

$$TVC(Q)=Q^3-5Q^2+15Q$$

$$AC(Q)=\frac{TC(Q)}{Q}=Q^2-5Q+15+\frac{66}{Q}$$

$$AVC(Q)=\frac{TVC(Q)}{Q}=Q^2-5Q+15$$

$$AFC(Q)=\frac{TFC}{Q}=\frac{66}{Q}$$

$$MC(Q)=\frac{\mathrm{d}TC(Q)}{\mathrm{d}Q}=3Q^2-10Q+15$$

3. 图 5-11 是某厂商的 LAC 曲线和 LMC 曲线图。

请分别在 Q_1 和 Q_2 的产量上画出代表最优生产规模的 SAC 曲线和 SMC 曲线。

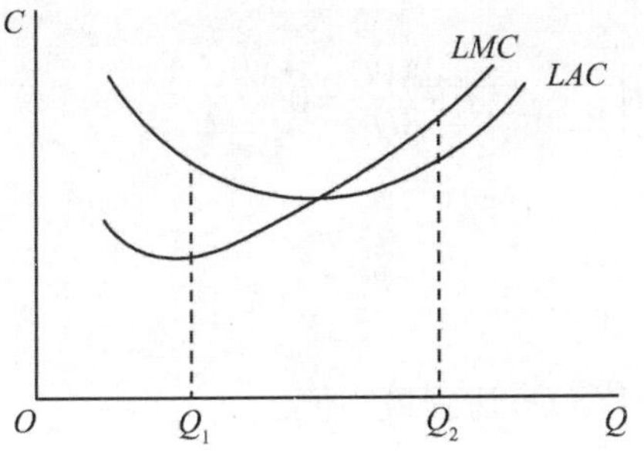

图5-11　成本曲线

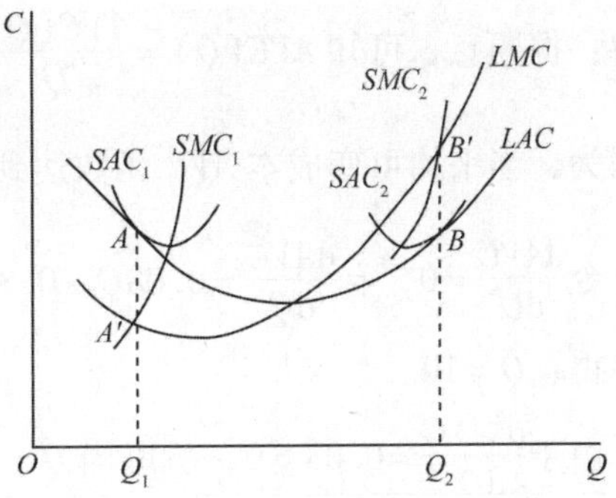

图5-12　成本曲线

答：如图5-12所示，在产量Q_1和Q_2上，代表最优生产规模的*SAC*曲线和*SMC*曲线是SAC_1和SAC_2以及SMC_1和SMC_2。SAC_1和SAC_2分别相切于*LAC*的*A*点和*B*点，SMC_1和SMC_2则分别相交于*LMC*的*A′*和*B′*点。

4. 短期平均成本*SAC*曲线与长期平均成本*LAC*曲线都呈现出U形特征。请问：导致它们呈现这一特征的原因相同吗？为什么？

答：虽然短期平均成本曲线和长期平均成本曲线都呈U形，但二者形成U形的原因是不同的。

(1)短期平均成本(*SAC*)曲线之所以呈U形，即最初递减然后转入递增，是因为产量达到一定数量前每增加一个单位的可变要素所增加的产量超过先前每单位可变要素的平均产量，这表现为平均可变成本随产量的增加而递减(这是由于一开始随着可变要素的投入和产量的增加，固定要素生产效能的发挥和专业化程度的提高使得边际产量增加)。而当产量达到一定数量后，由于边际报酬递减规律的作用，随着投入可变要素的增多，每增加一单位可变要素所增加的产量小于先前的可变要素的平均产量。

(2)长期平均成本(*LAC*)曲线之所以呈U形，是由规模的经济或不经济决定的。随着产量的扩大，使用的厂房设备的规模增大，因而产品的生产经历规模报酬递增的阶段，这表现为产品的单位成本随产量增加而递减。长期平均成本经历一段递减阶段以后，最好的资本设备和专业化的利益已全被利用，这时可能进入报酬不变，即平均成本固定不变阶段，而由于企业的管理这个生产要素不能像其他要素那样增加，因而随着企业规模的扩大，管理的困难和成本越来越大，再增加产量，长期平均成本将最终转入递增。

二、计算题

1. 假定某厂商短期生产的平均成本函数为$SAC(Q)=200/Q+6-2Q+2Q^2$。

求：该厂商的边际成本函数。

解：由于$SAC(Q)=STC(Q)/Q$，所以$STC(Q)=200+6Q-2Q^2+2Q^3$，从而可得厂商的边际成本函数为：$MC(Q)=\dfrac{dSTC(Q)}{dQ}=6-4Q+6Q^2$。

2. 已知某企业的短期总成本函数是$STC(Q)=0.04Q^3-0.8Q^2+10Q+5$，求最小的平均可变成本值。

解：据题意，可知 $AVC(Q)=\frac{TVC(Q)}{Q}=0.04Q^2-0.8Q+10$。

因为，当平均可变成本 AVC 函数达到最小值时，一定有 $\frac{dAVC}{dQ}=0$。

故令 $\frac{dAVC}{dQ}=0$，有 $\frac{dAVC}{dQ}=0.08Q-0.8=0$。

解得：$Q=10$。

又由于 $\frac{d^2AVC}{dQ^2}=0.08>0$，所以当 $Q=10$ 时，$AVC(Q)$ 达到最小值。

将 $Q=10$ 代入平均可变成本函数 $AVC(Q)=0.04Q^2-0.8Q+10$，解得：$AVC(Q)_{min}=6$。也就是说，当产量 $Q=10$ 时，平均可变成本 $AVC(Q)$ 达到最小值，其最小值为6。

3. 假定某厂商短期生产的边际成本函数为 $SMC=3Q^2-30Q+100$，且生产10单位产量时的总成本为1000。求：

(1)固定成本的值。

(2)总成本函数、总可变成本函数，以及平均成本函数、平均可变成本函数。

解：(1)根据边际成本函数和总成本函数之间的关系，由边际成本函数 $SMC=3Q^2-30Q+100$ 积分可得总成本函数，即有：

总成本函数 $TC=\int(3Q^2-30Q+100)dQ=Q^3-15Q^2+100Q+\alpha$（$\alpha$ 为常数）

又因为根据题意有 $Q=10$ 时的 $TC=1000$，所以有：

$$TC=10^3-15\times10^2+100\times10+\alpha=1000$$

解得：$\alpha=500$。

所以，当总成本为1000时，生产10单位产量的总固定成本为：$TFC=\alpha=500$。

(2)由(1)可得：

总成本函数：$TC(Q)=Q^3-15Q^2+100Q+500$；

总可变成本函数：$TVC(Q)=Q^3-15Q^2+100Q$；

平均成本函数：$AC(Q)=\frac{TC(Q)}{Q}=Q^2-15Q+100+\frac{500}{Q}$；

平均可变成本函数：$AVC(Q)=\frac{TVC(Q)}{Q}=Q^2-15Q+100$。

4. 假定某厂商短期生产的边际成本函数为 $SMC(Q)=3Q^2-8Q+100$，且已知当产量 $Q=10$ 时的总成本 $STC=2400$，求相应的 STC 函数、SAC 函数和 AVC 函数。

解：由边际成本函数 $SMC(Q)=3Q^2-8Q+100$ 积分得：

总成本函数 $STC=Q^3-4Q^2+100Q+TFC$。

又因为当产量 $Q=10$ 时的总成本 $STC=2400$，即：

$$2400=10^3-4\times10^2+100\times10+TFC$$

解得：$TFC=800$。

所求总成本函数：$STC(Q)=Q^3-4Q^2+100Q+800$；

平均成本函数：$SAC(Q)=\frac{STC(Q)}{Q}=Q^2-4Q+100+\frac{800}{Q}$；

可变成本函数：$TVC(Q)=Q^3-4Q^2+100Q$；

平均可变成本函数：$AVC(Q)=\frac{TVC(Q)}{Q}=Q^2-4Q+100$。

5. 假定生产某产品的边际成本函数为 $MC=110+0.04Q$。

求：当产量从 100 增加到 200 时总成本的变化量。

解： 由边际成本函数 $MC=110+0.04Q$ 积分得：

$$TC=110Q+0.02Q^2+\alpha(\alpha\text{ 为常数})$$

故产量从 100 增加到 200 时总成本的变化量为：

$$\Delta TC=(110\times200+0.02\times200^2+\alpha)-(110\times100+0.02\times100^2+\alpha)=11600$$

即当产量从 100 增加到 200 时总成本增加了 11600。

6. 已知生产函数为：

(a) $Q=5L^{1/3}K^{2/3}$

(b) $Q=\frac{KL}{K+L}$

(c) $Q=KL^2$

(d) $Q=\min\{3L, K\}$

求：(1) 厂商长期生产的扩展线方程。

(2) 当 $P_L=1$，$P_K=1$，$Q=1000$ 时，厂商实现最小成本的要素投入组合。

解： (1) ①对于生产函数 $Q=5L^{1/3}K^{2/3}$ 来说，有：

$$MP_K=\frac{10}{3}\left(\frac{L}{K}\right)^{1/3}$$

$$MP_L=\frac{5}{3}\left(\frac{L}{K}\right)^{-2/3}$$

由最优要素组合条件 $\frac{MP_L}{MP_K}=\frac{P_L}{P_K}$，可得：

$$\frac{P_L}{P_K}=\frac{K}{2L}$$

即厂商长期生产扩展线方程为：

$$K=\frac{2P_L}{P_K}L$$

②当 $P_L=1$，$P_K=1$，$Q=1000$ 时，有：$K=\frac{2P_L}{P_K}L=2L$。

代入生产函数 $Q=5L^{1/3}K^{2/3}$ 中，可解得：$Q=5\times2^{2/3}L$。

即当 $Q=1000$ 时，$L=\frac{200}{\sqrt[3]{4}}$，$K=\frac{400}{\sqrt[3]{4}}$。

(2) ①对于生产函数 $Q=\frac{KL}{K+L}$ 来说，有：

$$MP_L=\frac{K(K+L)-KL}{(K+L)^2}=\frac{K^2}{(K+L)^2}$$

$$MP_K=\frac{L(K+L)-KL}{(K+L)^2}=\frac{L^2}{(K+L)^2}$$

由$\frac{MP_L}{MP_K}=\frac{P_L}{P_K}$可得：$\frac{P_L}{P_K}=\left(\frac{K}{L}\right)^2$，即厂商长期生产扩展线方程为：

$$K=\left(\frac{P_L}{P_K}\right)^{1/2}\times L$$

②当$P_L=1$，$P_K=1$，$Q=1000$时，有：$K=L$。

代入生产函数$Q=\frac{KL}{K+L}$中，得：$L=K=2Q=2000$。即当$Q=1000$时，$L=K=2000$。

(3)①对于生产函数$Q=KL^2$，有：$MP_L=2KL$，$MP_K=L^2$。

由$\frac{MP_L}{MP_K}=\frac{P_L}{P_K}$可得：

$$\frac{2K}{L}=\frac{P_L}{P_K}$$

则厂商长期生产扩展线方程为：

$$K=\frac{P_L}{2P_K}L$$

②当$P_L=1$，$P_K=1$，$Q=1000$时，有：

$$K=\frac{P_L}{2P_K}L=\frac{L}{2}$$

代入生产函数$Q=KL^2$中，可得：$1000=\frac{L^3}{2}$，解得：$L=10\sqrt[3]{2}$，$K=\frac{L}{2}=5\sqrt[3]{2}$。

(4)①生产函数$Q=\min\{3L,K\}$是固定比例生产函数，厂商按照$\frac{L}{K}=\frac{1}{3}$的固定投入比例进行生产，且厂商的生产均衡点在直线$K=3L$上，即厂商的长期扩展线函数为：

$$K=3L$$

②当$P_L=1$，$P_K=1$，$Q=1000$时，由$Q=3L=K=1000$，得：$K=1000$，$L=\frac{1000}{3}$。

7. 已知某企业的生产函数为$Q=L^{\frac{2}{3}}K^{\frac{1}{3}}$，劳动的价格$w=2$，资本的价格$r=1$。求：
(1)当成本$C=3000$时，企业实现最大产量时的L、K和Q的均衡值。
(2)当产量$Q=800$时，企业实现最小成本时的L、K和C的均衡值。

解：(1)根据企业实现既定成本条件下产量最大化的均衡条件：$\frac{MP_L}{MP_K}=\frac{w}{r}$，且有：

$$MP_L=\frac{\partial Q}{\partial L}=\frac{2}{3}L^{-\frac{1}{3}}K^{\frac{1}{3}}$$

$$MP_K=\frac{\partial Q}{\partial K}=\frac{1}{3}L^{\frac{2}{3}}K^{-\frac{2}{3}}$$

$$w=2,\ r=1$$

于是有：$\dfrac{\frac{2}{3}L^{-\frac{1}{3}}K^{\frac{1}{3}}}{\frac{1}{3}L^{\frac{2}{3}}K^{-\frac{2}{3}}}=\dfrac{2}{1}$，整理得$\dfrac{K}{L}=\dfrac{1}{1}$，即$K=L$。

再将$K=L$代入约束条件$2\times L+1\times K=3000$，有$2L+L=3000$，解得：$L^*=K^*=1000$。将$L^*=K^*=1000$代入生产函数，求得最大产量为：

$$Q^*=(L^*)^{\frac{2}{3}}(K^*)^{\frac{1}{3}}=1000$$

(2)根据厂商实现给定产量条件下成本最小化的均衡条件：$\dfrac{MP_L}{MP_K}=\dfrac{w}{r}$，且有：

$$MP_L=\frac{\partial Q}{\partial L}=\frac{2}{3}L^{-\frac{1}{3}}K^{\frac{1}{3}}$$

$$MP_K=\frac{\partial Q}{\partial K}=\frac{1}{3}L^{\frac{2}{3}}K^{-\frac{2}{3}}$$

$$w=2,\ r=1$$

于是有：$\dfrac{\frac{2}{3}L^{-\frac{1}{3}}K^{\frac{1}{3}}}{\frac{1}{3}L^{\frac{2}{3}}K^{-\frac{2}{3}}}=\dfrac{2}{1}$，整理得$\dfrac{K}{L}=\dfrac{1}{1}$，即$K=L$。

再将$K=L$代入约束条件$L^{\frac{2}{3}}K^{\frac{1}{3}}=800$，有$L^{\frac{2}{3}}L^{\frac{1}{3}}=800$，解得：$L^*=K^*=800$。将$L^*=K^*=800$代入成本方程$C=2\times L+1\times K$，求得最小成本：

$$C^*=2\times800+1\times800=2400$$

8. 假定在短期生产的固定成本给定的条件下，某厂商使用一种可变要素L生产一种产品，其产量Q关于可变要素L的生产函数为$Q(L)=-0.1L^3+2L^2+20L$。求：

(1)该生产函数的平均产量为极大值时的L使用量。

(2)该生产函数的平均可变成本为极小值时的总产量。

解：(1)平均产量为：$AP(L)=Q(L)/L=-0.1L^2+2L+20$

令$\dfrac{dAP(L)}{dL}=0$，即$-0.2L+2=0$，解得$L=10$，且$\dfrac{d^2AP(L)}{dL^2}=-0.2<0$。

因此，当要素L的使用量为10时，平均产量达到极大值。

(2)设w为要素L的价格，则平均产量和平均可变成本之间的关系为：$AVC=\dfrac{wL}{Q}=\dfrac{w}{AP}$，根据函数的性质，当平均产量取极大值时，平均可变成本取极小值，所以当$L=10$时，平均可变成本为极小值，此时产量$Q=300$。

9. 假定在短期生产的固定成本给定的条件下，某厂商使用一种可变要素L生产一种产品，其短期总成本函数为$STC=5Q^3-18Q^2+100Q+160$。

求：当产量Q为多少时该成本函数开始呈现出边际产量递减特征?

解：由$STC=wL(Q)$得：$MC(Q)=\dfrac{dSTC}{dQ}=w\cdot\dfrac{dL}{dQ}=w\cdot\dfrac{1}{\frac{dQ}{dL}}=w\cdot\dfrac{1}{MP_L}$。

显然，当边际产量 MP_L 递减时，必有 $MC(Q)$ 递增，由于 $MC(Q)=15Q^2-36Q+100$，故当 $Q\geqslant 6/5$ 时，边际成本递增，边际产量递减。

10. 已知生产函数 $Q=K^{0.5}L^{0.5}$。令 $P_L=1$，$P_K=2.25$，且在短期中有 $\overline{K}=4$。

(1)推导短期总成本、平均成本和边际成本函数。

(2)证明：当短期平均成本达到最小值时，短期平均成本等于短期边际成本。

解：(1)由于 $\overline{K}=4$，则 $Q=2L^{0.5}$，从而 $L=Q^2/4$。

短期总成本函数为：$STC=P_LL+P_K\overline{K}=\dfrac{Q^2}{4}+9$

短期平均成本函数为：$SAC=\dfrac{STC}{Q}=\dfrac{Q}{4}+\dfrac{9}{Q}$

短期边际成本函数为：$SMC=\dfrac{\mathrm{d}STC}{\mathrm{d}Q}=\dfrac{1}{2}Q$

(2)$SAC=STC/Q$，所以$\dfrac{\mathrm{d}SAC}{\mathrm{d}Q}=\dfrac{Q\cdot\dfrac{\mathrm{d}STC}{\mathrm{d}Q}-STC}{Q^2}$，当短期平均成本最小时有$\dfrac{\mathrm{d}SAC}{\mathrm{d}Q}=0$，即 $Q\cdot\dfrac{\mathrm{d}STC}{\mathrm{d}Q}-STC=0$，从而 $SAC=SMC$。因此，当短期平均成本达到最小值时，短期平均成本等于短期边际成本。

11. 假定某厂商的需求函数为 $Q=100-P$，平均成本函数为 $AC=120/Q+2$。

(1)求该厂商实现利润最大化时的产量、价格以及利润量。

(2)如果政府对每单位产品征税8元，那么，该厂商实现利润最大化时的产量、价格以及利润量又是多少？与(1)中的结果进行比较。

解：(1)厂商的利润函数为：$\pi=(100-Q)Q-120-2Q=-Q^2+98Q-120$。

厂商实现利润最大化时满足 $\pi'=-2Q+98=0$，解得 $Q=49$，$P=51$，此时厂商可获得的利润 $\pi=PQ-120-2Q=2281$。

(2)若每单位征税8元，则平均成本函数变为 $AC=120/Q+10$，利润函数为 $\pi=-Q^2+90Q-120$。厂商利润最大化条件为 $\pi'=-2Q+90=0$，解得 $Q=45$，$P=55$，此时厂商的利润 $\pi=1905$。显然，征税后最优产量下降，均衡价格提高，厂商利润减少。

12. 已知某厂商使用 L 和 K 两种要素生产一种产品，其固定替代比例的生产函数为 $Q=4L+3K$。

(1)作出等产量曲线。

(2)边际技术替代率是多少？

(3)讨论其规模报酬情况。

(4)令 $P_L=5$，$P_K=3$。求 $C=90$ 时的 K、L 值以及最大产量。

(5)令 $P_L=3$，$P_K=3$。求 $C=90$ 时的 K、L 值以及最大产量。

(6)令 $P_L=4$，$P_K=3$。求 $C=90$ 时的 K、L 值以及最大产量。

(7)比较(4)、(5)和(6)，你得到什么结论？

解：(1)固定替代比例的生产函数 $Q=4L+3K$ 的等产量曲线如图5-13所示，其中，$Q_1=12$，$Q_2=24$，$Q_3=36$。

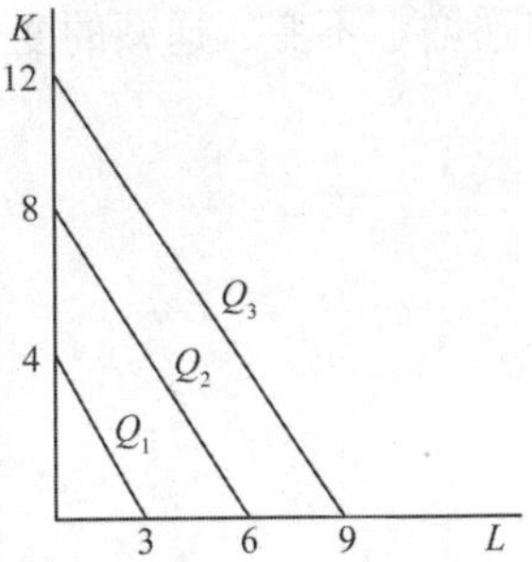

图5-13 等产量曲线

(2)边际技术替代率为：$MRTS_{LK}=MP_L/MP_K=4/3$。

(3)由于 $Q(\lambda K,\ \lambda L)=4\lambda L+3\lambda K=\lambda(4L+3K)=\lambda Q(K,\ L)$，可见该生产函数规模报酬不变。

(4)当 $P_L=5$，$P_K=3$，$C=90$ 时，厂商面临的产量最大化问题为：

$$\max\ Q=4L+3K$$
$$s.t.\ C=5L+3K=90$$

因为 $P_L/P_K=5/3>MRTS_{LK}$，所以厂商只投入生产要素 K，因此，$K=30$，$L=0$，$Q=90$。

(5)当 $P_L=3$，$P_K=3$，$C=90$ 时，厂商面临的产量最大化问题为：

$$\max\ Q=4L+3K$$
$$s.t.\ C=3L+3K=90$$

因为 $P_L/P_K=3/3<MRTS_{LK}$，所以厂商只投入生产要素 L，因此，$L=30$，$K=0$，$Q=120$。

(6)当 $P_L=4$，$P_K=3$，$C=90$ 时，厂商面临的产量最大化问题为：

$$\max\ Q=4L+3K$$
$$s.t.\ C=4L+3K=90$$

因为 $P_L/P_K=MRTS_{LK}$，所以 $Q=90$，$0\leqslant L\leqslant 22.5$，$0\leqslant K\leqslant 30$，且满足 $4L+3K=90$。

(7)可见，当 $MRTS_{LK}>P_L/P_K$时，厂商将全部选择投入 L；当 $MRTS_{LK}<P_L/P_K$时，厂商将全部选择投入 K。上述两种情形为角点解。而当 $MRTS_{LK}=P_L/P_K$时，L 或 K 的投入量可以是等产量曲线上任意一点所代表的组合。

三、论述题

1. 试画图说明短期成本曲线相互之间的关系。

答：参见本章“复习笔记”相关内容。

2. 有人认为，“既然长期平均成本 *LAC* 曲线是无数条短期平均成本 *SAC* 曲线的包络线，它表示在长期对于所生产的每一个产量水平厂商都可以将平均成本降到最低，那么，长期平均成本 *LAC* 曲线一定与所有的短期平均成本 *SAC* 曲线相切于各 *SAC* 曲线的最低点。”你认为这句话正确吗？请说明理由。

答：不正确。

如图5-14所示，长期平均成本曲线 *LAC* 是无数条短期平均成本曲线的包络线，表示厂商在长期内按产量平均计算的最低总成本。*LAC* 曲线与各条 *SAC* 曲线相切的切点，并不都在各 *SAC* 曲线的最低点。当 *LAC* 曲线处于下降的递减阶段，与 *SAC* 曲线相切于各 *SAC* 曲线最低点的左边；当 *LAC* 曲线处于上升的递增阶段，与 *SAC* 曲线相切于各 *SAC* 曲线最低点的右边；只有在 *LAC* 曲线处于最低点时才与 *SAC* 曲线相切于 *SAC* 曲线（图中为 SAC_4）的最低点。这种情况的出现，是由于 *LAC* 曲线所反映的经济规模效益随着生产规模的扩大而呈现出递增、不变、递减的变化结果。

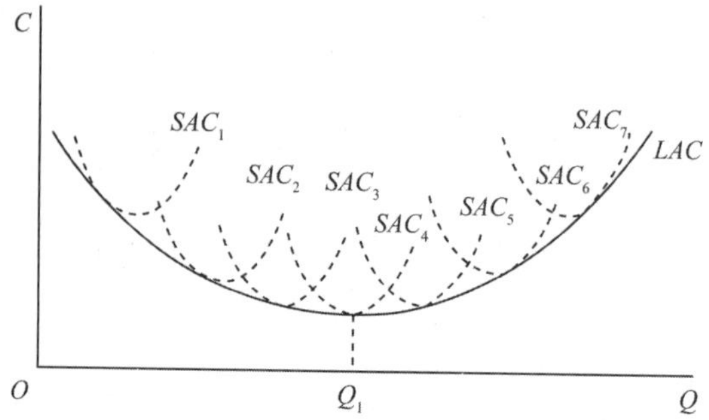

图 5-14 长期平均成本曲线

3. 请说明决定长期平均成本 *LAC* 曲线形状和位置的因素。

答：(1)长期平均成本曲线呈先降后升的 U 形特征，这是由长期生产中的规模经济和规模不经济决定的。

在企业生产扩张的开始阶段，厂商由于扩大生产规模而使经济效益得到提高，称之为规模经济，此时厂商产量增加的倍数大于成本增加的倍数。当生产扩张到一定的规模以后，厂商继续扩大生产规模，就会使经济效益下降，这便是规模不经济，此时厂商产量增加的倍数小于成本增加的倍数。一般来说，在企业的生产规模由小到大的扩张过程中，会先后出现规模经济和规模不经济：规模经济导致长期平均成本下降，规模不经济导致长期平均成本上升。因此，正是由于长期生产的规模经济和规模不经济的作用，决定了 *LAC* 曲线表现出先下降后上升的 U 形特征。

(2)决定长期平均成本 *LAC* 曲线位置的因素是企业的外在经济和外在不经济。企业外在经济是由于厂商的生产活动所依赖的外界环境得到改善而产生的。例如，整个行业的发展，可以使行业内的单个厂商从中受益。相反，如果厂商的生产活动所依赖的外界环境恶化了，则为企业的外在不经济。如图 5-15 所示，企业的外在经济使 LAC_1 曲线向下移至 LAC_2 曲线的位置。相反，企业的外在不经济使 LAC_2 曲线向上移至 LAC_1 曲线的位置。

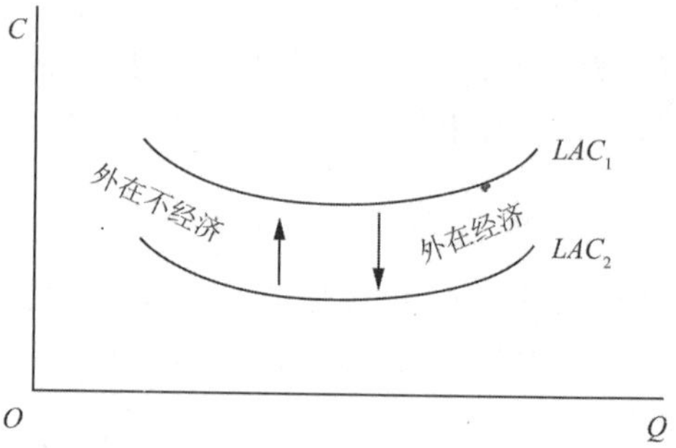

图 5-15 长期平均成本曲线的移动

4. 比较消费者选择理论中的无差异曲线分析法与生产技术和成本理论中的等产量曲线分析法。

答：(1)从定义上讲，生产理论中的等产量曲线和消费者选择理论中的无差异曲线非常相似：等产量曲线是在技术水平不变的条件下，生产同一产量的两种生产要素投入量的所有不同组合的轨迹；而无差异曲线是在效用水平不变的条件下，消费的两种商品的所有不同组合的轨迹。

(2)从形式上讲，生产函数和效用函数也可以对应起来，常见的生产函数有固定替代比例型生产函数、固定投入比例型生产函数、柯布－道格拉斯型生产函数，而与之对应的效用函数则分别是完全替代型效用函数、完全互补型效用函数、柯布－道格拉斯型效用函数。

(3)从方法上讲，二者的最优化过程也是相似的。生产者可以追求既定成本下的最大产量，也可以追求既定产量下的最小成本；相比之下，消费者可以追求预算约束下的效用最大化，也可以追求既定效用水平下的预算最小化。

5.3 名校考研真题详解

一、名词解释

1. 机会成本(opportunity cost)(中国海洋大学2000研；武汉大学2002研；上海交大2003研；北师大2004研；东北大学2004、2016研；华东师大2004研；财政部财科所2011研；东北财大2012、2016研；人大2017研；山东大学2017研；中南财大2018研；东华大学2018研；中央财大2019研；厦门大学2021研)

答：机会成本是指将一种资源用于某种用途，而未用于其他更有利的用途时所放弃的最大预期收益。机会成本的存在需要三个前提条件：①资源是稀缺的；②资源具有多种生产用途；③资源的投向不受限制。从机会成本的角度来考察生产过程时，厂商需要将生产要素投向收益最大的项目，从而避免带来生产的浪费，达到资源配置的最优。机会成本的概念是以资源的稀缺性为前提提出的。

2. 隐性成本(implicit cost)(中央财大2004、2009研；华中科大2005研；人大2005研；西安交大2008研；厦门大学2016研；广西大学2018研)

答：隐性成本是相对于显性成本而言的，是指厂商本身自己所拥有的且被用于该企业生产过程中的那些生产要素的总价格。或者说，隐性成本是指不需要企业支出货币的投入成本。隐性成本包括：①作为成本项目记入账上的厂房、机器设备等固定设备的折旧费等；②厂商自己投入的资金的利息、企业主为该厂提供的劳务应得的报酬等。其中第二部分又被称为正常利润。

经济分析中，把正常利润作为成本项目记入产品的生产成本之内。正常利润之所以作为产品的一项成本，是因为从长期来看，这笔报酬是使得企业主继续留在该行业(从而该产品得以被提供出来)的必要条件。否则，假如厂商产品的售价仅能补偿工资、原料和固定资本的折旧费，企业主将会把他的资金转移到别的行业，该产品将不会被提供给市场。所以包括正常利润在内的成本，具有产品得以被提供出来所必须支付的代价的含义。总之，所谓的隐性成本，就是固定设备的折旧费和称之为正常利润的总和。

3. 规模经济(东北大学2003研；浙江大学2003研；武汉大学2006研；中央财大2014研；华中科大2017研；湖南大学2018研；东华大学2018研；广西大学2019研)

答：规模经济(economics of scale)是指在给定的技术条件下，由于生产规模的扩大而引起的厂商产量的增加或收益的增加。在长期中，企业投入的各种生产要素可以同时增加，使生产规模扩大，从而得到各种益处，使同样产品的单位成本比原来生产规模较小时低。

规模经济分为内在经济和外在经济。其中，内在经济是厂商在生产规模扩大时从自身内部所引起的收益增加。例如，当厂商生产规模扩大时，可以实现有利于技术提高的精细分工；充分发挥管理人员的效率；使用更加先进的机器设备；对副产品进行综合利用；以更有利的价格、渠道等采购原材料和推销产品等。外在经济是整个行业规模和产量扩大而使得个别厂商平均成本下降或收益增加。

外在经济和内在经济一样，都会改变厂商的成本，但是它们的前提条件、影响方式是完全不同的。外在经济的前提条件是行业规模的扩大，而内在经济的前提条件是厂商本身规模的扩大；外在经济是行业中其他方面便利因素为个别厂商提供了效益，内在经济则是厂商经营的个别企业内部因素的变化所致。因此，外在经济在成本上的体现是厂商整个平均成本曲线向下移，而内在经济在成本上的体现是市场上平均成本曲线随厂商规模扩大而向下倾斜。

4. 扩展线（江西财大2005、2007研；对外经贸大学2012研）

答：扩展线是指在生产要素的价格、生产技术和其他条件不变时，不同的等产量线与不同的等成本线相切，所形成一系列生产均衡点的轨迹。如图5-16所示。

图5-16中的曲线 ON 是一条扩展线。由于生产要素的价格保持不变，两要素的价格比例是固定的，又由于生产均衡的条件为两要素的边际技术替代率等于两要素的价格之比，所以，在扩展线上的所有的生产均衡点上边际技术替代率都是相等的。这意味着，扩展线一定是一条等斜线。

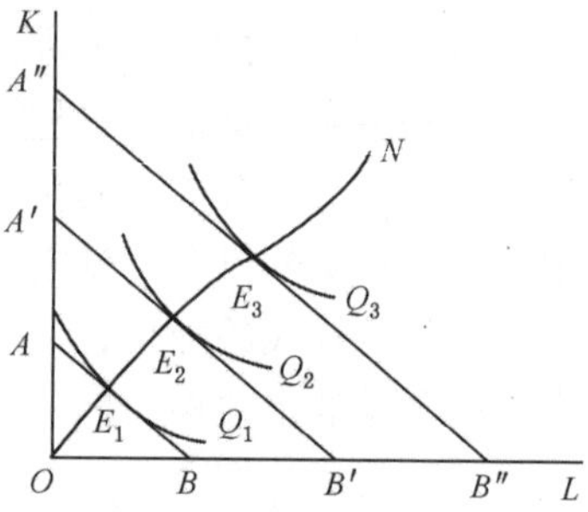

图5-16　扩展线

扩展线表示：在生产要素价格、生产技术和其他条件不变的情况下，当生产的成本或产量发生变化时，厂商必然会沿着扩展线来选择最优的生产要素组合，从而实现既定成本条件下的最大产量，或实现既定产量条件下的最小成本。扩展线是厂商在长期的扩张或收缩生产时所必须遵循的路线。

二、简答题

1. 下面哪些话正确？请说明理由。

（1）平均不变成本不会随产量增加而提高；

（2）平均总成本始终大于或等于平均可变成本；

（3）边际成本下降时，平均成本不可能上升。（中央财大2010研）

答：（1）论述正确。理由如下：平均不变成本等于总不变成本除以产量，若产量增加，平均不变成本会下降。

（2）论述正确。理由如下：根据成本关系，平均总成本 = 平均可变成本 + 平均不变成本。当平均不变成本等于零时，平均总成本等于平均可变成本；当平均不变成本不等于零时，平均总成本大于平均可变成本。

（3）论述正确。理由如下：在数学意义上，当边际量小于平均量时，平均量将下降；当边际量大于平均量时，平均量将上升。所以平均量的变化趋势与边际量的变化趋势无关，而与两者的相对大小有关。但需注意，在边际成本的下降阶段，边际成本曲线位于平均成本曲线的下方，即边际成本小于平均成本，所以平均成本不可能上升。

2. 试证明：当平均成本等于边际成本时，平均成本最低。（苏州大学2007研）

答：当平均成本等于边际成本时，平均成本最低，原因在于边际量与平均量之间存在着如下关系：对于任何两个相应的边际量和平均量而言，只要边际量小于平均量，边际量就把平均量拉下；只要边际量大于平均量，边际量就把平均量拉上；当边际量等于平均量时，平均量必然达到其自身的极值点。将这种关系具体到平均成本 AC 曲线和边际成本 MC 曲线的相互关系上，可以推知，由于在边际报酬递减规律作用下的 MC 曲线有先降后升的U形特征，所以 AC 曲线也必定是先降后升的U形曲线，而且 MC 曲线必定会相交于 AC 曲线的最低点。

数学证明如下：

$$\frac{\mathrm{d}}{\mathrm{d}Q}AC=\frac{\mathrm{d}}{\mathrm{d}Q}\left(\frac{TC}{Q}\right)=\frac{TC'\cdot Q-TC}{Q^2}=\frac{1}{Q}\left(TC'-\frac{TC}{Q}\right)=\frac{1}{Q}(MC-AC)$$

由于 $Q>0$，所以当 $MC<AC$ 时，AC 曲线的斜率为负，AC 曲线是下降的；当 $MC>AC$ 时，AC 曲线的斜率为正，AC 曲线是上升的；当 $MC=AC$ 时，AC 曲线的斜率为零，AC 曲线达极小值点。

3. 试说明成本最小化原理、利润最大化原理和两者的关系。（中山大学2002研）

答：（1）成本最小化原理：在既定产出水平下，厂商如何选择投入要素的组合，以使生产成本最小。通常假定厂商只使用两种生产要素（资本 K 和劳动 L），市场是完全竞争的，两种要素之间可以相互替代。资本和劳动两种要素的价格分别为常数 r 和 w。根据假定，厂商的生产函数可以定义为：

$$Q=f(K,\ L)$$

其中 Q 为产量。成本最小化问题可以表述为：

$$\min C=wL+rK$$

$$s.t.\ f(K,\ L)=Q_0$$

C 表示成本，Q_0 表示既定的产量。当成本最小时应满足：

$$\frac{\partial f}{\partial L}\Big/\frac{\partial f}{\partial K}=\frac{w}{r}$$

其中，$\partial f/\partial L$ 为劳动的边际产出，$\partial f/\partial K$ 为资本的边际产出。据此可以得出，实现既定产量下成本最小化的必要条件是：两要素的边际产出之比等于两要素的价格之比。

（2）利润最大化原理：在其他条件不变的情况下，厂商应该选择最优的产量，使得最后一单位产品所带来的边际收益等于所付出的边际成本。或者简单地说，厂商实现最大化的均衡条件是边际收益等于边际成本，即 $MR=MC$。

（3）成本最小化和利润最大化都可以作为厂商决定市场行为的依据，不同之处在于，成本最小化是从成本的角度出发决定厂商的最优市场行为，而利润最大化则是从产出和利润的角度出发决定厂商的最优市场行为。

三、计算题

1. 假定一个竞争性厂商，其生产函数为：$Q=F(L,\ K)=AL^{\alpha}K^{\beta}$，生产要素 L 和 K 的价格分别为 w 和 r。

(1)试求在 K 为不变投入时厂商的短期成本函数；

(2)求厂商的长期成本函数，并讨论不同的规模报酬对平均成本曲线形状的影响。(人大2008研)

解：(1)在短期，假设 K 保持在 K_0 水平不变，则生产函数为：$Q=F(L,\ K_0)=AL^{\alpha}K_0^{\beta}$，因而可得劳动投入与产出之间的关系为：$L=\left(\frac{Q}{AK_0{}^{\beta}}\right)^{\frac{1}{\alpha}}$。

因此，短期成本函数为：

$$C_s(Q)=wL+rK_0=w\left(\frac{Q}{AK_0{}^{\beta}}\right)^{\frac{1}{\alpha}}+rK_0$$

(2)在长期内，劳动和资本都可以改变，因而厂商的成本最小化问题为：

$$\min_{L,K} wL+rK$$

$$s.\,t.\ AL^{\alpha}K^{\beta}=Q$$

设拉格朗日函数为：

$$\mathscr{L}=wL+rK+\lambda(Q-AL^{\alpha}K^{\beta})$$

成本最小化的一阶条件为：

$$\begin{cases}\dfrac{\partial\mathscr{L}}{\partial L}=w-\lambda\alpha AL^{\alpha-1}K^{\beta}=0\\[2ex]\dfrac{\partial\mathscr{L}}{\partial K}=r-\lambda\beta AL^{\alpha}K^{\beta-1}=0\\[2ex]\dfrac{\partial\mathscr{L}}{\partial\lambda}=Q-AL^{\alpha}K^{\beta}=0\end{cases}$$

从而可以解得：$L=\left(\frac{Q}{A}\right)^{\frac{1}{\alpha+\beta}}\left(\frac{\alpha r}{\beta w}\right)^{\frac{\beta}{\alpha+\beta}}$，$K=\left(\frac{Q}{A}\right)^{\frac{1}{\alpha+\beta}}\left(\frac{\beta w}{\alpha r}\right)^{\frac{\alpha}{\alpha+\beta}}$。

从而可得长期成本函数为：

$$\begin{aligned}C_L(Q)&=wL+rK=r\left(\frac{Q}{A}\right)^{\frac{1}{\alpha+\beta}}\left(\frac{\beta w}{\alpha r}\right)^{\frac{\alpha}{\alpha+\beta}}+w\left(\frac{Q}{A}\right)^{\frac{1}{\alpha+\beta}}\left(\frac{\alpha r}{\beta w}\right)^{\frac{\beta}{\alpha+\beta}}\\&=\left(\frac{Q}{A}\right)^{\frac{1}{\alpha+\beta}}\left[r\left(\frac{\beta w}{\alpha r}\right)^{\frac{\alpha}{\alpha+\beta}}+w\left(\frac{\alpha r}{\beta w}\right)^{\frac{\beta}{\alpha+\beta}}\right]\end{aligned}$$

平均成本函数为：

$$AC_L(Q)=\frac{C_L(Q)}{Q}=\left[r\left(\frac{\beta w}{\alpha r}\right)^{\frac{\alpha}{\alpha+\beta}}+w\left(\frac{\alpha r}{\beta w}\right)^{\frac{\beta}{\alpha+\beta}}\right]A^{\frac{-1}{\alpha+\beta}}Q^{\frac{1}{\alpha+\beta}-1}$$

对于柯布－道格拉斯生产函数而言，$\alpha+\beta>1$ 时，规模报酬递增；当 $\alpha+\beta=1$ 时，规模报酬不变；当 $\alpha+\beta<1$ 时，规模报酬递减。

因此，当 $\alpha+\beta>1$，即规模报酬递增时，$\frac{1}{\alpha+\beta}-1<0$，从而随着产量的递增，平均成本减少，平均成本曲线因而向下倾斜；当 $\alpha+\beta<1$，即规模报酬递减时，$\frac{1}{\alpha+\beta}-1>0$，从

而随着产量的递增，平均成本递增，平均成本曲线因而向上倾斜；当 $\alpha+\beta=1$，即规模报酬不变时，$\frac{1}{\alpha+\beta}-1=0$，从而平均成本不受产量的影响，平均成本曲线因而是一条水平的直线。

2. 对于生产函数 $Q=\frac{4KL}{K+L}$，在短期中，令 $P_L=1$，$P_K=2$，$K=2$。

(1)推导出短期总成本、平均成本、平均可变成本及边际成本函数；

(2)当短期平均成本最小时，求此时的短期平均成本值。(北航2009研)

解：(1)因为 $P_L=1$，$P_K=2$，$K=2$，故短期总成本 $TC=P_L\cdot L+P_K\cdot K=L+4$，对于生产函数 $Q=\frac{4KL}{K+L}$，因为 $K=2$，所以 $Q=\frac{8L}{2+L}$，即 $L=\frac{2Q}{8-Q}$。

将其代入 $TC=L+4$ 中，得：

$TC=L+4=\frac{2Q}{8-Q}+4$，$AC=\frac{TC}{Q}=\frac{2}{8-Q}+\frac{4}{Q}$，$AVC=\frac{2}{8-Q}$，$MC=\frac{\mathrm{d}TC}{\mathrm{d}Q}=\frac{2(8-Q)+2Q}{(8-Q)^2}=\frac{16}{(8-Q)^2}$

(2)对于短期平均成本 $AC=\frac{2}{8-Q}+\frac{4}{Q}$ 求其最小值。

可令 $\frac{\mathrm{d}}{\mathrm{d}Q}(AC)=\frac{2}{(8-Q)^2}-\frac{4}{Q^2}=0$；

即：$\frac{1}{(8-Q)^2}=\frac{2}{Q^2}$。

求得：$Q_1=16-8\sqrt{2}$，$Q_2=16+8\sqrt{2}$(舍去，因为此时 AVC 为负)，即 $Q=16-8\sqrt{2}$ 时，短期平均成本最小。

将 $Q=16-8\sqrt{2}$ 代入 AC 可得：$AC=\frac{2}{8-Q}+\frac{4}{Q}=\frac{1+\sqrt{2}}{4\sqrt{2}-4}$。

3. 给定生产函数为 $F(Z_1, Z_2)=Z_1^{\alpha}Z_2^{\beta}$，$0<\alpha+\beta<1$，$0<\alpha<1$，$0<\beta<1$。其中 Z_1，Z_2 分别为要素1和要素2的投入量，且要素1和要素2的单位价格分别为 W_1，W_2，求解：

(1)短期内要素1的投入量固定为 M 时的短期成本函数；

(2)长期成本函数。(中央财大2019研)

解：(1)当要素1的投入量固定为 M 时，生产函数为 $F=M^{\alpha}Z_2^{\beta}$，即 $Z_2=(F/M^{\alpha})^{1/\beta}$，此时的短期成本函数为 $C=MW_1+W_2(F/M^{\alpha})^{1/\beta}$。

(2)在长期，根据生产者成本小化问题构造拉格朗日函数：

$$L(Z_1, Z_2, \lambda)=Z_1W_1+Z_2W_2+\lambda(F-Z_1^{\alpha}Z_2^{\beta})$$

其一阶条件为：

$$\partial L/\partial Z_1=W_1-\lambda\alpha Z_1^{\alpha-1}Z_2^{\beta}=0$$

$$\partial L/\partial Z_2=W_2-\lambda\beta Z_1^{\alpha}Z_2^{\beta-1}=0$$

$$\partial L/\partial\lambda=F-Z_1^{\alpha}Z_2^{\beta}=0$$

解得：$Z_1=\left[F\left(\frac{\alpha W_2}{\beta W_1}\right)^{\beta}\right]^{\frac{1}{\alpha+\beta}}$，$Z_2=\left[F\left(\frac{\beta W_1}{\alpha W_2}\right)^{\alpha}\right]^{\frac{1}{\alpha+\beta}}$。

故长期成本函数为：

$$C=W_1Z_1+W_2Z_2=W_1\left[F\left(\frac{\alpha W_2}{\beta W_1}\right)^{\beta}\right]^{\frac{1}{\alpha+\beta}}+W_2\left[F\left(\frac{\beta W_1}{\alpha W_2}\right)^{\alpha}\right]^{\frac{1}{\alpha+\beta}}$$

$$=\left[\left(\frac{\alpha}{\beta}\right)^{\frac{\beta}{\alpha+\beta}}+\left(\frac{\beta}{\alpha}\right)^{\frac{\alpha}{\alpha+\beta}}\right]F^{\frac{1}{\alpha+\beta}}W_1^{\frac{\alpha}{\alpha+\beta}}W_2^{\frac{\beta}{\alpha+\beta}}$$

四、论述题

1. 试论产出与成本的对偶关系。（北京交大2002研；南开大学2007研；清华大学2011研；大连海事大学2013研）

答：生产理论和成本理论是厂商理论中同一个问题的两个方面。在技术水平和要素价格给定不变的前提下，生产函数与成本函数存在着对偶关系，具体体现为：短期内，产量曲线与成本曲线存在着对偶关系。如果说短期产量曲线是由边际收益递减规律所决定的，那么短期成本曲线则是由短期产量曲线所决定的。下面以只有一种要素可以变动的产出为例，分别分析短期边际成本和平均成本与边际产量和平均产量曲线之间的关系。

(1)边际产量和边际成本之间的关系：

$$TC(Q)=TVC(Q)+TFC$$
$$=w\times L(Q)+TFC$$

式中，TFC 为常数，w 为劳动力价格。

由上式可得：$MC=\frac{\mathrm{d}TC}{\mathrm{d}Q}=w\times\frac{\mathrm{d}L}{\mathrm{d}Q}$

即：$MC=w\times\frac{1}{MP_L}$

由此可得以下两点结论：

第一，边际成本 MC 和边际产量 MP_L 两者的变动方向是相反的。具体地讲，由于边际报酬递减规律的作用，可变要素的边际产量 MP_L 是先上升，达到一个最高点以后再下降，所以，边际成本 MC 是先下降，达到一个最低点以后再上升。MP_L 曲线的上升段对应 MC 曲线的下降段；MP_L 曲线的下降段对应 MC 曲线的上升段；MP_L 曲线的最高点对应 MC 曲线的最低点。

第二，由以上的边际产量和边际成本的对应关系可以推知，总产量和总成本之间也存在着对应关系。当总产量 TP_L 曲线下凸时，总成本 TC 曲线和总可变成本 TVC 曲线是下凹的；当总产量 TP_L 曲线下凹时，总成本 TC 曲线和总可变成本 TVC 曲线是下凸的；当总产量 TP_L 曲线存在一个拐点时，总成本 TC 曲线和总可变成本 TVC 曲线也各存在一个拐点。

(2)平均产量和平均可变成本之间的关系：

$$AVC=\frac{TVC}{Q}=w\times\frac{L}{Q}=w\times\frac{1}{AP_L}$$

由此可得以下两点结论：

第一，平均可变成本 AVC 和平均产量 AP_L 两者的变动方向是相反的。前者呈递增时，后者呈递减；前者呈递减时，后者呈递增；前者的最高点对应后者的最低点。

第二，由于 MC 曲线与 AVC 曲线交于 AVC 曲线的最低点，MP_L 曲线与 AP_L 曲线交于 AP_L 曲线的最高点，所以，MC 曲线和 AVC 曲线的交点与 MP_L 曲线和 AP_L 曲线的交点是对应的。

(3) 总成本曲线随着产量的增加而递增。由于边际成本是先减后增的，且反映了总成本增加的速度，因而总成本曲线在边际成本递减阶段，增长速度越来越慢；相反，总成本曲线在边际成本递增阶段，增长速度加快。

2. 证明一般行业短期边际成本曲线 *MC* 与平均总成本曲线 *ATC*、平均可变成本曲线 *AVC* 相交，且交点为 *ATC* 和 *AVC* 的最低点。（中央财大 2009 研）

答：(1) 平均总成本曲线 ATC、平均可变成本曲线 AVC 和边际成本曲线 MC 的关系：

边际成本曲线函数方程为：

$$MC(Q)=\frac{\mathrm{d}TVC(Q)}{\mathrm{d}Q}$$

此函数方程表明，在短期内的总成本中，由于有一部分要素是固定不变的，所以，边际成本(MC)随着产量的变动，只取决于可变成本(TVC)的变动量。而可变要素的报酬随其数量的增加会有先递增而后递减的变化，因此 MC 曲线会有先下降而后上升的变化。

平均成本(ATC)曲线由于是平均固定成本(AFC)曲线与平均可变成本(AVC)曲线叠加的结果，其函数方程为：

$$ATC(Q)=\frac{TFC(Q)}{Q}+\frac{TVC(Q)}{Q}$$

因此，ATC 曲线必然是一条先下降后上升的 U 形曲线，但是它由下降到上升的转折点要晚于 MC 曲线，于是 MC 曲线必然会与 ATC 曲线相交。根据两条曲线的不同性质可知：当 $MC<ATC$ 时，每增加一单位产品，单位产品的平均成本比以前要小些，所以 ATC 是下降的；当 $MC>ATC$ 时，每增加一单位产品，单位产品的平均成本比以前要大些，所以 ATC 是上升的。这样，MC 曲线只能在 ATC 曲线最低点与之相交。如图 5-17 所示，两条曲线相交于 B 点，B 点便是 ATC 曲线的最低点。

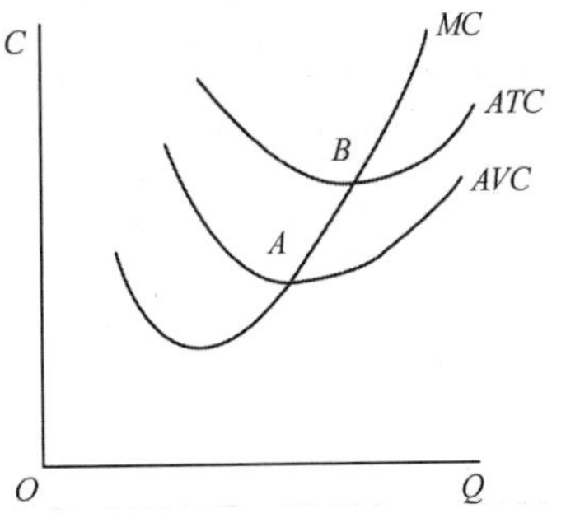

图 5-17 短期边际成本曲线 MC 与平均总成本曲线 ATC、平均可变成本曲线 AVC

平均可变成本(AVC)曲线的函数方程为：

$$AVC(Q)=\frac{TVC(Q)}{Q}$$

AVC 曲线也是一条先下降后上升的 U 形曲线，同上，根据 AVC 与 MC 曲线的性质可知，MC 曲线只能在 AVC 曲线最低点与之相交。如图 5-17 所示，两条曲线相交于 A 点，A 点便是 AVC 曲线的最低点。

(2) ATC、AVC 和 MC 曲线关系的证明过程：

① ATC 曲线和 MC 曲线的关系可以用数学证明如下：

$$\frac{\mathrm{d}}{\mathrm{d}Q}ATC=\frac{\mathrm{d}}{\mathrm{d}Q}\left(\frac{TC}{Q}\right)=\frac{TC'\cdot Q-TC}{Q^2}=\frac{1}{Q}\left(TC'-\frac{TC}{Q}\right)=\frac{1}{Q}(MC-ATC)$$

由于 $Q>0$，所以当 $MC<ATC$ 时，ATC 曲线的斜率为负，ATC 曲线是下降的；当 $MC>ATC$ 时，ATC 曲线的斜率为正，ATC 曲线是上升的；$MC=ATC$ 时，ATC 曲线的斜率为0，ATC 曲线达到极小值点。

②AVC 曲线和 MC 曲线的关系可以用数学证明如下：

$$\frac{\mathrm{d}}{\mathrm{d}Q}AVC=\frac{\mathrm{d}}{\mathrm{d}Q}\left(\frac{TVC}{Q}\right)=\frac{TVC'\cdot Q-TVC}{Q^2}=\frac{1}{Q}\left(TVC'-\frac{TVC}{Q}\right)=\frac{1}{Q}(MC-AVC)$$

由于 $Q>0$，所以当 $MC<AVC$ 时，AVC 曲线的斜率为负，AVC 曲线是下降的；当 $MC>AVC$ 时，AVC 曲线的斜率为正，AVC 曲线是上升的；$MC=AVC$ 时，AVC 曲线的斜率为0，AVC 曲线达到极小值点。

第6章　完全竞争市场

6.1　复习笔记

【知识框架(庖丁解牛)】

- 完全竞争市场
  - 市场及市场结构类型
    - 市场的含义及划分标准
    - 市场类型的划分和特征
  - 厂商的收益与利润
    - 厂商收益的含义及三个相关概念
    - 利润函数及利润最大化条件
  - 完全竞争市场概述
    - 完全竞争市场的含义及特征
    - 完全竞争厂商的需求曲线
    - 完全竞争厂商的收益曲线
  - 完全竞争的短期均衡
    - 完全竞争厂商短期均衡的条件
    - 短期均衡的几种情况
    - 完全竞争厂商与完全竞争行业的短期供给曲线
    - 短期生产者剩余
  - 完全竞争的长期均衡
    - 短期和长期最优生产规模的选择
    - 完全竞争厂商的进退决策与长期均衡
    - 完全竞争行业的长期供给曲线
    - 长期生产者剩余
  - 完全竞争市场的短期均衡和长期均衡
    - 完全竞争市场的短期均衡和长期均衡的比较
    - 消费者统治的理论基础
  - 完全竞争市场的福利
    - 完全竞争市场的福利最大化
    - 价格管制的福利效应分析
    - 销售税

【考点难点归纳(厚积薄发)】

考点一：市场及市场结构类型　★★★★

1. 市场的含义及划分标准(见表6-1)

表6-1　市场的含义及划分标准

要点	具体内容
含义	市场是指物品买卖双方相互作用并得以决定物品交易价格和数量的一种组织形式或制度安排。它可以是有形的，如百货商场；也可以是无形的，如股票市场、外汇市场

续表

要点	具体内容
划分标准	①厂商的数目(最基本的决定因素); ②厂商生产的产品的差异程度(最基本的决定因素); ③单个厂商对市场价格的控制程度(是①②的必然结果); ④厂商进出一个行业的难易程度(是①的延伸)

2. 市场类型的划分和特征(见表6-2)

表6-2 市场类型的划分和特征

特征	完全竞争	垄断竞争	寡头	垄断
对价格控制程度	无	较小	一般	较大
厂商数目	多	多	几个	唯一
产品差异程度	完全无差异	有差异	有差异或无差异	唯一且无相近的替代品
进出行业难易程度	很容易	较容易	较困难	很困难
接近该市场类型的例子	农产品市场	轻工业产品、零售产品市场	钢、汽车、石油市场	公共事业市场如水、电市场

考点二:厂商的收益与利润 ★★★★

1. 厂商收益的含义及三个相关概念(见表6-3)

表6-3 厂商收益的含义及三个相关概念

要点		具体内容
含义		厂商的收益是指厂商的销售收入
三个相关概念	总收益(TR)	指厂商按一定价格出售一定量产品时所获得的全部收入。 公式为:$TR(Q)=PQ$,其中P表示既定的市场价格,Q表示销售总量
	平均收益(AR)	指厂商在平均每一单位产品销售上所获得的收入。 公式为:$AR(Q)=TR(Q)/Q$
	边际收益(MR)	指厂商增加一单位产品销售所获得的总收入的增量。 公式为:$MR(Q)=\Delta TR(Q)/\Delta Q$ 或者:$MR(Q)=\lim\limits_{\Delta Q\to 0}\frac{\Delta TR(Q)}{\Delta Q}=\frac{\mathrm{d}TR(Q)}{\mathrm{d}Q}$, 每一销售量的边际收益值是相应的总收益曲线的斜率

2. 利润函数及利润最大化条件

(1)利润函数:

$$\pi(Q)=TR(Q)-TC(Q)$$

(2)利润最大化条件:

边际收益MR=边际成本MC。在厂商的短期生产中,只要边际收益大于边际成本,厂商就会增加生产;如果边际成本大于边际收益,厂商就会缩减生产,直到边际收益和边际成本相等时为止。

利润最大化条件 $MR=MC$ 适用于任何类型的厂商行为。

(3)利润最大化均衡条件的数学证明:

$$\pi(Q)=TR(Q)-TC(Q)$$

使上式利润最大化的一阶条件为:

$$\frac{\mathrm{d}\pi(Q)}{\mathrm{d}Q}=\frac{\mathrm{d}TR(Q)}{\mathrm{d}Q}-\frac{\mathrm{d}TC(Q)}{\mathrm{d}Q}=MR(Q)-MC(Q)=0$$

即 $MR(Q)=MC(Q)$。

二阶条件(充分条件)为:

$$\frac{\mathrm{d}^2\pi(Q)}{\mathrm{d}Q^2}=MR'(Q)-MC'(Q)<0$$

(4)说明:

当 $MR=MC$ 时，厂商不一定获利，只是处于既定的成本和收益状况下的最好境况之中，具体情况如下:

①当 $MR=MC$ 时，如果厂商获利，则厂商所获得的一定是相对最大的利润。

②当 $MR=MC$ 时，如果厂商亏损，则厂商所遭受的一定是相对最小的亏损。

◆小试牛刀◆

在完全竞争市场上，已知某厂商的产量是500单位，总收益是200元，总成本是800元，固定成本是200元，边际成本是1元。按照利润最大化原则，它应该(　　)。(暨南大学2019研)

A. 增加生产　　B. 停止生产　　C. 减少产量　　D. 以上措施都可行

【答案】B

【解析】已知该厂商的产量为500单位，总收益是200元，那么该厂商的价格 $P=TR/Q=200/500=0.4$ 元。因为在完全竞争市场条件下，$P=MR$，因此边际收益 $MR=0.4$。根据利润最大化原则 $MR=MC$，该厂商的 $MR<MC$，因此该厂商应该停止生产。

考点三：完全竞争市场概述 ★★★★★

1. 完全竞争市场的含义及特征(见表6-4)

表6-4　完全竞争市场的含义及特征

要点	具体内容	
含义	完全竞争市场是指不包含任何垄断因素的市场	
特征	存在大量的买者和卖者	经济主体只占极微小的市场份额，消费者或生产者对价格没有任何的影响，都是价格的接受者而不是决定者
	商品完全同质	厂商之间提供的商品是完全无差别的(产品是可以完全替代的)
	资源完全流动	厂商进入或退出一个行业是完全自由、没有困难的
	信息完全	每个买者和每个卖者都掌握与自己的经济决策有关的一切信息

注意：完全竞争市场在现实中是不存在的，只有比较接近的市场。完全竞争市场模型的构造目的在于为各种市场类型的经济效率的分析与评价提供一个参照标准。

2. 完全竞争厂商的需求曲线

完全竞争厂商的需求曲线是指单个厂商所面临的消费者对其产品的需求曲线，其为一条水平线，水平的需求曲线意味着厂商是市场价格的接受者。

在图6-1(a)中，市场需求曲线 D 和供给曲线 S 的相交点 E 为均衡点，对应的市场均衡价格为 P_e。相应的，在图6-1(b)中，由既定的市场均衡价格出发的水平线 d 是厂商的需求曲线。

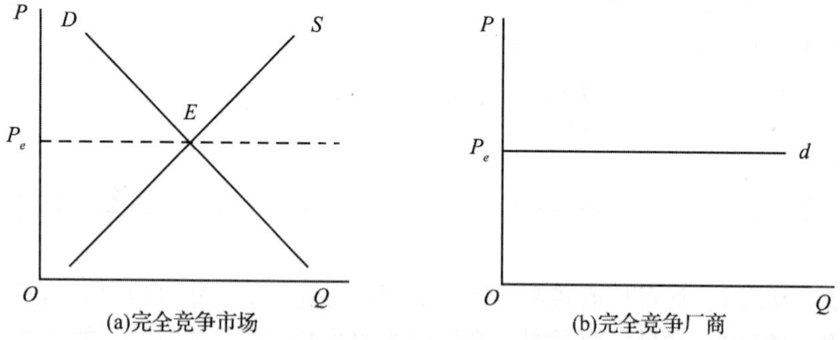

图6-1　完全竞争厂商的需求曲线

注意：完全竞争厂商的需求曲线与完全竞争行业的需求曲线不同。前者为一条水平线，后者为一条自左上方向右下方倾斜的曲线。

3. 完全竞争厂商的收益曲线

(1)总收益曲线：

完全竞争厂商的总收益曲线是一条由原点出发的斜率为正的直线。如图6-2(a)所示，$TR=PQ$，P 为 TR 曲线的不变斜率。

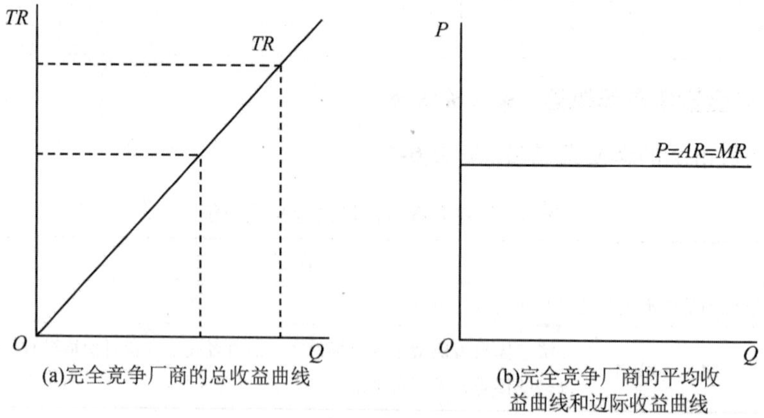

图6-2　完全竞争厂商的收益曲线

(2)平均收益曲线与边际收益曲线：

因为完全竞争厂商的平均收益等于边际收益，且等于既定的市场价格，即 $AR=MR=P$，所以，完全竞争厂商的平均收益 AR 曲线、边际收益 MR 曲线和需求曲线 d 三条线重叠，它们都用同一条由既定价格水平出发的水平线来表示，如图6-2(b)所示。

注意：$AR=P$ 在任何市场条件下均成立，但 $MR=P=AR$ 只有在完全竞争市场才能成立。因为，只有在完全竞争市场上，厂商才是价格的接受者，其价格才是常数，因此厂商每销售一单位产品所获得的边际收益才等于价格。

考点四：完全竞争的短期均衡 ★★★★★

1. 完全竞争厂商短期均衡的条件

(1)一阶条件即必要条件为 $d\pi/dQ=0$，因此，有 $MR=MC$ 即边际收益等于边际成本。

(2)二阶条件即充分条件为：

$$\frac{d^2\pi(Q)}{dQ^2}=MR'(Q)-MC'(Q)<0$$

表明边际收益的增加率小于边际成本的增加率。

2. 短期均衡的几种情况(见表6-5)

在短期，厂商是在假定的生产规模下，通过对产量的调整来实现 $MR=SMC$ 的利润最大化的均衡条件。完全竞争厂商短期均衡的不同情况如图6-3所示。

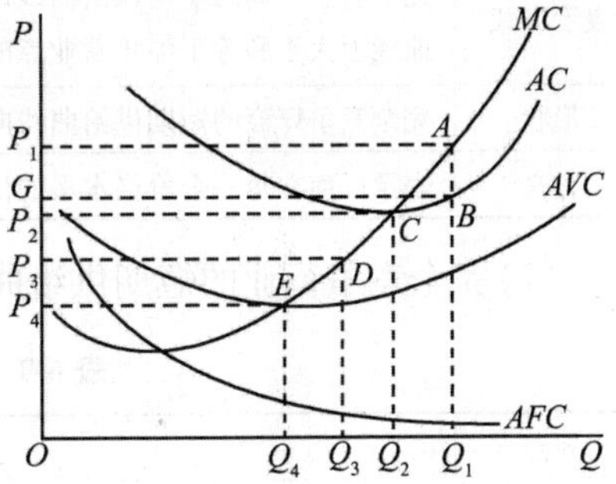

图6-3 完全竞争厂商的盈亏图

表6-5 短期均衡的几种情况

情况	具体内容	
经济利润大于零	市场价格为 P_1，$P_1>AC$，厂商可获得超额利润，$\pi=Q_1\cdot(P_1-AC)=OQ_1\cdot AB$，即矩形 $ABGP_1$ 的面积	
经济利润等于零	市场价格为 P_2，$P_2=AC$，$\pi=0$，厂商收支相抵，既无盈余也无亏损	
经济利润小于零	亏损但继续生产经营	①决策：市场价格为 P_3，$AC>P_3>AVC$，厂商亏损，但厂商仍可生产； ②原因：此时价格大于平均可变成本，说明厂商在补偿全部的可变成本外，尚可收回部分固定成本来减少亏损总额
	亏损并停止生产经营（停止营业点）	①决策：市场价格为 P_4，$AC>P_4=AVC$，厂商可以继续生产，也可以不生产； ②原因：继续生产，厂商亏损全部固定成本，生产只能补偿可变成本；停止生产也只亏损全部固定成本。因此，平均可变成本曲线的最低点 E 称为短期停止营业点
	停止生产经营	①决策：市场价格等于或低于 P_4，厂商不再生产； ②原因：如果厂商继续生产，则全部收益连可变成本都无法全部弥补；厂商停止生产，可变成本就可以降为零

◆小试牛刀◆

在短期，厂商得到的价格低于(　　)将停止营业。(暨南大学2019研)

A. 平均成本　　B. 平均可变成本　　C. 边际成本　　D. 平均固定成本

【答案】B

【解析】当市场价格 $P=AVC$ 时，MR 和 MC 相交于 AVC 曲线的最低点，此时 $P=AR<AC$，此时厂商可以继续生产，也可以不生产，也就是说，厂商生产或不生产的结果都是一样的。继续生产，厂商亏损全部固定成本，生产只能补偿可变成本。厂商停止生产也只亏损全部固定成本。当 $P<AVC$ 时，继续生产只能弥补部分可变成本，因此厂商将停止营业。

3. 完全竞争厂商与完全竞争行业的短期供给曲线

(1)完全竞争厂商的短期供给曲线如表6-6所示：

表6-6 完全竞争厂商的短期供给曲线

要点	具体内容
表示方式	完全竞争厂商的短期供给曲线用厂商 *SMC* 曲线上大于和等于 *AVC* 曲线最低点的部分来表示，即用 *SMC* 曲线上大于和等于停止营业点的部分来表示
形状	完全竞争厂商的短期供给曲线向右上方倾斜，它表示了商品的价格和供给量之间同方向变化的关系
含义	表示厂商在每一个价格水平的供给量都是能够给他带来最大利润或最小亏损的最优产量

(2)完全竞争行业的短期供给曲线如表6-7所示：

表6-7 完全竞争行业的短期供给曲线

要点	具体内容
含义	完全竞争行业的短期供给曲线由该行业内所有厂商的短期供给曲线的水平加总而得到。它表示相对于各种价格水平来说，行业内所有厂商将提供的产量总和
形状	完全竞争行业的短期供给曲线向右上方倾斜，表示市场的短期供给量和产品价格成同方向的变动
数学公式	$$S(P)=\sum_{i=1}^{n}S_i(P)$$ $S_i(P)$为第 i 个厂商的短期供给函数；$S(P)$表示行业的短期供给函数

4. 短期生产者剩余

(1)厂商的短期生产者剩余如表6-8所示：

表6-8 厂商的短期生产者剩余

要点	具体内容
定义	指厂商在提供一定数量的某种产品时，实际接受的总支付和愿意接受的最小总支付之间的差额
表示方法	①用市场价格线以下、厂商的供给曲线以上的面积来表示。如图6-4所示，价格线以下的矩形面积 OP_0EQ_0 表示总收益即厂商实际接受的总支付。供给曲线以下的面积 $OHEQ_0$ 表示厂商愿意接受的最小总支付，两面积之差即为厂商的短期生产者剩余。 ②用数学公式表示。公式为： $$PS=P_0Q_0-\int_0^{Q_0}f(Q)\mathrm{d}Q$$ 其中，*PS* 为生产者剩余，式子右边的第一项表示厂商实际接受的总支付，第二项表示厂商愿意接受的最小总支付。 ③用厂商的收益和总可变成本的差额表示。如图6-4所示，厂商的短期生产者剩余为矩形 GP_0EF，它等于总收益(OP_0EQ_0)减去总可变成本($OGFQ_0$)

(2)市场的短期生产者剩余：

市场的生产者剩余是市场上所有厂商的生产者剩余的加总，用市场价格线以下、行业的短期供给曲线以上的面积来表示，如图6-5所示。

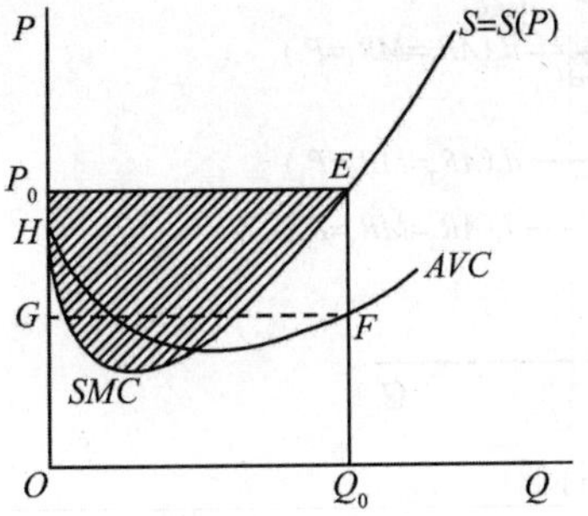

图 6-4 厂商的短期生产者剩余

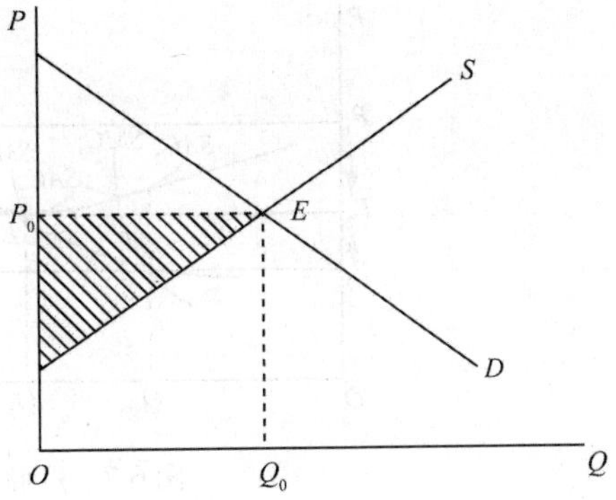

图 6-5 市场的短期生产者剩余

考点五：完全竞争的长期均衡 ★★★★★

在完全竞争市场上，长期均衡就是既无经济利润又无亏损的状态。在完全竞争厂商的长期生产中，所有的生产要素都是可变的，厂商是通过对全部生产要素的调整，来实现 $MR=LMC$ 的长期利润最大化的均衡原则。厂商在长期生产中对全部生产要素的调整可以表现为两个方面：①对最优的生产规模的选择；②进入或退出一个行业的决策。

1. 短期和长期最优生产规模的选择（见表 6-9）

表 6-9 短期和长期最优生产规模的选择

不同时期	最优生产规模选择
短期	根据 $MR=SMC$ 短期利润最大化的均衡条件，厂商选择的最优产量为 Q_1，所获得的利润为较小的那一块阴影部分面积 FP_0E_1G，如图 6-6 所示
长期	根据 $MR=LMC$ 长期利润最大化的均衡条件，厂商会选择 SAC_2 曲线和 SMC_2 曲线所代表的最优生产规模进行生产。最优产量为 Q_2，所获得的利润为阴影部分面积 HP_0E_2I，如图 6-6 所示

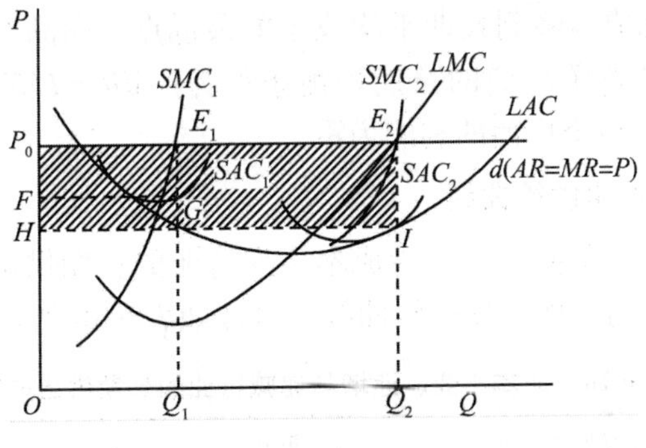

图 6-6 长期生产中厂商对最优生产规模的选择

2. 完全竞争厂商的进退决策与长期均衡

厂商在长期生产中进入或退出一个行业，实际上是生产要素在各行业间的调整，生产要素总是倾向于流向能获得更大利润的行业，也总是会从亏损的行业退出。正是行业之间生产要素的这种调整，使得完全竞争厂商长期均衡时的利润为零。如图 6-7 所示。

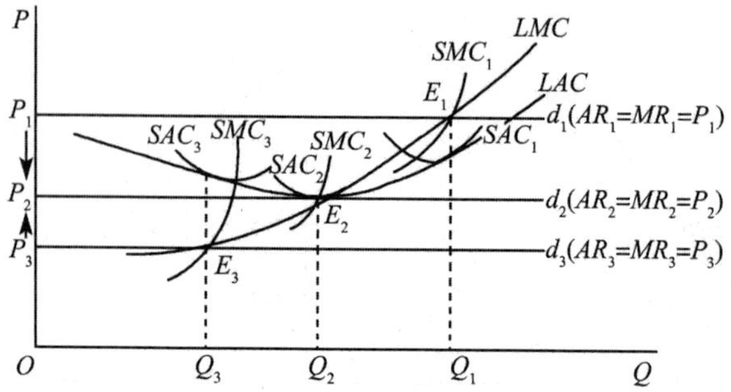

图6-7 厂商进入或退出行业

(1)$P>LAC$，厂商进入。如果开始时的市场价格较高为 P_1，根据 $MR=LMC$ 的长期利润最大化原则，厂商选择的产量为 Q_1，相应的最优生产规模由 SAC_1 曲线和 SMC_1 曲线所代表。此时，厂商获得利润，这便会吸引一部分厂商进入到该行业生产中来。随着行业内厂商数量的逐步增加，市场上的产品供给就会增加，市场价格就会逐步下降，相应地，单个厂商的利润就会逐步减少。只有当市场价格水平下降到使单个厂商的利润减少为零时，新厂商的进入才会停止。

(2)$P<LAC$，厂商退出。如果市场价格较低为 P_3 时，则厂商选择的产量为 Q_3，相应的最优生产规模由 SAC_3 曲线和 SMC_3 曲线所代表。此时，厂商是亏损的，这使得行业内原有厂商中的一部分退出该行业的生产。随着行业内厂商数量的逐步减少，市场的产品供给就会减少，市场价格就会逐步上升，单个厂商的亏损就会减少。只有当市场价格水平上升到使单个厂商的亏损消失即利润为零时，原有厂商的退出才会停止。

(3)$P=LMC=LAC$，长期均衡。新厂商的进入或原厂商的退出一定会使市场价格达到等于长期平均成本的最低点水平，即图中的价格水平 P_2。在这一价格水平，行业内的每个厂商既无利润，也无亏损，但都实现了正常利润，即行业内的每个厂商都实现了长期均衡。图中的 E_2 点是完全竞争厂商的长期均衡点。完全竞争厂商的长期均衡出现在 LAC 曲线的最低点。这时，生产的平均成本降到长期平均成本的最低点，商品的价格也等于最低的长期平均成本。由此得到完全竞争厂商的长期均衡条件为：$MR=LMC=SMC=LAC=SAC$，式中，$MR=AR=P$。此时，单个厂商的利润为零。

3. 完全竞争行业的长期供给曲线

完全竞争行业的长期供给曲线可分为成本不变行业的长期供给曲线、成本递增行业的长期供给曲线、成本递减行业的长期供给曲线，具体如表6-10所示。

表6-10 成本不变、递增与递减行业的长期供给曲线

类型	推导原理	形状	内涵
成本不变行业的长期供给曲线	成本不变行业产量变化引起生产要素需求的变化，不对生产要素的价格产生影响	一条水平线，供给的价格弹性为无穷大，如图6-8所示	在长期，行业的产品价格不变(等于厂商的长期平均成本的最低点)，市场需求变化引起行业长期均衡产量同方向的变化
成本递增行业的长期供给曲线	成本递增行业产量增加引起生产要素的需求增加，会导致生产要素价格的上升	一条向右上方倾斜的曲线，如图6-9所示	在长期，行业的产品价格和供给量呈同方向变动

续表

类型	推导原理	形状	内涵
成本递减行业的长期供给曲线	成本递减行业的产量增加引起生产要素需求的增加，会使生产要素的价格下降	一条自左上方向右下方倾斜的曲线，如图 6-10 所示	在长期，行业的产品价格和供给量呈反方向变动

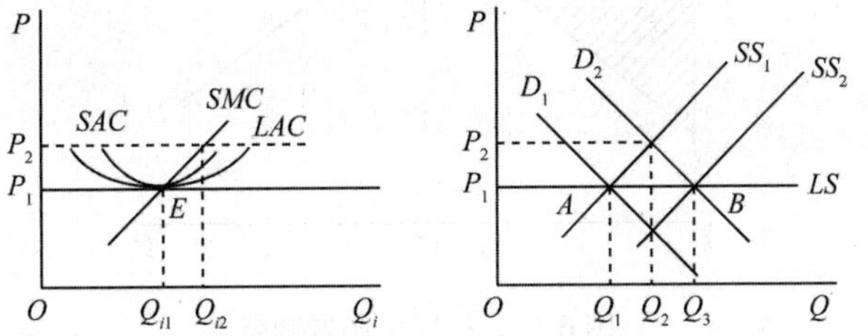

(a) 厂商　　(b) 行业

图 6-8　成本不变行业的长期供给曲线

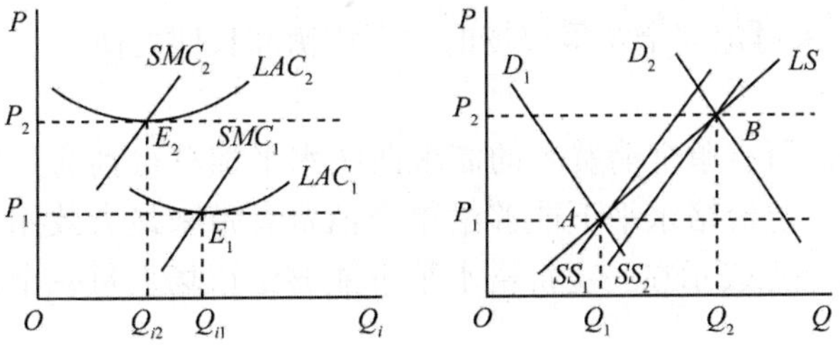

(a) 厂商　　(b) 行业

图 6-9　成本递增行业的长期供给曲线

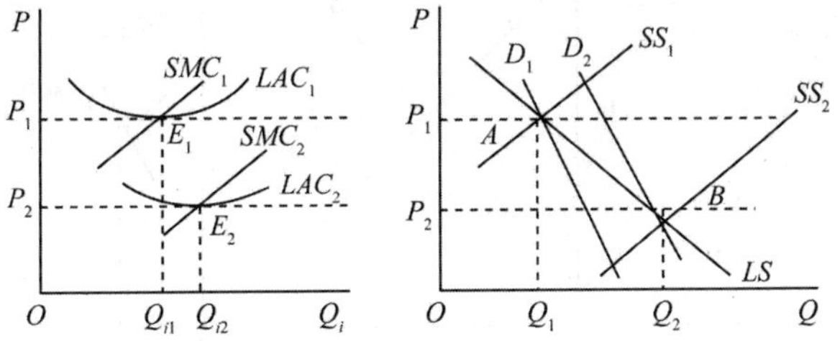

(a) 厂商　　(b) 行业

图 6-10　成本递减行业的长期供给曲线

4. 长期生产者剩余

市场的长期生产者剩余可以用市场价格线以下、行业长期供给曲线以上的部分来表示，如图 6-11 所示。只有在长期供给曲线斜率为正的成本递增行业，才会产生市场的长期生产者剩余。市场的长期生产者剩余也即要素投入者所获得的比在行业不生产时所能赚取的更高收益。

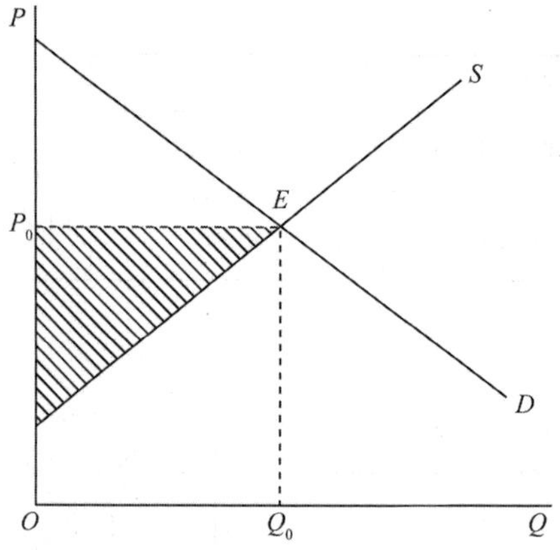

图 6-11 长期生产者剩余

考点六：完全竞争市场的短期均衡和长期均衡 ★★★★

1. 完全竞争市场的短期均衡和长期均衡的比较

以图 6-12 为例，来讨论完全竞争市场的短期均衡和长期均衡。

(1)需求方面：

市场需求曲线是由所有单个消费者的需求曲线水平加总得到的。单个消费者的需求曲线上的每一点表示在一定价格水平下能够给单个消费者带来最大效用的需求量。因此，市场需求曲线 D 上的每一点表示在一定价格水平下能够给市场上每一个消费者带来最大效用的需求量。

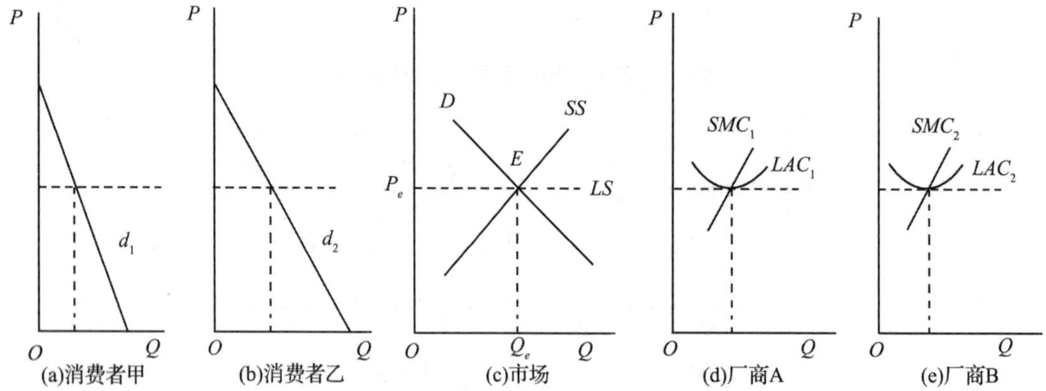

图 6-12 完全竞争市场均衡的综合图

(2)供给方面：

行业短期供给曲线是由所有单个厂商的短期供给曲线水平加总得到的。单个厂商短期供给曲线上的每一点都表示在一定价格水平下可以给单个厂商带来最大利润的供给量。因此，市场短期供给曲线 SS 上的每一点表示在一定价格水平下可以给行业中每一个厂商都带来最大利润的供给量。

(3)均衡：

E 点既是市场的一个短期均衡点，同时又是市场的一个长期均衡点。相应的均衡价格

为 P_e，均衡数量为 Q_e。

①市场长期均衡价格 P_e 等于厂商 LAC 曲线的最低点。

②市场长期均衡数量 Q_e 既等于市场上所有消费者的需求量之和，又等于市场上所有厂商的供给量之和，所以此时市场出清。

(4)完全竞争市场的作用：

完全竞争的市场机制能够实现经济资源最优配置：①所有厂商都以最低的成本提供产品，并且都获得了最大的利润(尽管利润为零)；②所有消费者都以最低的价格购买产品，并各自都得到了最大的效用。

2. 消费者统治的理论基础(见表 6-11)

表 6-11　消费者统治的理论基础

要点	具体内容
含义	指一个经济社会中消费者在商品生产这一最基本的经济问题上所起的决定性作用
作用机制	消费者用货币购买商品(向商品投"货币选票")→消费者偏好决定"货币选票"的投向和数量→生产者依据"货币选票"的情况组织生产→生产者获得最大利润
结论	①消费者统治的这种经济关系，可以促进社会经济资源合理配置，从而使全社会的消费者效用达到最大化； ②完全竞争市场长期均衡状态的分析通常被用来作为对消费者统治说法的一种证明

考点七：完全竞争市场的福利 ★★★★

1. 完全竞争市场的福利最大化

如图 6-13 所示，E 是完全竞争市场的均衡点，均衡价格和均衡数量分别为 P^* 和 Q^*。市场的消费者剩余为图 6-13 中浅色的阴影部分面积，市场的生产者剩余为图 6-13 中深色的阴影部分面积，市场的总剩余为消费者剩余和生产者剩余之和，实现了福利最大化。

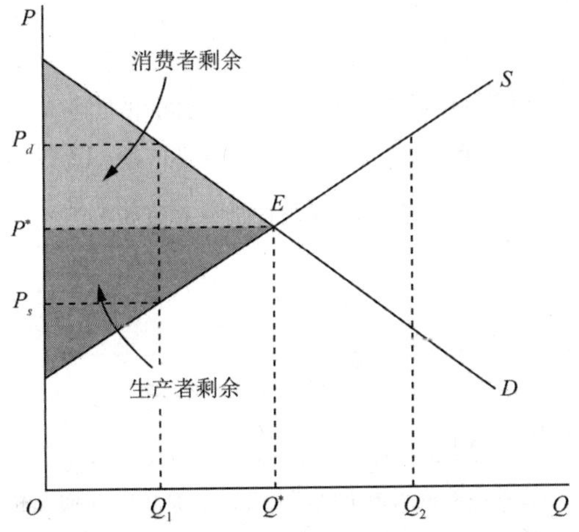

图 6-13　完全竞争市场的总剩余

2. 价格管制的福利效应分析(见表6-12)

表6-12 价格管制的福利效应分析

类型 \ 福利变化	消费者剩余的变化量	生产者剩余的变化量	市场总剩余的变化量
最高限价	$A-B$	$-A-C$	$-B-C$(无谓损失)
最低限价	$-A-B$	$A-C$	$-B-C$(无谓损失)

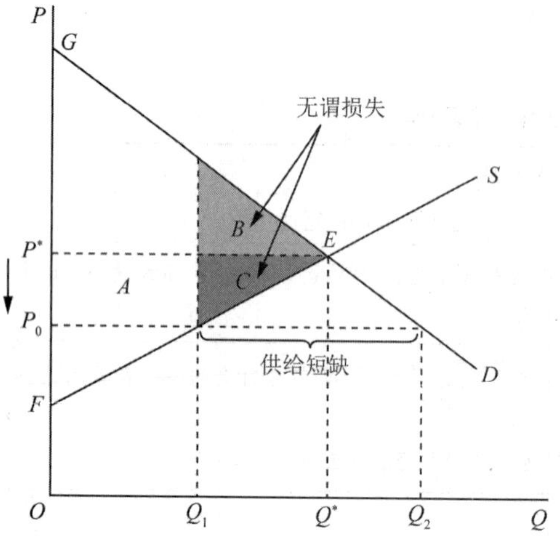

图6-14 最高限价

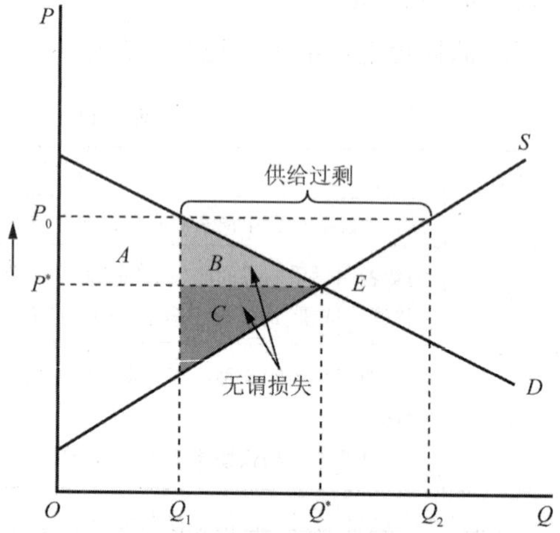

图6-15 最低限价

注意:上述分析是在生产者能够准确预测到在最低限价P_0他们只能卖出Q_1数量的商品且他们提供的产量也是Q_1时的情况,此时市场的无谓损失是$(B+C)$。如果生产者在最低限价P_0按照他们的供给意愿来进行生产,那么,社会福利的无谓损失就会更大。

3. 销售税

(1)政府征税:

政府可以向厂商征税也可以向消费者征税,无论向谁征税,需求者支付的价格或者供给者得到的价格都是相等的,但两种方法也有区别,如表6-13所示。

表6-13 向厂商征税与向消费者征税的区别

征税对象 \ 区别	曲线移动	均衡条件
厂商	征税后,生产成本增加,会使得供给减少,供给曲线由S左移到S',如图6-16(a)所示	$P_d(Q^*)=P_s(Q^*)+t$
消费者	征税后,消费者实际购买力下降,会使需求曲线由D向左移动至D',如图6-16(b)所示	$P_d(Q^*)-t=P_s(Q^*)$

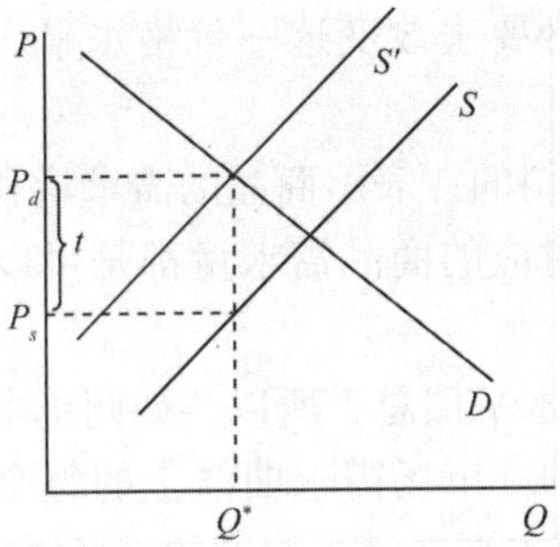

图 6-16(a)　对厂商征税

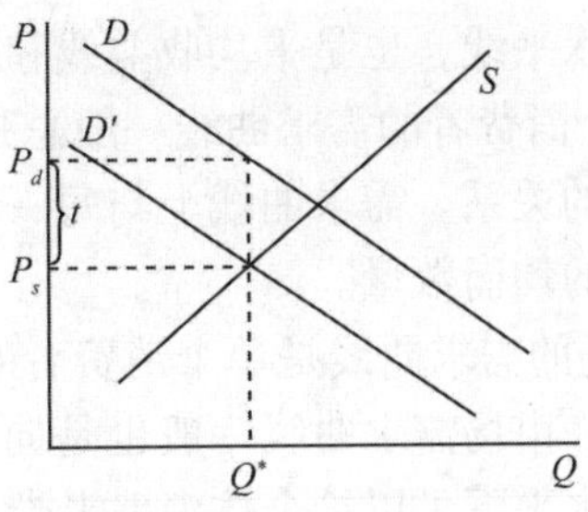

图 6-16(b)　对消费者征税

可以证明，在这两种方法中，需求者支付的价格或者供给者得到的价格都是相等的。

(2)销售税的福利效应：

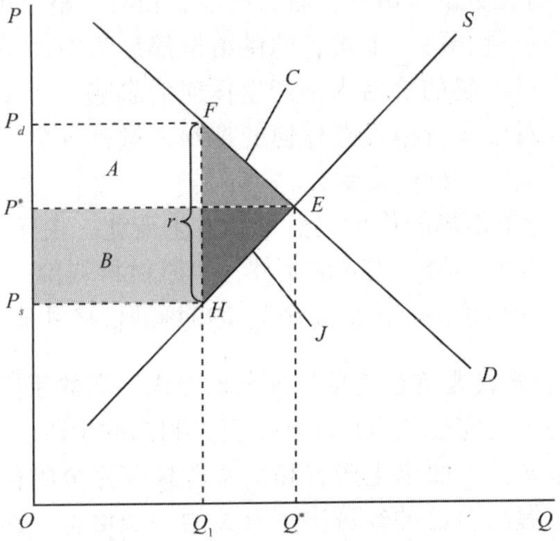

图 6-17　销售税的福利效应

如图 6-17 所示，由于销售税导致的价格上升，以及需求量及供给量的减少，使得消费者剩余和生产者剩余都减少：消费者剩余的损失为 $A+C$ 的面积，生产者剩余的损失为 $B+J$ 的面积，政府获得财政收入为 $A+B$ 的面积，总的福利变动量为 $-C-J$，此即为征税所带来的无谓损失。

此外，需求弹性及供给弹性的大小会对销售税的福利效应产生影响：需求弹性或供给弹性越大，则销售税所导致的福利无谓损失就越大。

6.2　课后习题详解

一、简答题

1. 请区分完全竞争市场条件下单个厂商的需求曲线、单个消费者的需求曲线以及市场的需求曲线。

答：(1)在完全竞争市场上，由于厂商是既定市场价格的接受者，所以，完全竞争厂商的需求曲线是一条由既定市场价格水平出发的水平线。水平的需求曲线意味着：厂商只能被动地接受给定的市场价格，且厂商既不会也没有必要去改变这一价格水平。厂商的需求曲线是价格水平线，也是平均收益线和边际收益线。

(2)单个消费者的需求曲线一般总是向右下方倾斜的，表示商品的需求量和价格之间成反方向变动的关系。需求曲线上与每一价格水平相对应的商品需求量都是可以给消费者带来最大效用的均衡数量。

(3)市场的需求曲线是单个消费者的需求曲线的水平加总，所以，如同单个消费者的需求曲线一样，市场需求曲线一般也是向右下方倾斜的。市场需求曲线上的每个点都表示在相应的价格水平下可以给全体消费者带来最大的效用水平或满足程度的市场需求量。

2. 为什么完全竞争厂商是“市场价格的接受者”？既然如此，完全竞争市场的价格还会变化吗？

答：(1)由于市场上有无数的买者和卖者，所以，相对于整个市场的总需求量和总供给量而言，每一个买者的需求量和每一个卖者的供给量都是微不足道的。任何一个消费者和厂商的市场行为，都不会对市场的价格水平产生任何的影响。于是，在这样的市场中，每一个消费者和每一个厂商对市场价格没有任何的控制力量，每个市场主体都只能被动地接受既定的市场价格，因此他们是价格接受者。

(2)即便如此，完全竞争市场的价格仍然可能发生变化。由于均衡价格是由供需相等、市场出清时决定的，任何改变供给、需求的条件，如原材料涨价、偏好改变、技术进步等，都有可能影响均衡产量和均衡价格，因此完全竞争市场的价格并非是一成不变的。

3. 你认为花钱做广告宣传是完全竞争厂商获取更大利润的手段吗？

答：花钱做广告宣传不是完全竞争厂商获取更大利润的手段。分析如下：

在理论上，完全竞争条件下假定生产者和消费者具有完全的信息或知识，市场上的每一个生产者和消费者都掌握与自己的经济决策有关的一切信息，因此无需做广告。厂商做广告只会增加产品的成本，使所获利润减少甚至出现亏损。完全竞争厂商仅是价格的接受者，他能按市场决定的价格卖出他愿意出售的任何数量的产品，故完全竞争厂商不会花钱做广告宣传。

4. 完全竞争厂商的短期供给曲线与短期生产的合理区间之间有什么联系？

答：完全竞争厂商短期生产的合理区间满足 $P \geq AVC$。完全竞争厂商根据 $MR = SMC$(即 $P = SMC$)的原则，选择最优产量。如图6-18(a)所示，当价格为 P_1 时，$P_1 > SAC$，利润大于0，厂商选择生产；当价格为 P_2 时，$P_2 = SAC > AVC$，利润等于0，厂商选择生产；当价格为 P_3 时，$AVC < P_3 < SAC$，厂商利润小于0，但此时厂商除可补偿全部可变成本外，还可收回部分固定成本，所以厂商仍选择生产；当价格为 P_4 时，$P_4 = AVC < SAC$，厂商生产和不生产的结果是一样的；当价格为 P_5 时，$P_5 < AVC$，厂商将停止生产。因此，在短期，当 $P \geq AVC$ 时，完全竞争厂商才会选择生产。

完全竞争厂商的短期供给曲线表示在每一个价格水平上能够给厂商带来最大利润或最小亏损的最优产量，用该厂商 SMC 曲线上大于和等于 AVC 曲线最低点的部分来表示，其所对应的正是完全竞争厂商短期生产的合理区间。如图6-18(b)所示，SMC 曲线上的实线部分就是完全竞争厂商的短期供给曲线 $S = S(P)$，该线上的 a、b、c 和 d 点分别与图6-18(a)

中 SMC 曲线上的 E_1、E_2、E_3 和 E_4 点相对应。

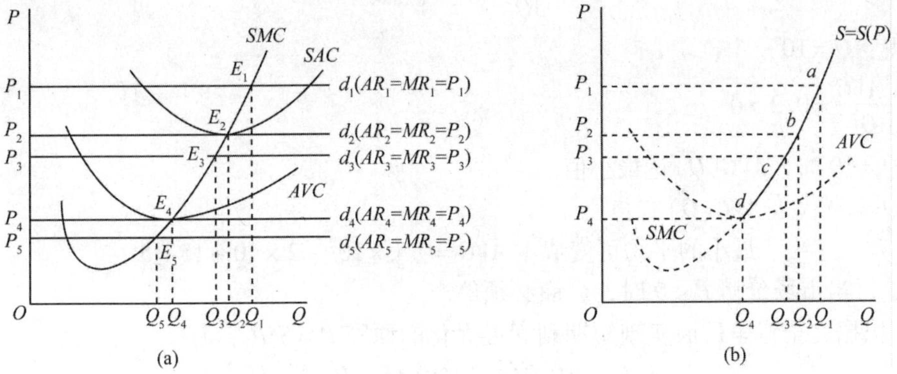

图6-18 由完全竞争厂商的短期边际成本曲线到短期供给曲线

因此，完全竞争厂商的短期供给曲线必须位于短期生产的合理区间内。

二、计算题

1. 已知某完全竞争行业中的单个厂商的短期成本函数为 $STC=0.1Q^3-2Q^2+15Q+10$。试求：

(1) 当市场上产品的价格为 $P=55$ 时，厂商的短期均衡产量和利润。

(2) 当市场价格下降为多少时，厂商必须停产？

(3) 厂商的短期供给函数。

解：(1) 因为 $STC=0.1Q^3-2Q^2+15Q+10$

所以

$$SMC=\frac{\mathrm{d}STC}{\mathrm{d}Q}=0.3Q^2-4Q+15$$

根据完全竞争厂商实现利润最大化的原则 $P=SMC$，且已知 $P=55$，于是有：

$$0.3Q^2-4Q+15=55$$

解得利润最大化的产量 $Q^*=20$（负值舍去）

将 $Q^*=20$ 代入利润等式有：

$$\begin{aligned}\pi&=TR-STC=PQ-STC\\&=55\times20-(0.1\times20^3-2\times20^2+15\times20+10)\\&=790\end{aligned}$$

即厂商的短期均衡产量 $Q^*=20$，利润 $\pi=790$。

(2) 当市场价格下降为 P 小于平均可变成本 AVC 即 $P<AVC$ 时，厂商必须停产。而此时的价格 P 必定小于最小的平均可变成本 AVC。

根据题意，有：

$$AVC=\frac{TVC}{Q}=0.1Q^2-2Q+15$$

令 $\frac{\mathrm{d}AVC}{\mathrm{d}Q}=0$，即有：

$$\frac{dAVC}{dQ}=0.2Q-2=0$$

解得：$Q=10$

且$\frac{d^2AVC}{dQ^2}=0.2>0$

故 $Q=10$ 时，$AVC(Q)$达最小值。

将 $Q=10$ 代入 $AVC(Q)$有：

$$最小的平均可变成本\ AVC=0.1\times10^2-2\times10+15=5$$

于是，当市场价格 $P<5$ 时，厂商必须停产。

(3)根据完全竞争厂商实现短期利润最大化的原则 $P=SMC$，有：

$$0.3Q^2-4Q+15=P$$

整理得：$0.3Q^2-4Q+(15-P)=0$

解得：$Q=\frac{4\pm\sqrt{16-1.2(15-P)}}{0.6}$

根据利润最大化的二阶条件 $MR'<MC'$的要求，取解为：

$$Q=\frac{4+\sqrt{1.2P-2}}{0.6}$$

考虑到该厂商在短期只有在 $P\geqslant5$ 时才生产，而在 $P<5$ 时必定会停产，所以，该厂商的短期供给函数 $Q=f(P)$为：

$$\begin{cases}Q=\frac{4+\sqrt{1.2P-2}}{0.6}, & P\geqslant5\\ Q=0, & P<5\end{cases}$$

2．某完全竞争厂商的短期边际成本函数 $SMC=0.6Q-10$，总收益函数 $TR=38Q$，且已知产量 $Q=20$ 时的总成本 $STC=260$。

求该厂商利润最大化时的产量和利润。

解：(1)已知 $SMC=0.6Q-10$，$TR=38Q$，则 $P=MR=38$。

利润最大化时，$MC=MR$，即：$0.6Q-10=38$

解得：$Q=80$，即当 $Q=80$ 时该厂商实现利润最大化。

(2)根据 $SMC=0.6Q-10$，可利用不定积分求解 STC，解得：

$$STC=\int SMC\mathrm{d}Q+TFC=0.3Q^2-10Q+TFC$$

由产量 $Q=20$ 时总成本 $STC=260$，则：

$$260=0.3\times20^2-10\times20+TFC$$

解得：$TFC=340$

因而，短期总成本函数 $STC=0.3Q^2-10Q+340$

当 $Q=80$ 时，该厂商的最大利润为：

$$\begin{aligned}\pi&=TR-STC\\&=38\times80-(0.3\times80^2-10\times80+340)\\&=1580\end{aligned}$$

3. 假定某完全竞争行业内单个厂商的短期总成本函数为 $STC=Q^3-8Q^2+22Q+90$，产品的价格为 $P=34$。

(1) 求单个厂商实现利润最大化时的产量和利润量。

(2) 如果市场供求变化使得产品价格下降为 $P=22$，那么，厂商的盈亏状况将如何？如果亏损，亏损额是多少？(保留整数部分。)

(3) 在(2)的情况下，厂商是否还会继续生产？为什么？

解：(1) 当 $P=34$ 时，厂商的利润函数为：$\pi=PQ-STC=-Q^3+8Q^2+12Q-90$，则一阶导数 $\pi'=-3Q^2+16Q+12$。厂商实现利润最大化需满足 $\pi'=0$，且 $\pi''<0$，解得 $Q=6$，此时厂商利润 $\pi=54$。

(2) 当 $P=22$ 时，厂商的利润函数变为：$\pi=-Q^3+8Q^2-90$。同理，令 $\pi'=-3Q^2+16Q=0$，且 $\pi''<0$，解得 $Q=16/3\approx5$，$\pi\approx-14$，即厂商实现利润最大化时的产量为 5，亏损额为 14。

(3) 在(2)的情况下，厂商仍然会继续生产。这是因为虽然 $\pi<0$，但 $AVC=TVC/Q\approx8$，$P>AVC$，因此，若厂商继续生产，则除了能够补偿全部可变成本外，还可收回部分固定成本，故厂商会继续生产。

4. 假定某完全竞争厂商的短期总成本函数为 $STC=0.04Q^3-0.4Q^2+8Q+9$，产品的价格 $P=12$。求该厂商实现利润最大化时的产量、利润量和生产者剩余。

解：利润函数 $\pi=PQ-STC=-0.04Q^3+0.4Q^2+4Q-9$，令 $\pi'=-0.12Q^2+0.8Q+4=0$，且 $\pi''<0$，解得 $Q=10$，$\pi=31$。由于厂商供给曲线为 $P=SMC=0.12Q^2-0.8Q+8$，故生产者剩余 $PS=PQ-\int_0^{10}SMC(Q)\mathrm{d}Q=120-80=40$。

5. 已知某完全竞争的成本不变行业中的单个厂商的长期总成本函数 $LTC=Q^3-12Q^2+40Q$。试求：

(1) 当市场商品价格为 $P=100$ 时，厂商实现 $MR=LMC$ 时的产量、平均成本和利润。

(2) 该行业长期均衡时的价格和单个厂商的产量。

(3) 当市场的需求函数为 $Q=660-15P$ 时，行业长期均衡时的厂商数量。

解：(1) 根据题意，有：

$$LMC=\frac{\mathrm{d}LTC}{\mathrm{d}Q}=3Q^2-24Q+40$$

由长期利润最大化的原则 $P=MR=LMC$，得：

$$3Q^2-24Q+40=100$$

整理得：$Q^2-8Q-20=0$

解得：$Q=10$(负值舍去)

又因为平均成本函数 $LAC(Q)=\frac{LTC(Q)}{Q}=Q^2-12Q+40$

所以，将 $Q=10$ 代入上式，得：

$$平均成本\ LAC(Q)=10^2-12\times10+40=20$$

最后，利润 $\pi=TR-LTC=PQ-LTC$

$=100\times10-(10^3-12\times10^2+40\times10)$

$=1000-200=800$

因此，当市场价格 $P=100$ 时，厂商实现 $MR=LMC$ 时的产量 $Q=10$，平均成本 $LAC=20$，利润 $\pi=800$。

(2)由已知的 LTC 函数，可得：

$$LAC(Q)=\frac{LTC(Q)}{Q}=Q^2-12Q+40$$

令$\frac{dLAC(Q)}{dQ}=0$，即有：

$$\frac{dLAC(Q)}{dQ}=2Q-12=0$$

解得：$Q=6$

故 $Q=6$ 是长期平均成本最小化的解。

将 $Q=6$ 代入 $LAC(Q)$，得平均成本的最小值为：

$$LAC=6^2-12\times6+40=4$$

由于完全竞争行业长期均衡时的价格等于厂商的最小长期平均成本，所以，该行业长期均衡时的价格 $P=4$，单个厂商的产量 $Q=6$。

(3)由于完全竞争的成本不变行业的长期供给曲线是一条水平线，且相应的市场长期均衡价格是固定的，它等于单个厂商的最低长期平均成本，所以，本题的市场长期均衡价格固定为 $P=4$。将 $P=4$ 代入市场需求函数 $Q=660-15P$，便可以得到市场的长期均衡数量为$Q=660-15\times4=600$。

现已求得在市场实现长期均衡时，市场的均衡数量 $Q=600$，单个厂商的均衡产量 $Q=6$，于是，行业长期均衡时的厂商数量为 $600\div6=100$(家)。

6. 已知某完全竞争的成本递增行业的长期供给函数 $LS=5500+300P$。试求：

(1)当市场需求函数为 $D=8000-200P$ 时，市场的长期均衡价格和均衡产量。

(2)当市场需求增加，市场需求函数为 $D=10000-200P$ 时，市场的长期均衡价格和均衡产量。

(3)比较(1)、(2)，说明市场需求变动对成本递增行业的长期均衡价格和均衡产量的影响。

解：(1)市场长期均衡时，供给量应等于需求量，即有：

$$5500+300P=8000-200P$$

解得：$P_e=5$。

将均衡价格 $P_e=5$ 代入市场需求函数，求得均衡产量 $Q_e=7000$。

即市场长期均衡价格和产量分别为 $P_e=5$ 和 $Q_e=7000$。

(2)市场需求增加，长期需求函数变为 $D=10000-200P$。

均衡时应满足 $LS=D$，即 $5500+300P=10000-200P$；

求得：$P=9$，进而求得均衡产量为 $Q=8200$。

即市场长期均衡价格和产量分别为 $P=9$ 和 $Q=8200$。

(3) 比较(1)(2)可得：对于完全竞争的成本递增行业而言，市场需求的变动不仅会引起行业长期均衡价格的同方向变动，还同时引起行业均衡产量的同方向变动。市场需求增加，长期均衡价格上升，均衡产量增加；反之，市场需求减少，长期均衡价格下降，均衡产量减少。

7. 已知某完全竞争市场的需求函数为 $D=6300-400P$，短期市场供给函数为 $SS=3000+150P$；单个企业在 LAC 曲线最低点的价格为 6，产量为 50；单个企业的成本规模不变。

(1) 求市场的短期均衡价格和均衡产量。

(2) 判断(1)中的市场是否同时处于长期均衡，求行业内的厂商数量。

(3) 如果市场的需求函数变为 $D'=8000-400P$，短期供给函数为 $SS'=4700+150P$，求市场的短期均衡价格和均衡产量。

(4) 判断(3)中的市场是否同时处于长期均衡，并求行业内的厂商数量。

(5) 判断该行业属于什么类型。

(6) 需要新加入多少企业，才能提供由(1)到(3)所增加的行业总产量?

解：(1) 市场短期均衡时应满足 $D=SS$，即有：

$$6300-400P=3000+150P$$

解得：$P=6$

将 $P=6$ 代入市场需求函数，解得均衡产量为：$Q=6300-400\times6=3900$。

(2) 由于(1)中短期均衡时的价格 $P=6$ 和单个企业在 LAC 曲线最低点的价格相等，所以，该市场同时处于长期均衡状态。

又已知单个企业产量为 50，行业的均衡产量为 3900，所以行业内厂商的数量为：3900/50=78(家)。

(3) 根据市场短期均衡的条件 $D'=SS'$，有：

$$8000-400P=4700+150P$$

解得：$P=6$

均衡产量为：$Q=8000-400\times6=5600$

(4) 由于价格仍为 6，所以，(3)中的市场也同时处于长期均衡。

行业内厂商的数量为：5600/50=112(家)。

(5) 从(1)(3)可以看出，市场需求及短期供给函数的变化仅仅引起行业长期均衡产量的变化，长期均衡价格没有变，所以，这个行业属于成本不变行业。

(6) 在(1)的情况下求得厂商数量为 78 家，在(3)的情况下求得厂商数量为 112 家，共增加了 112－78=34(家)。

即要加入 34 家企业，才能提供由(1)到(3)所增加的行业总产量。

8. 在一个完全竞争的成本不变行业中单个厂商的长期成本函数为 $LTC=Q^3-40Q^2+600Q$，该市场的需求函数为 $Q^d=13000-5P$。求：

(1) 该行业的长期供给曲线。

(2) 该行业实现长期均衡时的厂商数量。

解：(1) 长期成本函数 $LTC=Q^3-40Q^2+600Q$

所以

$$LAC = Q^2 - 40Q + 600$$
$$LMC = 3Q^2 - 80Q + 600$$

令 $LAC = LMC$

则有：$Q^2 - 40Q + 600 = 3Q^2 - 80Q + 600$

解得：$Q = 20$，$Q = 0$(无经济意义，舍去)

当 $Q = 20$ 时，$LAC = LMC = 200$

因为完全竞争的成本不变行业的长期供给曲线是从相当于 LAC 曲线最低点的价格高度出发的一条水平线，故该行业的长期供给曲线为 $P^s = 200$。

(2)市场需求函数为 $Q^d = 13000 - 5P$，且由(1)可知 $P = 200$

所以该行业的总产量为 $Q = 13000 - 5 \times 200 = 12000$

又知长期均衡时每个厂商的产量为 $Q = 20$

所以该行业实现长期均衡时的厂商数量为：$N = \frac{12000}{20} = 600$(家)。

9．已知完全竞争市场上单个厂商的长期成本函数为 $LTC = Q^3 - 20Q^2 + 200Q$，市场的产品价格为 $P = 600$。

(1)该厂商实现利润最大化时的产量、平均成本和利润各是多少?

(2)该行业是否处于长期均衡？为什么?

(3)该行业处于长期均衡时每个厂商的产量、平均成本和利润各是多少?

(4)判断(1)中的厂商是处于规模经济阶段，还是处于规模不经济阶段。

解：(1)由已知当 $P = 600$，此时该厂商的利润函数为：

$$\pi = PQ - LTC = 600Q - (Q^3 - 20Q^2 + 200Q) = -Q^3 + 20Q^2 + 400Q$$

厂商实现利润最大化则有：$\frac{d\pi}{dQ} = -3Q^2 + 40Q + 400 = 0$，解得：$Q = 20$(舍去负值)。

由已知条件可得：

$$LAC = \frac{LTC}{Q} = Q^2 - 20Q + 200$$

将 $Q = 20$ 代入 LAC 函数，得利润最大化的长期平均成本为：$LAC = 200$。

此时利润为 $\pi = 8000$。

(2)企业处于长期均衡时，利润为零。而该行业利润为 $\pi = 8000 > 0$，故该厂商未处于长期均衡。

(3)由完全竞争厂商长期均衡条件知，当行业处于长期均衡时，产品的价格应该等于厂商的长期平均成本的最小值，经济利润为零。

由 $LAC = \frac{LTC}{Q} = Q^2 - 20Q + 200$，令 $\frac{dLAC}{dQ} = 0$，即有：$\frac{dLAC}{dQ} = 2Q - 20 = 0$，解得：$Q = 10$。且 $\frac{d^2LAC}{dQ^2} = 2 > 0$，故 $Q = 10$ 是长期平均成本最小化的解。将 $Q = 10$ 代入 LAC 函数，可得：

$$LAC_{\min} = 10^2 - 20 \times 10 + 200 = 100$$

故当该行业处于长期均衡时，单个厂商的产量 $Q=10$，价格等于最低的长期平均成本，即有 $P=LAC_{\min}=100$，利润 $\pi=0$。

(4)由以上分析可以判断：(1)中的厂商处于规模不经济阶段。其理由在于：(1)中单个厂商的产量 $Q=20$，价格 $P=600$，它们都分别大于行业长期均衡时单个厂商在 LAC 曲线最低点的产量 $Q=10$ 和对应的价格 $P=100$。换言之，(1)中的单个厂商利润最大化的产量和价格组合发生在 LAC 曲线最低点的右边，即 LAC 曲线的上升段，所以单个厂商处于规模不经济阶段。

10. 假定某完全竞争行业有 100 个相同的厂商，单个厂商的短期总成本函数为 $STC=Q^2+6Q+20$。

(1)求市场的短期供给函数。

(2)假定市场的需求函数为 $Q^d=420-30P$，求该市场的短期均衡价格和均衡产量。

(3)假定政府对每一单位商品征收 1.6 元的销售税，那么，该市场的短期均衡价格和均衡产量是多少？消费者和厂商各自负担多少税收？

解：(1)因为 $SMC=2Q+6$，$AVC=Q+6$，所以 $SMC\geqslant AVC$ 恒成立。因此，厂商 i 的短期供给曲线为 $P=SMC=2Q_i+6$，即 $Q_i=0.5P-3$，因此市场的短期供给函数为 $Q^s=\sum_{i=1}^{100}Q_i=50P-300$。

(2)令 $Q^d=Q^s$，即 $420-30P=50P-300$，解得 $P^e=9$，$Q^e=150$。

(3)若政府对每一单位商品征收 1.6 元的销售税，则 $P^d-1.6=P^s$。令 $Q^d=Q^s$，即 $420-30P^d=50(P^d-1.6)-300$，解得 $P^d=10$，$P^s=8.4$，$Q^e=120$。

消费者承担的税收 $=120\times(10-9)=120$，生产者承担的税收 $=120\times(9-8.4)=72$。

11. 假定某完全竞争市场的需求函数为 $Q^d=68-4P$，行业的短期供给函数为 $Q^s=-12+4P$。

(1)求该市场的短期均衡价格和均衡产量。

(2)在(1)的条件下，该市场的消费者剩余、生产者剩余和社会总福利分别是多少？

(3)假定政府对每一单位商品征收 2 元的销售税，那么，该市场的短期均衡价格和均衡产量是多少？此外，消费者剩余、生产者剩余和社会总福利的变化又分别是多少？

解：(1)令 $Q^d=Q^s$，即 $68-4P=-12+4P$，解得 $P^e=10$，$Q^e=28$。

(2)消费者剩余 $CS=0.5\times(17-10)\times28=98$；生产者剩余 $PS=0.5\times(10-3)\times28=98$；社会总福利 $SW=CS+PS=196$。

(3)若政府对每一单位商品征收 2 元的销售税，则 $P^d-2=P^s$。令 $Q^d=Q^s$，即 $68-4P^d=4(P^d-2)-12$，解得 $P^d=11$，$P^s=9$，$Q^e=24$。

消费者剩余变化量为：$\Delta CS=0.5\times(17-11)\times24-98=-26$

生产者剩余变化量为：$\Delta PS=0.5\times(9-3)\times24-98=-26$

社会总福利变化量为：$\Delta SW=-26-26+2\times24=-4$

三、论述题

1. 为什么完全竞争厂商的短期供给曲线是 *SMC* 曲线上等于和大于 *AVC* 曲线最低点的部分?

答:(1)厂商的供给曲线所反映的函数关系为 $Q^s=f(P)$,也就是说,厂商供给曲线应该表示在每一个价格水平上厂商所愿意而且能够提供的产量。

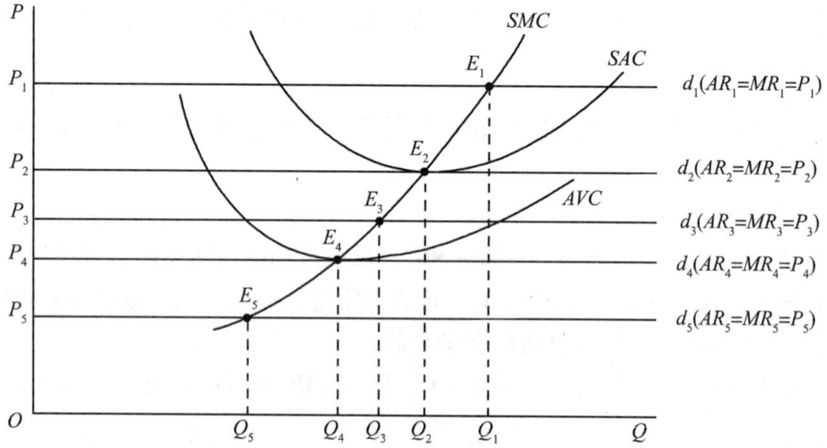

图 6-19　完全竞争厂商短期均衡

(2)通过对完全竞争厂商短期均衡的分析,如图 6-19 所示,*SMC* 曲线上的各个均衡点,如 E_1、E_2、E_3、E_4 点,都表示了在每一个相应的价格水平厂商所提供的产量,如当价格为 P_1 时,厂商的供给量为 Q_1;当价格为 P_2 时,厂商的供给量为 Q_2;……

于是,可以说,*SMC* 曲线就是完全竞争厂商的短期供给曲线。但是,这样的表述是欠准确的。考虑到在 *AVC* 曲线最低点以下的 *SMC* 曲线的部分,如图 6-19 中的 E_5 点,由于 $AR<AVC$,厂商是不生产的。所以,准确的表述是:完全竞争厂商的短期供给曲线是 *SMC* 曲线上等于和大于 *AVC* 曲线最低点的那一部分,如图 6-20 所示。

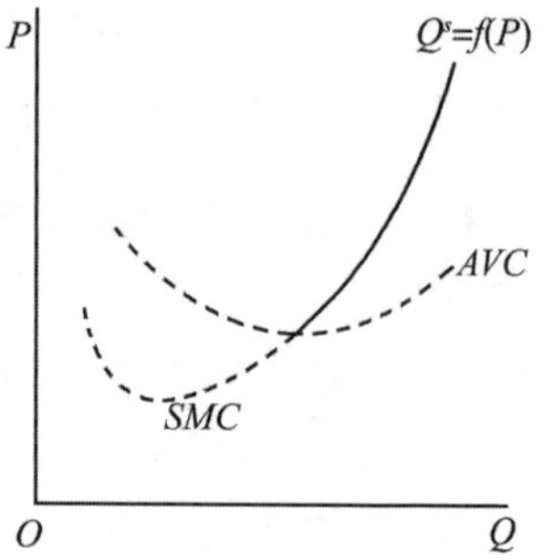

图 6-20　短期供给曲线

(3)需要强调的是,由(2)所得到的完全竞争厂商的短期供给曲线的斜率为正,它表示厂商短期生产的供给量与价格成同方向的变化;此外,短期供给曲线上的每一点都表示在相应的价格水平下可以给该厂商带来最大利润或最小亏损的最优产量。

2. 画图说明完全竞争厂商长期均衡的形成及其条件。

答:在完全竞争厂商的长期生产中,所有的要素都是可变的,厂商是通过对全部生产要素的调整,来实现 $MR=LMC$ 的利润最大化的均衡原则。厂商对生产要素的调整主要是两个方面:一是对最优生产规模的选择,二是对进入或退出一个行业的决策。完全竞争厂商长期均衡的形成及其条件参见本章"复习笔记"相关内容。

3. 利用图说明完全竞争市场的福利最大化,并利用图分析价格管制和销售税的福利效应。

答:参见本章"复习笔记"相关内容。

6.3　名校考研真题详解

一、名词解释

1. 完全竞争市场（中央财大 2004 研；南京大学 2005 研；山东大学 2007 研；北京理工大学 2021 研）

答： 从厂商数目、产品差别程度、厂商对价格控制的程度以及厂商进出一个行业的难易程度这些特点，根据不同的市场结构特征，可将市场分为四类：完全竞争市场、垄断竞争市场、寡头市场和完全垄断市场。其中，完全竞争市场是竞争最为激烈的市场，其市场效率也是最高的。

完全竞争市场必须具备以下四个条件：①市场上有大量的买者和卖者，买者和卖者都是价格的接受者；②市场上每一个厂商提供的商品都是完全同质的，即厂商之间提供的商品是完全无差别的；③所有的资源具有完全的流动性，意味着厂商进入或退出一个行业是完全自由和毫无困难的；④信息是完全的。

2. 停止营业点（shutout point）（上海财大 2000 研；浙江大学 2006 研；中国青年政治学院 2007 研；北邮 2010 研；北工商 2013 研；贵州大学 2018 研）

答： 停止营业点是指一个已经投入生产的企业，在生产中总有这样一点，当根据利润最大化原则确定的产量大于这一点所代表的产量时，仍可以继续生产，小于这一点所代表的产量时，就只好关闭，该点就是企业的停止营业点。

一个已经投入生产的企业是否必须关闭的条件不在于它是否盈利，而在于它关闭后的亏损与生产时的亏损哪种更大。如果关闭后的亏损比生产时的亏损更大，则应继续生产；如果生产时的亏损比关闭后的亏损更大，则必须关闭。实际上关闭后也是有亏损的，其亏损就是固定成本。因此，是否关闭就视生产时的亏损是否大于固定成本，若不大于，就可继续生产；若大于，就必须停止营业。企业的停止营业点可用图 6-21 说明，图中 E 点即平均可变成本最低点，也就是企业停止营业点。

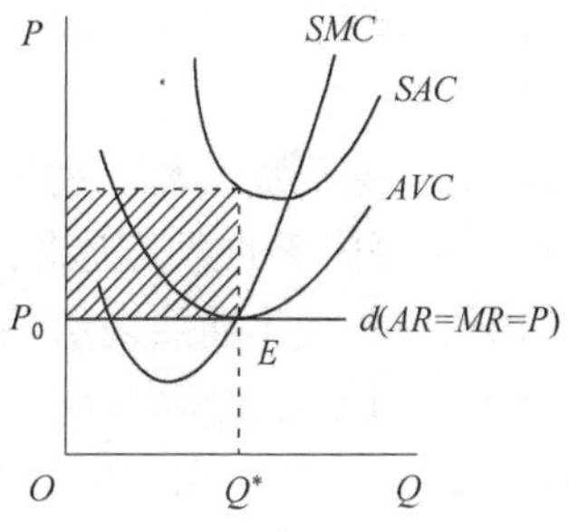

图 6-21　停止营业点

3. 成本递增行业（华中科大 2004 研；北京交大 2007 研）

答： 成本递增行业是这样一种行业，该行业产量增加所引起的生产要素需求的增加，会导致生产要素价格的上升，即厂商的 LAC 随行业规模扩大而增加的行业（规模外在不经济）。在成本递增的行业，行业的长期供给曲线是向上倾斜的，其原因在于成本递增行业的长期平均成本是递增的。向上倾斜的长期供给曲线表示：随着成本递增行业长期供给量的增加，长期供给价格是不断上升的，市场需求的变化不仅引起行业长期均衡产量的同方向变化，还引起市场长期均衡价格的同方向变化。

成本递增行业是人们常见的行业，一般而言，行业的长期成本曲线是向上方倾斜的。但是只有价格高到可以弥补增加的投入要素成本时，行业才能生产更多的产出。“成本递增”的意思是指长期平均成本曲线向上移动，而不是指成本曲线的斜率是正的。在成本递增行业中需求扩大的长期效应是价格上升、总产量增加、厂商数目增加，但单个厂商的产量既可能增加、可能下降，也可能不变，这取决于新的平均成本曲线的位置。

二、简答题

1. 为什么 $MR=MC$ 是利润最大化的必要条件？当某厂商实现了利润最大化时，他一定是盈利的吗？（西安交大2005、2007研；厦门大学2005研；武汉大学2006研；北理工2008、2012研；社科院研究生院2010研）

答：(1) $MR=MC$ 是厂商利润最大化的必要条件，可以用数学方法证明如下：

令厂商的利润等式为：

$$\pi(Q)=TR(Q)-TC(Q)$$

对厂商的利润等式求导数，得：

$$\frac{\mathrm{d}\pi(Q)}{\mathrm{d}Q}=\frac{\mathrm{d}TR(Q)}{\mathrm{d}Q}-\frac{\mathrm{d}TC(Q)}{\mathrm{d}Q}=MR(Q)-MC(Q)$$

当厂商利润最大化时，有：$\frac{\mathrm{d}\pi(Q)}{\mathrm{d}Q}=MR(Q)-MC(Q)=0$

即：$MR=MC$。

所以，厂商根据 $MR=MC$ 的原则确定最优的产量，以实现最大的利润。设想企业生产和销售产品所获得的边际收益大于边际成本，表明该企业还有潜在的利润没有得到，因而需要继续增加产量；如果产量增加到使边际收益小于边际成本，则意味着企业的利润因产量过多而减少，因此需要减少产量。可见，唯有 $MR=MC$ 是企业实现利润最大化的决策条件。

(2) 当某厂商实现了利润最大化时，他不一定是盈利的，厂商有可能获得利润，也可能亏损。从更广泛的意义上讲，实现 $MR=MC$ 的均衡条件，能保证厂商处于由既定的成本状况（由给定的成本曲线表示）和既定的收益状况（由给定的收益曲线表示）所决定的最好的境况之中。即如果在 $MR=MC$ 时，厂商是获得利润的，则厂商所获得的一定是相对的最大的利润；相反，如果在 $MR=MC$ 时，厂商是亏损的，则厂商所遭受的一定是相对的最小的亏损。

2. 有人说："由于长期内经济利润为0，厂商在完全竞争市场中没有利益驱动去生产产品，为什么还有人在不赢利的情况下继续进行生产和销售？"你赞同这种说法吗？（中山大学2003研）

答：不赞同这种说法。分析如下：

在完全竞争市场中，在长期内，单个厂商经济利润为零，即只能获得正常利润。在长期内，如果行业内的单个厂商可以获得经济利润，则会吸引其他新的厂商加入到该行业的生产中来。随着新厂商的加入，行业的厂商数目增加，整个行业的供给就会增加，市场价格就会下降，市场价格会一直下降到使单个厂商的经济利润消失为止。相反，如果行业内的单个厂商的生产是亏损的，则行业内原有厂商中的一部分就会自动退出生产。随着原有厂商的退出，行业内厂商的数目就会减少，整个行业的供给就会减少，市场价格就会上升，市场价格会一直升到使单个厂商的亏损消失为止。

但是，在长期内，厂商只是没有获得经济利润，或者说没有获得超过其正常利润的超额利润。在长期内，厂商仍然获得了自有资本应得利息、经营者自身的才能及风险的代价，这些代价在会计中表现为会计利润，在经济学中表现为隐成本。

所以，长期内厂商没有获得经济利润，但其资本投入、经营者才能、承担风险等都获得了补偿，即获得了会计利润，所以厂商在经济利润等于 0 的时候仍然会继续进行生产和销售。

3. 在完全竞争的市场环境中，对厂商征收固定税。试分析短期、长期的税收转嫁及效率损失情况。（北京大学国家发展研究院 2007 研）

答：（1）短期内，厂商的供给曲线向右上方倾斜。税收部分转嫁给消费者，部分转嫁给厂商，二者共同分担，且存在效率损失，图示分析如图 6-22 所示，图中阴影部分为效率损失。

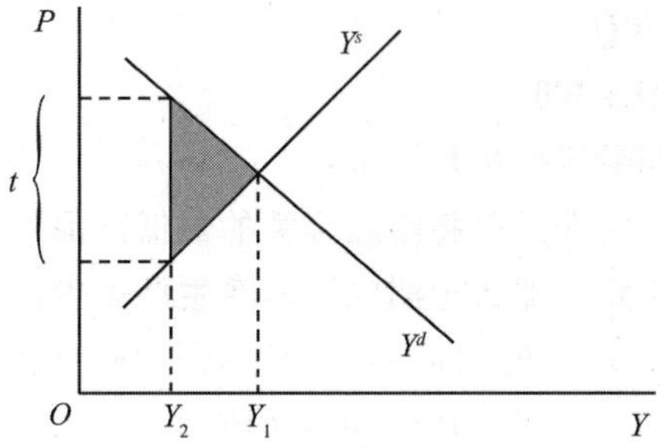

图 6-22　对完全竞争厂商征收固定税的短期影响

（2）长期内，厂商的供给曲线处于水平状态，厂商在最低平均成本处生产，利润为 0，厂商的供给价格不可能再下降，税收只能全部由消费者承担。由于长期内竞争条件下厂商利润始终为 0，所以增税前后，厂商的利润没有变化；消费者损失超过政府收入，超过部分为效率损失部分，图示分析如图 6-23 所示，图中阴影部分为纯粹效率损失。

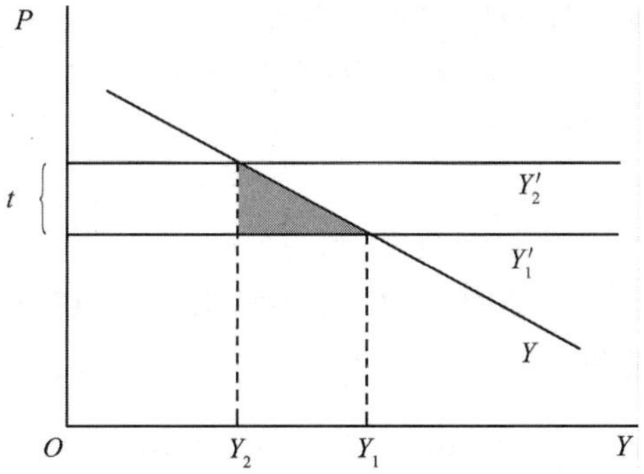

图 6-23　对完全竞争厂商征收固定税的长期影响

4. 试证明在完全竞争的市场上，如果一个企业的生产技术具有规模报酬不变的特性，那么如果最大利润存在，它一定是零。（对外经贸大学 2012 研）

证明：采用反证法。在完全竞争的市场上，假设一个具有规模报酬不变的厂商可以获得正的最大利润 π^*，则 π^* 可以表示为：

$$\pi^* = pf(x_1^*, x_2^*) - w_1x_1^* - w_2x_2^* > 0$$

其中 p 是产品价格，w_1 和 w_2 是生产要素的价格，x_1^* 和 x_2^* 是最优要素投入。

那么当厂商的生产规模扩大为原来的 $t(t>1)$ 倍时，厂商的利润为：

$$\begin{aligned}\pi(t) &= pf(tx_1^*, tx_2^*) - tw_1x_1^* - tw_2x_2^* \\ &= t[pf(x_1^*, x_2^*) - w_1x_1^* - w_2x_2^*] \\ &= t\pi^* > \pi^*\end{aligned}$$

这就和 π^* 是最大利润相矛盾，所以厂商的最大利润只能是零。

三、计算题

1. 假设某完全竞争厂商使用劳动和资本从事生产，短期内资本数量不变而劳动数量可变，其成本曲线为：

$LTC = 2/3Q^3 - 16Q^2 + 180Q$；

$STC = 2Q^3 - 24Q^2 + 120Q + 400$；

求：(1)厂商预期的长期最低价格是多少？

(2)如果要素价格不变，短期厂商将继续经营的最低产品价格是多少？

(3)如果产品价格为120元，那么短期内厂商将生产多少产品？(南京大学2006研)

解：(1)在长期，对于完全竞争厂商而言，其达到均衡时必须满足条件：

$$P = LAC = LMC$$

$$LAC = \frac{2}{3}Q^2 - 16Q + 180 = LMC = 2Q^2 - 32Q + 180$$

解得：$Q = 12$。

所以厂商预期的长期最低价格为：$P = 2\times 12^2 - 32\times 12 + 180 = 84$。

(2)如果要素价格不变，短期内厂商生产必须满足条件：$P \geqslant \min(AVC)$。

在短期可变成本最小处，有 $AVC = SMC$，即：

$$2Q^2 - 24Q + 120 = 6Q^2 - 48Q + 120$$

解得：$Q = 6$，所以 $\min(AVC) = 6\times 6^2 - 48\times 6 + 120 = 48$。

因此短期厂商将继续经营的最低产品价格为 $P = 48$。

(3)如果产品价格为 $P = 120$，则厂商的利润为：

$$\pi = 120Q - 2Q^3 + 24Q^2 - 120Q - 400$$

利润最大化的一阶条件为：

$$\frac{d\pi}{dQ} = 120 - 6Q^2 + 48Q - 120 = 0$$

解得：短期内厂商将生产 $Q = 8$。

2. 在一个完全竞争市场，企业使用两种原材料，记为1和2，两种原材料的市场价格均为1。每个企业的固定成本为 $F = 32$，生产函数为 $f(x_1, x_2) = \sqrt[4]{x_1x_2}$，其中 x_i 是原材料 i 的使用量，消费者对该产品的需求函数为 $Q = 280 - 5p$，其中 p 为市场价格。请找出这个市场的长期均衡价格和企业个数。(北京大学国家发展研究院2010研)

解：(1)企业的成本最小化问题：

$$\min\ x_1 + x_2 + 32$$
$$s.t.\ f(x_1, x_2) = \sqrt[4]{x_1 x_2} = q$$

构建拉格朗日函数 $L = x_1 + x_2 + 32 + \lambda(q - \sqrt[4]{x_1 x_2})$

成本最小化的一阶条件为：

$$\frac{\partial L}{\partial x_1} = 1 - \frac{1}{4}\lambda x_1^{-\frac{3}{4}} x_2^{\frac{1}{4}} = 0 \Rightarrow 1 = \frac{1}{4}\lambda x_1^{-\frac{3}{4}} x_2^{\frac{1}{4}}$$
$$\frac{\partial L}{\partial x_2} = 1 - \frac{1}{4}\lambda x_1^{\frac{1}{4}} x_2^{-\frac{3}{4}} = 0 \Rightarrow 1 = \frac{1}{4}\lambda x_1^{\frac{1}{4}} x_2^{-\frac{3}{4}}$$

两式联立解得：

$$\frac{x_2}{x_1} = \frac{1}{1}$$

代入约束式，$\sqrt[4]{x_1 x_2} = q \Rightarrow x_1 = x_2 = q^2$

因此，该企业的成本函数为 $TC = 2q^2 + 32$

可以由成本函数求得供给方程为：

$$p = 4q = MC$$

完全竞争市场长期均衡的条件为：$p = \min(AC) = \min(2q + \frac{32}{q})$

解得：$q = 4$，$p = 16$，即当价格为16时，市场实现长期均衡。

(2)当价格为16时，市场的总需求为 $Q = 280 - 5 \times 16 = 200$，每个厂商的供给为4，所以，这个市场的长期均衡的企业个数为50。

3. 假设某完全竞争行业有200个相同的企业，企业的短期成本函数为 $TC = 0.2Q^2 + Q + 15$，市场需求函数为 $Q_D = 2475 - 95P$，厂商的长期总成本函数为 $LTC = 0.1Q^3 - 1.2Q^2 + 11.1Q$，求：

(1)市场短期均衡价格、产量及厂商利润。

(2)市场长期均衡价格与产量。

(3)说明是否会有厂商退出经营。(西安交大2011研)

解：(1)先求单个企业的供给函数。由企业的短期成本函数 $TC = 0.2Q^2 + Q + 15$，得到边际成本函数 $MC = TC' = 0.4Q + 1$，而可变成本函数为 $TVC = 0.2Q^2 + Q$，平均可变成本函数为 $AVC = \frac{TVC}{Q} = 0.2Q + 1$，由此可见在产品数量不为负值的前提下 AVC 的最小值为1。而根据边际成本函数知，只要 $Q > 0$，则 $MC > 1$，所以只有价格 P 大于等于1时厂商才供给商品。单个厂商的供给函数为 $P = MC = 0.4Q + 1$，整理得单个企业的供给函数 $Q = 2.5P - 2.5$，所以有200个相同企业的市场的供给函数为 $Q_S = 200Q = 500P - 500(P \geqslant 1)$。

根据市场均衡条件 $Q_D = Q_S$，有 $500P - 500 = 2475 - 95P$，得市场均衡价格为 $P = 5$ 元，代入供给函数中得市场均衡产量为2000个单位，每个厂商的产量为10个单位。单个厂商的利润为 $5 \times 10 - (0.2 \times 10^2 + 10 + 15) = 5$。

(2)厂商长期平均成本函数是：

$$LAC=\frac{LTC}{Q}=\frac{0.1Q^3-1.2Q^2+11.1Q}{Q}=0.1Q^2-1.2Q+11.1$$

令一阶导数为0便可得到取得平均最小成本(因二阶导数大于0)的产量，即 $0.2Q-1.2=0$，于是 $Q=6$。长期均衡时，市场价格等于最小平均成本，将 $Q=6$ 代入长期平均成本函数，得到此时的最小平均成本为：

$$0.1Q^2-1.2Q+11.1=0.1\times6^2-1.2\times6+11.1=7.5$$

将价格7.5元代入需求函数得市场需求量为1762.5，在长期，市场均衡产量应等于需求量。因此，市场长期均衡价格为7.5元，均衡产量为1762.5。

(3)200个厂商此时的供给量为1200，小于市场的均衡产量，再加上厂商短期利润为正，所以没有厂商退出经营。

4. 假定对菜花的需求为：$Q=1000-5P$，菜花的长期供给曲线为 $Q=4P-80$，政府对每单位菜花征收45元的税收，问：

(1)这种税收会对市场均衡产生什么影响?

(2)这种税收负担会怎样在菜花的卖者与买者之间分担?

(3)这种税收将使消费者剩余和生产者剩余发生怎样的变化?(辽宁大学2010研)

解：(1)菜花的需求函数为 $Q=1000-5P$，供给函数为 $Q=4P-80$。

由 $D=S$，解得：均衡价格 $P=120$ 元；均衡数量 $Q=400$。

政府对每单位菜花征收45元税收后，会使销售者的供给曲线向上移动，移动的垂直距离等于45元。

此时长期供给函数变为 $Q=4(P-45)-80=4P-260$，市场需求函数仍为 $Q=1000-5P$。

由 $D=S$，解得：均衡价格 $P=140$ 元；均衡数量 $Q=300$。

即征税后使均衡价格由120元上升为140元，均衡销售量由400减少到300。

(2)菜花在原均衡点上的需求价格弹性为：$e_d=-\frac{dQ}{dP}\cdot\frac{P}{Q}=5\times\frac{120}{400}=1.5$；

供给价格弹性为：$e_s=\frac{dQ}{dP}\cdot\frac{P}{Q}=4\times\frac{120}{400}=1.2$。

因此，消费者的税收转嫁因子为：$1.2/(1.2+1.5)=4/9$。

每单位征税45元，则消费者承担 $45\times4/9=20$(元)，而生产者承担25元。

(3)征收税收后减少的消费者剩余为：$CS=(140-120)\times(400+300)\times\frac{1}{2}=7000$。

征税后生产者面临的价格是 $140-45=95$(元)，则减少的生产者剩余为：

$$PS=(120-95)\times(400+300)\times\frac{1}{2}=8750$$

四、论述题

1. 有人认为，完全竞争在现实中很难存在，也就没有什么实际意义。对此，你是怎样认为的?(中山大学2003研)

答：(1)完全竞争，又称为纯粹竞争，是指不存在任何阻碍和干扰因素的市场情况，亦即没有任何垄断因素的市场结构。完全竞争具有以下几个特点：市场上有无数的买者和卖者；同一行业中的每一个厂商生产的产品是完全无差别的；厂商进入或退出一个行业是完全自由的；市场中的每一个买者和卖者掌握与自己的经济决策有关的商品和市场的全部信息。

(2)不能认为完全竞争在现实中很难存在就没有实际意义。实际上，对完全竞争研究具有重要的理论意义和实际意义，主要体现在以下几个方面：

第一，完全竞争市场理论为经济学比较分析实际部门的特征提供了标准，这一理论分析模式说明了非完全竞争市场中各个变量之间的关系，为认识实际情况提供了极其有用的基本思想、理论和分析工具。

第二，完全竞争市场为比较市场效率提供了一个标准。在完全竞争市场中，商品价格等于生产商品的最低平均成本和边际成本，因而消费者只需支付最低价格；在长期中不存在经济利润，所有厂商都运营于平均成本最低点，资源得到最充分配置，即资源配置最优化和净社会福利最大化。完全竞争市场结果为比较其他类型的市场提供了比较标准，可以衡量其他类型市场的效率。

(3)根据完全竞争市场必须满足的假设条件可以获得一些有关这种市场上的需求和价格决定等方面非常有意义的信息。如果上述条件都得到满足，那么必然产生的结果是：市场价格完全由整个行业的供求关系(即市场机制)决定，但对个别的市场参与者来说，可能的价格只有一个，那就是市场价格。

正是因为完全竞争重要的理论意义和实际意义，经济学家分析市场时首先从完全竞争市场开始。

2. 政府如果对产品的卖方征收销售税，那么，在其他条件不变的情况下这将会导致商品的供给曲线向上平移。然而，根据供求曲线具体形状的不同，实际的税收负担情况是不同的。假定商品的需求曲线为负斜率的直线，试结合图形分析一下：

(1)在什么情况下税收负担能够完全转嫁给买方？

(2)在什么情况下买卖双方均承担一定的税赋？

(3)在什么情况下税收负担完全不能转嫁给买方？

(4)上述变化有什么规律性？(东北财大 2009 研)

答：(1)税收完全由买方负担：

如图 6-24(a)所示，供给曲线为水平直线，原有均衡点为 E 点。当政府对产品的卖方征收销售税时，供给曲线 S 向上移动至 S'，形成新的均衡点 E'点。可以看出，税收负担能够完全转嫁给买方。通过转嫁，消费者承担了全部税额。

(2)税收负担由买卖双方共同承担：

如图 6-24(b)所示，供给曲线向右上方倾斜，原有均衡点为 E 点。当政府对产品的卖方征收销售税时，供给曲线 S 向上移动至 S'，形成新的均衡点 E'点。可以看出，产品价格不是按全部税额上涨的，通过转嫁，买方和卖方各承担了一部分税额。

(3)税收负担完全不能转嫁给买方：

如图 6-24(c)所示，供给曲线与横轴垂直，保持一个固定的水平，原有均衡点为 E 点。当政府对产品的卖方征收销售税时，供给曲线不会发生变化，所以产品价格保持原来的水平，税收负担无法转嫁，卖方承担了全部税额。

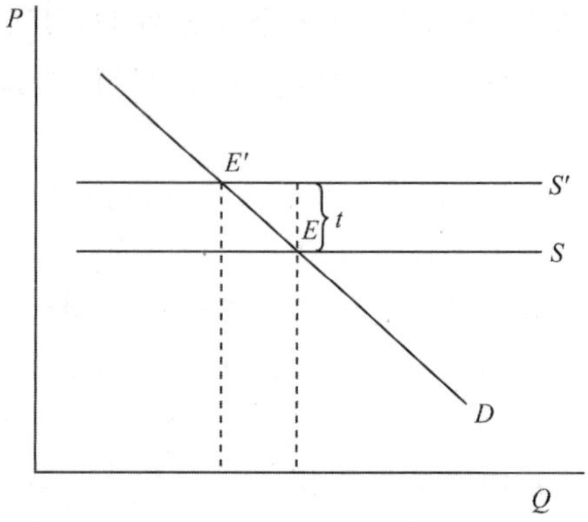

图6-24(a)　税收负担完全转嫁给买方

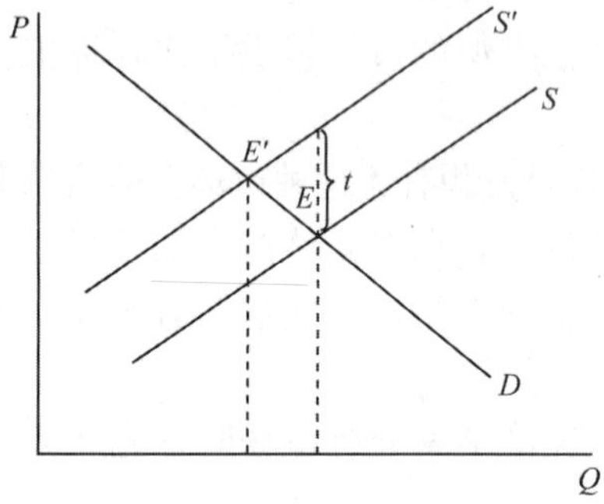

图6-24(b)　税收负担由买卖双方共同承担

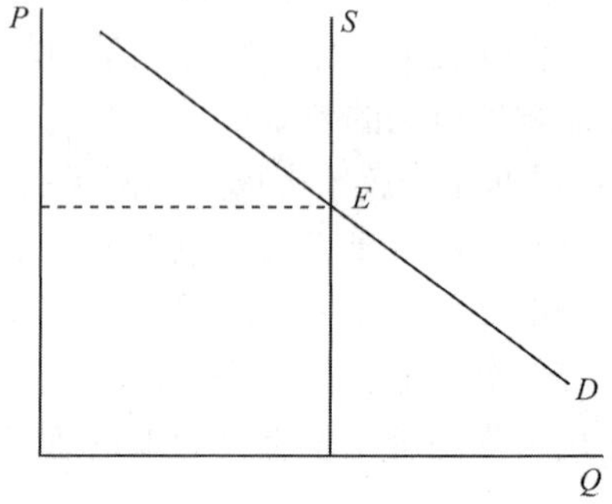

图6-24(c)　税收负担完全不能转嫁给买方

(4)从上述分析中可以看出：供给曲线的弹性是影响税收归宿的主要因素之一。在其他条件不变的前提下，供给弹性越大，卖方就越可以通过价格上涨的方式把更多的税收转嫁给买方，税收更多地由买方承担；供给弹性越小，卖方就越难以通过价格上涨的方式把更多的税收转嫁给买方，只能自己来承受大部分的税收。

第7章　不完全竞争市场

7.1　复习笔记

【知识框架(庖丁解牛)】

- 不完全竞争市场
  - 完全垄断市场
    - 完全垄断市场概述
    - 垄断厂商的需求曲线与收益曲线
    - 垄断厂商的供给曲线
    - 垄断厂商的短期均衡与长期均衡
    - 垄断厂商的价格歧视
  - 垄断竞争市场
    - 垄断竞争市场的含义和条件
    - 垄断竞争厂商的需求曲线
    - 垄断竞争厂商的均衡
    - 垄断竞争的效率损失
    - 非价格竞争
  - 寡头市场和策略
    - 寡头市场概述
    - 古诺模型
    - 斯塔克伯格模型
    - 价格领导模型
    - 斯威齐模型
  - 不同市场的比较
    - 不同类型市场的经济效率比较
    - 不同类型市场的产量和价格比较
    - 关于 $P=LMC$ 的条件

【考点难点归纳(厚积薄发)】

考点一：完全垄断市场　★★★★★

1．完全垄断市场概述

垄断市场也称完全垄断市场，是指整个行业中只有唯一一个厂商的市场组织。

在这样的市场中，排除了任何的竞争因素，独家垄断厂商控制了整个行业的生产和市场的销售，所以，垄断厂商可以控制和操纵市场价格。完全垄断市场的结构特征和形成原因如表7-1所示。

表7-1　完全垄断市场的结构特征和形成原因

要点	具体内容
结构特征	①市场上只有唯一的一个厂商生产和销售商品，且不存在替代品； ②存在行业进入壁垒； ③拥有市场势力，可以自行决定价格和进行差别化定价
形成原因	①独家厂商控制了生产某种商品的全部资源或基本资源的供给； ②独家厂商拥有生产某种商品的专利权； ③政府的特许； ④自然垄断

2. 垄断厂商的需求曲线与收益曲线

图7-1描述了垄断厂商的需求曲线和收益曲线。

(1)需求曲线：

在完全垄断市场上，只有一个厂商，所以市场的需求曲线就是垄断厂商所面临的需求曲线，它是一条向右下方倾斜的曲线。

(2)收益曲线：

①总收益(TR)是厂商以一定价格出售一定数量产品所获得的收益总量：

$$TR = PQ = P(Q)Q$$

在完全垄断市场上，价格随着产量的增加逐渐降低，因此，总收益曲线将随产量非线性变化。在线性需求下：

$$TR = PQ = a_0Q - a_1Q^2$$

总收益曲线是凹向横轴的抛物线，随着产量的增加，总收益先增加，再降低。

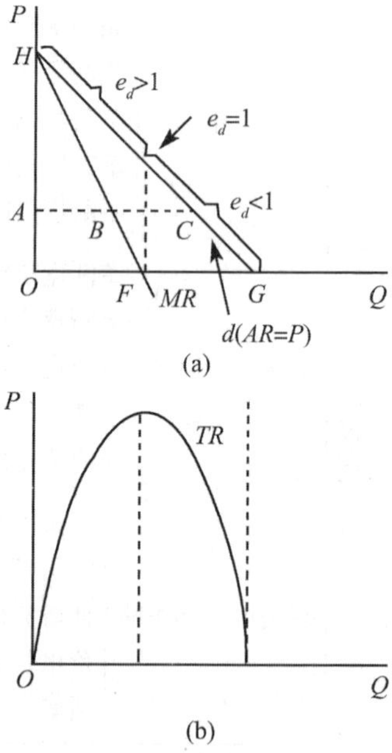

图7-1　垄断厂商的需求曲线和收益曲线

②平均收益(AR)是厂商出售单位产品所取得的收益，即总收益除以产量：

$$AR = TR/Q = P(Q)$$

在完全垄断市场上，平均收益依然等于厂商产品价格，价格随产量增加而递减，所以平均收益也随产量递增而逐渐降低。在线性需求下：

$$AR = P = a_0 - a_1Q$$

③边际收益(MR)是产量的单位变动带来的厂商总收益的变动。在完全垄断市场上，收益的变动将由双重因素决定：产量增加导致的收益增加趋势；价格降低导致的收益减少趋势。

$$MR = \mathrm{d}TR/\mathrm{d}Q = P(Q) + Q\mathrm{d}P(Q)/\mathrm{d}Q$$

在完全垄断市场上，$\mathrm{d}P(Q)/\mathrm{d}Q<0$，因此，边际收益$MR$低于平均收益$AR$，边际收益曲线$MR$处于平均收益曲线$AR$之下。

在线性需求下：

$$MR = \mathrm{d}TR/\mathrm{d}Q = a_0 - 2a_1Q$$

完全垄断厂商的边际收益随产量的下降速度，是平均收益下降速度的两倍。

(3)总收益、边际收益与需求价格弹性的关系：

垄断厂商的边际收益 MR、价格 P 和需求价格弹性 e_d 三者之间的关系式为：$MR = P(1 - 1/e_d)$。由此关系式可得总收益、边际收益与需求价格弹性之间的关系，具体如表7-2所示。

表7-2 MR、TR 和 e_d 的关系

e_d	MR	TR 与 Q 变动方向
大于1	大于0	同向
小于1	小于0	反向
等于1	等于0	不变

以上三种情况在图7-1中都得到了体现。

3. 垄断厂商的供给曲线

在完全垄断市场上，厂商在追求短期利润最大化过程中，不仅要决定产量，同时要决定价格，厂商的产量和价格之间不存在一一对应关系。因此，对于完全垄断厂商，当成本函数一定时，产量和价格间并不一定存在一一对应关系，也就不存在确定的供给曲线。

4. 垄断厂商的短期均衡与长期均衡(见表7-3)

表7-3 垄断厂商的短期均衡与长期均衡

均衡类型	具体内容
短期均衡	遵循 $MR = MC$ 的原则。在短期，垄断厂商无法改变不变要素的投入量，因此在既定的生产规模下通过对产量和价格的同时调整，来实现 $MR = SMC$。在 $MR = SMC$ 的均衡条件下，垄断厂商在短期均衡时可以获得最大利润，或蒙受最小亏损
长期均衡	①垄断厂商对生产调节的结果： a. 短期亏损，长期仍亏损，厂商退出市场。 b. 短期亏损，长期获得利润。 c. 短期获得正利润，长期获得更多的利润。 ②垄断厂商的长期均衡条件：$MR = LMC = SMC$

5. 垄断厂商的价格歧视

(1)价格歧视的含义：

由于在垄断市场上，一个卖者面对的是无数个买者，因此，在某些情况下，垄断厂商以不同的价格销售同一种产品，称为价格歧视。由于垄断厂商具有垄断势力，它有能力以不同的价格销售同种产品以获取最大化的利润。

(2)实施价格歧视的条件：

①市场的消费者具有可以被区分开的不同偏好。

②不同的消费者群体或不同的销售市场是相互隔离的。

(3)价格歧视的种类如表7-4所示：

表7-4　价格歧视的种类

种类	具体内容
一级价格歧视（完全价格歧视）	指垄断厂商根据每一个消费者每买进一单位的产品愿意并能够支付的最高价格即需求价格来逐个确定每单位产品销售价格的方法，从而榨取全部消费者剩余。尽管这种价格歧视使得全部的消费者剩余转移到生产者手中，但是这种方式并未产生效率损失
二级价格歧视	①含义：指垄断厂商根据不同的购买量或消费量来确定不同价格的方法，这样可以榨取相当一部分消费者剩余。二级价格歧视较多地出现在社会公用事业中，其产品必须是易于度量和记录并成批出售的。 ②与一级价格歧视的区别有： a. 一级价格歧视实质是逐个出售，二级价格歧视则是分批定价、分批出售； b. 一级价格歧视是对每个消费者收取不同的价格，二级价格歧视的价格则面对所有买主
三级价格歧视	指垄断厂商对同一种产品在不同市场上以不同的价格出售，以获取最高利润的定价方法。它是比较普遍的垄断定价方法。垄断厂商根据 $MR = MC$ 的原则确定产量水平，主要依据地理差别、产品用途、时间、消费者收入等将同一产品分配在不同市场上。在产量既定的情况下，需求价格弹性大的市场上定价较低，而需求价格弹性小的市场定价较高

◆小试牛刀◆

对于缺乏弹性的产品，垄断厂商可以(　　)。(暨南大学2019研)

A. 索取高价以获得垄断利润　　B. 索取低价以获得垄断利润

C. 高价或低价都一样　　D. 无法确定

【答案】A

【解析】垄断厂商可以对缺乏弹性的商品收取高价，对富有弹性的商品收取低价，以获得垄断利润，即三级价格歧视。

考点二：垄断竞争市场 ★★★

1. 垄断竞争市场的含义和条件

垄断竞争市场是指一个市场中有许多厂商生产和销售有差别的同种产品的市场组织。在垄断竞争理论中，把市场上大量的生产非常接近的同种产品的厂商的总和称作生产集团。

垄断竞争市场的条件主要有：

(1)在生产集团中有大量的企业生产有差别的同种产品，这些产品都是非常接近的替代品。

(2)一个生产集团中的企业数量非常多，每个厂商的行为不会引起对手的反应和报复。

(3)进入和退出生产集团相对容易。

2. 垄断竞争厂商的需求曲线

垄断竞争厂商可以在一定程度上控制自己产品的价格，这决定了垄断竞争厂商所面对的需求曲线向右下方倾斜。产品之间的替代性使得垄断竞争厂商的需求曲线具有较大的弹性。因此，垄断竞争厂商具有比较平坦的向右下方倾斜的需求曲线，相对地比较接近完全竞争厂商的水平形状需求曲线。

(1)垄断竞争厂商的两种需求曲线：

①需求曲线 d(主观需求曲线、自需求曲线)：主观需求曲线是指当厂商独自变动价格而其他厂商不做反应时，厂商产品需求量和价格间的变动关系。由于其他厂商不做反应，厂商产品需求量随价格的变动比较明显，主观需求曲线会比较平坦。

②需求曲线 D(客观需求曲线、比例需求曲线)：当厂商进行价格变动后，其他厂商实际上会逐渐发现并相应进行价格变化，使厂商价格变化对需求量的影响并不像厂商自认为的其他厂商不做反应的情况。最终市场调整的结果是厂商按照一定占有率瓜分到部分市场需求，这样，形成厂商产品实际需求曲线即为客观需求曲线或比例需求曲线。

需求曲线 D 表明了垄断竞争生产集团内的单个厂商在每一市场价格水平的实际销售份额。假设生产集团内有 n 个垄断竞争厂商，无论全体厂商将价格调整到何种水平，需求曲线 D 总是意味着每个厂商的实际销售量占市场总销售量的 $1/n$。

(2)需求曲线 d 与 D 的关系：

①当垄断竞争生产集团内的所有厂商都以同样的方式调整产品价格时，整个市场价格的变化会导致单个垄断竞争厂商的需求曲线 d 的位置沿着需求曲线 D 发生平移。

②由于需求曲线 d 表示单个垄断竞争厂商单独改变价格时所预期的产量，需求曲线 D 表示每个垄断竞争厂商在每一市场价格水平实际所面临的市场需求量，因此，需求曲线 d 和需求曲线 D 相交意味着垄断竞争市场达到供求相等状态。

③需求曲线 d 的价格弹性大于需求曲线 D。

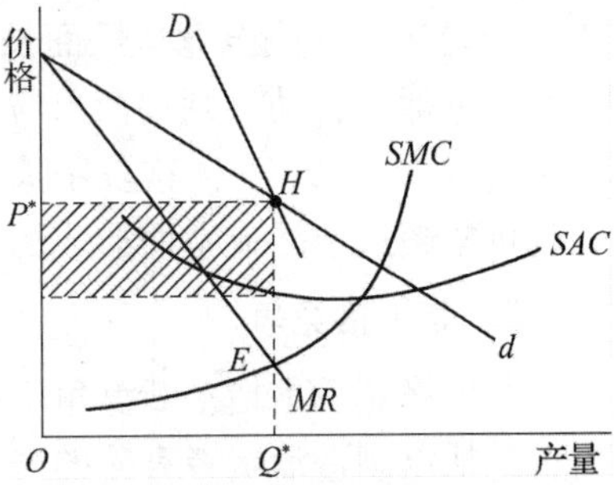

图 7-2 垄断竞争厂商的短期均衡

3. 垄断竞争厂商的均衡

(1)短期均衡($MR=SMC$)：

在短期，垄断竞争厂商在现有的生产规模下通过对产量和价格的同时调整，来实现均衡条件，这一过程一直持续到图 7-2 所示状态为止。图 7-2 中，厂商调整的最终结果，将使得 d 曲线和 D 曲线的交点 H 上的产量和价格恰好是 $MR=SMC$ 时的均衡点 E 所要求的产量 OQ^* 和价格 OP^*。此时 OQ^* 和 OP^* 分别是垄断竞争厂商的短期均衡产量和均衡价格，这说明短期均衡的条件为 $MR=SMC$。

当然，同完全竞争与完全垄断一样，在短期均衡状态下，垄断竞争厂商可能获得经济利润，也可能只获得正常利润，还可能蒙受亏损。但只要均衡价格在平均可变成本曲线之上，该厂商在短期内就会继续生产。图 7-2 说明了垄断竞争厂商获得经济利润的短期均衡，经济利润为图中阴影部分的面积。

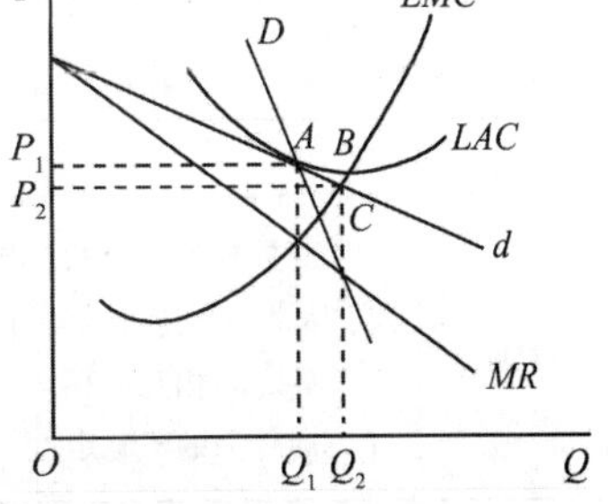

图 7-3 垄断竞争厂商的长期均衡

(2)长期均衡($MR=SMC$ 且 $P=LAC$)：

在长期内，垄断竞争厂商进出较自由。若获利，新厂商进入行业，提供相替代的产品与原来的厂商竞争，使原厂商市场份额缩小，产品价格下降，直到超额利润消失；反之，若亏损，行业内一些厂商逐渐退出，未退出的厂商的市场份额增加，产品价格上升，直到不亏损为止。因此，垄断竞争厂商长期均衡时，产品价格和平均成本相等。如图 7-3 所示。可见，垄断竞争厂商长期均衡的条件不仅要求

$MR = SMC$，而且要求 $P = LAC$。

◆小试牛刀◆

在垄断竞争企业长期均衡点上，长期平均成本曲线处于(　　)。

A. 上升阶段　　B. 下降阶段

C. 水平阶段　　D. 以上三种情况都有可能

【答案】B

【解析】在垄断竞争企业长期均衡点上，满足 $P = LAC = SAC$，$MR = LMC = SMC$，且 $P > MR$，因此，$LAC > LMC$，即长期平均成本曲线处于下降阶段。

4. 垄断竞争的效率损失

(1)理想产量和多余的生产能力：

理想产量是完全竞争厂商在 LAC 最低点上的产量。多余的生产能力是指实际产量与理想产量之间的差额。

(2)垄断竞争的效率损失：

如图7-3所示，垄断竞争厂商长期均衡必然处于平均成本曲线最低点左边，即 A 点处于 B 点左边。而完全竞争厂商长期均衡时 $P = AC$，就是说，如果该厂商要按完全竞争厂商均衡条件那样行动，则均衡点应在 C 点而不是 A 点，即价格应是 P_2 而不是 P_1，产量应是 Q_2 而不是 Q_1，从 Q_1 到 Q_2 这段距离，表现出垄断竞争厂商没有被利用的"多余的生产能力"，它是价格超过边际成本而造成的效益损失。

5. 非价格竞争

非价格竞争是指垄断竞争厂商以差异化方式，赢得市场优势和利润扩张。非价格竞争主要包括以制造消费者喜爱的产品差异性为导向的质量竞争和以突出消费者喜爱的产品差异性的广告竞争两种手段。

考点三：寡头市场和策略 ★★★★

1. 寡头市场概述

寡头市场又称为寡头垄断市场，是指少数几家厂商控制整个市场的产品生产和销售的一种市场组织。这几家厂商的产量在该行业总产量中各占较大的份额，市场上每个厂商都有举足轻重的作用。

(1)寡头市场的特征及形成原因如表7-5所示：

表7-5　寡头市场的特征及形成原因

要点	具体内容
特征	①厂商数极少，新的厂商加入该行业比较困难。 ②产品既可同质，也可存在差别。 ③厂商之间相互依存。 ④厂商行为的不确定性

续表

要点	具体内容
形成原因	①规模经济。 ②对关键生产资源供给的控制。 ③专利或专有技术。 ④政府的特许

（2）寡头市场的分类如表 7-6 所示：

表 7-6 寡头市场的分类

分类依据	具体名称
产品特征	纯粹寡头、差别寡头
厂商的行动方式	有勾结寡头和无勾结寡头
厂商数量	双寡头、三寡头和多寡头

2. 古诺模型

（1）市场结构：

①市场上只有两家企业，生产相同的产品。

②需求函数 $P=P(q_1+q_2)$，成本函数是 $C(q_i)$。

企业 1 的利润最大化问题可写成：

$$\max_{q_1}\{P(q_1+q_2^e)\cdot q_1-C(q_1)\}$$

（2）反应函数：

反应函数是指企业的最佳产量是另一企业产量信念的函数。厂商 1 对厂商 2 的反应函数是：$q_1=f_1(q_2^e)$；厂商 2 对于厂商 1 的反应函数是 $q_2=f_2(q_1^e)$。

（3）古诺均衡：

在均衡条件下，两个厂商的反应函数都被满足，此时两个厂商都没有动力改变自己的产量，达到了纳什均衡的状态。用数学语言来表示，古诺均衡是指产量组合（q_1^*，q_2^*）满足：$q_1^*=f_1(q_2^*)$，$q_2^*=f_2(q_1^*)$。

在计算古诺均衡时，一般都是计算两个厂商的最优的反应函数，同时满足两个最优反应函数的解就是古诺均衡的解。从博弈论角度看，古诺均衡与囚徒困境的结果并没有太大的差别，这种结果仍然存在帕累托改进的空间。古诺均衡的结果表明对于单个企业最优的结果，并不等价于对于两个企业整体最优的结果。

3. 斯塔克伯格模型

（1）假设：

①厂商 1 是领导者，它选择的产量是 y_1。

②反需求函数 $p(Y)$ 表示作为行业产量 $Y=y_1+y_2$ 的函数的均衡价格。

（2）均衡的计算：

①追随者的利润最大化。领导者的利润最大化问题取决于它认为追随者将对它的选择做出怎样的反应，因此必须首先考虑追随者的利润最大化问题：

$$\max_{y_2} p(y_1+y_2)\cdot y_2-c_2(y_2)$$

追随者的利润取决于领导者的产量选择，并视之为常量。追随者选择的产量水平必须满足边际收益等于边际成本，即：

$$MR_2=p(y_1+y_2)+y_2\frac{\Delta p}{\Delta y_2}=MC_2$$

从中可得追随者的反应函数：对于作为领导者的厂商1的每一个产量选择，作为追随者的厂商2的利润最大化产量，$y_2=f_2(y_1)$。

②领导者的利润最大化。领导者根据追随者的反应函数，$y_2=f_2(y_1)$，最大化自己的利润：

$$\max_{y_1} p(y_1+y_2)y_1-c_1(y_1)$$

将厂商2的反应函数代入领导者利润函数，有利润 $\pi_1=p[y_1+f_2(y_1)]y_1-c_1(y_1)$，令一阶导数 $d\pi_1/dy_1=0$，得领导者最大化利润的产量选择 y_1^*，再代入反应函数可得追随者的产量选择 y_2^*，此时市场价格为 $p^*(y_1^*+y_2^*)$，即最后的市场均衡为$(y_1^*+y_2^*)$。

4. 价格领导模型

价格领导模型与古诺模型和斯塔克伯格模型关键不同的是，它选择价格作为竞争的变量。

假设：领导者确定的价格是 p，追随者把 p 作为既定价格接受，然后选择它的利润最大化产量，领导者根据追随者的选择再做出产量选择。均衡的计算如下：

(1)追随者利润最大化：

$$\max_{y_2} py_2-c_2(y_2)$$

$MR=MC$，即 $p=c_2'(y_2)$，这个条件决定了追随者的供给曲线 $S(p)$。

(2)领导者利润最大化：

领导者认识到在其定价 p 时，追随者会供给 $S(p)$，则它可以出售的产量是 $R(p)=D(p)-S(p)$，即整个需求在除去追随者供给产量之后的数量。假定领导者有不变的边际生产成本 c，则对于任意的价格 p，它可以实现的利润就是：$\pi_1(p)=(p-c)[D(p)-S(p)]=(p-c)R(p)$。

为使利润最大化，领导者要选择满足 $MR=MC$ 的价格和产量组合。

5. 斯威齐模型(弯折的需求曲线)

模型假设：市场中的某一厂商涨价，其他厂商不会随之涨价；但是某一厂商降价，其他的厂商也会随之降价。

因此，寡头厂商的产品需求曲线就是拐折的，拐点以上的需求曲线比拐点以下的需求曲线要平坦些。弹性不同的拐折需求曲线会形成两条 MR 曲线，这两条 MR 曲线在拐折点相关的产量上会出现不连续的空隙。不连续部分的长度取决于拐点上两条需求曲线弹性的差异程度。边际成本在 MR 的不连续区域变动，不影响均衡价格和均衡产量。只要 MC 曲线与 MR 曲线相交于 MR 曲线的不连续区域，寡

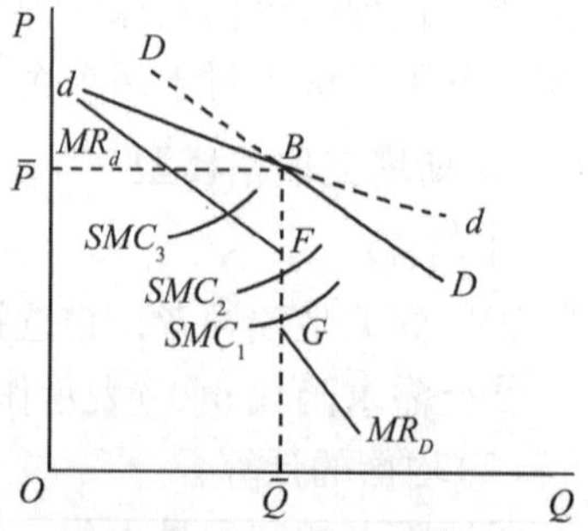

图7-4　斯威齐模型

头厂商都能达到均衡，使产量的变动达到利润极大化。

考点四：不同市场的比较　★★★★★

1. 不同类型市场的经济效率比较

经济效率是指利用经济资源的有效性。高的经济效率表示对资源的充分利用或能以最有效的生产方式进行生产。低的经济效率表示对资源的利用不充分或没有以最有效的方式进行生产。

不同市场组织下的经济效率是不相同的，市场组织的类型直接影响经济效率的高低。市场的竞争程度越高，经济效率越高；市场的垄断程度越高，经济效率越低。

按照经济效率的高低，四种市场结构可排序如下：完全竞争市场 > 垄断竞争市场 > 寡头市场 > 垄断市场。

2. 不同类型市场的产量和价格比较（见表 7-7）

表 7-7　不同类型市场的产量和价格比较

市场类型	均衡条件		价格（长期）	产量（长期）	超额利润		经济效率比较
	短期	长期			短期	长期	
完全竞争	$MR=SMC$	$P=MR=LMC=SMC$ $=LAC=SAC=AR$	最低	最大	>0 =0 <0	=0	最高
垄断竞争	$MR=SMC$	$MR=LMC=SMC$; $P=AR=LAC=SAC$			>0 =0 <0	=0	
寡头垄断	$MR=SMC$	$MR=LMC=SMC$; $P=AR\geqslant LAC=SAC$			>0 =0 <0	⩾0	
完全垄断	$MR=SMC$	$MR=LMC=SMC$; $P=AR\geqslant LAC=SAC$	最高	最小	>0 =0 <0	⩾0	最低

3. 关于 $P=LMC$ 的条件

$P=LMC$：资源得到了最有效的配置。如：完全竞争市场。

$P>LMC$：资源配置不当。如：不完全竞争市场。

7.2　课后习题详解

一、简答题

1. 根据图 7-5 中线性需求曲线 d 和相应的边际收益曲线 MR，试求：

(1) A 点所对应的 MR 值。

(2) B 点所对应的 MR 值。

解：（1）根据需求价格点弹性的几何意义，可得 A 点的需求价格弹性为：

$$e_d=\frac{15-5}{5}=2$$

或者：

$$e_d=\frac{2}{3-2}=2$$

再根据公式 $MR=P\left(1-\frac{1}{e_d}\right)$，则 A 点的 MR 值为：

$$MR=2\times\left(1-\frac{1}{2}\right)=1$$

(2)与(1)类似，根据需求价格点弹性的几何意义，可得 B 点的需求价格弹性为：

$$e_d=\frac{15-10}{10}=\frac{1}{2}$$

或者：

$$e_d=\frac{1}{3-1}=\frac{1}{2}$$

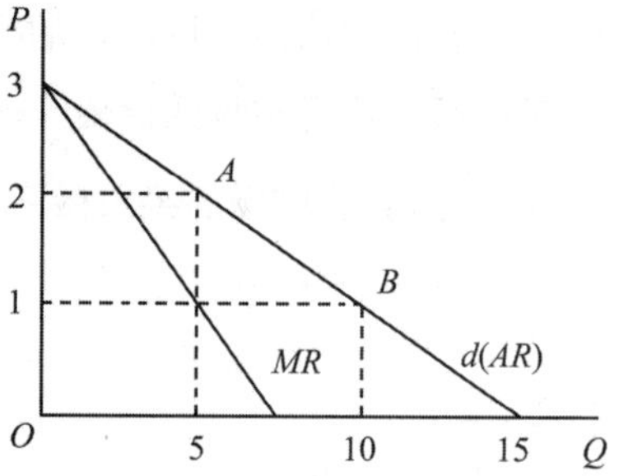

图7-5　需求曲线与边际收益曲线

再根据公式 $MR=P\left(1-\frac{1}{e_d}\right)$，则 B 点的 MR 值为：

$$MR=1\times\left(1-\frac{1}{1/2}\right)=-1$$

2．图7-6是某垄断厂商的长期成本曲线、需求曲线和收益曲线。试在图中标出：

(1)长期均衡点及相应的均衡价格和均衡产量。

(2)长期均衡时代表最优生产规模的 *SAC* 曲线和 *SMC* 曲线。

(3)长期均衡时的利润量。

解：(1)长期均衡条件为：$MR=LMC=SMC$。因此，从 LMC 和 MR 的相交点求得的均衡价格和产量分别为 P_0 和 Q_0，如图7-7所示。

(2)长期均衡时代表最优生产规模的 SAC 曲线和 SMC 曲线如图7-7所示。在 Q_0 的产量上，SAC 曲线和 LAC 曲线相切；SMC 曲线和 LMC 曲线相交，且同时与 MR 曲线相交。

(3)长期均衡时的利润量由图中阴影部分的面积表示，即 $\pi=[AR(Q_0)-SAC(Q_0)]\cdot Q_0$。

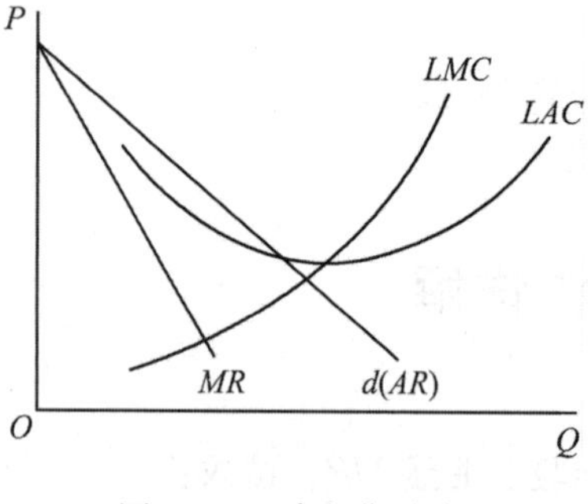

图7-6　厂商长期均衡

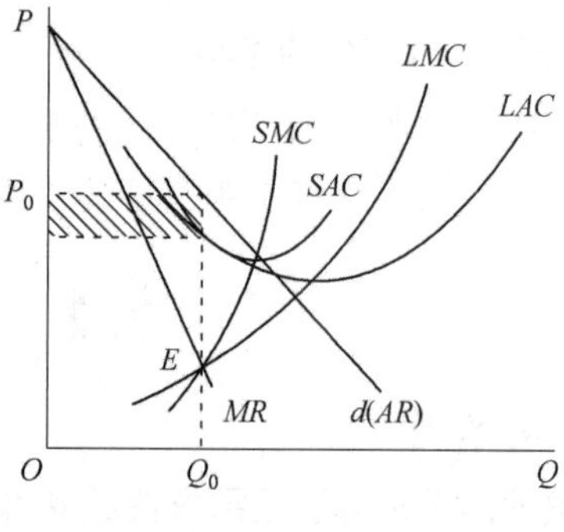

图7-7　厂商长期均衡

3．为什么垄断厂商实现 *MR*=*MC* 的利润最大化均衡时，总有 *P*>*MC*？你是如何理解这种状态的？

答：由于垄断厂商面临着向右下方倾斜的需求曲线，因此其边际收益曲线在需求曲线的下方，此时在任意产量水平 Q 上均有 $P>MR$，又由于实现利润最大化需要 $MR=MC$，故必然有 $P>MR=MC$，所以 $P>MC$。

许多经济学家认为，只有当价格充分反映边际成本，即 $P=MC$ 时，市场是具有经济效率的，而在垄断市场上却有 $P>MC$，因此垄断市场通常被认为是缺乏效率的。

二、计算题

1. 已知某垄断厂商的短期总成本函数为 $STC=0.1Q^3-6Q^2+140Q+3000$，反需求函数为 $P=150-3.25Q$。

求：该垄断厂商的短期均衡产量与均衡价格。

解： 由已知可得垄断厂商的利润函数为：

$$\begin{aligned}\pi &= PQ-STC\\ &=(150-3.25Q)Q-(0.1Q^3-6Q^2+140Q+3000)\\ &=-0.1Q^3+2.75Q^2+10Q-3000\end{aligned}$$

故要实现短期均衡，则令 $\frac{d\pi}{dQ}=0$，即有：

$$\frac{d\pi}{dQ}=-0.3Q^2+5.5Q+10=0$$

解得：$Q=20$（负值舍去）。

均衡价格 $P=150-3.25Q=150-65=85$。

故该垄断厂商的均衡产量为20，均衡价格为85。

2. 已知某垄断厂商的短期成本函数为 $STC=0.6Q^2+3Q+2$，反需求函数为 $P=8-0.4Q$。求：

(1)该厂商实现利润最大化时的产量、价格、收益和利润。

(2)该厂商实现收益最大化时的产量、价格、收益和利润。

(3)比较(1)和(2)的结果。

解：(1)厂商的利润函数为：

$$\pi=TR-STC=PQ-STC=Q(8-0.4Q)-(0.6Q^2+3Q+2)=-Q^2+5Q-2$$

利润最大化的一阶条件为：

$$\frac{d\pi}{dQ}=-2Q+5=0$$

解得：$Q=2.5$。

将 $Q=2.5$ 代入反需求函数 $P=8-0.4Q$，得：$P=7$。收益 $TR=PQ=17.5$，利润 $\pi=4.25$。

(2)由已知条件可得总收益函数为：

$$TR=P(Q)\cdot Q=(8-0.4Q)Q=8Q-0.4Q^2$$

收益最大化的一阶条件为：

$$\frac{dTR}{dQ}=-0.8Q+8=0$$

解得：$Q=10$，且 $\frac{d^2TR}{dQ^2}=-0.8<0$。

所以，当 $Q=10$ 时，TR 达到最大值。

将 $Q=10$ 代入反需求函数 $P=8-0.4Q$，得：

$$P=8-0.4\times 10=4$$

将 $Q=10$ 和 $P=4$ 代入利润等式，有：

$$\begin{aligned}\pi &= TR-STC=PQ-STC\\ &=4\times 10-(0.6\times 10^2+3\times 10+2)\\ &=-52\end{aligned}$$

所以，当该垄断厂商实现收益最大化时，其产量 $Q=10$，价格 $P=4$，收益 $TR=40$，利润 $\pi=-52$，即该厂商的亏损量为52。

(3)通过(1)和(2)可知：将该垄断厂商实现利润最大化的结果与实现收益最大化的结果相比较，该厂商实现利润最大化时的产量较低(因为 $2.5<10$)，价格较高(因为 $7>4$)，收益较少(因为 $17.5<40$)，利润较大(因为 $4.25>-52$)。显然，理性的垄断厂商总是以利润最大化作为生产目标，而不是将收益最大化作为生产目标。追求利润最大化的垄断厂商总是以较高的垄断价格和较低的产量，来获得最大的利润。

3. 已知某垄断厂商的反需求函数为 $P=100-2Q+2\sqrt{A}$，总成本函数为 $TC=3Q^2+20Q+A$，其中，A 表示厂商的广告支出。

求：该厂商实现利润最大化时 Q、P 和 A 的值。

解：厂商利润函数为：

$$\pi=PQ-TC=(100-2Q+2\sqrt{A})Q-(3Q^2+20Q+A)=-5Q^2+(80+2\sqrt{A})Q-A$$

利润最大化应满足的条件有：

$$\frac{\partial\pi}{\partial Q}=-10Q+80+2\sqrt{A}=0$$

$$\frac{\partial\pi}{\partial A}=Q\frac{1}{\sqrt{A}}-1=0$$

联立求解可得：$A=100$，$Q=10$。

把 $A=100$，$Q=10$ 代入反需求函数，可得 $P=100-2\times 10+2\sqrt{100}=100$。

所以，该厂商实现利润最大化时 $Q=10$，$P=100$，$A=100$。

4. 已知某垄断厂商利用一个工厂生产一种产品，其产品在两个分割的市场出售，它的成本函数为 $TC=0.5Q^2+7Q$，两个市场的需求函数分别为 $Q_1=30-0.5P_1$，$Q_2=100-2P_2$。

(1)求当该厂商实行三级价格歧视时，它追求利润最大化前提下的两市场各自的销售量、价格，以及厂商的总利润。(保留整数部分。)

(2)求当该厂商在两个市场上实行统一的价格时，它追求利润最大化前提下的销售量、价格，以及厂商的总利润。(保留整数部分。)

(3)比较(1)和(2)的结果。

解：(1)实行三级价格歧视时，厂商应该根据 $MR_1=MR_2=MC$ 的原则来确定产量和价格。由题知 $MR_1=60-4Q_1$，$MR_2=50-Q_2$，$MC=Q_1+Q_2+7$。

令 $MR_1=MR_2=MC$，解得 $P_1=46$，$Q_1=7$；$P_2=41$，$Q_2=18$。

厂商的总利润为：$\pi = P_1Q_1 + P_2Q_2 - 0.5(Q_1+Q_2)^2 - 7(Q_1+Q_2) = 572.5 \approx 573$。

(2)若厂商在两个市场上实行统一的价格，则 $Q_1 = 30 - 0.5P$，$Q_2 = 100 - 2P$，从而 $Q = Q_1 + Q_2 = 130 - 2.5P$，即 $P = 52 - 0.4Q$。

厂商的利润函数为：$\pi = PQ - 0.5Q^2 - 7Q = -0.9Q^2 + 45Q$。

厂商利润最大化的条件为：$\pi' = -1.8Q + 45 = 0$。

解得 $P = 42$，$Q_1 = 9$，$Q_2 = 16$。此时厂商的总利润 $\pi = 562.5 \approx 563$。

(3)显然，$573 > 563$，所以若厂商能够实行三级价格歧视，则可获得更高利润。

5. 假定某垄断厂商生产两种相关联的产品，其中任何一种产品需求量的变化都会影响另一种产品的价格，这两种产品的市场需求函数分别为 $P_1 = 120 - 2Q_1 - 0.5Q_2$，$P_2 = 100 - Q_2 - 0.5Q_1$。这两种产品的生产成本函数是相互独立的，分别为 $TC_1 = 50Q_1$，$TC_2 = 0.5Q_2^2$。求该垄断厂商关于每一种产品的产量和价格。

解：由题可知，厂商的利润函数为：

$$\begin{aligned}\pi &= (120 - 2Q_1 - 0.5Q_2)Q_1 + (100 - Q_2 - 0.5Q_1)Q_2 - 50Q_1 - 0.5Q_2^2 \\ &= -2Q_1^2 - 1.5Q_2^2 - Q_1Q_2 + 70Q_1 + 100Q_2\end{aligned}$$

厂商利润最大化的一阶条件为：

$$\begin{cases}\dfrac{\partial \pi}{\partial Q_1} = -4Q_1 - Q_2 + 70 = 0 \\ \dfrac{\partial \pi}{\partial Q_2} = -3Q_2 - Q_1 + 100 = 0\end{cases}$$

解得 $P_1 = 85$，$Q_1 = 10$；$P_2 = 65$，$Q_2 = 30$。

6. 假定某垄断厂商生产一种产品，其总成本函数为 $TC = 0.5Q^2 + 10Q + 5$，市场的反需求函数为 $P = 70 - 2Q$。

(1)求该厂商实现利润最大化时的产量、产品价格和利润量。

(2)如果要求该垄断厂商遵从完全竞争原则，那么，该厂商实现利润最大化时的产量、产品价格和利润量又是多少？

(3)试比较(1)和(2)的结果，你可以得出什么结论？

解：(1)因为市场的反需求函数为 $P = 70 - 2Q$，所以厂商的总收益函数 $TR = PQ = 70Q - 2Q^2$，故 $MR = 70 - 4Q$。

又因为厂商的总成本函数为 $TC = 0.5Q^2 + 10Q + 5$，故 $MC = Q + 10$。

厂商实现利润最大化的条件为 $MR = MC$，即 $70 - 4Q = Q + 10$，解得 $Q = 12$，$P = 46$，$\pi = PQ - TC = 355$。

(2)若该厂商遵从完全竞争原则，则 $P = MC$，即 $70 - 2Q = Q + 10$，解得 $Q = 20$，$P = 30$，$\pi = PQ - TC = 195$。

(3)由 $355 > 195$，可知厂商在垄断条件下能够获得比完全竞争条件下更高的利润。

7. 已知某垄断竞争厂商的长期总成本函数为 $LTC = 0.001Q^3 - 0.51Q^2 + 200Q$；如果该产品的生产集团内的所有厂商都按相同的比例调整价格，那么，每个厂商的份额需求曲线

(或实际需求曲线)为 $P=238-0.5Q$。求:

(1)该厂商长期均衡时的产量与价格。

(2)该厂商长期均衡时主观需求曲线上的需求价格点弹性值(保留整数部分)。

(3)如果该厂商的主观需求曲线是线性的,推导该厂商长期均衡时的主观需求函数。

解:(1)由题意可得:

$$LAC=\frac{LTC}{Q}=0.001Q^2-0.51Q+200$$

$$LMC=\frac{\mathrm{d}LTC}{\mathrm{d}Q}=0.003Q^2-1.02Q+200$$

且已知与份额需求 D 曲线相对应的反需求函数为 $P=238-0.5Q$。

由于在垄断竞争厂商利润最大化的长期均衡时,D 曲线与 LAC 曲线相交(因为 $\pi=0$),即有 $LAC=P$,于是有:

$$0.001Q^2-0.51Q+200=238-0.5Q$$

解得 $Q=200$(舍去负值)。

将 $Q=200$ 代入份额需求函数,得:

$$P=238-0.5\times200=138$$

所以,该垄断竞争厂商实现利润最大化长期均衡时的产量 $Q=200$,价格 $P=138$。

(2)将 $Q=200$ 代入长期边际成本 LMC 函数,得:

$$\begin{aligned}LMC&=0.003Q^2-1.02Q+200\\&=0.003\times200^2-1.02\times200+200\\&=116\end{aligned}$$

因为厂商实现长期利润最大化时必有 $MR=LMC$,所以,亦有 $MR=116$。

再根据公式 $MR=P\left(1-\frac{1}{e_d}\right)$,有:

$$116=138\left(1-\frac{1}{e_d}\right)$$

解得:$e_d\approx6$。

所以,厂商长期均衡时主观需求 d 曲线上的需求价格点弹性约为6。

(3)令该厂商的线性的主观需求 d 曲线的函数形式为 $P=A-BQ$,其中,A 表示该线性需求 d 曲线的纵截距,$-B$ 表示斜率。下面,分别求 A 值与 B 值。

根据线性需求曲线点弹性的几何意义,有 $e_d=\frac{P}{A-P}$,其中,P 表示线性需求 d 曲线上某一点所对应的价格水平。于是,在该厂商实现长期均衡时,由 $e_d=\frac{P}{A-P}$,得:

$$6=\frac{138}{A-138}$$

解得:$A=161$。

此外,根据几何意义,在该厂商实现长期均衡时,线性主观需求 d 曲线的斜率的绝对值可以表示为:

$$B=\frac{A-P}{Q}=\frac{161-138}{200}=0.115$$

于是，该垄断竞争厂商实现长期均衡时的线性主观需求函数为：

$$Q=\frac{161-P}{0.115}$$

8．在某垄断竞争市场，代表性厂商的长期总成本函数为 $LTC=5Q^3-200Q^2+2700Q$，反需求函数为 $P=2200A-100Q$。

求长期均衡时代表性厂商的产量和产品价格，以及 A 的数值。

解：由代表性厂商的长期总成本函数 $LTC=5Q^3-200Q^2+2700Q$ 可得长期边际成本 LMC 和长期平均成本 LAC，即有：

$$LMC=\frac{\mathrm{d}LTC}{\mathrm{d}Q}=15Q^2-400Q+2700$$

$$LAC=\frac{LTC}{Q}=5Q^2-200Q+2700$$

由市场需求函数 $P=2200A-100Q$ 可得边际收益，即 $MR=2200A-200Q$。

根据垄断竞争厂商长期均衡条件 $MR=LMC$ 和 $P=LAC$，故有：

$$2200A-200Q=15Q^2-400Q+2700$$
$$2200A-100Q=5Q^2-200Q+2700$$

联立以上方程组解得：产量 $Q=10$，$A=1$。

将产量 $Q=10$ 和 $A=1$ 代入市场需求函数 $P=2200A-100Q$，可得产品价格 $P=2200A-100Q=2200-1000=1200$。

9．某寡头行业有两个厂商，厂商1的成本函数为 $C_1=8Q_1$，厂商2的成本函数为 $C_2=0.8Q_2^2$，该市场的反需求函数为 $P=152-0.6Q$。

求该寡头市场的古诺模型解。（保留一位小数。）

解：对于寡头1来说，其利润等式为：

$$\pi_1=TR_1-TC_1=[152-0.6(Q_1+Q_2)]Q_1-8Q_1$$

寡头1利润最大化的一阶条件为：

$$\frac{\partial\pi_1}{\partial Q_1}=152-1.2Q_1-0.6Q_2-8=0$$

从而得出寡头1的反应函数为：$Q_1=120-0.5Q_2$。

同理可得寡头2的反应函数为：$Q_2=\frac{380}{7}-\frac{3}{14}Q_1$。

联立寡头1和寡头2的反应函数，可得：$Q_1=104$，$Q_2=32$。

从而可得价格 $P=152-0.6Q=152-0.6\times(104+32)=70.4$。

10．某寡头行业有两个厂商，厂商1为领导者，其成本函数为 $C_1=13.8Q_1$，厂商2为追随者，其成本函数为 $C_2=20Q_2$，该市场的反需求函数为 $P=100-0.4Q$。

求该寡头市场的斯塔克伯格模型解。

解：对于寡头2来说，其利润等式为：

$$\pi_2=TR_2-TC_2=[100-0.4(Q_1+Q_2)]Q_2-20Q_2$$

寡头2利润最大化的一阶条件为：

$$\frac{\partial\pi_2}{\partial Q_2}=100-0.4Q_1-0.8Q_2-20=0$$

从而得出寡头2的反应函数为：$Q_2=100-0.5Q_1$。

将寡头2的反应函数代入寡头1的利润函数，可得：

$$\pi_1=TR_1-TC_1=[100-0.4(Q_1+100-0.5Q_1)]Q_1-13.8Q_1$$

整理得：$\pi_1=46.2Q_1-0.2Q_1^2$

厂商利润最大化的一阶条件为：$\frac{d\pi_1}{dQ_1}=0$，即$46.2-0.4Q_1=0$

解得：$Q_1=115.5$。

则寡头1的利润$\pi_1=46.2\times115.5-0.2\times115.5^2=2668.05$。

将$Q_1=115.5$代入寡头2的反应函数，得$Q_2=100-0.5\times115.5=42.25$，寡头2的利润$\pi_2=[100-0.4\times(115.5+42.25)]\times42.25-20\times42.25=714.025$。

将$Q_1=115.5$和$Q_2=42.25$代入市场的需求函数，可得$P=100-0.4\times(115.5+42.25)=36.9$。

11．某寡头厂商的广告对其需求的影响为：

$$P=88-2Q+2\sqrt{A}$$

对其成本的影响为：

$$TC=3Q^2+8Q+A$$

式中，A为广告费用。

(1)求在无广告的情况下，利润最大化时的产量、价格与利润。

(2)求在有广告的情况下，利润最大化时的产量、价格、广告费用和利润。

(3)比较(1)与(2)的结果。

解：(1)若无广告，即$A=0$，则寡头厂商的利润函数为：

$$\pi(Q)=P(Q)\cdot Q-TC(Q)=(88-2Q)Q-(3Q^2+8Q)=-5Q^2+80Q$$

利润最大化的一阶条件为：

$$\frac{d\pi(Q)}{dQ}=-10Q+80=0$$

解得：$Q^*=8$。

将$Q^*=8$代入需求函数，可得$P^*=88-2\times8=72$。

将$Q^*=8$代入利润函数，可得$\pi^*=-5\times8^2+80\times8=320$。

因此，无广告的情况下，利润最大化的产量、价格与利润分别为8、72和320。

(2)在有广告的情况下，已知该寡头厂商的需求函数为$P=88-2Q+2\sqrt{A}$，此时该寡头厂商的总收益函数为：

$$TR=PQ=(88-2Q+2\sqrt{A})Q=(88+2\sqrt{A})Q-2Q^2$$

有广告时，该寡头厂商的成本函数为$TC=3Q^2+8Q+A$。

由题意可得以下的利润等式：

$$\begin{aligned}\pi &= TR - TC\\ &= (88 + 2\sqrt{A})Q - 2Q^2 - (3Q^2 + 8Q + A)\\ &= (80 + 2\sqrt{A})Q - 5Q^2 - A\end{aligned}$$

将以上利润函数 $\pi(Q, A)$ 分别对 Q、A 求偏导数，构成利润最大化的一阶条件如下：

$$\frac{\partial \pi}{\partial Q} = 80 + 2\sqrt{A} - 10Q = 0 \quad ①$$

$$\frac{\partial \pi}{\partial A} = A^{-\frac{1}{2}}Q - 1 = 0 \quad ②$$

求以上方程组的解，可解得 $Q = 10$，$A = 100$。

在此略去对利润最大化的二阶条件的讨论。

将 $Q = 10$，$A = 100$ 代入需求函数 $P = 88 - 2Q + 2\sqrt{A}$，得：

$$P = 88 - 2 \times 10 + 2\sqrt{100} = 88$$

最大化利润 $\pi = TR - TC = (80 + 2\sqrt{100}) \times 10 - 5 \times 10^2 - 100 = 400$

所以，该寡头厂商在有广告的情况下，利润最大化时的产量 $Q = 10$，价格 $P = 88$，广告费用 $A = 100$，利润 $\pi = 400$。

(3)比较(1)和(2)可知，该寡头厂商在做广告的情况下，其利润最大化的销售量增加，产品的价格也更高，利润也相应增加。可见，对该寡头厂商来说，做广告是值得的。

12. 假定某寡头市场有两个厂商生产同种产品，市场的反需求函数为 $P = 100 - Q$，两厂商的成本函数分别为 $TC_1 = 20Q_1$，$TC_2 = 0.5Q_2^2$。

(1)假定两厂商按古诺模型行动，求两厂商各自的产量和利润量，以及行业的总利润量。

(2)假定两厂商联合行动组成卡特尔，追求共同利润最大化，求两厂商各自的产量和利润量，以及行业的总利润量。

(3)比较(1)与(2)的结果。

解：(1)市场的反需求函数为 $P = 100 - Q$，即有 $P = 100 - (Q_1 + Q_2)$。

若两厂商按古诺模型行动，则厂商1的利润函数为：$\pi_1 = [100 - (Q_1 + Q_2)]Q_1 - 20Q_1$。

厂商1利润最大化的一阶条件为：$\frac{\partial \pi_1}{\partial Q_1} = 100 - 2Q_1 - Q_2 - 20 = 0$，可得厂商1的反应函数为：$Q_1 = 40 - 0.5Q_2$。

类似的，厂商2的利润函数为：$\pi_2 = [100 - (Q_1 + Q_2)]Q_2 - 0.5Q_2^2$。

厂商2利润最大化的一阶条件为：$\frac{\partial \pi_2}{\partial Q_2} = 100 - Q_1 - 3Q_2 = 0$，可得厂商2的反应函数为：$Q_2 = (100 - Q_1)/3$。

联立两厂商的反应函数，解得 $Q_1 = 28$，$Q_2 = 24$，从而商品的市场价格 $P = 48$。

所以厂商1的利润 $\pi_1 = 784$，厂商2的利润 $\pi_2 = 864$，行业的总利润 $\pi = \pi_1 + \pi_2 = 1648$。

(2)若两厂商联合行动组成卡特尔，则厂商的共同利润函数为：

$$\pi = [100-(Q_1+Q_2)](Q_1+Q_2)-20Q_1-0.5Q_2^2$$

两厂商追求共同利润最大化，其一阶条件为：

$$\begin{cases} \dfrac{\partial \pi}{\partial Q_1} = 100-2(Q_1+Q_2)-20=0 \\ \dfrac{\partial \pi}{\partial Q_2} = 100-2(Q_1+Q_2)-Q_2=0 \end{cases}$$

解得 $Q_1=20$，$Q_2=20$，从而商品的市场价格 $P=60$。所以厂商1的利润 $\pi_1=800$，厂商2的利润 $\pi_2=1000$，行业的总利润 $\pi=\pi_1+\pi_2=1800$。

(3)显然，合谋组成卡特尔会具有更多的利润，但这种卡特尔是不稳定的，因为每个厂商都会有破坏卡特尔均衡以谋求更大利润的倾向。

13. 假定某寡头厂商面临一条弯折的需求曲线，产量在0～30单位范围内时需求函数为 $P=60-0.3Q$，产量超过30单位时需求函数为 $P=66-0.5Q$；该厂商的短期总成本函数为 $STC=0.005Q^3-0.2Q^2+36Q+200$。

(1)求该寡头厂商利润最大化的均衡产量和均衡价格。

(2)假定该厂商成本增加，导致短期总成本函数变为 $STC=0.005Q^3-0.2Q^2+50Q+200$，求该寡头厂商利润最大化的均衡产量和均衡价格。

(3)对以上(1)和(2)的结果作出解释。

解：(1)由题意得，当 $Q\leqslant 30$ 时，$MR_1=60-0.6Q$；当 $Q>30$ 时，$MR_2=66-Q$。短期边际成本为 $SMC=0.015Q^2-0.4Q+36$。

当 $Q=30$ 时，$MR_1=42$，$MR_2=36$，$SMC=37.5$。因为 $MR_2<SMC<MR_1$，所以短期边际成本曲线位于边际收益曲线的间断部分，从而该寡头厂商利润最大化的均衡产量为 $Q=30$，均衡价格为 $P=51$。

(2)成本增加后的短期边际成本变为：$SMC=0.015Q^2-0.4Q+50$。

当 $Q=30$ 时，$SMC=51.5$，所以，新的短期边际成本曲线与 MR_1 相交，从而该寡头厂商利润最大化的条件为 $0.015Q^2-0.4Q+50=60-0.6Q$，解得 $Q=20$，从而 $P=60-0.3Q=54$。

(3)弯折的需求曲线导致边际收益曲线出现间断，当边际成本曲线位于边际收益曲线的垂直间断范围时，厂商的均衡点就是需求曲线的折点。而当成本增加使得边际成本曲线超出边际收益曲线的间断范围，则厂商利润最大化的条件为 $SMC=MR_1$。

三、论述题

1. 试述古诺模型的主要内容和结论。

答：古诺模型是早期的寡头模型，它是由法国经济学家古诺于1838年提出的一个只有两个寡头厂商的简单模型，也被称为“双头模型”。

古诺模型分析的是两个出售矿泉水的生产成本为零的寡头厂商的情况。它的假定是：市场上只有A、B两个厂商生产和销售相同的产品，他们的生产成本为零，他们共同面临的市场的需求曲线是线性的。A、B两个厂商都准确地了解市场的需求曲线，A、B厂商都是在已知对方产量的情况下，各自确定能够给自己带来最大利润的产量。

古诺模型的价格和产量的决定可以用图7-8表示。

在图7-8中，D曲线为两个厂商共同面临的需求曲线，由于生产成本为零，故图7-8中无成本曲线。

在第一轮，A厂商首先进入市场，由于成本为零，收益等于利润，A厂商面临D需求曲线，将产量定为市场总容量的一半，将价格定为OP_1，从而实现了最大利润。然后，B进入市场，它准确地知道A在本轮留给自己的市场容量为$Q_1Q^*=0.5OQ^*$，B也生产它所面临的市场容量的一半即产量为$Q_1Q_2=0.25OQ^*$。此时市场价格下降为OP_2，B获得的最大利润相当于图7-8中矩形Q_1HGQ_2的面积。而A的利润因价格的下降而减少为矩形OP_2HQ_1的面积。

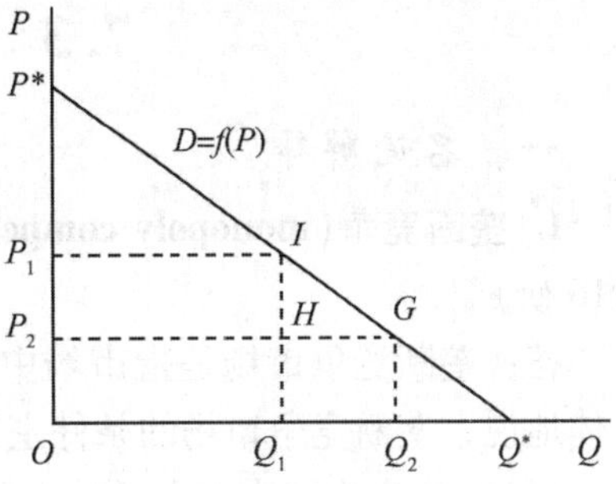

图7-8　古诺模型

在第二轮，A知道B留给自己的市场容量为$0.75OQ^*$。同样，A将自己的产量定位所面临的市场容量的一半，即$3/8OQ^*$。与上一轮相比，A的产量减少了$1/8OQ^*$后，B再次进入市场，选择自己所面临的市场容量的一半，即产量为$5/16OQ^*$。与上一轮相比，产量增加了$1/16OQ^*$。

这样重复到最后，达到均衡状态，得到结论：A、B的产量都为市场容量的1/3，即每个厂商的产量为$1/3OQ^*$，行业的总产量为市场容量的2/3，即$2/3OQ^*$。

以上双头古诺模型的结论可以推广，令寡头的数量为m，可以得到一般的结论如下：

每个寡头厂商的均衡产量 = 市场总容量 $\times 1/(m+1)$

行业的均衡总产量 = 市场总容量 $\times m/(m+1)$

2. 弯折的需求曲线模型是如何解释寡头市场上的价格刚性现象的？

答： 弯折的需求曲线模型可用图7-9来说明。

图7-9中有某寡头的一条dd需求曲线和一条DD曲线。假定开始时的市场价格为dd曲线和DD曲线的交点所决定的P^*。那么，根据该模型的基本假设条件，该垄断厂商由B点出发，提价所面临的需求曲线是dd需求曲线的dB段，降价所面临的需求曲线是DD需求曲线上的BD段，于是，这两段共同构成该寡头厂商的需求曲线为dBD。

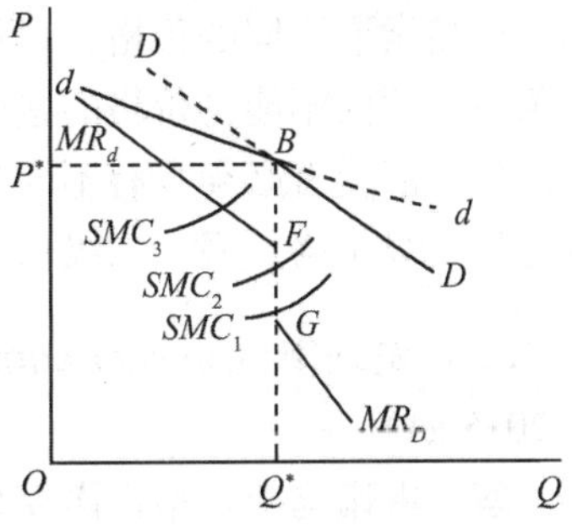

图7-9　弯折的需求曲线模型

由它可以得到间断的边际收益曲线，图7-9中与需求曲线dB段所对应的边际收益曲线为MR_d，与需求曲线BD段所对应的边际收益曲线为MR_D，两者结合在一起，便构成了寡头厂商的间断的边际收益曲线，其间断部分为垂直虚线FG。

利用间断的边际收益曲线，便可以解释寡头市场上的价格刚性现象。只要边际成本SMC曲线的位置变动不超过边际收益曲线的垂直间断范围，寡头厂商的均衡价格和均衡产量都不会发生变化，例如，在图7-9中的边际收益曲线的间断部分FG，SMC_1曲线上升到

SMC_2曲线的位置，寡头厂商仍将均衡价格和产量保持在P^*和Q^*的水平。除非成本发生很大的变化，如成本上升使得边际成本曲线上升到SMC_3的位置，才会影响到均衡价格和产量水平。

7.3 名校考研真题详解

一、名词解释

1. 垄断竞争(monopoly competition)(人大2003研；厦门大学2004、2014研；北师大2016研)

答：垄断竞争市场是指市场中有许多厂商生产和销售有差别的同种产品的市场组织。具体地说，垄断竞争市场的条件主要有以下三点：

(1)在生产集团中有大量的企业生产有差别的同种产品，这些产品彼此之间都是非常接近的替代品。

(2)一个生产集团中的企业数量非常多，以至于每个厂商都认为自己的行为的影响很小，不会引起竞争对手的注意和反应，因而自己也不会受到竞争对手的任何报复措施的影响。

(3)厂商的生产规模比较小，因此，进入和退出一个生产集团比较容易。

许多经济学家认为，垄断竞争的存在从总体上说是利大于弊，现实中垄断竞争也是一种普遍存在的市场结构，如轻工业品市场等。

2. 价格歧视(Price Discrimination)(中山大学2003研；华南师大2004研；南开大学2006研；中南财大2007、2015研；中央财大2008、2010、2013研；对外经贸大学2016研；北理工2016研；华中科大2016研；北师大2018研；浙江大学2018研；东华大学2018研；中国地质大学(北京)2018研；浙江工商大学2019研；东北大学2004、2019研)

答：价格歧视是指由于垄断者具有某种垄断力量，因此，垄断者可以对自己所出售的同类产品索取不同的价格，以使自己所获利润达到最大值。实现价格歧视必须具备以下几个条件：厂商不能是价格的接受者，即有权改变价格；厂商必须能够按需求弹性对顾客加以区分；消费者必须具有不同的需求弹性；厂商必须能够防止产品的再次出售。价格歧视可分为一级价格歧视、二级价格歧视和三级价格歧视。

3. 古诺均衡(Cournot equilibrium)(武汉大学2009研；对外经贸大学2015研；中国地大2015研)

答：古诺均衡是指古诺模型中的两个厂商的反应曲线的交点所确定的一组均衡的产量水平。在古诺模型中，各厂商的反应曲线表示给定竞争者的产量时，厂商会生产的数量。在均衡时，各厂商根据自己的反应曲线确定产量，所以均衡产量水平为两条反应曲线的交点。在这一均衡中，各厂商都正确假定了它的竞争者将生产的产量，并相应地最大化了自己的利润。

古诺均衡是纳什均衡的一个例子。在一个纳什均衡中，各厂商的行为是给定它的竞争者的行为时它能做的最好的行为，所以没有哪个厂商会有改变自己行为的冲动。在古诺均衡中，各双寡头生产的产量都是在给定他的竞争者的产量时能实现它的最大利润的，所以，双寡头中任一个都不会有改变自己产量的冲动。

4. 斯塔克伯格模型（东北财大 2012 研）

答：斯塔克伯格模型是德国经济学家斯塔克伯格（Stackelberg）在 1934 年一篇论文中提出的分析范式。

与古诺模型和伯特兰模型不一样的是，竞争厂商之间的地位并不是对称的，市场地位的不对称引起了决策次序的不对称，通常，小企业先观察到大企业的行为，再决定自己的对策。斯塔克伯格模型通常用于描述这样一个产业：在该产业中存在着一个支配企业，除此之外，该产业中还有若干小企业，那些小企业经常是等待支配企业宣布其产量计划，然后再相应调整自己的产量。因此，斯塔克伯格模型也被称之为“领导者－追随者”模型。

二、简答题

1. 市场中存在垄断的原因主要有哪些？（武汉大学 2003 研；华中科大 2010 研；东北大学 2019 研）

答：垄断是指一家厂商控制一个行业的全部供给的市场结构。它具有如下特征：第一，厂商就是行业。完全垄断市场只有一个厂商，它提供整个行业的产销量；第二，产品不能替代。在完全垄断市场上，不存在产品相近的替代品的竞争，其需求交叉弹性为零，厂商不受任何竞争性威胁；第三，独自决定价格。厂商是价格的制定者，可以利用各种手段决定价格，以达到垄断的目的；第四，实行差别价格，以攫取最大的超额利润。

形成垄断的原因主要有以下几个：

（1）独家厂商控制了某种商品的全部资源或基本资源的供给。这种对生产资源的独占，排除了经济中其他厂商生产同种产品的可能性。

（2）独家厂商拥有生产某种商品的专利权，这使得独家厂商可以在一定的时期内垄断该产品的生产。

（3）政府的特许。政府往往在某些行业实行垄断的政策，于是独家企业就成了这些行业的垄断者。

（4）自然垄断。有些行业的生产具有这样的特点：生产的规模经济效益需要在一个很大的产量范围和相应的巨大的资本设备的生产运行水平上才能得到充分的体现，以至于整个行业的产量只有由一个企业来生产时才有可能达到这样的生产规模。而且，只要发挥这一企业在这一生产规模上的生产能力，就可以满足整个市场对该产品的需求。在这类产品生产中，行业内总会有某个厂商凭借雄厚的经济实力和其他优势最先达到这一生产规模，从而垄断了整个行业的生产和销售，这就是自然垄断。

2. 家电行业的制造商发现，为了占有市场份额，他们不得不采取一些竞争策略，包括广告、售后服务、产品外形设计等，其竞争是很激烈的。因此，家电行业被认为是完全竞争行业。这种说法对吗？（厦门大学 2010 研；哈尔滨工业大学 2018 研）

答：这种说法是不正确的，家电行业属于垄断竞争行业。

（1）完全竞争市场中有很多家厂商，每一家厂商都要与很多直接竞争者进行竞争，由于每家厂商出售的产量所占市场份额的比重都比较小，以至于其决策对市场价格不产生影响，所以每个厂商面临的价格都是既定的，完全竞争市场上的厂商都是价格的接受者。

完全竞争市场上的产品都是完全同质的，所有厂商的产品互相之间都是完全替代的。完全竞争市场的这种特征决定了厂商只能在既定的市场价格上提供产品，厂商如果采取一些非价格竞争的手段来提高销售量，例如广告、售后服务、产品外形设计等都会增加成本，其利润就会为负，即完全竞争市场上的厂商没有必要采取一些非价格竞争的手段。

(2)垄断竞争市场的特征之一是厂商之间通过销售有差别的产品进行竞争，这些产品相互之间是高度可替代的但不是完全替代的，这决定了垄断竞争行业的竞争是非常激烈的，但采取价格竞争策略对各厂商都会带来负面作用，所以一般采取非价格竞争的策略，例如广告、售后服务、改变产品外形设计等。

家电行业属于垄断竞争行业，其产品具有非常强的相互替代性，行业中既有竞争的因素又有垄断的因素，家电产品很相近但又因为独特而巧妙的个性化设计和功能能够占领部分市场，因此家电行业的制造商通常采取一些竞争策略，如广告、售后服务、改变产品外形设计等来增加市场份额。

3. 上海一家电力公司开始实行晚上用电0.3元每度，比白天便宜。问电力公司这种做法是价格歧视吗？是哪种价格歧视？这样做可以增大消费者福利和厂商的效益吗？为什么？(复旦大学2009研)

答：(1)电力公司这种做法是价格歧视。理由是：在中国，电力公司是垄断行业；同时，价格歧视是指垄断者对于同样的产品收取不同的价格。结合以上这两点就能肯定电力公司这种做法是价格歧视。

(2)价格歧视可分为一级、二级和三级价格歧视。其中，三级价格歧视是指垄断厂商对同一种产品在不同的市场上(或对不同的消费群)收取不同的价格。本题中，从市场的地理纬度来看，都是在上海电力市场这一市场内，但是从时间维度来看，则分为白天和晚上两个市场，而对于这两个不同的市场，电力公司收取了不同的价格，因此电力公司这种做法属于三级价格歧视。

(3)根据垄断厂商的行为理论，实行价格歧视肯定是能够增大厂商的效益的。与纯粹的垄断厂商理论分析不同的是，本题中这种价格歧视可以增大消费者福利。分析如下：在现实世界中，市场供给往往是有限制的，比如电力公司不可能在同一时间供应出所有需求量的电力来，如果所有的消费者同时使用电力，就会导致电压不足等问题。这样通过实施价格歧视，把一部分消费者隔离出不同的消费时段，而使那些在特定时段真正对电力有极度需求的消费者能用上满意的电，而在不同的时间又能让另一部分消费者用上他们认为满意的电，从整体上改善了消费者的福利，还能起到节约能源的作用。

4. 完全竞争市场如何推导短期供给曲线，垄断市场为何不存在供给曲线？(华南师大2011研；深圳大学2019研)

答：(1)完全竞争条件下，每个厂商都无法控制市场价格，它们都是在每一个既定的市场价格水平下，根据价格等于边际成本(即 $P=SMC$)的均衡条件来确定唯一的能够带来最大化利润(或最小化亏损)的产量。随着完全竞争厂商所面临的水平需求曲线的位置上下移动(实际是市场价格的上下波动)，市场价格对应的唯一均衡产量也随之发生变化，这样就得到一系列由市场价格和相应的产量构成的点，将这些点连起来就构成了短期供给曲线的基础，实际上这些点就在短期边际成本线上。由于厂商短期生产必须在停止营业点即平均可变成本线最低点以上进行，因此可变成本线最低点以上部分就是短期供给曲线。由于可变成本线最低点以上部分边际成本都是递增的，因此厂商短期供给曲线是向右上方倾斜的。

(2)垄断市场情况就不同了。垄断厂商是通过对产量和价格的同时调整来实现 $MR = SMC$ 的原则的，而且，P 总是大于 MR 的。随着厂商所面临的向右下方倾斜的需求曲线的位置移动，厂商的价格和产量之间不再必然存在如同完全竞争条件下的那种一一对应的关系，而是有可能出现一个价格水平对应几个不同的产量水平，或一个产量水平对应几个不同的价格水平的情形。因此，在垄断市场条件下无法得到如同完全竞争市场条件下的具有规律性的可以表示产量和价格之间一一对应关系的厂商和行业的短期供给曲线。

三、计算题

1. 假定有 2 家相同的厂商处于古诺均衡中，边际成本大于零。证明：均衡点市场需求曲线弹性的绝对值一定大于 1/2。(人大 2019 研)

解：设这 2 家相同的厂商不变成本为 0，边际成本均为 $c(c>0)$，产量分别为 q_1、q_2，总产量为 $Q=q_1+q_2$；设市场需求曲线为 $P=b-aQ=b-aq_1-aq_2(a>0,\ b>0)$。

厂商 1 的利润函数为：$\pi_1=(b-aq_1-aq_2)q_1-cq_1$；

其利润最大化的一阶条件为：$\partial\pi/\partial q_1=b-2aq_1-aq_2-c=0$；

解得厂商 1 的反应函数为：$q_1=(b-c-aq_2)/(2a)$。

同理，可得厂商 2 的反应函数为：$q_2=(b-c-aq_1)/(2a)$。

联立厂商 1 和厂商 2 的反应函数，解得：$q_1=q_2=(b-c)/(3a)$，则 $Q=2(b-c)/(3a)$，$P=b-2(b-c)/3=(b+2c)/3$，此时需求曲线的弹性绝对值为：

$$|E_d|=\left|\frac{\mathrm{d}Q}{\mathrm{d}P}\times\frac{P}{Q}\right|=\frac{P}{aQ}=\frac{\frac{b+2c}{3}}{\frac{2(b-c)}{3}}=\frac{b+2c}{2(b-c)}>\frac{1}{2}$$

所以均衡点市场需求曲线弹性的绝对值一定大于 1/2。

2. 已知生产相同商品的潜在生产者的成本函数都是 $C(q_i)=25+10q_i$，市场需求为 $Q=110-P$，q_i 表示各生产者的产量，P 表示市场价格，假定各生产者组成的寡头市场满足古诺模型的要求，试求：

(1)若只有两个生产者组成古诺模型的寡头市场，产品市场的均衡价格等于多少？每个企业能获得多少垄断利润？

(2)若各潜在生产者在寡头市场展开竞争，从而形成垄断竞争市场，产品市场的均衡价格等于多少？在垄断竞争的产品市场上，最终可能存在几个生产者？

(3)政府向垄断竞争市场的生产者的每个产品征收 75 元的商品税时，产品市场的均衡价格等于多少？在垄断竞争市场上，最终可能存在几个生产者？(上海交大 2006 研)

解：(1)若只有两个生产者(生产者 1 和生产者 2)组成古诺模型的寡头市场，则对于厂商1而言，其利润为：

$$\pi = Pq_1 - C(q_1) = (110 - q_1 - q_2)q_1 - 25 - 10q_1$$

利润最大化的一阶条件为：

$$\frac{\partial \pi}{\partial q_1} = 110 - 2q_1 - q_2 - 10 = 0$$

解得生产者1的反应函数为：$q_1 = 50 - 0.5q_2$ ①

同理可得生产者2的反应函数为：$q_2 = 50 - 0.5q_1$ ②

由①、②两式联立可得：$q_1 = q_2 = \frac{100}{3}$

因此，产品市场的均衡价格为：$P = 110 - (q_1 + q_2) = \frac{130}{3}$

每个企业能够获得的利润为：

$$\pi_1 = \pi_2 = (110 - q_1 - q_2)q_1 - 25 - 10q_1 = \frac{9775}{9}$$

(2)若各潜在生产者在寡头市场展开竞争，从而形成垄断竞争市场，则在市场均衡时，对于每一个生产者而言，其利润都为零。即：

$$\pi_i = Pq_i - C(q_i) = (110 - \sum_{j=1}^{n} q_j)q_i - 25 - 10q_i = 0$$

由于每一个厂商都具有相同的成本函数，所以 $nq_i^2 - 100q_i + 25 = 0$ ③

同时，对每一家厂商而言，有：$\frac{\partial \pi_i}{\partial q_i} = 110 - \sum_{j=1}^{n} q_j - q_i - 10 = 0$ ④

由于每一个厂商都具有相同的成本函数，所以④可以化为：$(n+1)q_i = 100$ ⑤

由③、⑤两式可得：$q_i = 5$，$nq_i = 95$，最多可以存活下来的生产者的总数为：$n = 95 \div 5 = 19$，所以市场价格为：$P = 110 - nq_i = 110 - 95 = 15$。

(3)政府向垄断竞争市场的生产者的每个产品征收75元的商品税时，若各潜在生产者在寡头市场展开竞争，从而形成垄断竞争市场，从而在市场均衡时，对于每一个生产者而言，其利润都为零。即：

$$\pi_i = Pq_i - C(q_i) - 75q_i = (110 - \sum_{j=1}^{n} q_j)q_i - 25 - 85q_i = 0 \quad ⑥$$

由于每一个厂商都具有相同的成本函数，所以 $nq_i^2 - 25q_i + 25 = 0$ ⑦

同时，对每一家厂商而言，有：$\frac{\partial \pi_i}{\partial q_i} = 110 - \sum_{j=1}^{n} q_j - q_i - 85 = 0$ ⑧

由于每一个厂商都具有相同的成本函数，所以⑧式可以化为：$(n+1)q_i = 25$ ⑨

由⑦、⑨两式可得：$q_i = 5$，$nq_i = 20$，最多可以存活下来的生产者的总数为：$n = 20 \div 5 = 4$，所以市场价格为：$P = 110 - nq_i = 110 - 20 = 90$。

3. 某快餐连锁店米当劳在一个小岛上开了一家分店，成为这个小岛上唯一提供豆沙包的餐馆，假定它生产豆沙包的总成本是 $TC = 0.5Q + 15$。该餐馆对豆沙包进行差额定价，价格分别是 P_H 和 P_L。每位顾客都可以以 P_H 价格购买豆沙包，但是只有持有本地报纸提供的米当劳优惠券的人才能以 P_L 的价格购买豆沙包。假定小岛上豆沙包的需求曲线是 $P = 20 -$

$0.5Q$，而且只有那些在价格高于 P_H 时不愿意购买的人才愿意手持优惠券以 P_L 的价格购买豆沙包。

(1) 将米当劳的需求曲线 D 和供给曲线 S 以及边际收益曲线 MR 绘制在同一个图中；

(2) 如果米当劳不能实行差额定价，它的利润是多少？

(3) 如何定价 P_H 和 P_L，才能达到利润最大化？（中央财大 2009 研）

解：(1) 米当劳的总成本为 $TC = 0.5Q + 15$，所以边际成本为 $MC = 0.5$，供给曲线为：$P = MC = 0.5$，如图 7-10 中的水平线 S 所示。豆沙包的需求曲线为 $P = 20 - 0.5Q$，所以米当劳的需求曲线如图 7-10 中的 D 所示。米当劳的边际收益 $MR = \mathrm{d}(PQ)/\mathrm{d}Q = 20 - Q$，如图 7-10 中的 MR 曲线所示。

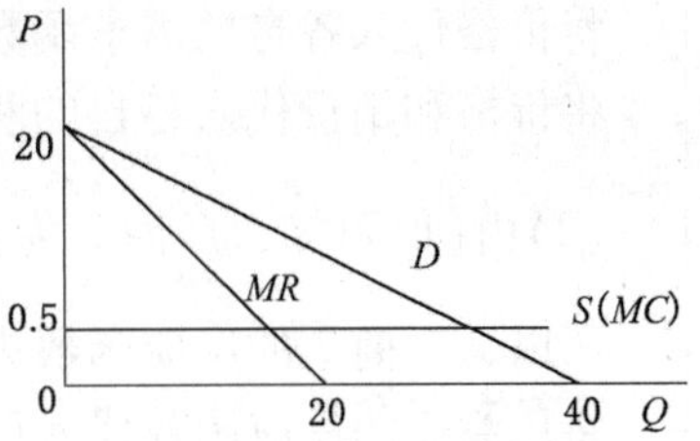

图 7-10　米当劳的需求曲线、边际收益曲线和供给曲线

(2) 如果米当劳不能实行差额定价，遵循利润最大化原则 $MR = MC$，可得：$MR = 20 - Q$；$MC = 0.5$。解得 $Q = 19.5$，$P = 10.25$。

米当劳的利润 $\pi = PQ - TC = 10.25 \times 19.5 - 0.5 \times 19.5 - 15 = 175.125$。

(3) 假定米当劳制定的价格分别为 P_H、P_L，且 $P_H > P_L$，则当价格为 P_H 时，市场需求为 $Q_H = 40 - 2P_H$；当市场价格为 P_L 时，需求量为 $Q_L = (40 - 2P_L) - (40 - 2P_H) = 2(P_H - P_L)$。因此差额定价下，米当劳的利润为：

$$\begin{aligned}\pi &= P_H(40 - 2P_H) + 2(P_H - P_L)P_L - 0.5[(40 - 2P_H) + 2(P_H - P_L)] - 15 \\ &= P_H(40 - 2P_H) + 2(P_H - P_L)P_L - 0.5(40 - 2P_L) - 15\end{aligned}$$

利润最大化的一阶条件为：

$$\frac{\partial \pi}{\partial P_H} = 40 - 4P_H + 2P_L = 0$$

$$\frac{\partial \pi}{\partial P_L} = 2P_H - 4P_L + 1 = 0$$

从而可以解得：$P_H^* = 13.5$，$P_L^* = 7$，米当劳的最大化利润为：

$$\pi = 13.5 \times (40 - 27) + 2 \times (13.5 - 7) \times 7 - 0.5 \times (40 - 14) - 15 = 238.5$$

4. 生产差别产品的两厂商通过选择价格竞争，他们的需求曲线是：$Q_1 = 20 - p_1 + p_2$ 和 $Q_2 = 20 - p_2 + p_1$，式中，p_1 和 p_2 是两厂商的定价，Q_1 和 Q_2 则是相应的需求。假设成本为零。

(1) 若两厂商同时决定价格，那么他们会定什么价格，销量和利润各为多少？

(2) 设厂商 1 先定价格，然后厂商 2 定价。厂商 1 观测到了厂商 2 的反应曲线。这时各厂商将定价多少，销量和利润为多少？（中山大学 2008 研）

解：(1) 当两个厂商同时决定价格时，两个厂商的利润函数分别为：

$$\pi_1 = p_1 Q_1 = p_1(20 - p_1 + p_2)$$

$$\pi_2 = p_2 Q_2 = p_2(20 - p_2 + p_1)$$

为使利润最大化，则应满足以下方程组：

$$\begin{cases}\dfrac{\partial \pi_1}{\partial p_1}=20-2p_1+p_2=0\\ \dfrac{\partial \pi_2}{\partial p_2}=20-2p_2+p_1=0\end{cases}$$

解得：$p_1=p_2=20$。

将价格代入各自的需求函数，可得：$Q_1=Q_2=20$。

将价格和销量代入各自的利润函数，可得：$\pi_1=\pi_2=400$。

(2)由(1)可知，厂商2为获得利润最大化，需满足：$\dfrac{\partial \pi_2}{\partial p_2}=20-2p_2+p_1=0$。

所以，厂商2的反应函数为$p_2=10+0.5p_1$。

将厂商2的反应函数代入厂商1的利润函数，可得：

$$\pi_1=p_1(30-0.5p_1)$$

为使利润最大化，应满足$\dfrac{d\pi_1}{dp_1}=30-p_1=0$

解得：$p_1=30$。

将$p_1=30$代入各函数，可得：$p_2=25$，$Q_1=15$，$Q_2=25$。

将价格和销量代入各自的利润函数，可得厂商1和厂商2的利润，即：

$$\pi_1=p_1Q_1=30\times 15=450$$
$$\pi_2=p_2Q_2=25\times 25=625$$

5．某产品的市场需求曲线为$Q=20-P$，市场中有n个生产成本相同的厂商，单个厂商的成本函数为$c=2q^2+2$。问：

(1)若该市场为竞争性市场，市场均衡时的市场价格和单个企业的产量是多少？

(2)长期均衡时该市场中最多有多少个厂商？

(3)若该市场为寡头垄断市场，古诺均衡时的市场价格和单个企业的产量是多少？(对外经贸大学2013研)

解：(1)在完全竞争市场上，市场均衡条件为$P=MC$，单个厂商的边际成本为$MC=4q$，故市场均衡时的价格为$P=4q$，且单个厂商的供给函数为$q=\dfrac{P}{4}$；又因为市场均衡时，总需求等于总供给，即$Q=nq$，则有：

$$nq=20-4q$$

因此，得出$q=\dfrac{20}{n+4}$，$P=\dfrac{80}{n+4}$。

故市场均衡时市场价格为$\dfrac{80}{n+4}$，单个企业的产量为$\dfrac{20}{n+4}$。

(2)竞争性市场长期均衡时每个厂商的利润均为零，即厂商都是在长期平均成本的最低点进行生产。由单个厂商的成本函数为$c=2q^2+2$，$LAC=2q+\dfrac{2}{q}$。LAC关于q求导，并令一阶导数等于0，即$\dfrac{dLAC}{dq}=2-\dfrac{2}{q^2}=0$，解得$q=1$(负值舍去)。此时$\dfrac{d^2LAC}{dq^2}=\dfrac{4}{q^3}=4>0$，即当

$q=1$ 时，长期平均成本为最小值。此时市场价格为 $P=4q=4$，根据市场需求曲线得市场均衡产量为 $Q=20-P=20-4=16$。因此，长期均衡时，该市场中厂商数目为：$n=\frac{Q}{q}=\frac{16}{1}=16$(家)。

(3)若市场上有 n 个相同的企业进行古诺竞争，记第 i 个企业的产出为 q_i，如果企业 i 对其他企业的产量预测为$\bar{q}_j$，$j\neq i$，那么它的利润最大化问题为：

$$\max_{q_i\geqslant 0} q_i\Big(20-q_i-\sum_{j\neq i}\bar{q}_j\Big)-2q_i^2-2$$

根据利润最大化问题的一阶条件解得企业 i 的反应函数为(其中 $i=1,2,\cdots n$)：

$$q_i=\frac{20-\sum\limits_{j\neq i}\bar{q}_j}{6} \qquad ①$$

均衡时，每个企业对其他企业的产量预测都等于其实际产量，又因为所有的企业都完全相同，所以均衡时，它们的产量也是相同的，那么①式就变为：

$$q_i=\frac{10}{3}-\frac{n-1}{6}q_i$$

解得：$q_i=\frac{20}{n+5}$，所以市场总需求为 $nq_i=\frac{20n}{n+5}$，市场价格为$\frac{100}{n+5}$。

四、论述题

1.“假定一个完全竞争行业的所有厂商合并为一个垄断厂商，再假定合并前完全竞争行业需求的价格弹性为0.5，那么，不管这种合并的规模效应如何，只要垄断者是追求利润最大的，则这种合并必然导致产量下降和价格上升”。你同意这一说法吗?（浙江大学2006研）

答：个人同意这一说法。理由如下：

假定合并前该行业的市场需求曲线如图7-11中的 d，由于需求的价格弹性为0.5，即 $\frac{AC}{CB}=0.5$，可知全行业的产量为 Q_1，价格为 P_1。合并以后，此行业成为一个垄断厂商，要实现利润最大化，该垄断厂商必须根据 $MR=MC$ 来决定产量和价格，图7-11中该厂商的 MC 曲线和 MR 曲线相交于 E 点，则产量为 Q_2，价格为 P_2。可以看出，$Q_2<Q_1$，$P_1<P_2$。

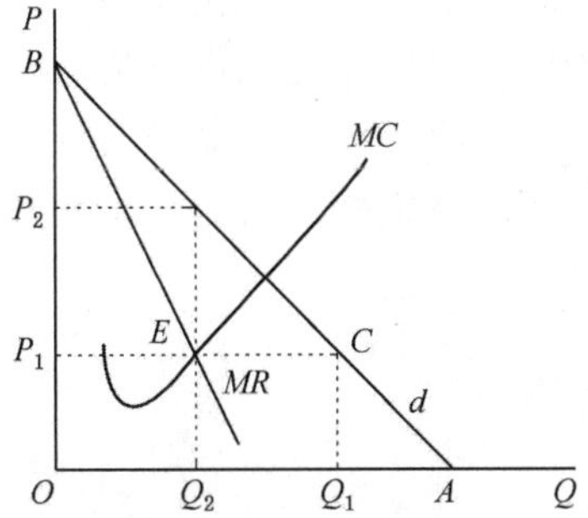

图7-11 需求曲线和边际收益曲线

从图形上看，不管这种合并的规模效应如何大，但边际成本总是正的，因此与 MC 曲

线相交的 MR 必定大于零，而 MR 为零所对应的需求曲线上的点的需求的价格弹性为1，所以合并后的利润最大化的产量对应的需求曲线点的价格弹性至少为1，而合并前的需求价格弹性为0.5，所以合并后的利润最大化的产量对应的价格必然在 P_1 之上，这种合并必然导致产量下降，价格上升。

2. 从资源利用效率角度对完全竞争市场和完全垄断市场进行比较。（辽宁大学2004研；南开大学2005研）

答：(1)在完全竞争市场下，厂商的平均收益、边际成本和边际收益相等，都等于市场价格，这意味着完全竞争市场在资源利用上是有效率的。在完全垄断市场的状态下，垄断厂商可以自行控制市场的产量和价格，它们从自身利益出发，所定的市场价格高于平均成本和边际成本，从中获得超额利润，这意味着完全垄断市场在资源利用上没有效率。

(2)从边际成本等于市场价格来分析。边际成本度量了社会生产一单位产品耗费资源的成本，而市场价格则衡量了消费者愿意支付给该单位产品的货币(或其他商品)数量，即社会给予该单位产品的价值评判。边际成本等于市场价格意味着，最后一单位的产量耗费的资源的价值恰好等于该单位产量的社会价值，此时生产达到了最优。因为，如果边际成本大于市场价格，那么就意味着在消费者看来，最后一单位的产品不值那么多，从而减少该单位产品的生产会提高社会的价值总和；反之，如果边际成本小于市场价格，那么增加生产会提高社会的价值总和。这说明，完全竞争企业的产量是最优的。

(3)从平均成本等于市场价格来看，平均成本是生产者生产所有的产量每单位所花费资源的费用，而市场价格是消费者购买所有产量每单位支付给生产者的收益。平均成本等于市场价格意味着，生产者提供该数量的产品所获得的收益恰好补偿企业的生产费用，从而企业没有获得超额利润，消费者也没有支付多余的费用，这对于买卖双方都是公平的。从另一方面来看，由于在完全竞争市场上，市场价格是一条水平的直线，而在企业长期均衡时，企业的边际收益和平均收益都等于市场价格，所以，企业提供的生产量恰好处于平均成本的最低点。这就是说，当提供该产量时，企业在现有的生产规模中选择了成本最低的一个。所以，完全竞争市场的生产在技术上是最优的，因为企业利用了现有技术提供的最低生产成本。

(4)完全竞争市场的长期均衡是通过价格的自由波动来实现的。所以，当由于消费者的偏好、收入等因素变动引起市场需求发生变动或由于生产技术、生产要素供给等因素变动引起市场供给发生变动时，市场价格可以迅速做出反应，及时根据市场供求的状况进行调整。另外，由于在完全竞争市场上企业提供的产品没有任何差别，因而企业没有必要通过广告之类的宣传媒介强化自己的产品在消费者心目中的地位。所以，在完全竞争市场上不存在非价格竞争所带来的资源浪费。

第8章　生产要素价格的决定

8.1　复习笔记

【知识框架(庖丁解牛)】

- 生产要素价格的决定
  - 完全竞争厂商对要素的需求
    - 完全竞争厂商的概念
    - 完全竞争厂商使用要素的原则
    - 完全竞争厂商对生产要素的需求曲线
    - 从完全竞争厂商的需求曲线到完全竞争市场的需求曲线
  - 对供给方面的概述
    - 要素供给原则：效用最大化
    - 无差异曲线分析
    - 要素供给问题
  - 工资的决定
    - 劳动的最优供给原则
    - 劳动供给曲线的图形推导
    - 工资变动的收入效应与替代效应
    - 劳动市场的均衡与工资率的决定
  - 地租的决定
    - 土地的需求
    - 土地的供给曲线
    - 土地市场的均衡与地租的决定
    - 租金、准租金和经济租金
  - 利息率的决定
    - 资本的需求
    - 储蓄决策及资本供给
    - 利率变动的替代效应、收入效应及资本供给曲线
    - 资本市场的均衡与利息率的决定
  - 洛伦兹曲线和基尼系数
    - 洛伦兹曲线
    - 基尼系数

【考点难点归纳(厚积薄发)】

考点一：完全竞争厂商对要素的需求　★★★★★

1．完全竞争厂商的概念

完全竞争厂商是指同时处于完全竞争产品市场和完全竞争要素市场中的厂商。因此，不完全竞争厂商可以分为以下三类：①在产品市场上完全竞争，在要素市场上不完全竞争；②在要素市场上完全竞争，在产品市场上不完全竞争；③在产品市场和要素市场上都处于

不完全竞争状态。

2. 完全竞争厂商使用要素的原则(见表8-1)

表8-1 完全竞争厂商使用要素的原则

<table>
<tr><th>要点</th><th colspan="3">具体内容</th></tr>
<tr><td>假设</td><td colspan="3">完全竞争厂商只使用一种生产要素、生产单一产品、追求最大限度的利润</td></tr>
<tr><td rowspan="4">利润最大化原则</td><td>含义</td><td colspan="2">利润最大化要求任何经济活动的“边际收益”必须等于“边际成本”，这一原则同样适用于要素使用量的决定</td></tr>
<tr><td rowspan="2">相关概念</td><td>边际产品价值(VMP)</td><td>指每增加1单位劳动投入所增加的产量[即边际物质产品$MP(L)$]的销售值。在完全竞争的产品市场中，厂商可以按既定销售价格卖出任何数量的产品，VMP等于边际物质产品与其销售价格之乘积：$VMP=MP(L)\times P$</td></tr>
<tr><td>要素价格(W)</td><td>在完全竞争条件下，由于要素价格为既定常数，使用要素的“边际成本”即成本函数对要素的导数恰好就等于劳动价格，即有：$dC(L)/dL=W$，表示完全竞争厂商增加使用一单位生产要素所增加的成本</td></tr>
<tr><td>公式表示</td><td colspan="2">$VMP=MP(L)\times P=W$</td></tr>
</table>

◆小试牛刀◆

在完全竞争的要素市场上，生产要素价格、产品价格和产品边际收益均等于4元，且此时厂商得到了最大利润，则生产要素的边际产量是(　　)。(暨南大学2018研)

A. 2　　B. 1　　C. 4　　D. 不可确定

【答案】D

【解析】完全竞争的要素市场上，厂商利润最大化的要素使用原则是$MRP=W$。根据题设，边际收益产品$MRP=MR\times MP=4$，要素价格$W=4$。此时，需分两种情况分析：

①若该厂商在产品市场上作为卖者是完全竞争者，则$MR=P$，$MRP=VMP=P\times MP=4$，而产品价格$P=4$，故边际产量$MP=1$。

②若该厂商在产品市场上作为卖者不是完全竞争者，则MR无法确定，边际产量MP也就无法确定。

综上所述，生产要素的边际产量无法确定。

3. 完全竞争厂商对生产要素的需求曲线

完全竞争厂商对生产要素的需求曲线描述了在其他条件既定时，完全竞争厂商对要素L的需求量与要素价格W之间的关系。这个关系可以用要素需求表来表示，也可以通过完全竞争厂商使用要素的原则进行推导。可以发现，在完全竞争条件下，厂商对单一要素的需求曲线与其边际产品价值曲线完全重合，向右下方倾斜。完全竞争厂商的要素需求曲线如图8-1所示。

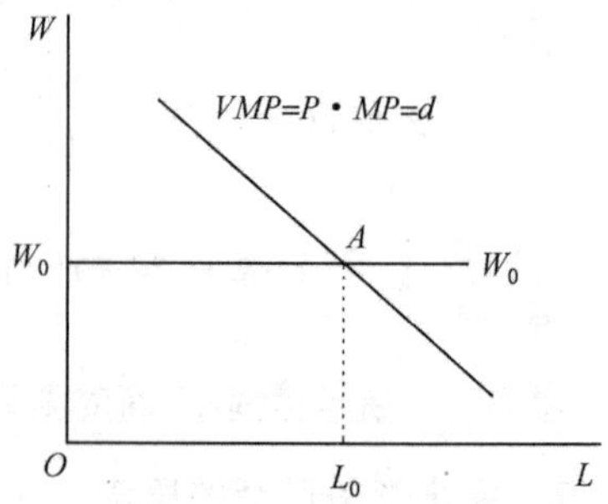

图8-1 完全竞争厂商的要素需求曲线

实际上，要素需求曲线等价于边际产品价值曲线这一结论依赖于两个“潜在假定”：第一，要素价格变化对要素的边际产品曲线没有影响；第二，要素价格变化对产品价格没有影响。显然，在考虑多要素共同使用以及多个厂商共同调整时，完全竞争厂商对要素 L 的需求曲线一般说来与该要素的边际产品价值曲线不相等。

4. 从完全竞争厂商的需求曲线到完全竞争市场的需求曲线

当从单个厂商转到研究整个市场时，单个厂商的边际产品价值曲线不再代表其要素需求曲线，它们的简单加总也不再代表整个市场的要素需求曲线。实际上，考虑到多个厂商调整情况下，厂商 m 对要素 L 的需求曲线 d_m 会比单个厂商的需求曲线 d(也即边际产品价值曲线 VMP)要陡峭一些。

考点二：对供给方面的概述 ★★★★★

1. 要素供给原则：效用最大化

(1)效用最大化：

在一定时期，要素的所有者所拥有的全部生产要素的数量是一定的，可以将要素供给看成是在“要素供给”和“保留自用”两种用途上进行分配以获得最大效用。要想效用最大化，就必须使要素供给的边际效用和保留自用的边际效用相等，这样才能实现均衡价格，否则会导致生产要素要么向供给转移，要么向自用转移。

(2)要素供给的边际效用：

一般情况下，对消费者来说，生产要素本身并没有效用，消费者供给生产要素是为了获得收入，而收入给消费者带来了效用。因此，生产要素对消费者的效用属于“间接效用”，是通过收入与效用联系起来，即要素供给的边际效用等于要素供给的边际收入与收入的边际效用的乘积，它表示每增加一单位要素供给所带来的消费者效用增量。用数学语言来表示为：$\mathrm{d}U/\mathrm{d}L=(\mathrm{d}U/\mathrm{d}Y)\times(\mathrm{d}Y/\mathrm{d}L)$。其中，$\mathrm{d}U/\mathrm{d}L$ 为要素供给的边际效用，表示每增加一单位要素供给为消费者带来的效用增量；$\mathrm{d}U/\mathrm{d}Y$ 为收入的边际效应；$\mathrm{d}Y/\mathrm{d}L$ 为要素供给的边际收入。因此，上式表示：要素供给的边际效用等于要素供给的边际收入乘以收入的边际效用。

(3)自用资源的边际效用：

自用资源既可产生间接效用，也可产生直接效用。为了使分析简单化，假定自用资源产生的都是直接效用。若用 l 表示自用资源数量，则自用资源的边际效用为 $\mathrm{d}U/\mathrm{d}l$，表示每增加一单位自用资源所带来的效用增量。

(4)要素供给原则：

根据要素供给的间接效用和自用资源的直接效用概念以及所谓“收入的价格” W_y，效用最大化条件可以表示为：$(\mathrm{d}U/\mathrm{d}l)/(\mathrm{d}U/\mathrm{d}Y)=W/W_y$。等式左边是资源与收入的边际效用之比，等式右边是资源和收入的价格之比。

2. 无差异曲线分析

要素供给原则也可以使用无差异曲线进行分析说明。如图 8-2 所示，横轴 l 代表自用资源的数量，纵轴 Y 代表要素供给所带来的收入。消费者所面临的问题为：在预算约束之下选择最优(即使得效用最大化)的收入 Y 和自用资源 l 的组合。最优组合即为预算线与无差异曲线 U_1 的切点 G^*。在最优点 G^* 满足无差异曲线的斜率与预算线的斜率相等。

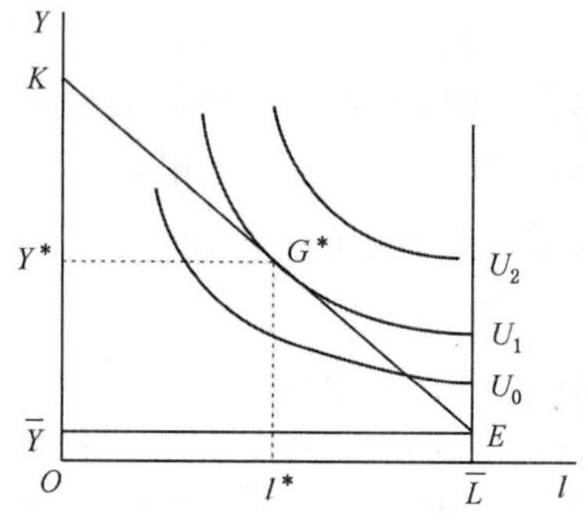

图 8-2　要素供给的原则：无差异曲线分析

3. 要素供给问题

借助于要素供给原则以及无差异曲线分析方法，可以得出要素供给量与要素价格之间的关系。一般情况下，要素供给曲线具有向右上方倾斜的正斜率性质。但是，并不是所有的要素供给曲线都总是向右上方倾斜的，要素供给曲线与要素的特点息息相关，呈现出不同的形状。

考点三：工资的决定　★★★★

工资是劳动这一生产要素提供的劳务的报酬，它是由劳动市场上的劳动的供求所共同决定的。

1. 劳动的最优供给原则

劳动供给问题是指消费者在闲暇和劳动供给之间进行选择的问题。闲暇直接增加劳动供给者的效用，而劳动供给通过劳动收入间接增加劳动供给者的效用。从本质上看，要素供给的一般原则同样适用于分析如何实现劳动的最优供给的问题，即劳动的最优供给原则为闲暇给消费者带来的直接效用等于劳动供给为消费者带来的间接效用。

2. 劳动供给曲线的图形推导

如图 8-3 所示，横轴 H 代表闲暇，纵轴 Y 代表收入。E 点表示消费者的初始状态，即非劳动收入 $\overline{Y}$ 与时间资源总量 16 小时的组合。假定劳动价格(工资)为 W_0，则最大可能的收入(劳动收入加非劳动收入)为 $K_0=16W_0+\overline{Y}$，因此预算线为点 E 与点 K_0 的连线 EK_0。无差异曲线 U_0 与 EK_0 相切于点 A。点 A 对应的闲暇量即为最优闲暇量 H_0，从而得到劳动供给量为$(16-H_0)$。

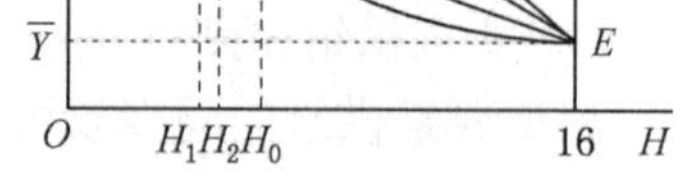

图 8-3　时间资源在闲暇和劳动供给之间的分配

让工资连续变化 $W_0 \to W_1 \to W_2 \to \cdots$，则消费者的预算线将绕 E 点顺时针转到 EK_1，EK_2，…，这样预算线分别变为 $K_1=16W_1+\overline{Y}$，$K_2=16W_2+\overline{Y}$，…，相应的切点也变为 B，C，…。均衡点 B，C，…，相应的劳动供给量为$(16-H_1)$，$(16-H_2)$，…。连接$(W_0,16-H_0)$，$(W_1,16-H_1)$，$(W_2,16-H_2)$，…，便得到图 8-4 的劳动供给曲线。

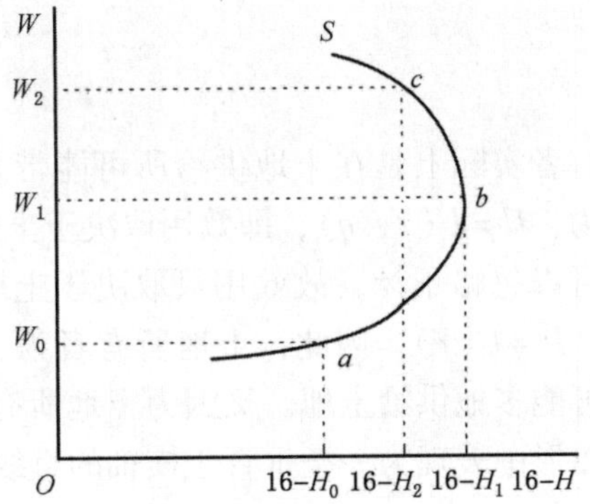

图 8-4　消费者的劳动供给曲线

图 8-4 的劳动供给曲线有一个特点：向后弯曲。当工资较低时，随着工资的上升，消费者为了高的工资愿意减少闲暇时间，增加劳动的供给。在这个阶段，劳动供给曲线向右上方倾斜。但是，当工资上涨到一定阶段（如图 8-4 中 W_1），劳动供给量开始随着工资的增加而递减，劳动供给曲线从工资 W_1 处起开始向后弯曲。

3. 工资变动的收入效应与替代效应（见表 8-2）

表 8-2　工资变动的收入效应与替代效应

要点	具体内容	
替代效应	工资率越高，对牺牲闲暇的补偿越大，劳动者就越愿意用多劳动来代替多休闲	
收入效应	工资率越高，个人越有条件以较少的劳动换得所需要的收入和消费品，增加工作时间的意愿减小	
效应分析	收入效应小于替代效应	劳动供给会随着工资率的提高而增加，劳动供给曲线向右上方倾斜，即曲线斜率为正值
	收入效应大于替代效应	劳动供给会随着工资率的提高而减少，劳动供给曲线向左上方倾斜，即曲线斜率为负值
供给曲线	工资率较低时，替代效应大于收入效应；工资率很高时，收入效应将会大于替代效应。随着工资率的提高，劳动供给曲线会从向右上方倾斜转为向左上方倾斜	

4. 劳动市场的均衡与工资率的决定

整个市场的劳动供给曲线可以由单个消费者的劳动供给曲线水平相加而得到。总的市场劳动供给随着工资的上升而增加，从而市场劳动供给曲线是向右上方倾斜的，不会向后弯曲。劳动需求曲线和劳动供给曲线的交点是劳动市场的均衡点，该点决定了均衡工资 W_0 和均衡劳动数量 L_0。

考点四：地租的决定　★★★★

1. 土地的需求

在经济学里，土地泛指一切自然资源。土地的需求取决于其边际产量价值。边际产量价值越高，它的需求量就越大；反之，它的需求量就越小。在边际生产力递减规律的作用下，土地的边际产量价值是递减的，因此土地的需求曲线是向右下方倾斜的。

2. 土地的供给曲线

(1)垂直的供给曲线:

与劳动力一样，土地所有者实际上是在土地供给所可能带来的收入与自用土地之间进行选择，其效用函数可以写为：$U=U(Y,\ q)$，即效用取决于土地收入 Y 和自用土地数量 q。由于通常土地的消费性使用可以忽略不计，故效用只取决于土地收入而与自用土地数量大小无关，效用函数简化如下：$U=U(Y)$。因此，土地所有者为了获得最大效用就必须使土地收入达到最大，即要求尽可能多地供给土地。又因为土地所有者所拥有的土地为固定的，土地供给无弹性，因此，在图形中表现为一条垂直于横轴的直线。

(2)向右上方倾斜的供给曲线:

土地的供给曲线垂直于横轴需要满足一个条件：土地不存在自用用途，但这个条件在现实中很难满足，并不能说土地没有自有价值。因此，实际上土地的供给曲线应向右上方倾斜。但是，为了分析简便，可以近似将土地供给曲线看成垂直于横轴的。

3. 土地市场的均衡与地租的决定

整个市场的土地供给曲线可以由所有单个土地所有者的土地供给曲线水平相加得到。将向右下方倾斜的土地的市场需求曲线与土地供给曲线结合起来，其交点确定了土地服务的均衡价格。如图8-5所示，土地需求曲线 D 与土地供给曲线 S 的交点是土地市场的均衡点，土地服务的均衡价格 R_0。

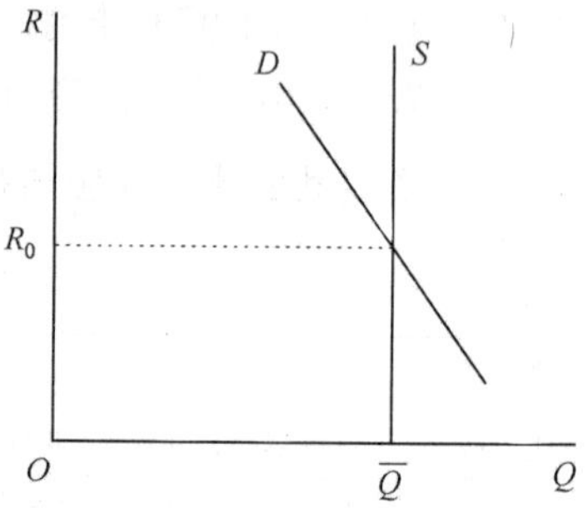

图8-5 土地服务的均衡价格

地租是指当土地供给曲线垂直时，它与土地需求曲线的交点所决定的土地服务价格。由于土地的供给曲线垂直且固定不变，因此地租完全由土地的需求曲线决定：当需求曲线上升时，地租上升；当需求曲线下降时，地租下降。地租产生的(技术)原因在于：土地稀缺，供给固定不变，土地需求曲线的右移导致地租的产生。

4. 租金、准租金和经济租金

(1)租金:

租金是指供给数量固定不变的一般资源的服务价格。地租是指固定不变的资源为土地时的租金，租金是一般化的地租。

(2)准租金:

准租金是指对短期中供给量暂时固定的生产要素的支付，即固定生产要素的收益。

厂商的短期成本曲线可以用来分析准租金，如图8-6所示。MC 表示厂商的边际成本，AC 表示平均成本，AVC 表示平均可变成本。假定产品价格为 P_0，则厂商将生产 Q_0 单位的产品，此时，可变总成本为面积 $OGBQ_0$，代表厂商对为生产 Q_0 单位产品所需的可变生产要素量而必须作出的支付。准租金为剩余部分 GP_0CB。

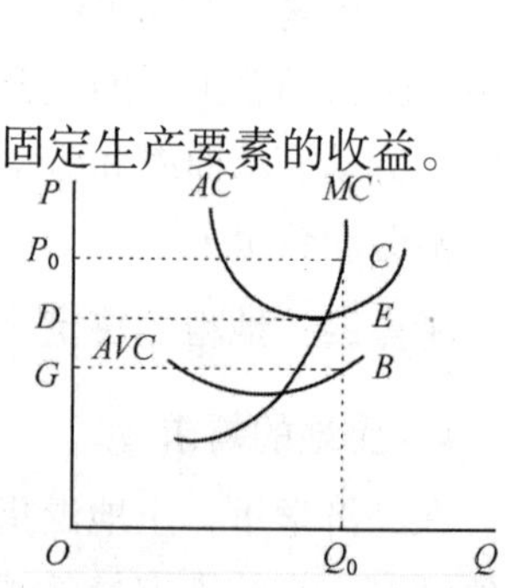

图8-6 准租金

从准租金 GP_0CB 中减去固定总成本 $GDEB$ 即为经济利润

DP_0CE。因此，准租金是固定总成本与经济利润之和。当经济利润为 0 时，准租金等于固定总成本。当厂商有经济亏损时，准租金则小于固定总成本。

(3)经济租金：

图 8-7 是经济租金的几何解释。图中经济租金为要素供给曲线 S 以上、要素价格 R_0 以下的阴影区域 AR_0E。要素的全部收入为 OR_0EQ_0，但按照要素供给曲线，要素所有者提供 Q_0 量要素愿意接受的最低要素收入是 $OAEQ_0$。因此，阴影部分 AR_0E 表示要素的"超额"收益。

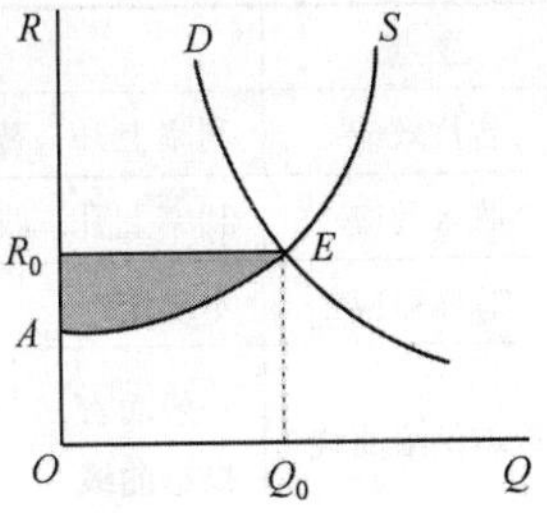

图 8-7 经济租金

经济租金是要素收入(或价格)的一部分，该部分并非为获得该要素于当前使用中所必须，它表示要素收入中超过其在其他情况下所能获得的收入部分。换句话说，经济租金是要素收入与其机会成本之差。

考点五：利息率的决定 ★★

1. 资本的需求(见表 8-3)

表 8-3 资本的需求

要点	具体内容
资本的概念	指由经济制度本身生产出来并被用作投入要素以便进一步生产更多的商品和劳务的物品，与劳动和土地并列为生产要素之一
资本的特点	①资本可以通过人们的经济活动生产出来，因而资本的数量是可以改变的； ②人们生产资本的目的是获得更多的商品和劳务； ③资本是作为投入要素用于生产过程的
资本需求的确定	如果利息率既定，需求量将被确定在资本的边际生产力(预期利润率)等于利息率的水平上

2. 储蓄决策及资本供给

资本的供给是指资本的所有者在各个不同的利息率水平上愿意而且能够提供的资本数量。资本供给主要取决于让渡资本的机会成本及风险成本，只有借出资本所获得的利息报酬可以补偿这些成本，资本供给才会成为现实。

储蓄是指消费者提供给厂商的资本是他们的收入中去掉消费后的剩下部分。因此，资本供给理论实际上是储蓄决策理论。个人进行储蓄决策时，实际上也就是在做关于何时消费的决策。消费者现在消费越少，即现在储蓄越多，将来消费就越多。因此，消费者的储蓄决策可以看作是在现在消费和未来消费之间的选择，经历时间的消费选择称之为跨时期选择。

3. 利率变动的替代效应、收入效应及资本供给曲线(见表 8-4)

表 8-4 利率变动的替代效应、收入效应及资本供给曲线

要点	具体内容
假设	只有今年和明年两个时期。改变利率相当于改变今年消费与明年消费的相对价格，具体地说，提高当前利率相当于提高今年的消费价格，降低明年的消费价格

续表

要点	具体内容
替代效应	利率上升，替代效应减少今年消费，增加明年消费，即利率上升时，替代效应鼓励储蓄
收入效应	利率上升，收入效应增加今年消费，减少明年消费，即利率上升时，收入效应减少储蓄
总体效应	不确定
资本供给曲线	一般而言，人们认为利率提高会提高人们的储蓄水平，由此可以得到一个向右上方倾斜的可贷资金供给曲线

4. 资本市场的均衡与利息率的决定

在图8-8中D曲线与S曲线相交于E点，此点所对应的r_0为均衡利息率，K_0为资本的均衡供给量。

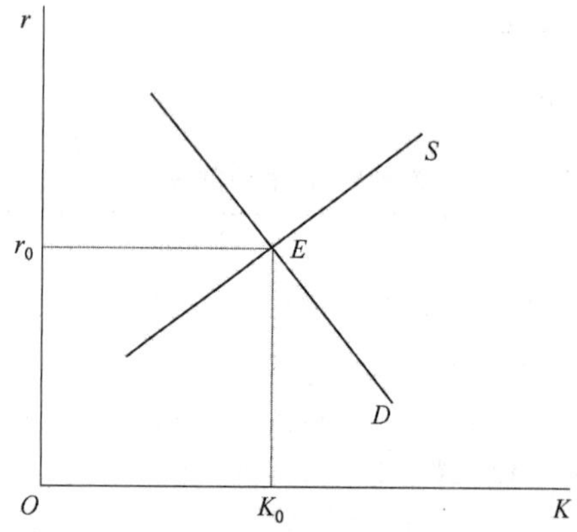

图8-8 利息率的决定

考点六：洛伦兹曲线和基尼系数 ★★★

1. 洛伦兹曲线

将一国总人口按收入由低到高进行排队，考虑收入最低的任意百分比人口所得到的收入百分比，将人口累计百分比和收入累计百分比的对应关系描绘在图形上，就是洛伦兹曲线，如图8-9所示。

洛伦兹曲线反映了收入分配的不平等程度。曲线弯曲程度越大，收入分配越不平等。折线OHL表示收入分配完全不平等的特殊情况：所有收入集中在某一人手中，而其余人口均一无所获。通过原点的45度线OL表示收入分配完全平等的特殊情况：任意人口百分比都等于其收入百分比，人口累计百分比等于收入累计百分比。

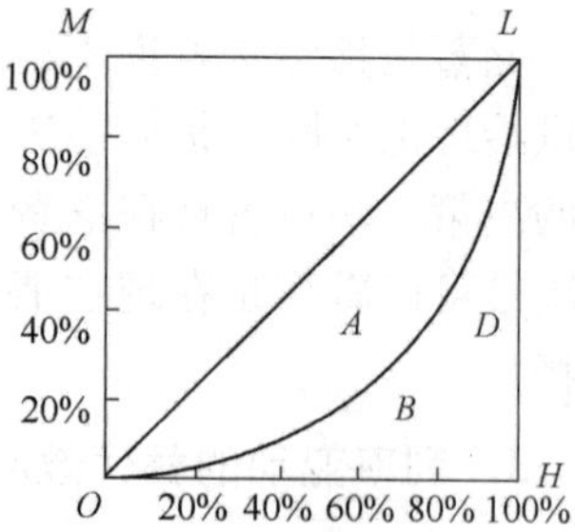

图8-9 洛伦兹曲线

一个国家的收入分配介于完全平等和完全不平等之间，因此相应的洛伦兹曲线是介于折线OHL和直线OL之间且凸向横轴的曲线(如ODL)。收入分配越不平等，洛伦兹曲线越凸向横轴，越接近折线OHL；反之，就越靠近45度线OL。

2. 基尼系数

基尼系数是指在洛伦兹曲线图中，不平等面积与完全不平等面积之比，是衡量一个国家贫富差距的指标。若设 G 为基尼系数，则：$G=A/(A+B)$。

基尼系数的取值范围是 $0\leqslant G\leqslant 1$。基尼系数的性质主要有：

(1) 当 $G=0$ 时，收入分配完全平等。

(2) 当 $G=1$ 时，收入分配完全不平等。

(3) 基尼系数越大，收入分配越不平等；基尼系数越小，收入分配越平等。

8.2　课后习题详解

一、简答题

1. 说明生产要素理论在微观经济学中的地位。

答： 微观经济学的核心是价格决定理论，包括产品价格的决定和生产要素价格的决定以及产品和生产要素价格的同时决定——即一般均衡问题。

从商品的角度来看，微观经济学可以分为两个部分，即关于“产品”的理论和关于“要素”的理论。前者讨论产品的价格和数量的决定，后者讨论要素的价格和数量的决定。

产品的理论和要素的理论是相互联系的。特别是，产品理论离不开要素理论，否则就不完全。这是因为：首先，产品理论在讨论产品的需求曲线时，假定了消费者的收入水平为既定，但并未说明收入水平是如何决定的；其次，在推导产品的供给曲线时，假定了生产要素的价格为既定，但并未说明要素的价格是如何决定的。这两点都与要素理论有关。因此，要素理论可以看成是产品理论的自然延伸和发展。

在经济学中，生产要素的决定理论是分配理论的重要理论基础。生产要素分为三大类：土地、劳动和资本。这三种生产要素的价格分别是地租、工资和利息。三种要素的均衡价格一旦被决定，其均衡数量也就决定了，每种要素的价格与数量的乘积即为要素所有者的收入。所以，要素价格决定理论也是经济学中的收入分配理论。产品理论通常被看成是“价值”理论，要素理论通常被看成是“分配”理论。产品理论加上要素理论，或者说，价值理论加上分配理论，构成了整个微观经济学的一个相对完整的体系。

2. 试述完全竞争厂商及市场在存在和不存在行业调整情况下的要素需求曲线。

答： 在完全竞争条件下，厂商对要素的需求曲线向右下方倾斜，即随着要素价格的下降，厂商对要素的需求量将增加。

(1) 如果不考虑厂商所在行业中其他厂商的调整，则该厂商的要素需求曲线就恰好与其边际产品价值 VMP 曲线重合。

(2) 如果考虑厂商所在行业中其他厂商的调整，则该厂商的要素需求曲线将不再与边际产品价值曲线重合。这是因为，随着要素价格的变化，如果整个行业所有厂商都调整自己的要素使用量，从而都改变自己的产量的话，产品的市场价格就会发生变化。产品价格的变化会再反过来使每一个厂商的边际产品价值曲线发生变化。于是，厂商的要素需求曲线将不再等于其边际产品价值曲线。在这种情况下，厂商的要素需求曲线称之为“行业调整曲线”。行业调整曲线仍然向右下方倾斜，但比边际产品价值曲线要陡峭一些。

(3)在完全竞争条件下，市场的要素需求曲线等于所有厂商的要素需求曲线(行业调整曲线)的水平相加。

二、计算题

1. 设一厂商使用的可变要素为劳动 L，其生产函数为：

$$Q=-0.01L^3+L^2+38L$$

其中，Q 为每日产量，L 是每日投入的劳动小时数，所有市场(劳动市场及产品市场)都是完全竞争的，单位产品价格为 0.10 美元，小时工资为 5 美元，厂商要求利润最大化。问厂商每天要雇用多少小时劳动?

解：利润 $\pi=PQ-TC=0.1\times(-0.01L^3+L^2+38L)-5L$
$=-0.001L^3+0.1L^2-1.2L$

利润最大化时要求$\frac{d\pi}{dL}=0$，即有：

$$-0.003L^2+0.2L-1.2=0$$

解得：$L_1=60$，$L_2=\frac{20}{3}$(舍去，因为$\frac{d^2\pi}{dL^2}>0$)

即厂商达到利润最大化时每天要雇佣 60 小时劳动。

2. 已知劳动是唯一的可变要素，生产函数 $Q=A+10L-5L^2$，产品市场是完全竞争的，劳动价格为 W，试说明：

(1)厂商对劳动的需求函数。

(2)厂商对劳动的需求量与工资反方向变化。

(3)厂商对劳动的需求量与产品价格同方向变化。

解：(1)因为产品市场为完全竞争市场，根据完全竞争市场的要素使用原则：

$$W=VMP_L=P\times MP_L=P\times\frac{dQ}{dL}$$

即有：$W=P\times(10-10L)=10P-10PL$

得厂商对劳动的需求函数为：

$$L=1-\frac{W}{10P}$$

(2)因为$\frac{\partial L}{\partial W}=-\frac{1}{10P}<0$，所以厂商对劳动的需求量与工资反方向变化。

(3)因为$\frac{\partial L}{\partial P}=\frac{W}{10P^2}>0$，所以厂商对劳动的需求量与产品价格同方向变化。

3. 某完全竞争厂商雇用一个劳动日的价格为 10 元，其生产情况如表 8-5 所示。当产品价格为 5 元时，它应雇用多少个劳动日?

表 8-5　劳动投入与产量

劳动日数	3	4	5	6	7	8
产出数量	6	11	15	18	20	21

解： 由题设知，厂商为完全竞争厂商，根据完全竞争厂商对要素需求原则可知，厂商雇用生产要素应满足 $VMP = W$。

根据题中所给数据，可计算得出表 8-6。

表 8-6　劳动的边际产品价值

劳动日数(L)	产出数量(Q)	$MP_L = \frac{\Delta Q}{\Delta L}$	P	$VMP_L = P \times MP_L$	W
3	6	—	5	—	10
4	11	5	5	25	10
5	15	4	5	20	10
6	18	3	5	15	10
7	20	2	5	10	10
8	21	1	5	5	10

由表 8-6 中可以看到，当 $L = 7$ 时，边际产品价值与工资恰好相等，均为 10，故厂商应雇用 7 个劳动日。

4. 某劳动市场的供求曲线分别为 $D_L = 4000 - 50W$；$S_L = 50W$。请问：

(1) 均衡工资为多少？

(2) 假如政府对工人提供的每单位劳动征税 10 美元，则新的均衡工资为多少？

(3) 实际上对单位劳动征收的 10 美元税收由谁支付？

(4) 政府征收到的总税收额为多少？

解： (1) 均衡时，$D_L = S_L$，即 $4000 - 50W = 50W$，解得均衡工资 $W = 40$。

(2) 如果政府对工人提供的每单位劳动征税 10 美元，则劳动供给曲线变为：

$$S'_L = 50(W - 10)$$

由 $S'_L = D_L$，即 $50(W - 10) = 4000 - 50W$

解得：$W = 45$，此即征税后的均衡工资。

(3) 征税后，厂商购买每单位劳动要支付的工资变为 45 美元，而不是征税前的 40 美元。两者之间的差额 5 美元即是厂商为每单位劳动支付的税收额。工人提供每单位劳动得到 45 美元，但有 10 美元要作为税收交给政府，所以仅能留下 35 美元。工人实际得到的单位工资与征税前相比也少了 5 美元。这 5 美元就是他们提供单位劳动而实际支付的税款。因此，在此例中，厂商和工人分别支付 5 美元的税款，恰好平均承担了政府征收的 10 美元税款。

(4) 征税后的均衡劳动雇佣量为：

$$50(W - 10) = 50 \times (45 - 10) = 1750$$

政府征收到的税收总额为：

$$10 \times 1750 = 17500(\text{美元})$$

5. 某消费者的效用函数为 $U=lY+l$，其中，l 为闲暇，Y 为收入(他以固定的工资率出售其劳动所获得的收入)。求该消费者的劳动供给函数。他的劳动供给曲线是不是向上倾斜的?

解：设该消费者拥有的固定时间为 T。其中的一部分 l 留做自用即闲暇，其余部分 $L=T-l$ 为工作时间。工资率用 r 表示，则收入 $Y=rL$，因而有：

$$U=lY+l=(T-L)rL+(T-L)=rLT-rL^2+T-L$$

令 $\frac{\mathrm{d}U}{\mathrm{d}L}=rT-2rL-1=0$，得 $2rL=rT-1$

因此，$L=\frac{T}{2}-\frac{1}{2r}$，此即为劳动供给曲线。在此劳动供给曲线中，$T$ 是正的定值，$\frac{\partial L}{\partial r}=\frac{1}{2r^2}>0$，因而当工资率 r 上升时，工作时间 L 会增加，即劳动供给曲线是向右上方倾斜的。

6. 一厂商生产某产品，其单价为 15 元，月产量 200 单位，产品的平均可变成本为 8 元，平均不变成本为 5 元。试求准租金和经济利润。

解：由题设可知：$P=15$，$Q=200$，$AVC=8$，$AFC=5$。

准租金为：$R_q=TR-TVC=(P-AVC)\cdot Q=(15-8)\times 200=1400$(元)

经济利润为：$\pi=TR-TC=TR-(TVC+TFC)=(P-AVC-AFC)\cdot Q$

$=(15-8-5)\times 200$

$=400$(元)

由此可见，准租金与经济利润是不等的。

三、论述题

1. 试述消费者的要素供给原则。

答：由于消费者所拥有的资源总是一定的，全部既定资源中除去供给市场的生产要素外，余下部分自用，因而要素供给问题即为消费者在一定的要素价格水平上将其全部既定资源在要素供给和保留自用两种用途上进行分配以获得最大效用。

(1)要素供给者(消费者)遵循的是效用最大化原则，因此必须满足条件：作为“要素供给”的资源的边际效用与作为“保留自用”的资源的边际效用相等。“要素供给”的资源的边际效用是所谓的间接效用，要素的供给通过收入而与效用相联系。

(2)要素供给的边际效用等于要素供给的边际收入和收入的边际效用的乘积，即：

$$\frac{\mathrm{d}U}{\mathrm{d}L}=\frac{\mathrm{d}U}{\mathrm{d}Y}\cdot\frac{\mathrm{d}Y}{\mathrm{d}L}$$

在完全竞争条件下$\frac{\mathrm{d}Y}{\mathrm{d}L}=W$，上式可简化为：

$$\frac{\mathrm{d}U}{\mathrm{d}L}=W\cdot\frac{\mathrm{d}U}{\mathrm{d}Y}$$

(3)自用资源的边际效用是效用增量与自用资源增量之比的极限值$\frac{\mathrm{d}U}{\mathrm{d}l}$，即增加一单位自用资源所带来的效用增量。自用资源的效用是直接的。效用最大化的条件可表示为：

$$\frac{\frac{dU}{dl}}{\frac{dU}{dY}}=W$$

2. 如何从要素供给原则推导要素供给曲线？

答： 从要素供给原则推导要素供给曲线的方法如下：

根据要素供给原则$\frac{dU/dl}{dU/dY}=W$可知，给定一个要素价格 W，可以得到一个最优的自用资源数量。

消费者的要素供给量等于资源总量与最优自用资源之差。在资源总量 $\overline{L}$ 为既定的条件下，给定一个最优的自用资源数量 l，就可以得到一个最优的要素供给量 $\overline{L}-l$。

要素价格 W 与要素供给量 $\overline{L}-l$ 的关系即代表了要素的供给曲线。一般情况下，要素供给曲线具有向右上方倾斜的正斜率性质。但是，并不是所有的要素供给曲线都总是向右上方倾斜的，要素供给曲线与要素的特点息息相关，呈现出不同的形状。

3. 劳动供给曲线为什么向后弯曲？

答： 劳动供给曲线是人们提供的劳动和对劳动所支付的报酬之间关系的表现形式。劳动供给曲线先为正斜率，后为负斜率，是一条向后弯曲的曲线，如图 8-10 所示。

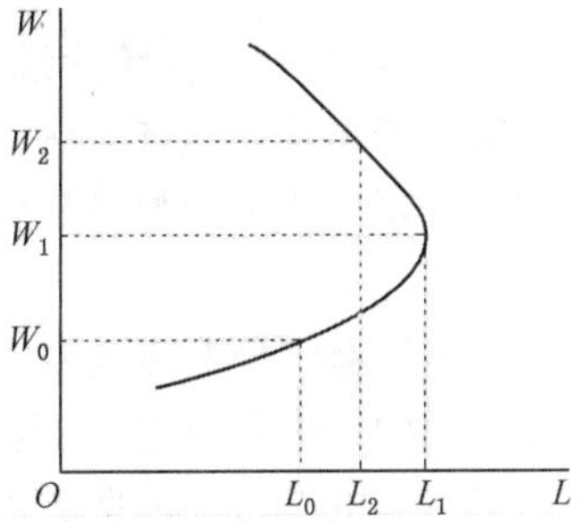

图 8-10　劳动供给曲线

劳动供给曲线之所以向后弯曲，是因为劳动供给不仅是工资的函数，也是闲暇意愿的函数。当工资较低时，随着工资的上升，消费者为较高的工资吸引将减少闲暇，增加劳动供给量。在这个阶段，劳动供给曲线向右上方倾斜。但是，工资上涨对劳动供给的吸引力是有限的。当工资涨到 W_1 时，消费者的劳动供给量达到最大。此时如果继续增加工资，劳动供给量非但不会增加，反而会减少。

劳动供给曲线向后弯曲的原因可以用收入效应和替代效应来分析。消费者的总效用由收入和闲暇两者组成。事实上，劳动者的劳动供给行为可以表述为：在既定的时间约束下，合理地安排劳动和闲暇时间，以实现最大的效用满足。一般而论，工资率越高，对牺牲闲暇的补偿也就越大，劳动者宁愿放弃闲暇而提供劳动的数量也就越多。换言之，工资率越高，闲暇的机会成本相应也就越大，劳动者的闲暇时间也就越短。因此，工资率的上升所产生的替代效应使得劳动数量增加。同时，工资率的提高，使得劳动者收入水平提高。这时，劳动者就需要更多的闲暇时间。也就是说，当工资率提高以后，劳动者不必提供更多的劳动就可提高生活水平。这说明，工资率提高的收入效应使得劳动数量减少。

替代效应和收入效应是工资率上升的两个方面，如果替代效应大于收入效应，那么，工资率提高使得劳动数量增加，即劳动的供给曲线向右上方倾斜；反之，工资率的提高会使劳动数量减少，劳动供给曲线向左上方倾斜。在工资率较低的条件下，劳动者的生活水平较低，闲暇的成本相应也就较低，从而，工资提高的替代效应大于收入效应，劳动的供给曲线向右上方倾斜。但是，随着工资率的进一步提高和劳动时间的增加，闲暇的成本增加，替代效应开始小于收入效应，结果劳动供给数量减少。基于以上原因，劳动的供给曲线呈现出向后弯曲的形状。

4．土地的供给曲线为什么垂直?

答：之所以得到土地供给曲线垂直的结论，不是因为自然赋予的土地数量是(或假定是)固定不变的，而是因为假定土地只有一种用途即生产性用途，而没有自用用途。

在分析土地供给曲线时，假定土地所有者是消费者，其行为目的是实现效用最大化，即如何将既定数量的土地资源在保留自用和供给市场这两种用途上进行分配以获得最大的效用。如果假定不考虑土地所有者自用土地的效用，则自用土地的边际效用等于0，从而效用只取决于土地收入而与自用土地数量的多少无关。

效用总是土地收入的递增函数，为了获得最大效用就必须使土地收入达到最大，而为了使土地收入最大又要求尽可能地多供给土地。由于土地所有者拥有的土地为既定的，例如为$\bar{Q}$，故他将供给$\bar{Q}$量的土地——无论土地价格R是多少。因此，土地供给将在$\bar{Q}$的位置上垂直，如图8-11所示。

图8-11　土地的供给曲线

5．试述资本的供给曲线。

答：资本是在经济生活中，厂商为从事生产而投入的除土地和劳动之外的厂房、机器、工具等要素。资本的数量是可变的。因此，资本供给问题首先是如何确定最优的资本拥有量的问题。

资本所有者拥有多少资本的问题可以归结为如何将既定收入在消费和储蓄两方面进行分配的问题，也可以进一步看成是消费者在现在消费和未来消费之间进行选择的结果。这就是消费者的跨时期消费决策，以使自己的总体效用最大化。在确定消费者愿意在资本市场上提供多少资本数量之前，要首先确定消费者所愿意拥有的最优资本数量及其变动情况。可以由消费者的跨时期消费决策推导出其最优的资本拥有曲线。消费者的最优资本拥有曲线是指市场利率与消费者的最优资本拥有量之间的关系。消费者通过跨时期消费决策选择了自己的最优资本拥有量，而为了使这些资本能够获得等于实际利率R的报酬，他们就会将这些资本在资本市场上全部借贷出去。因此，消费者的资本拥有曲线也就是其资本供给曲线。

根据对当前消费和将来消费的分析，可以得出如下结论：一般来说，随着利率水平的上升，储蓄也会被诱使增加，从而贷款供给曲线向右上方倾斜；与劳动的供给曲线的情况相同，当利率处于很高水平时，贷款供给曲线也可能向后弯曲。

然而，在现实经济生活中，资本市场的利率都是比较低的，一般不会大到足以使得资本拥有曲线向后弯曲。所以，可以推出消费者的资本供给曲线一般是一条向右上方倾斜的曲线，表明消费者的资本供给与市场利率是同方向变动的。如果将市场中所有消费者的资本供给曲线简单地水平相加，便可以得到市场的资本供给曲线。市场的资本供给曲线与消费者的资本供给曲线一样，都是向右上方倾斜的。

6. “劣等土地上永远不会有地租”，这一说法对吗?

答： 这句话不对。分析如下：

根据西方经济学，地租产生的根本原因在于土地的稀少，供给不能增加；如果给定了不变的土地供给，则地租产生的直接原因就是对土地的需求曲线的右移。土地需求曲线右移是因为土地的边际生产力提高或土地产品(如粮食)的需求增加从而产品价格(粮价)提高。如果假定技术不变，则地租就由土地产品价格的上升而产生，且随着产品价格的上涨而不断上涨。因此，即使是劣等土地，也会产生地租。

7. 为什么说西方经济学的要素理论是庸俗的分配论?

答： 按照西方经济学的要素理论，西方经济学家们得出结论：要素所有者是按照要素的贡献大小得到要素的价格即报酬，而他之所以得到该报酬，是因为他提供要素时遭受了等值的“负效用”的损失。这从根本上否定了在资本主义社会中存在着剥削。除此之外，西方经济学的要素理论还存在如下一些具体的缺陷：

(1) 资本衡量问题。生产要素的边际生产率(如 MP_L、MP_K 等)是根据生产函数求得的，而生产函数中所包括的变量又必须由实物单位加以表示。然而，资本却找不到一个大致适用的实物单位。既然资本缺乏一个共同的单位，那么生产函数中的资本(K)也就无法加以衡量，从而也就找不到资本的边际生产率。这样，边际生产率分配论赖以成立的“MP_K = 利息”的说法就无从成立。

(2) 资本家投资及多寡与“节欲”或“等待”关系问题。按照边际生产率分配论，资本家获得的利息是资本家由于“节欲”或“等待”而承受的“负效用”。事实证明，“节欲”或“等待”是什么东西也制造不出来的，资本家的投资或投资的多寡根本与“节欲”或“等待”无关。

(3) 收入分配理论牵涉到对不同的社会人群或阶级的收入作出评价的问题，即以经济学的术语来解释各种人群的收入是否正当或公平合理的问题。因此，它含有强烈的意识形态的色彩。

(4) 即使假定边际生产率分配论是正确的，它仍然是一个不完整的理论。因为，一个完整的分配论不但要像边际生产率分配论那样，能够解释在一定的社会条件下，各种人群或阶级得到不同收入的理由，而且还要说明一定的社会条件得以形成的原因。这是边际生产率分配论自身做不到的。

因此，认为西方经济学的要素理论是庸俗的分配论是有理由的。

8. 我们知道，完全竞争厂商的要素使用原则是 $MP \cdot P = W$。这里，P 和 W 分别是产品和要素的价格，MP 是要素的边际产品。试说明，在卖方垄断条件下，上述要素使用原则会发生哪些变化。

答： 在卖方垄断条件下，厂商增加使用一单位要素所增加的收益等于产品的边际收益 MR 和要素的边际产品 MP 的乘积，这称为要素的边际收益产品，用 MRP 表示，即 $MRP = MR \cdot MP$。厂商增加使用一单位要素所增加的成本为要素价格 W。因此，在卖方垄断条件下，厂商的要素使用原则是 $MR \cdot MP = W$。

MRP 与 VMP 的区别：在完全竞争条件下，由于产品价格为常数 P，故产品边际收益 MR 等于产品价格，从而边际收益产品 MRP 等于边际产品价值 VMP；在不完全竞争条件下，产品价格是根据产品的需求函数得到的变动的价格，故产品的边际收益不再等于产品价格。厂商增加使用一单位要素所增加的收益不再等于边际产品价值 $VMP = MP \cdot P$，而是等于更加一般的边际收益产品 $MRP = MR \cdot MP$。

9. 我们知道，在产品市场上，垄断卖方的产品供给曲线是不存在的。试说明，在要素市场上，垄断买方的要素需求曲线也不存在。

答： 在买方垄断的情况下，要素价格不是既定的，厂商可以通过改变要素需求量来使要素价格处于一个特定值。因此，在一定的情形下，完全可能存在同一个要素价格对应多个要素需求量，或者同一个要素需求量对应多个要素价格。所以在买方垄断的情形下，要素价格和要素需求量没有一一对应的关系，即垄断买方的要素需求曲线不存在。

10. 为什么说租金或地租是经济租金的一种特例?

答： 租金是指供给数量固定不变的一般资源的服务价格。地租是当土地供给固定时的土地服务价格，即当所考虑的资源为土地时的租金。经济租金是要素收入中超过其在其他场所可能得到的收入部分，等于要素收入与其机会成本之差，在几何上可用要素供给曲线以上、要素价格以下的面积表示。而当要素供给固定不变，即要素供给曲线垂直时，全部要素收入均变为经济租金，它恰好等于租金或地租。由此可见，租金实际上是经济租金的一种特例，即当要素供给曲线垂直时的经济租金，而经济租金则是更为一般的概念，它不仅适用于供给曲线垂直的情况，也适用于不垂直的一般情况。在另一个极端上，如果供给曲线为一条水平直线，则经济租金便完全消失。

11. 图 8-12 是某消费者的长期消费决策示意图。试说明其中各个符号、各条曲线以及整个图形的含义。

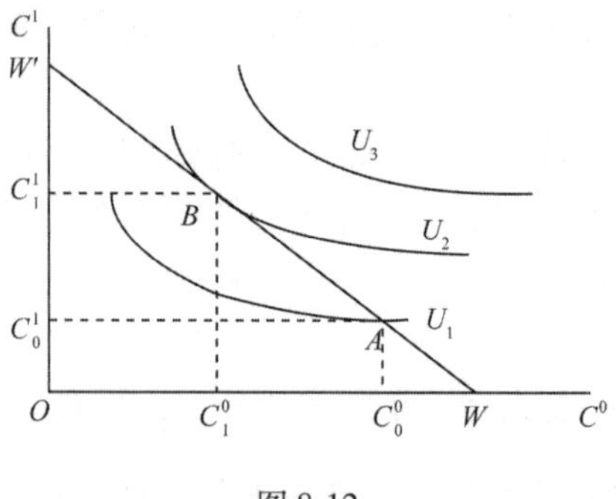

图 8-12

答： 如图 8-12 所示，横轴 C^0 代表当期消费，纵轴 C^1 代表下期消费。$W'W$ 代表该消费者的预算约束线，若消费者面临的市场利率为 r，则他减少一单位商品的当期消费就可以增加 $(1+r)$ 单位商品的下期消费，因此预算线的斜率为 $-(1+r)$。U_1、U_2、U_3 是代表消费者不同效用水平的无差异曲线，表示给消费者带来同等满足的当期消费的商品量和下期消费的商品量的各种组合。无差异曲线向右下方倾斜，凸向原点，且较高的无差异曲线代表较高的效用，即 $U_1 < U_2 < U_3$。无差异曲线的斜率的绝对值表示两期消费之间的边际替代率，即消费者愿意用下期消费替代当期消费的比率。

A 点和 B 点代表两种不同的消费和储蓄状态，即 A 点上，当期消费 C_0^0、下期消费 C_0^1；

B 点上，当期消费 C_1^0、下期消费 C_1^1。在已知消费者的跨期预算约束和偏好的基础上，就可以分析消费者跨期消费的最优决策。消费者跨期消费的最优决策行为必须满足两个条件：一是最优的消费决策必须是消费者最偏好的两期消费组合；二是最优的消费决策必须位于给定的预算约束线上。因此，消费者在预算约束下能实现最大效用的跨期消费组合，就是无差异曲线与预算线的切点，如图 8-12 中的 B 点，即消费者的长期最优消费决策是：当期消费 C_1^0，下期消费 C_1^1。

12. 图 8-13 是关于洛伦兹曲线的示意图。试根据该图，说明以下各项的含义。

(1) 45°线 *OL*。

(2) 曲线 *ODL*。

(3) 折线 *OHL*。

(4) 不平等面积。

(5) 完全不平等面积。

(6) 基尼系数。

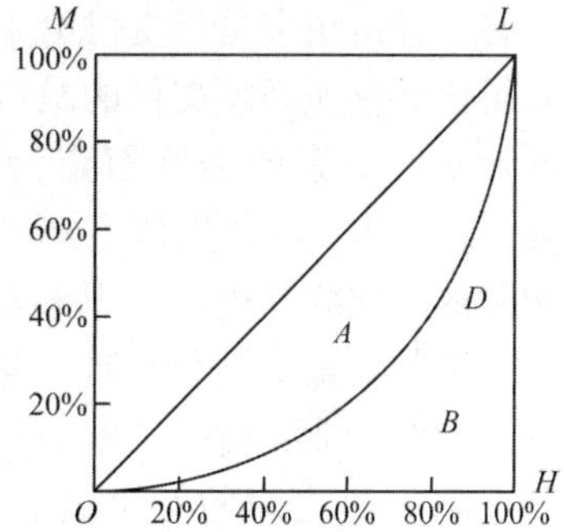

图 8-13

答：洛伦兹曲线表示一国人口累计百分比和收入累计百分比之间的关系，反映了收入分配的不平等程度。

(1) 45°线 *OL* 代表绝对平均线，即所有财富平均分配到每个人手中，收入分配是完全平等的。

(2) 曲线 *ODL* 是较符合现实的洛伦兹曲线。一般来说，一个国家的收入分配既不是完全平等，也不是完全不平等，而是介于两者之间，相应的洛伦兹曲线如曲线 *ODL* 所示。

(3) 折线 *OHL* 代表绝对不平等线，即所有财富都集中在某一个人手中，其他人没有财富，收入分配完全不平等。

(4) 不平等面积为 A，不平等面积越大，收入分配越不平等。

(5) 完全不平等面积为 $A+B$，代表所有财富只集中于某一个人手中时的情形。

(6) 基尼系数是不平等面积与完全不平等面积之比，即基尼系数 $=A/(A+B)$。基尼系数取值范围在 0 到 1 之间，0 为绝对平等，1 为绝对不平等，且基尼系数越大，代表越不平等。

8.3　名校考研真题详解

一、名词解释

1. 边际产品价值（中南财大 2003 研；人大 2004 研；辽宁大学 2005 研；北京交大 2006 研；华中科大 2007 研；首都经贸大学 2008 研；中央财大 2019 研）

答：边际产品价值指在完全竞争条件下，厂商在生产中增加一个单位的某种生产要素投入所增加的产品的价值，等于该要素的边际产品（MP）与产品价格（P）的乘积，即：

$$VMP = MP \cdot P$$

因为存在边际收益递减规律，随着这种可变要素投入量的增多，其边际产品递减，从而边际产品价值也逐渐下降，所以边际产品价值曲线为一条自左上方向右下方倾斜的曲线。

在完全竞争条件下，边际产品价值曲线（VMP）与边际收益产品曲线（MRP）互相重合，该生产要素的边际收益产品曲线，同时就是其边际产品价值曲线，从而也就是完全竞争条件下厂商对该生产要素的需求曲线。在不完全竞争市场上，*MR*、*AR*、*P* 三者不全相等，厂商必须降低商品价格才能出售更多的产品，因此边际收益产品必然小于边际产品价值。*VMP*、*MRP* 两条曲线不再重合，此时仅有厂商的边际收益产品曲线代表了对该种生产要素的需求曲线。

2．经济租金(上海交大2004研；华中科大2005研；清华大学2009研；厦门大学2017研；中南财大2018研)

答：经济租金是指支付给生产要素的报酬超出为获得该要素而必须支付的最低报酬的部分。如图8-14所示，要素的经济租金为图中阴影部分：租金 $=p^*y^*-C_r(y)$，类似生产者剩余，因此也可以用边际成本曲线左边的面积来表示经济租金。

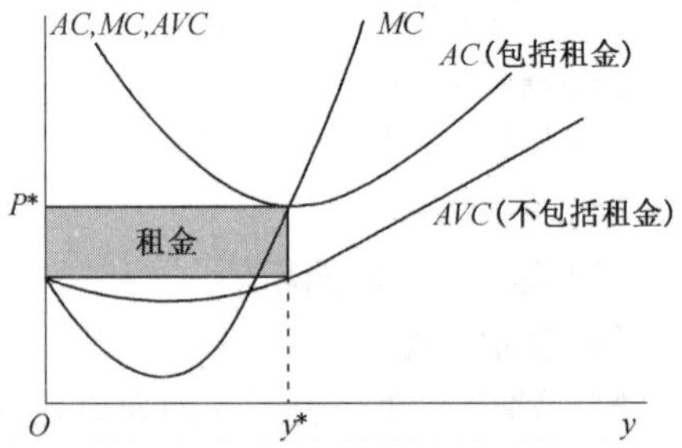

图8-14　经济租金

当生产要素带来利润时，就会有更多的厂商准备进入这个行业，由于要素数量固定，那么准备进入行业的厂商之间的竞争就会抬高这些要素的价格，直到利润消失，如图8-14所示，当市场价格为 p^*，产量为 y^* 时，除掉支付给固定数量的生产要素的报酬后，经济利润为零，即租金将调整到使得利润等于零为止。

经济租金的大小取决于要素供给曲线的形状。供给曲线愈是陡峭，经济租金部分就越是大。特别是，当供给曲线垂直时，全部要素收入均变为经济租金，它恰好等于租金或地租。由此可见，租金实际上是经济租金的一种特例，即当要素供给曲线垂直时的经济租金，而经济租金则是更为一般的概念，它不仅适用于供给曲线垂直的情况，也适用于不垂直的一般情况。在另一个极端上，如果供给曲线为水平的，则经济租金便完全消失。

总之，经济租金是要素收入(或价格)的一部分，该部分并非为获得该要素于当前使用中所必须，它代表着要素收入中超过其在其他场所所能获得的收入部分。简而言之，经济租金等于要素收入与其机会成本之差。

3．准租金(北京交大2004研；中央财大2006研；江西财大2007研；北邮2012研；南京大学2015研)

答：准租金因其类似于地租，也称为准地租，是指有些生产要素的租金，在一定条件下只取决于该生产要素的需求方面，而与其供给无关。一般而言，准租金是某些质量较高的生产要素，在短期内供给不变的情况下所产生的一种超额收入。例如，厂商使用的厂房、机器设备等生产要素，从短期看，它的供给数量固定不变，供给弹性几乎为零，正如土地的供给弹性为零一样。如果厂商所使用的是较好的厂房、设备，其边际收益产量较高，也就是说它们的边际生产力曲线或需求曲线的位置较高，所得租金水平也就较高，通常表现为获得超额利润，这部分利润就被看作是由厂房、机器设备的需求决定的，而与供给无关。

如图8-15所示，横轴表示短期内厂房、设备的数量，纵轴表示厂房、设备的租金。*DD* 为一般社会水平的厂房、设备的需求曲线，它与供给曲线 *SS* 相交于 *E* 点，因而社会一般水平的厂房、设备的租金为 OP。$D'D'$表示使用较好的厂房、设备的边际生产力曲线或需求曲线，它与 SS 相交于 E'点，因而使用较好的厂房、设备的租金为 OP'。$OP'>OP$，其差额 PP'就表示使用较好厂房和设备所得到的超额利润，它与供给方面无关，只取决于需求，所以称为准租金。较高技术的工人和企业家的收入的一部分也可以称为准租金。

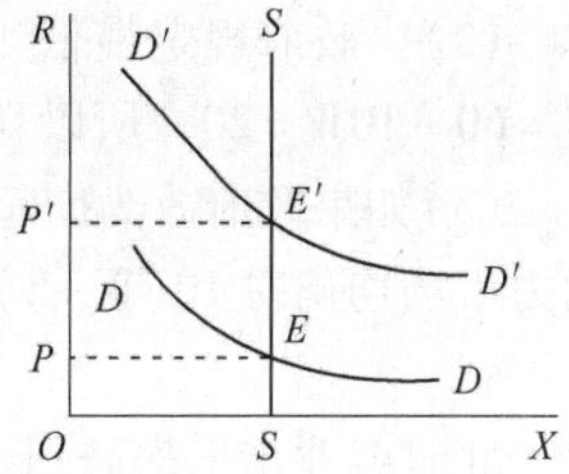

图 8-15　准租金

二、简答题

假设消费者两个时期内分别有 I_1 和 I_2 的收入，市场利率为 r（假定储蓄与借款的利率相同），试用替代效应和收入效应解释利率的改变与储蓄的关系。（对外经贸大学 2003 研）

答：利率变化对储蓄的总效应可以分解为替代效应和收入效应。其中，替代效应是指利率提高会导致人们消费的机会成本上升，从而使人们减少当前消费，增加储蓄额以增加未来的消费；收入效应是指利率提高会导致人们储蓄收益增加，从而增加人们的总收入，人们有可能减少当前的储蓄，增加消费。

以上分析表明，利率提高时，替代效应总是使储蓄增加，但是收入效应使储蓄减少。因此，利率提高对储蓄的总效应要视替代效应和收入效应的相对大小而定。

(1) 如果市场利率提高时，替代效应的绝对值大于收入效应的绝对值，则人们会减少当前的消费，增加储蓄。

(2) 如果市场利率提高时，替代效应的绝对值小于收入效应的绝对值，则人们会增加当前的消费，减少储蓄。

(3) 如果市场利率提高时，替代效应的绝对值等于收入效应的绝对值，则人们的当前消费和储蓄均不变。

因此，从理论上讲，利率变化对储蓄的影响是不确定的，利率提高有可能使储蓄增加，也有可能使储蓄减少。但是，现实生活中，利率往往与储蓄正相关，即利率提高将会引起储蓄的增加。

三、计算题

1. 近年来，我国政府逐步推行最低工资制度，本题旨在分析推行这一制度的效果。假设劳动力供给为 $L^S=10W$，其中 L^S 为劳动力数量（以千万人/年计），W 为工资率（以元/小时计），劳动力需求为 $L^D=60-10W$。

(1) 计算不存在政府干预时的工资率与就业水平。

(2) 假定政府规定最低工资为 4 元/小时，就业人数会发生什么变化。

(3) 假定政府不规定最低工资，改为向每个就业者支付 1 元补贴，这时的就业水平是多少？均衡工资率又发生什么变化？（人大 2004 研）

解：(1) 不存在政府干预，市场自动出清，劳动力需求等于供给，则有 $L^S=L^D$，即 $10W=60-10W$，可得：

$$W=3,\ L=30$$

所以不存在政府干预时，工资率为 3 元/小时，就业水平为 30 千万人/年。

(2)当政府规定最低工资为4元/小时，劳动供给量为 $L^S=10W=40$，劳动需求量为 $L^D=60-10W=20$，所以就业人数会降为20千万人，同时有20千万人的失业人口。

(3)如果政府改为向每个就业者支付1元补贴，则劳动供给曲线为 $L^S=10(W+1)$，劳动力市场均衡时 $10(W+1)=60-10W$，得：

$$W=2.5，L=35$$

此时就业水平提高到35千万人/年，企业支付的工资为2.5元/小时，工人实际获得的工资为3.5元/小时。

2. 一个消费者要分配24小时给工作和休闲。她的效用来自于休闲时间 R 和收入 I，她工作一小时的工资率为 P_L，她一天的效用函数为 $U(R,I)=48R+RI-R^2$。

(1)给出这个消费者的劳动供给函数；

(2)她工作的时间会随着工资率的增加而增加吗？

(3)不管工资率有多高，她的工作时间有一个极限吗？(清华大学2005研)

解：(1)消费者的目标是效用最大化，即：

$$\max U(R,I)=48R+RI-R^2$$

$$s.t.\ R=24-L，I=L\cdot P_L$$

所以，$U=48(24-L)+(24-L)L\cdot P_L-(24-L)^2=(24+L+L\cdot P_L)(24-L)$

令 $\dfrac{\partial U}{\partial L}=(1+P_L)(24-L)+(24+L+L\cdot P_L)(-1)=0$

得消费者的劳动供给函数为：$L=\dfrac{12P_L}{1+P_L}$。

(2)因为 $\dfrac{\mathrm{d}L}{\mathrm{d}P_L}=\dfrac{(1+P_L)\times 12-12P_L}{(1+P_L)^2}=\dfrac{12}{(1+P_L)^2}>0$，所以该消费者工作的时间会随着工资率的增加而增加。

(3)由 $L=\dfrac{12P_L}{1+P_L}=\dfrac{12}{\dfrac{1}{P_L}+1}<12$ 可得，不管工资率有多高，她的工作时间不会超过12小时。

3. 设某企业只有一种可变投入要素(劳动力)的生产函数为：

$$Q(L)=10L+5L^2-L^3$$

每增加一个单位投入时，需增加成本为20元，若产品售价为30元(相对稳定)，如果你是企业决策者，怎样才能求出你认为是最优的投入量 L^*(列出求解的式子)？(东北大学2003研)

解：企业追求的最终目标是实现利润最大化，其利润表达式由题意可得：

$$\pi=30\times(10L+5L^2-L^3)-20L$$

利润最大化的条件是利润函数一阶导数为零，即有：

$$300+300L-90L^2-20=0$$

解得：$L_1\approx 4$，$L_2\approx -0.76$(舍去)。

把 $L_1=4$ 代入利润表达式得利润 $\pi=1600$。

所以，最优的投入量 $L^*=4$，此时企业利润最大，为1600元。

4. 某人的效用函数为 $U(C, R)=C-(12-R)^2$，其中 R 是他每天拥有的闲暇时间，C 为消费量。他每天有16小时可用在工作和闲暇上，每天有20元的非劳动收入。消费品的价格是每单位1元。工资为每小时10元，他将选择多少小时进行工作以获得最大效用？（南开大学2012研）

解：设此人每天工作的小时数为 W，则此人的消费量应满足以下方程：

$$C=10W+20$$

因此，该问题可用数学表达式表示为：

$$\max\ U=10W+20-(12-R)^2$$

$$s.t.\ \ W+R=16$$

构造拉格朗日辅助函数 $L=10W+20-(12-R)^2-\lambda(W+R-16)$，效用最大化应满足以下三个一阶条件：

$$\frac{\partial L}{\partial W}=10-\lambda=0$$

$$\frac{\partial L}{\partial R}=2(12-R)-\lambda=0$$

$$\frac{\partial L}{\partial \lambda}=W+R-16=0$$

解得：$W=9$，$R=7$。

即此人应选择每天工作9个小时，从而实现效用最大化。

四、论述题

1. 试论述微观经济学中产品市场理论和要素市场理论的异同点。（中央财大2010研；中南大学2019研）

答：（1）相同点：

①两个市场的中心问题都是价格决定问题，而价格决定是通过供求均衡来实现的。在产品市场上，消费者的需求和厂商的供给相互作用，决定产品的价格；在要素市场上，厂商的需求和要素所有者的供给决定生产要素的价格。在两个市场上，供给和（或）需求发生变动，都将使得均衡价格发生改变，供求定理发挥同样的作用。

②在两个市场上，对经济当事人的行为分析是相同的。在产品市场上，消费者为了获得最大的效用，合理配置对收入的支出，用于购买既定价格的产品；而消费者的收入则来源于要素市场上要素所有者对生产要素的供给。同样，在供给生产要素数量时，要素所有者遵循的原则仍然是效用最大化。厂商是产品市场上的供给者，为获取利润最大化，在既定的价格下选择供给产品的数量。同样，厂商在要素市场上也遵循利润最大化原则，以此原则，厂商选择使用生产要素的数量。

（2）不同点：

①产品市场上需求曲线来源于消费者的效用函数，从而决定需求规律的是有关消费者行为的假设。例如，在基数效用论中是边际效用递减规律，而在序数效用论中是商品的边

际替代率递减规律，由于这些假设多来源于对消费者心理的描述，因而难以得到有力的证明。与此不同，产品的供给曲线来源于厂商的边际成本，从而来源于厂商的生产规律，即边际报酬递减规律。作为技术规律，有关生产函数的假设较容易得到证明，因而使得生产理论的分析建立在科学的基础之上。

②在要素市场上，要素的需求来源于厂商，而厂商使用生产要素的目的是为了获得最大利润，但厂商获得最大利润的前提是消费者的需求，即要素需求是引致需求。与此不同，产品市场上需求是消费者的直接需求，消费者对产品需求的大小，部分地决定了生产该产品的厂商对生产要素的需求。同时，不同于产品的供给，要素的供给取决于要素所有者的效用，而产品的供给则主要取决于生产者的技术水平。

2. 什么是洛伦兹曲线和基尼系数？简述政府解决收入分配不平的措施。（北工商2013研）

答：(1)为了衡量一个国家的贫富差别程度，奥地利统计学家洛伦兹提出了一种被广泛使用的收入分配曲线——洛伦兹曲线。图8-16中横轴表示人口累积百分比，纵轴为收入累积百分比，然后将两个累计百分比的一一对应关系点连接起来，就得到了一条曲线，即为洛伦兹曲线。洛伦兹曲线越向横轴凸出，它与完全平等线之间的面积A越大，表明收入分配差距越大，即越不平等。洛伦兹曲线研究国民收入在国民之间的分配，反映收入分配的不平等程度。曲线弯曲程度越大，收入分配越不平等，反之则越平等。

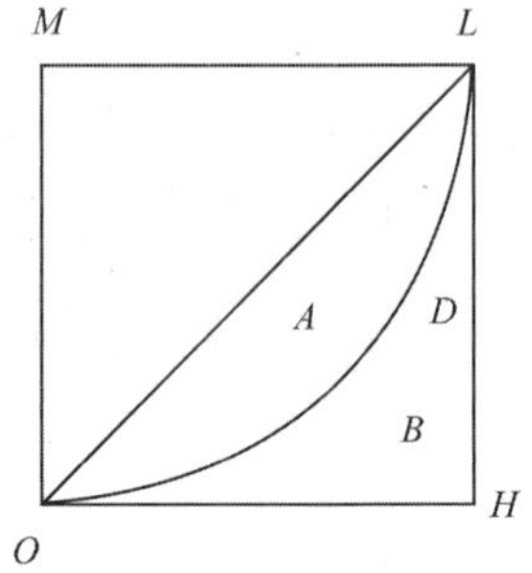

图8-16

A是“不平等面积”，$A+B$为“完全不平等面积”，不平等面积与完全不平等面积之比，称为基尼系数$G=\frac{A}{A+B}$。基尼系数是衡量一个国家贫富差距的标准，系数越接近1，表示收入分配越不平等，越接近0，表示收入分配越平等。

(2)政府解决收入分配不平的措施：

①在初次分配领域，缩小居民在收入初次分配上的差距，政府应着重缩小居民在人力资源拥有上的差距。具体措施如下：a. 缩小居民在生产要素、特别是城镇居民在劳动力资源的拥有上的差距；b. 减少居民在生产要素利用上的不平等；c. 提高劳动报酬在国民收入中的比重。

②在再分配领域，政府应该运用财税和转移支付政策来优化资源配置、增进社会福利，调节收入分配、维护社会公正。具体措施如下：a. 完善财政税收制度；b. 以就业为中心，建立和完善社会保障制度，实现公共服务均等化，提高社会保障统筹层次，扩大社会保障覆盖面；c. 健全并实施再分配政策，进一步促进国民收入分配结构调整；d. 建立基本住房保障制度，降低居民住房利息支出，提高居民消费能力；e. 完善转移支付制度，提高转移支付效率。

③在第三次分配领域，国家应该鼓励富人运用捐赠、资助慈善事业等行为回报社会，实现更深层次和更大范围内的收入分配调整，客观上起到国民收入再分配的作用。具体措施如下：a. 尽快制定出台慈善事业促进法；b. 出台鼓励慈善事业的具体政策；c. 尽快出台《遗产税法》，推进第三次分配进程。

第 9 章　一般均衡论和福利经济学

9.1　复习笔记

【知识框架(庖丁解牛)】

- 一般均衡论和福利经济学
  - 一般均衡
    - 局部均衡和一般均衡的区别与联系
    - 一般均衡的存在性及实现过程
  - 经济效率
    - 实证经济学和规范经济学的区别与联系
    - 福利经济学
    - 判断经济效率的标准
  - 帕累托最优状态的实现条件
    - 交换的帕累托最优条件
    - 生产的帕累托最优条件
    - 交换和生产的帕累托最优条件
  - 完全竞争和帕累托最优状态
    - 完全竞争与经济效率——福利经济学第一定理
    - 效率与均衡——福利经济学第二定理
  - 社会福利函数
    - 效用可能性曲线
    - 社会福利函数和最大社会福利的确定
    - 阿罗不可能定理
    - 均衡的多样性

【考点难点归纳(厚积薄发)】

考点一：一般均衡　★★★★

1. 局部均衡和一般均衡的区别与联系(见表 9-1)

表 9-1　局部均衡和一般均衡的区别与联系

异同点 \ 一般均衡理论研究方法		局部均衡	一般均衡
区别	含义	指在假设其他市场不变的情况下，某一特定产品或要素的市场均衡	指经济体系中所有市场的供给和需求同时达到均衡的状态
	研究对象	单个产品或要素市场	所有产品或要素市场
	研究方法	单独研究相互联系的市场全体中的某一市场	研究每一种产品和每一个要素的供给和需求同时达到均衡状态所需具备的条件和相应的均衡价格以及均衡数量
联系	两者的研究都是从微观经济主体行为的角度出发		

2. 一般均衡的存在性及实现过程(见表9-2)

表9-2 一般均衡的存在性及实现过程

要点	具体内容
一般均衡的存在性	瓦尔拉斯认为经济社会是由相互联系的各个局部组成的，当消费者偏好、要素供给和生产函数为已知时，就能从数学上论证整个经济处于一般均衡状态。后来的研究证明，在一定的假设条件全部得到满足时，一般均衡体系就有均衡解存在
一般均衡的实现过程	瓦尔拉斯假定在市场上存在一位确定均衡价格的“拍卖人”。该拍卖人寻找价格的方法是在拍卖市场上采取逐一试错法，将该市场供求一致的价格固定下来，将错误的价格收回然后重新试错，直到价格使得需求与供给一致时停止

考点二：经济效率 ★★★★

1. 实证经济学和规范经济学的区别与联系(见表9-3)

表9-3 实证经济学和规范经济学的区别与联系

要点		实证经济学	规范经济学
区别	解决的问题	主要解决“是什么”的问题	主要解决“应当是什么”的问题
	研究内容	实证经济学研究实际经济体系是怎样运行的，它对经济行为作出有关的假设，根据假设分析和陈述经济行为及其后果，并试图对结论进行检验，其分析的内容具有客观性	规范经济学根据一定的社会价值判断标准，对一个经济体系的运行进行评价，并进一步说明一个经济体系应当怎样运行，以及为此提出相应的经济政策，其研究内容无客观性
联系	实证经济学以规范经济学分析的内容为指导，规范经济学以实证经济学分析的内容为基础		

2. 福利经济学

“福利经济学”这一命题最初是由英国经济学家霍布森(J. A. Hobson)于20世纪初提出的。他认为经济学的中心任务在于增进人类的福利。所谓经济福利，是指人们的各种欲望或需要所获得的满足和由此感受到的生理幸福或快乐。而社会福利无非是社会成员个人福利的总和。社会中可直接或间接用货币来衡量的部分，就称为经济福利。

福利经济学是一种规范经济学，它在一定的社会价值判断标准条件下，研究整个经济的资源配置与个人福利的关系，特别是市场经济体系的资源配置与福利的关系，以及与此有关的各种政策问题。换句话说，福利经济学研究要素在不同厂商之间的最优分配以及产品在不同个人之间的最优分配，简言之，福利经济学研究资源的最优配置。

3. 判断经济效率的标准

福利经济学采用帕累托最优标准来衡量资源的最优配置。帕累托最优状态是这样一种状态：任何改变都不可能使一个人的境况变好，而又不使别人的境况变坏。当经济系统达到帕累托最优状态时，经济运行是有效率的；反之，不满足帕累托最优状态的经济运行结果就是缺乏效率的。

根据帕累托最优状态标准，可以对资源配置状态的任意变化做出好与坏的判断。如果对既定资源配置的状态予以改变，而这种改变使得至少有一个人的境况变好，同时其他任何人的境况没有因此变坏，则认为这种变化增加了社会福利，或称帕累托改进。显然，如果对于某种既定的资源配置状态，不存在任何对资源配置的帕累托改进使得福利增进，则此为帕累托最优状态。帕累托最优状态又被称作经济效率。

考点三：帕累托最优状态的实现条件 ★★★★★

为了简化问题便于讨论，假设：整个经济社会中只有两种产品 X 和 Y；整个经济社会中只有两种要素 L 和 K；整个经济社会中只有两个要素供给者 A 和 B。

1. 交换的帕累托最优条件

在交换方面，任何一对商品之间的边际替代率对任何使用这两种商品的个人来说都相等，即 $MRS_{XY}^{A}=MRS_{XY}^{B}$，此时该社会达到了交换的帕累托最优状态，从而实现了消费的效率。此时也实现了交换的一般均衡。

把满足 $MRS_{XY}^{A}=MRS_{XY}^{B}$ 的条件的点连接起来所形成的曲线，称之为交换的契约曲线。在该曲线上任一点 A、B 两人的边际替代率都是相等的。只要参与交换的双方通过产品交换达到交换的契约曲线上，便达到了帕累托最优状态，从而实现了交换的一般均衡。

2. 生产的帕累托最优条件

在生产方面，任何一对生产要素之间的边际技术替代率在使用这两种投入要素生产的所有商品中都相等，即 $MRTS_{LK}^{X}=MRTS_{LK}^{Y}$，此时该社会达到了生产的帕累托最优状态，从而实现了生产的效率。此时也实现了生产的一般均衡。

连接埃奇渥斯盒状图中无穷多个生产的最优均衡点所得到的一条曲线通常被称为生产的契约曲线。在该曲线上，X、Y 两种产品在生产中所使用的 L 和 K 两种生产要素的边际技术替代率是相等的。只要生产者通过资源的重新配置到达契约曲线上，便达到了生产的一般均衡，实现了生产的帕累托最优。因此，生产的契约曲线上所有的点都是生产的最优均衡点，也是生产有效率的点。

由生产契约曲线可以推导出生产可能性曲线。生产可能性曲线又被称为生产可能性边界，也被称为产品转换曲线，是指在其他条件（如技术、要素供给等）不变情况下，一个社会用其全部资源所能生产的各种产品的最大数量的组合。

图 9-1 中，横轴表示最优产出量中 X 的数量，纵轴表示最优产出量中 Y 的数量。生产可能性曲线具有如下特征：

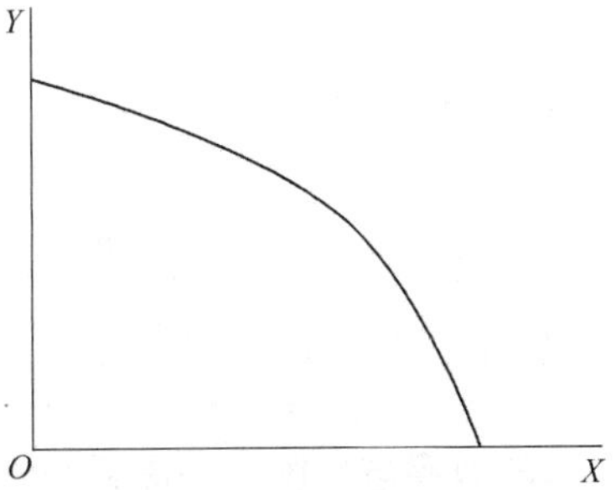

图 9-1　生产可能性曲线

（1）生产可能性曲线的斜率为负。

（2）生产可能性曲线凹向原点，即曲线自上而下变得越来越陡峭。

（3）边际产品转换率 MRT_{XY} 等于两种产品的边际成本之比，即有 $MRT_{XY}=MC_X/MC_Y$。

（4）生产可能性曲线上的每一点都对应着生产契约曲线上的点。因为生产契约曲线上的每一点都是有效率的，所以生产可能性曲线上的点是社会在既定的资源和技术条件下可能达到的最大产出点，即生产的帕累托最优状态。

3. 交换和生产的帕累托最优条件

交换和生产的一般均衡是指社会生产和交换同时达到均衡的状况，即实现了交换和生产的帕累托最优状况。生产达到均衡并不能保证交换同时达到均衡；交换达到均衡也不能保证生产同时达到均衡。要使交换和生产同时达到均衡必须具备的条件：任意两种商品的边际替代率必须等于它们的边际转换率。

可以发现，当 $MRT_{XY}=MRS_{XY}^{A}=MRS_{XY}^{B}$时，达到了交换和生产的一般均衡。

考点四：完全竞争和帕累托最优状态 ★★★★★

1. 完全竞争与经济效率——福利经济学第一定理

福利经济学第一定理是指在一定的条件下，任何的竞争性市场均衡都是帕累托最优的，或者说，任何的竞争性市场都将导致资源的帕累托有效配置。

◆拓展延伸◆

用反证法来证明福利经济学第一定理。证明如下：

社会既定的产量是 X_0，Y_0，消费者 A 和 B 分别分得的初始禀赋为 $(X_A^0,\ Y_A^0)$ 和 $(X_B^0,\ Y_B^0)$。用 $(X_A^*,\ Y_A^*)$ 和 $(X_B^*,\ Y_B^*)$ 来表示交换和生产实现的一般均衡配置，假设另外存在一种可行而且帕累托最优配置 X_A，Y_A 和 X_B，Y_B，即对于消费者 A 和 B 两人来说：

$$(X_A,\ Y_A)>(X_A^*,\ Y_A^*)$$

$$(X_B,\ Y_B)>(X_B^*,\ Y_B^*)$$

而且，这个帕累托最优配置 $(X_A,\ Y_A)$ 和 $(X_B,\ Y_B)$ 必须满足资源约束条件，即：

$$X_A+X_B=X_A^0+X_B^0$$

$$Y_A+Y_B=Y_A^0+Y_B^0$$

前两个式子表示另外存在的帕累托配置优于一般均衡配置，而后两个式子表示新的配置是供求平衡的。

给定均衡价格 $(P_X^*,\ P_Y^*)$，消费者 A 选择 $(X_A^*,\ Y_A^*)$ 而不是 $(X_A,\ Y_A)$，根据显示性偏好弱公理，那一定是因为在既定的该价格下，消费者 A 无力购买 $(X_A,\ Y_A)$，即：

$$P_X^*X_A+P_Y^*Y_A>P_X^*X_A^*+P_Y^*Y_A^*$$

同样，对于消费者 B 来说，也有：

$$P_X^*X_B+P_Y^*Y_B>P_X^*X_B^*+P_Y^*Y_B^*$$

将以上两个不等式相加，可得：

$$P_X^*(X_A+X_B)+P_Y^*(Y_A+Y_B)>P_X^*(X_A^*+X_B^*)+P_Y^*(Y_A^*+Y_B^*)$$

再将供求平衡条件代入以上不等式，可得：

$$P_X^*(X_A^0+X_B^0)+P_Y^*(Y_A^0+Y_B^0)>P_X^*(X_A^0+X_B^0)+P_Y^*(Y_A^0+Y_B^0)$$

上式显然是矛盾的。因此，在帕累托意义上优于一般均衡的配置是不存在的。

2. 效率与均衡——福利经济学第二定理(见表9-4)

表9-4 效率与均衡——福利经济学第二定理

要点	具体内容
含义	指在一定的条件(包括消费者的偏好和生产者的技术都具有凸性等)下，任何的帕累托有效配置都可以通过一套竞争性的市场价格以及某个恰当的收入分配状态来实现

续表

要点	具体内容
政策启示	政府不必用干预市场的方法来达到政策目的，而可以通过再分配的方法来达到同样的目的
注意	①帕累托有效配置的实现要通过适当的“再分配”，这种再分配可以通过交换来实现； ②市场机制仅仅是实现想要的帕累托最优配置的一种途径； ③在众多场合，帕累托最优并不是社会最优的标准，它回避了“公平”和“正义”这类规范问题

考点五：社会福利函数 ★★★★

1. 效用可能性曲线（见表 9-5）

表 9-5　效用可能性曲线

要点	具体内容
含义	效用可能性曲线派生于交换契约线，是最优效用组合的轨迹（包络线）
特征	①效用可能性曲线表示给定一个消费者的效用水平后，另一个消费者可能达到的最高效用水平。 ②曲线内的任何点都是非效率的，曲线外的任何点都是无法实现的。 ③从曲线上的一点移动到另一点会降低一个人的效用

◆小试牛刀◆

两种产品在两个人之间进行分配，被称为帕累托最优的条件为（　　）。

A. 不使其他人受损失就不能使另一个人受益

B. 每个人都处在其消费契约曲线上

C. 每个人都处在他们的效用可能性曲线上

D. 包括以上所有条件

【答案】D

【解析】帕累托最优状态下，任何改变都不可能使任何人的经济福利有所增加，而不损害其他人的经济福利。同时，每个人必然处于消费契约曲线和效用可能性曲线上使得每个消费者用以交换商品的边际替代率相等。

2. 社会福利函数和最大社会福利的确定

社会福利函数是社会所有个人的效用水平的函数，在两个人的社会中，社会福利函数可以表示为：$W=W(U_A, U_B)$。式中，W 表示社会福利，U_A、U_B 表示两个人的效用水平。利用该关系可以得到社会无差异曲线，其不能计算社会福利的大小，但能比较社会福利水平的高低，位置越高的社会无差异曲线代表的社会福利越大。

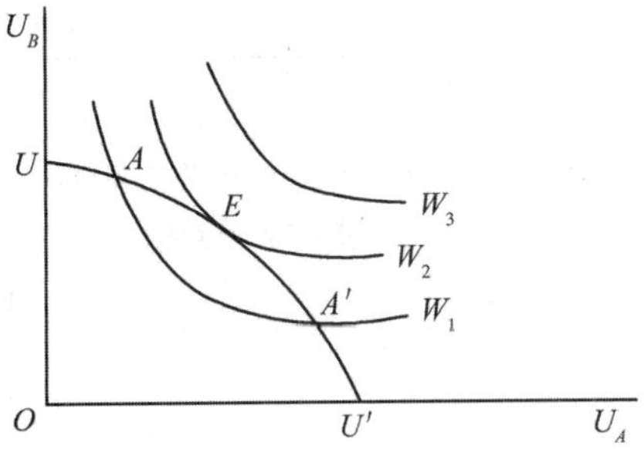

图 9-2　社会福利函数

如图 9-2 所示，W_1、W_2、W_3 为社会无差异曲线，UU' 是总效用可能曲线，它类似于消费者行为理论中的收入约束线。总效用可能线 UU' 和社会无差异曲线 W_2 的切点为“限制社会下的最大满足点”，这是能导致最大社会福利的生产、交换和分配的唯一点。

3. 阿罗不可能定理

阿罗认为：用投票的方式不可能把个人的偏好集中起来，形成合乎理性的社会偏好。即在非独裁的情况下，不可能存在有适用于所有个人偏好类型的社会福利函数，这就是著名的阿罗不可能定理。

4. 均衡的多样性

社会无差异曲线与效用可能性曲线的切点形成“社会”的最优状态。社会福利函数取决于环境、制度、文化、信仰、道德、风俗、习惯等因素。当这些因素不同或者当这些因素变化时，社会福利函数就可能不同，从而社会的最优状态也可能不同。社会福利函数有加法型社会福利函数、乘法型社会福利函数和罗尔斯社会福利函数三种类型，其区别如表9-6所示。

表9-6 三种社会福利函数的区别

区别 类型	公式	对应的社会无差异曲线
加法型	$W(x)=U_A(x)+U_B(x)$	直线型社会无差异曲线，如图9-3(a)，意味着社会福利的大小只取决于社会成员的效用总和，而与其分配无关
乘法型	$W(x)=U_A(x)U_B(x)$	双曲线型社会无差异曲线，如图9-3(b)，意味着当社会成员的效用总量给定时，分配越是平等，社会福利就越大，反之，分配越不平等，社会福利就越小
罗尔斯	$W=\min(U_A,\ U_B)$	直角L形社会无差异曲线，如图9-3(c)，意味着社会福利由状况最差的那些人决定

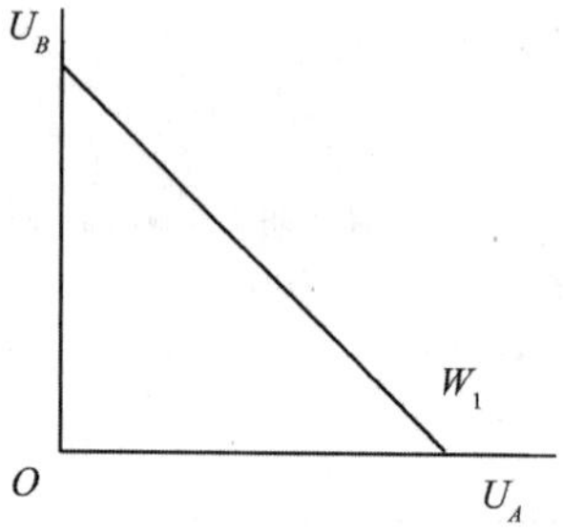

图9-3(a) 加法型社会福利函数的无差异曲线

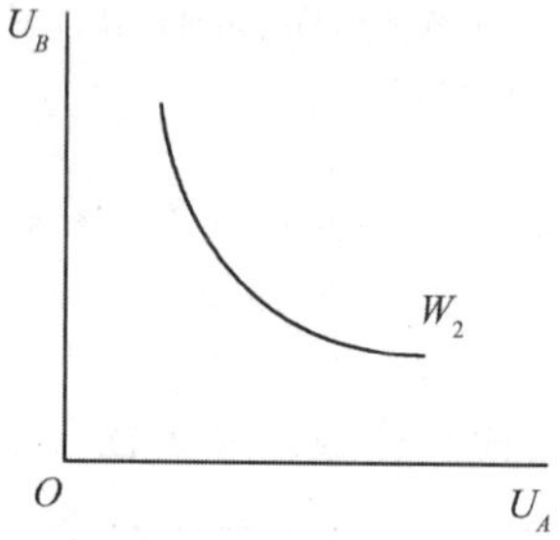

图9-3(b) 乘法型社会福利函数的社会无差异曲线

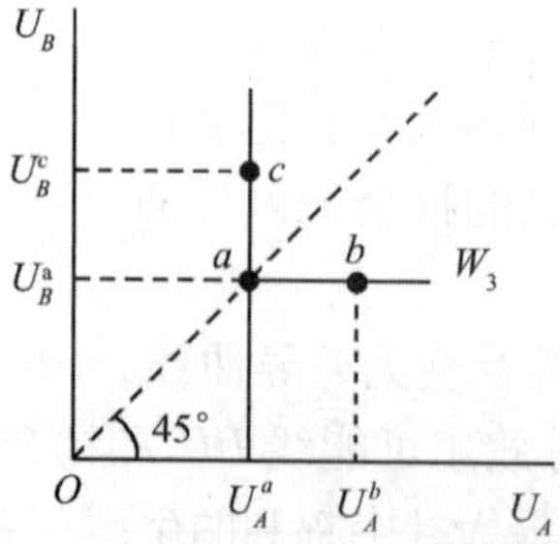

图9-3(c) 罗尔斯社会福利函数的无差异曲线

9.2　课后习题详解

一、简答题

1. 局部均衡分析与一般均衡分析的关键区别在什么地方？

答：二者的关键区别可以从它们的定义中体现出来：

(1)局部均衡分析研究的是单个(产品或要素)市场。其方法是把所考虑的某个市场从相互联系的构成整个经济体系的市场全体中“取出”来单独加以研究。在这种研究中，该市场商品的需求和供给仅仅被看成是其本身价格的函数，其他商品的价格则被假定为不变，而这些不变价格的高低只影响所研究商品的供求曲线的位置。所得到的结论是，该市场的需求和供给曲线共同决定了市场的均衡价格和均衡数量。

(2)一般均衡分析是把所有相互联系的各个市场看成一个整体来加以研究。因此，在一般均衡理论中，每一商品的需求和供给不仅取决于该商品本身的价格，还取决于所有其他商品(如替代品和互补品)的价格。每一商品的价格都不能单独地决定，而必须和其他商品价格联合着决定。当整个经济的价格体系恰好使所有的商品都实现供求相等时，市场就达到了一般均衡。

可以看出，局部均衡分析和一般均衡分析的关键区别在于它们的研究对象和研究方法都不相同。

2. 试评论瓦尔拉斯的拍卖者假定。

答：瓦尔拉斯为说明每个市场价格是怎样逐渐地调整到使商品和生产要素的需求量和供给量都能够相等，从而实现一般均衡，提出了“拍卖者假设”。

如果现行价格恰好为均衡价格，则经济体系处于一般均衡状态而不再发生变化。但如果现行价格不是均衡价格，交易就有可能在“错误”的价格水平上进行，这将导致整个经济体系无法实现一般均衡。为避免上述困难，瓦尔拉斯假定，在市场上存在一个“拍卖人”，他的作用是在市场上高声喊出某商品或生产要素的不同价格，然后进行交易，不断调整修正，一直到达到供给和需求相等的均衡为止。这个虚构的拍卖人，有时被称为“瓦尔拉斯式的拍卖人”，是达到瓦尔拉斯一般均衡的摸索过程的一部分。

瓦尔拉斯的“拍卖者假设”要有以下四个基本假设前提条件：

(1)经济系统中有一个作为信息中心和价格制定者的拍卖者，根据市场供求变化逐步调整价格体系，直到各市场供求都达到均衡。

(2)价格变化只是由于市场供求关系的变化，而不存在其他任何限制价格变动的非经济因素。

(3)市场上所有的需求者和供给者之间没有任何直接联系，他们不知道其他信息，只是单纯地根据市场价格来决定自己的供给量和需求量。

(4)市场上所有的交换行为都要等到“拍卖者”制定的价格体系调整到均衡价格以后才进行。

瓦尔拉斯均衡论和现在的一般均衡论都依赖于这些假设，以此保证均衡价格的存在。在现实经济生活中，这些假设的前提条件是根本不可能存在的，“拍卖者假设”只是一种违反现实的假设，没有实际意义。瓦尔拉斯的一般均衡理论只是一种抽象的理论。

3. 试说明福利经济学在西方微观经济学中的地位。

答： 福利经济学在西方微观经济学中的地位可以表述如下：

(1)福利经济学可以说是西方微观经济学论证“看不见的手”原理的最后一个环节，其目的在于说明：完全竞争经济可以导致帕累托最优状态，而这一状态对整个社会来说又是配置资源的最优状态。

(2)微观经济学可以分为两个部分，即实证经济学和规范经济学。实证经济学研究实际经济体系是怎样运行的，它对经济行为作出有关的假设，根据假设分析和陈述经济行为及其后果，并试图对结论进行检验。简言之，实证经济学回答“是什么”的问题。除了“是什么”的问题之外，经济学家还试图回答“应当是什么”的问题，即他们试图从一定的社会价值判断标准出发，根据这些标准，对一个经济体系的运行进行评价，并进一步说明一个经济体系应当怎样运行，以及为此提出相应的经济政策。这些便属于规范经济学的内容。

(3)福利经济学就是一种规范经济学。具体来说，福利经济学是在一定的社会价值判断标准条件下，研究整个经济的资源配置与个人福利的关系，特别是市场经济体系的资源配置与福利的关系，以及与此有关的各种政策问题。如果说实证研究是说明市场经济是否存在一般均衡的话，福利经济学则探讨这种均衡的效率是否是最佳的，以及最优的均衡状态对个体福利的影响。福利经济学除了研究效率问题之外，还研究公平问题，试图解决在不影响公平或者在个体能够接受的范围内如何实现效率的最优。

4. 什么是帕累托最优？满足帕累托最优需要具备什么样的条件？

答： (1)如果对于某种既定的资源配置状态，所有的帕累托改进均不存在，即在该状态上，任意改变都不可能使至少有一个人的状况变好而又不使其他任何人的状况变坏，则称这种资源配置状态为帕累托最优状态。

(2)达到帕累托最优状态所必须满足的条件被称为帕累托最优条件，它包括交换的最优条件、生产的最优条件以及交换和生产的最优条件。

①交换的帕累托最优条件：在交换方面，任何一对商品之间的边际替代率对任何使用这两种商品的个人来说都相等，即 $MRS_{XY}^{A}=MRS_{XY}^{B}$。

②生产的帕累托最优条件：在生产方面，任何一对生产要素之间的边际技术替代率在用这两种投入要素生产的所有商品中都相等，即 $MRTS_{LK}^{X}=MRTS_{LK}^{Y}$。

③交换和生产的帕累托最优条件：任何一对商品之间的生产的边际转换率等于消费这两种商品的每个人的边际替代率，即 $MRS_{XY}^{A}=MRS_{XY}^{B}=MRT_{XY}$。

5. 为什么说交换的最优条件加生产的最优条件不等于交换和生产的最优条件？

答： 交换的最优条件加生产的最优条件并不等于交换和生产的最优条件。事实上，交换和生产的最优条件并不是将交换的最优条件和生产的最优条件简单地并列起来，其原因在于：

(1)交换的最优只是说明消费是最有效率的；生产的最优只是说明生产是最有效率的。两者的简单并列，只是说明消费和生产分开来看时各自独立地达到了最优，但并不能说明，当交换和生产综合起来看时，也达到了最优。

(2)交换和生产的最优是要将交换和生产这两个方面综合起来，讨论交换和生产的帕累托最优条件。

6. 为什么完全竞争的市场机制可以导致帕累托最优状态？

答：(1)帕累托最优状态是用于判断市场机制运行效率的一般标准。帕累托最优状态是指不可能存在资源的再配置使得在经济社会中其他成员的境况不变的条件下改善某些人的境况。一个经济实现帕累托最优状态，必须满足三个必要条件：①任何两种商品的边际替代率对于所有使用这两种商品的消费者来说都必须是相等的；②任何两种生产要素的边际技术替代率对于所有使用这两种生产要素的生产者来说都必须是相等的；③任何两种商品对于每一个消费者的边际替代率必须等于这两种商品对于生产者的边际转换率。

(2)完全竞争市场之所以总可以实现帕累托最优状态，可以从满足帕累托最优状态的三个必要条件分别加以说明。

①从交换的最优条件来看，在完全竞争市场条件下，单个消费者都是价格的接受者，每个消费者都会调整对商品的需求以满足 $MRS_{XY}=\dfrac{P_X}{P_Y}$ 从而实现效用最大化。既然各消费者都是价格的接受者，那么各消费者购买任意两种商品的数量必使其边际替代率等于全体消费者所面对的共同的价格比率。因此，任何两种商品的边际替代率对所有的消费者都相等。

②从生产的最优条件来看，在完全竞争市场条件下，单个生产者都是要素价格的接受者，每个生产者都会调整要素的需求以满足 $MRTS_{LK}=\dfrac{P_L}{P_K}$ 从而实现利润最大化。既然各生产者都是要素价格的接受者，那么各生产者购买并使用的任意两种要素的数量必使其边际技术替代率等于全体生产者所面对的共同的要素价格比。因此，任何两种要素的边际技术替代率对所有生产者都相等。

③从生产和交换的最优条件来看，任何两种产品生产的边际转换率即为两种商品的边际成本之比，每一消费者对任何两种商品的边际替代率等于其价格比。在完全竞争条件下，任何产品的价格等于边际成本，因此，任何两种产品的边际替代率等于它们的边际转换率。

(3)综上所述，在完全竞争条件下，帕累托最优的三个必要条件都可以得到满足。换言之，在完全竞争的市场机制作用下，整个经济可以达到帕累托最优状态，这样的经济必定是最优效率的经济。

7. 生产可能性曲线为什么向右下方倾斜？为什么向右上方凸出？

答：生产可能性曲线是指一个社会用其全部资源和当时最好的技术所能生产的各种产品的最大数量的组合。由于整个社会的经济资源是有限的，当这些经济资源都被充分利用时，增加一定量的一种产品的生产，就必须放弃一定量的另一种产品的生产。整个社会生产的选择过程形成了一系列的产品间的不同产量组合，所有这些不同产量的组合就构成了社会生产的可能性边界。假设一个社会把其全部资源用于 A 和 B 两种产品的生产，那么生产可能性边界可用图 9-4 表示。

从图 9-4 可以看出，生产可能性曲线具有两个特点：第一，它向右下方倾斜；第二，它向右上方凸出。生产可能性曲线向右下方倾斜是因为当全部资源都被利用时，要获得更多一些的一种产品，就必须以牺牲其他的产品为代价。在最优产出组合中，两种最优产出的变化方向是相反的：一种产出的增加必然伴随着另一种产出的减少。一条生产可能性曲线说明：边界以外无法达到的组合意味着资源的有限性；边界线上各种组合的存在意味着选择的必要；边界向下倾斜意味着机会成本。生产可能性曲线向右上方凸出则是因为边际转换率递增。边际转换率递增的原因在于要素的边际报酬递减，即当用减少一种产品产量的方法来增加另一种产品产量的时候，为了使另一种产品的产量增加值相同而减少的第一种产品的数量是递增的。

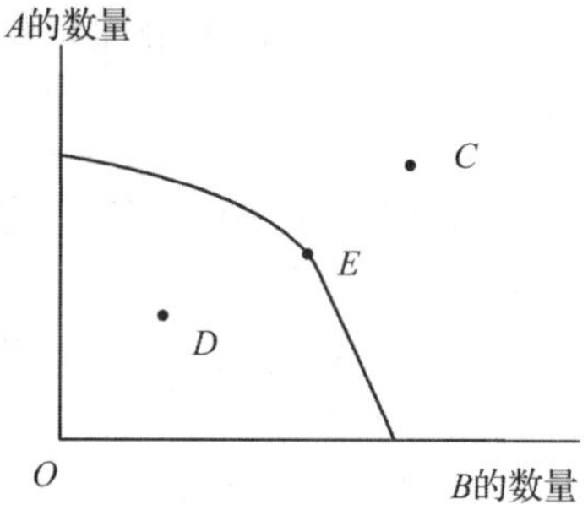

图 9-4　生产可能性边界

8．阿罗的不可能性定理说明了什么问题？

答：阿罗不可能性定理是阿罗分析市场一般均衡时得出的一个定理。其结论为：试图找出一套规则(或程序)，从一定的社会状况下的个人选择顺序中推导出符合某种理性条件的社会选择顺序，一般是办不到的。阿罗不可能性定理包含两项重要假设：每个人的偏好是可以排列的；每个人的偏好次序是传递的。

根据这两项假设，阿罗指出，要建立一种社会福利函数必定要违反他规定的下列五项条件中的一项或若干项，因而社会福利函数无法建立。其五项规定或条件为：

(1)自由三元组条件：在所有选择方案中，至少有三个方案，对之允许有任何逻辑上可能的个人选择顺序。

(2)社会选择正相关于个人价值条件：如果某一选择方案在所有人的选择顺序中地位上升或保持不变，且没有其他变化发生，则在社会选择顺序中，这一方案的地位上升，或至少不下降。

(3)不相关的选择方案具有独立性条件：第一，任何两个选择方案的社会选择顺序仅仅依赖个人对这两个方案的选择顺序，与个人在其他不相关的备选对象上的选择顺序无关；第二，任何两个选择对象之间的社会偏好顺序仅仅依赖于个人相应的选择顺序，而与偏好强度等因素无关。

(4)公民主权条件：社会选择顺序毕竟不是强迫的。

(5)非独裁条件：选择规则不能是独裁的，即不存在这种情况：一个人的选择顺序就是社会的选择顺序，所有其他人的选择是无足轻重的。

阿罗证明了不存在一个选择规则或选择程序能够同时满足上面两个假设和五个条件，这表明由个人选择合乎逻辑地转化为社会选择的过程包含巨大的困难。根据阿罗不可能性定理，在非独裁的情况下，不可能存在有适用于所有偏好类型的社会福利函数。同时，它还意味着不能从不同个人的偏好中合理地形成所谓的社会偏好。换句话说，一般意义上的社会福利函数并不存在。这表明，经济学没有能彻底的解决资源配置问题。

9．如果对于生产者甲来说，以要素 L 替代要素 K 的边际技术替代率等于3；对于生产者乙来说，以要素 L 替代要素 K 的边际技术替代率等于2，那么有可能发生什么情况？

答：当两个生产者的边际技术替代率不相等时，要素的分配未达到帕累托最优。于是，他们会进行自愿的和互利的交易。

生产者甲的边际技术替代率等于 3，生产者乙的边际技术替代率等于 2。这意味着甲愿意放弃不多于 3 单位的 K 来交换 1 单位的 L。因此，甲若能用 3 单位以下的 K 交换到 1 单位 L 就增进了自己的福利；另一方面，乙愿意放弃 1 单位的 L 来交换不少于 2 单位的 K。因此，乙若能用 1 单位的 L 交换到 2 单位以上的 K 就增进了自己的福利。由此可见，如果生产者甲用 2.5 单位的 K 交换 1 单位 L，而生产者乙用 1 单位 L 交换 2.5 单位 K，则两个人的福利都得到了提高。这是一种可能的交易。

通过不断交换，逐渐使要素 L 替代要素 K 的边际技术替代率对于二者来说相等，即 $MRTS_{LK}^{甲} = MRTS_{LK}^{乙}$。这样，甲乙两生产者的福利均有所增加。

10. 假定整个经济原来处于一般均衡状态，如果现在由于某种原因，商品 X 的市场供给增加，试考察：

(1) X 的替代品市场和互补品市场会有什么变化？

(2) 在生产要素市场上会有什么变化？

(3) 收入的分配会有什么变化？

答：(1) 如果 X 商品的供给增加，按局部均衡分析，其价格将下降。由于实际生活中，各个部门、各个市场相互依存、相互制约，X 商品市场的变化会对经济的其余部分产生影响。按一般均衡分析，X 商品的价格下降，会提高对其互补品的需求，降低对其替代品的需求。这样，互补品的价格和供给量将上升，替代品的价格和数量将下降(假定供给曲线向右上方倾斜)。

(2) 在商品市场上的上述变化也会影响到生产要素市场，因为它导致了对生产 X 商品和其互补品的生产要素的需求增加，因此又引起了生产商品 X 和其互补品的要素价格的上升和数量的增加。它同时又导致商品 X 的替代品的需求下降，因此又引起生产商品 X 的替代品的生产要素的价格和数量的下降。这些变化被替代品生产要素价格的相对变化所削弱。

(3) 由于(2)中所述的变化，不同生产要素的收入及收入的分配也发生变化。商品 X 及其互补品的投入要素的所有者因对其要素需求的增加，其收入便随要素价格的上升和需求数量的增加而增加。商品 X 的替代品的投入要素的所有者因对其要素需求的减少，其收入便随着要素的价格下降和需求数量的减少而减少。这些变化转而又或多或少地影响包括商品 X 在内的所有最终商品的需求。这样，所有生产要素的派生需求都受到影响。这一过程一直持续到所有的商品市场和生产要素市场又同时重新稳定，整个经济又一次进入全面均衡状态。

二、计算题

1. 设某经济只有 a、b 两个市场。a 市场的需求和供给函数为 $Q_{da} = 13 - 2P_a + P_b$、$Q_{sa} = -4 + 2P_a$，b 市场的需求和供给函数为 $Q_{db} = 20 + P_a - P_b$、$Q_{sb} = -5 + 4P_b$。

(1) 试求当 $P_b = 1$ 时，a 市场的局部均衡。

(2) 试求当 $P_a = 1$ 时，b 市场的局部均衡。

(3) ($P_a = 1$，$P_b = 1$) 是否代表一般均衡？

(4) ($P_a = 5$，$P_b = 3$) 是不是一般均衡价格？

(5)一般均衡价格和一般均衡产量为多少?

解:(1)当 $P_b=1$ 时,a 市场的需求和供给函数分别为 $Q_{da}=13-2P_a+P_b=14-2P_a$ 和 $Q_{sa}=-4+2P_a$。a 市场实现局部均衡需满足以下条件:

$$14-2P_a=-4+2P_a$$

解得:均衡价格 $P_a=4.5$。

将均衡价格 $P_a=4.5$ 代入需求函数或供给函数,可得均衡数量为 $Q_a=5$。

(2)当 $P_a=1$ 时,b 市场的需求和供给函数分别为 $Q_{db}=20+P_a-P_b=21-P_b$ 和 $Q_{sb}=-5+4P_b$。b 市场实现局部均衡需满足以下条件:

$$21-P_b=-5+4P_b$$

解得:均衡价格 $P_b=5.2$。

将均衡价格 $P_b=5.2$ 代入需求函数或供给函数,可得均衡数量为 $Q_b=15.8$。

(3)当整个经济的价格体系恰好使所有的商品都供求相等时,市场就达到了一般均衡。因此,判断经济是否实现了一般均衡,需要看 a、b 两个市场是否同时实现了均衡。因此,需满足以下条件:

$$13-2P_a+P_b=-4+2P_a$$
$$20+P_a-P_b=-5+4P_b$$

解得:均衡价格 $P_a=\frac{110}{19}$,$P_b=\frac{117}{19}$。

因此,可以判断出来,($P_a=1$,$P_b=1$)和($P_a=5$,$P_b=3$)都不代表一般均衡价格。将均衡价格 $P_a=\frac{110}{19}$ 和 $P_b=\frac{117}{19}$ 分别代入 a 市场和 b 市场的需求函数或供给函数,可得均衡数量分别为 $Q_a=\frac{144}{19}$,$Q_b=\frac{373}{19}$。

2. 设某经济的生产可能性曲线满足如下的资源函数(或成本函数):

$$c=(x^2+y^2)^{\frac{1}{2}}$$

式中,c 为参数。如果根据生产可能性曲线,当 $x=3$ 时,$y=4$,试求生产可能性曲线的方程。

解:生产可能性曲线满足 $c=(x^2+y^2)^{1/2}$,点(3,4)在生产可能性曲线上,则 $c=(3^2+4^2)^{1/2}=5$。所以生产可能性曲线的方程为 $x^2+y^2=25(x\geqslant 0,\ y\geqslant 0)$。

3. 设某经济的生产可能性曲线为:

$$y=\frac{1}{2}(100-x^2)^{1/2}$$

试说明:

(1)该经济可能生产的最大数量的 x 和最大数量的 y。

(2)生产可能性曲线向右下方倾斜。

(3)生产可能性曲线向右上方凸出。

(4)边际转换率递增。

(5)点($x=6$,$y=3$)的性质。

解：(1)根据该经济的生产可能性曲线的形状，可知该经济可能生产的最大数量的 $x=10$，$y=5$。

(2)对生产可能性曲线方程求导可得：

$$y'=\frac{1}{2}\times\frac{1}{2}\times(100-x^2)^{-1/2}(-2x)=-\frac{1}{2}\cdot\frac{x}{\sqrt{100-x^2}}$$

当 $0\leqslant x<10$ 时，$y'\leqslant 0$，即随着 x 的增加，y 是递减的。所以，生产可能性曲线向右下方倾斜。

(3)对生产可能性曲线方程求二阶导数可得：$y''=-\dfrac{50}{(100-x^2)\sqrt{100-x^2}}$，当 $0\leqslant x<10$ 时，$y''<0$。所以，生产可能性曲线向右上方凸出。

(4)生产可能性曲线向右上方凸出等价于产品的边际转换率递增。由(3)已知生产可能性曲线向右上方凸出，所以可以证明出边际转换率递增。

(5)当 $x=6$，$y=3$ 时，该点位于生产可能性曲线的左下方区域，显然该点还没有达到其可能有的最大产出，故该点属于“生产无效率点”。

4. 设 a、b 两个消费者消费 x、y 两种产品。两个消费者的效用函数均为 $u=xy$。消费者 a 消费的 x 和 y 的数量分别用 x_a 和 y_a 表示，消费者 b 消费的 x 和 y 的数量分别用 x_b 和 y_b 表示。$e(x_a=10，y_a=50，x_b=90，y_b=270)$ 是相应的埃奇渥斯盒状图中的一点。

(1)试确定：在 e 点处，消费者 a 的边际替代率。

(2)试确定：在 e 点处，消费者 b 的边际替代率。

(3)e 点满足交换的帕累托最优吗？

(4)如果不满足，应如何调整才符合帕累托改进的要求？

解：(1)在点 e 处，消费者 a 的边际替代率 $MRS_{xy}^{a}=\dfrac{MU_x^a}{MU_y^a}=\dfrac{y_a}{x_a}=\dfrac{50}{10}=5$。

(2)在点 e 处，消费者 b 的边际替代率 $MRS_{xy}^{b}=\dfrac{MU_x^b}{MU_y^b}=\dfrac{y_b}{x_b}=\dfrac{270}{90}=3$。

(3)点 e 如果满足交换的帕累托最优，需满足条件 $MRS_{xy}^{a}=MRS_{xy}^{b}$，但是由(1)、(2)可知 $MRS_{xy}^{a}\neq MRS_{xy}^{b}$，所以点 e 不满足交换的帕累托最优。

(4)a、b 两个消费者可以通过交换 x、y 两种产品来实现帕累托改进。比如说，消费者 a 可以用 4 个单位的 y 产品与消费者 b 交换一个单位的 x 产品，这种交换或者说调整显然符合帕累托改进的要求。a、b 两个消费者可以不断调整 x、y 两种产品的消费量，但在某一点 $MRS_{xy}^{a}=MRS_{xy}^{b}$ 时，此时实现了交换的帕累托最优条件。

5. 设 c、d 两个生产者拥有 l、k 两种要素。两个生产者的生产函数分别为：

$$Q=2k+3l+lk、Q=20l^{1/2}k^{1/2}$$

生产者 c 使用的 l、k 的数量分别用 l_c、k_c 表示，生产者 d 使用的 l、k 的数量分别用 l_d、k_d 表示。两种要素的总量为 $\bar{l}$ 和 $\bar{k}$，即有 $l_c+l_d=\bar{l}$、$k_c+k_d=\bar{k}$。试确定：

(1)生产者 c 的边际技术替代率。

(2)生产者 d 的边际技术替代率。

(3)用生产者 c 使用的 l_c、k_c 来表示的生产契约曲线。

(4)用生产者 d 使用的 l_d、k_d 来表示的生产契约曲线。

解:(1)生产者 c 的边际技术替代率 $MRTS_{lk}^c=\dfrac{MP_l}{MP_k}=\dfrac{3+k_c}{2+l_c}$。

(2)生产者 d 的边际技术替代率 $MRTS_{lk}^d=\dfrac{MP_l}{MP_k}=\dfrac{20\times\dfrac{1}{2}\times l_d^{-1/2}k_d^{1/2}}{20\times\dfrac{1}{2}\times l_d^{1/2}k_d^{-1/2}}=\dfrac{k_d}{l_d}$。

(3)生产契约曲线是指在埃奇渥斯盒状图中,两种产品所有等产量曲线的切点的轨迹,即该曲线上的点都满足 $MRTS_{lk}^c=MRTS_{lk}^d$,即可得:$\dfrac{3+k_c}{2+l_c}=\dfrac{k_d}{l_d}$。

因此,用生产者 c 使用的 l_c、k_c 来表示的生产契约曲线应满足:

$$\frac{3+k_c}{2+l_c}=\frac{\bar{k}-k_c}{\bar{l}-l_c}$$

整理得:$k_c=\dfrac{2\bar{k}-3\bar{l}}{2+\bar{l}}+\dfrac{3+\bar{k}}{2+\bar{l}}l_c$

此即为用生产者 c 使用的 l_c、k_c 来表示的生产契约曲线。

(4)同理,用生产者 d 使用的 l_d、k_d 来表示的生产契约曲线应满足:

$$\frac{3+(\bar{k}-k_d)}{2+(\bar{l}-l_d)}=\frac{k_d}{l_d}$$

整理得:$k_d=\dfrac{3+\bar{k}}{2+\bar{l}}l_d$

此即为用生产者 d 使用的 l_d、k_d 来表示的生产契约曲线。

6. 设某经济只生产 x、y 两种产品。它们的生产函数分别为:$x=C_x^{1/2}$,$y=\dfrac{1}{2}C_y^{1/2}$。这里的 C_x、C_y 分别是用于生产 x、y 的资源(或成本)。全部资源的总量为 100。试求该经济的生产可能性曲线。

解:由题意得,$C_x+C_y=100$,$x=C_x^{1/2}$,$y=\dfrac{1}{2}C_y^{1/2}$,所以 $x^2+4y^2=100$。

因此,该经济的生产可能性曲线为 $x^2+4y^2=100$。

7. 设某经济的生产可能性曲线为 $ax+by=c$,式中,a、b 和 c 均大于 0。试回答:

(1)该经济可能生产的最大数量的 x 和最大数量的 y 分别是多少?

(2)该生产可能性曲线是向右下方倾斜的吗?

(3)该生产可能性曲线是向右上方凸出的吗?

(4)边际转换率是递增的吗?

(5)点($x=b$,$y=c/b$)位于生产可能性曲线上吗?

解：(1)最大数量的 x 出现在 y 为零时，即 $x_{max}=c/a$；最大数量的 y 出现在 x 为零时，即 $y_{max}=c/b$。

(2)由于生产可能性曲线为 $ax+by=c$，则 $y=-\frac{a}{b}x+\frac{c}{b}$。所以 $y'=-a/b$，即生产可能性曲线的斜率为 $-a/b$。又因为 a、b 大于零，所以 $-a/b$ 小于零，生产可能性曲线向右下方倾斜。

(3)因为 $y''=0$，所以生产可能性曲线不是向右上方凸出的，而是一条直线。

(4)产品的边际转换率等于生产可能性曲线的斜率的绝对值，因此边际转换率不递增，也不递减，始终为 $MRT_{xy}=a/b$。

(5)点($x=b$，$y=c/b$)不位于生产可能性曲线上。当 $x=b$，$y=c/b$ 时，$ax+by=ab+c>c$，因此，该点不可能位于生产可能性曲线上，而位于生产可能性区域之外。

8. 设某经济的生产可能性曲线为 $(x+1)(y+1)=10$，试说明：

(1)该经济可能生产的最大数量的 x 和最大数量的 y。

(2)生产可能性曲线的倾斜方向。

(3)生产可能性曲线的凹凸方向。

(4)边际转换率的变化方向。

(5)点($x=3$，$y=1.5$)的性质。

解：(1)由于 $y\geqslant 0$，所以当 $y=0$ 时，有 $x_{max}=9$；同理，当 $x=0$ 时，有 $y_{max}=9$。因此，该经济可能生产的最大数量的 x 和最大数量的 y 均为 9。

(2)由 $(x+1)(y+1)=10$ 得，$y=\frac{10}{x+1}-1$，所以 $y'=-\frac{10}{(x+1)^2}<0$，因此该生产可能性曲线向右下方倾斜。

(3)$y''=\frac{20}{(x+1)^3}>0$，因此该生产可能性曲线凸向原点。

(4)产品的边际转换率等于生产可能性曲线的斜率的绝对值，因此边际转换率 $MRT_{xy}=-\frac{dy}{dx}=\frac{10}{(x+1)^2}$。随着 x 增大，边际转换率递减。

(5)当 $x=3$，$y=1.5$ 时，$(x+1)(y+1)=10$，因此该点恰好位于生产可能性边界上。

9. 设某经济的生产可能性曲线和社会效用函数分别为：$x^2+y^2=100$，$u=xy$。$a(x=6,\ y=8)$、$b(x=8,\ y=6)$是生产可能性曲线上的两点。试回答：

(1)a 点是不是一般均衡点？

(2)如果不是，经济将向何方调整？

(3)b 点是不是一般均衡点？

(4)如果不是，经济将向何方调整？

解：(1)a 点处，$MRT_{xy}=x/y=3/4$，$MRS_{xy}=y/x=4/3$；显然，$MRT_{xy}\neq MRS_{xy}$，a 点不是一般均衡点。

(2)经济将向增加 x，减少 y 的方向调整，直至 $MRT_{xy}=MRS_{xy}=1$，此时 $x=y=5\sqrt{2}$。

(3) b 点处，$MRT_{xy}=x/y=4/3$，$MRS_{xy}=y/x=3/4$；显然，$MRT_{xy}\neq MRS_{xy}$，b 点不是一般均衡点。

(4)经济将向增加 y，减少 x 的方向调整，直至 $MRT_{xy}=MRS_{xy}=1$，此时 $x=y=5\sqrt{2}$。

10. 设某经济的生产可能性曲线和社会效用函数分别为：$y=\frac{1}{2}(100-x^2)^{1/2}$，$u=(xy)^{1/2}$。试回答：

(1)相对价格($P_x=1$，$P_y=4$)是不是一般均衡价格？

(2)如果不是，相对价格将如何调整？

解：(1)由生产可能性曲线可得产品的边际转换率为：$MRT_{xy}=-\frac{dy}{dx}=\frac{x}{4y}$。由社会效用函数可得产品的边际替代率 $MRS_{xy}=MU_x/MU_y=y/x$。

在一般均衡点上，必有 $MRT_{xy}=MRS_{xy}$，即 $x/(4y)=y/x$，解得 $x^2=4y^2$；代入生产可能性曲线，解得 $x=5\sqrt{2}$，$y=\frac{5}{2}\sqrt{2}$。由于一般均衡点上有 $P_x/P_y=MRT_{xy}=MRS_{xy}=1/2$，因此，$P_x=1$，$P_y=4$ 不是一般均衡价格。

(2)为了达到一般均衡，需要减少生产 x，增加生产 y，以最终实现 $P_x/P_y=1/2$ 的均衡相对价格。

9.3 名校考研真题详解

一、名词解释

1. 帕累托最优状态(北师大 2001 研；华中科大 2005、2008 研；北理工 2006、2008、2013 研；南京航空航天大学 2006 研；上海交大 2006 研；深圳大学 2007 研；郑州大学 2010 研；湖南大学 2012 研；财政部财科所 2011 研；中央财大 2015、2019 研；中南财大 2019 研；中国海洋大学 2019 研)

答：帕累托最优状态也称为帕累托最适度、帕累托最佳状态或帕累托最优原则等，是现代福利经济学中讨论实现生产资源的最优配置的条件的理论，由意大利经济学家、社会学家 V·帕累托提出，因此得名。

帕累托认为，最优状态应该是这样一种状态：在这种状态下，任何对该状态的改变都不可能使一部分人的福利增加，而又不使另一部分人的福利减少，这种状态就是一个非常有效率的状态。帕累托最优状态包括三个条件：①交换的最优状态：人们持有的既定收入所购买的各种商品的边际替代率，等于这些商品的价格的比率；②生产的最优状态：厂商在进行生产时，所有生产要素中任意两种生产要素的边际技术替代率都相等；③生产和交换的一般最优状态：所有产品中任意两种产品的边际替代率等于这两种产品在生产中的边际转换率。

如果所有的市场(产品市场和生产要素市场)均是完全竞争的，则市场机制的最终作用将会使生产资源达到最优配置。在帕累托最优这种理想的状态下，有限的生产资源得到最有效率的配置，产量最高，产品的分配也使社会成员的总体福利最大。

2. 契约曲线(contract curve)(北京交大 2003 研；南京大学 2006 研；厦门大学 2006、2009 研；江西财大 2007 研；西安交大 2011 研；中南财大 2017 研)

答：契约曲线又称效率线，可分为消费者的契约曲线和生产者的契约曲线。消费者契约曲线是指，在埃奇渥斯盒状图中，不同消费者的无差异曲线切点的轨迹。在此曲线上的任何一点都满足交换的帕累托最优条件 $MRS_{XY}^{A}=MRS_{XY}^{B}$，即任意两个消费者对任意两种商品的边际替代率都相等，两个消费者按此交换都在既定初始条件下获得最大满足。相应的，消费者的契约曲线的轨迹是交换的帕累托最优轨迹。生产者契约曲线，是指在埃奇渥斯盒状图中，不同生产者的等产量线切点的轨迹。在此曲线上，任何一点都满足生产的帕累托最优条件，即 $MRTS_{XY}^{C}=MRTS_{XY}^{D}$，按此点生产都是最有效率的生产。相应的，生产者契约曲线上的轨迹是生产的帕累托最优轨迹。

3. 阿罗不可能性定理(华中科大 2003、2016 研；中国地质大学 2005 研；西安交大 2009 研；中央财大 2010 研；北邮 2011 研；东北大学 2017 研；湖南大学 2018 研)

答：阿罗不可能性定理是阿罗分析市场一般均衡时得出的一个定理。阿罗认为：用投票的方式不可能把个人的偏好集中起来，形成合乎理性的社会偏好。即在非独裁的情况下，不可能存在有适用于所有个人偏好类型的社会福利函数，这就是著名的阿罗不可能性定理。

4. 帕累托改进(首都经贸大学 2008 研；对外经贸大学 2008、2015 研；湖南大学 2017 研)

答：帕累托改进是指通过某种方式改变一个社会的某种既定状态，可以使一些人的境况变好，而其他人的境况至少不变坏的情况。利用帕累托标准和帕累托改进，可以定义最优资源配置，即如果对于既定的资源配置状态，所有的帕累托改进都不存在，即在该状态下，任意改变都不可能使至少有一个人的状况变好而又不使其他任何人的状况变坏，则这种资源配置状态为帕累托最优状态。

二、简答题

1. 证明 $MRT_{XY}=MRS_{XY}$；该证明说明了什么？(东北财大 2019 研)

证明：产品 X 对产品 Y 的边际转换率为：$MRT_{XY}=|\Delta Y/\Delta X|$。这表示为增加 $|\Delta X|$ 就必须减少 $|\Delta Y|$。因此，$|\Delta Y|$ 可以看成是 X 的边际成本(机会成本)。用 MC_X 和 MC_Y 分别代表产品 X 和 Y 的边际成本，则产品 X 对产品 Y 的边际转换率可以定义为两种产品的边际成本的比率：$MRT_{XY}=|\Delta Y/\Delta X|=|MC_X/MC_Y|$。

在完全竞争中，生产者利润最大化的条件是产品的价格等于其边际成本，于是有：$P_X=MC_X$，$P_Y=MC_Y$，即有：$MC_X/MC_Y=P_X/P_Y$。

再由消费者效用最大化条件：$MRS_{XY}=P_X/P_Y$，得：$MRT_{XY}=P_X/P_Y=MRS_{XY}$。

故在完全竞争市场中，$MRS_{XY}=MRT_{XY}$ 得证。

因完全竞争市场中，交换的最优条件为：任何两种产品的边际替代率对所有的消费者都相等，即 $MRS_{XY}^{A}=MRS_{XY}^{B}$；生产的最优条件为：任何两种要素的边际技术替代率对所有生产者都相等，即 $MRST_{LK}^{C}=MRST_{LK}^{D}$；生产和交换的最优条件为：任何两种产品的边际替代率等于它们的边际转换率，即 $MRS_{XY}=MRT_{XY}$。

故由以上证明可知，在完全竞争经济中，产品的均衡价格实现了生产和交换的帕累托最优状态。

2. “由于契约曲线上的所有点都是有效率的，因此从社会的观点来看它们都是同样理想的。”你同意这种说法吗？请解释之。(厦门大学2011研)

答：不同意这种说法。理由如下：

(1)交换的契约曲线上的所有点表示两种产品在两个消费者之间的所有最优分配(即帕累托最优)状态的集合，此线也被称为交换的效率曲线。生产的契约曲线上的所有点表示两种要素在两个生产者之间的所有最优分配(即帕累托最优)状态的集合，此线也被称为效率曲线。可见，契约曲线上的所有点都是有效率的。

(2)但是对社会来说，契约曲线上的所有点未必都是理想的，因为帕累托最优的三个条件并不是对资源最优配置的完整描述，它们只考虑了社会经济的效率而忽略了公平原则，没有考虑到收入分配问题。实际上，存在着无穷多个同时满足所有三个帕累托最优条件的经济状态，其中甚至可以包括收入分配的极端不平等情况，比如在交换契约曲线的两个端点上就是极端不平等状态，至少在这两点上，从社会角度看就不是理想状态。

因此，从社会的观点来看，契约线上的所有点不都是同样理想的。

三、计算题

1. 假定小王(A)和小李(B)的效用函数分别为：

$$U_A = x_A y_A$$

$$U_B = x_B + y_B$$

(1)请针对两人分别写出 x 对 y 的边际替代率公式。

(2)如果交易通过价格体系来实施，请写出均衡时的(可行的)价格比率。

(3)假定共有100单位的 x 和200单位的 y。最初，小王有25单位的 x 和75单位的 y，而小李有75单位的 x 和125单位的 y。请说明经过市场交易后，均衡时两人分别拥有的两种商品的数量。

(4)画出这种情形的埃奇渥斯框图(Edgeworth Box)。标出初始禀赋配置和所有的帕累托最优配置。(人大2006研)

解：(1)小王(A)的 x 对 y 的边际替代率公式为：$MRS_{xy}^A = \dfrac{MU_x^A}{MU_y^A} = \dfrac{y_A}{x_A}$

小李(B)的 x 对 y 的边际替代率公式为：$MRS_{xy}^B = \dfrac{MU_x^B}{MU_y^B} = \dfrac{1}{1} = 1$

(2)如果交易通过价格体系来实施，均衡时的(可行的)价格比率必须满足条件：

$$MRS_{xy}^A = \frac{y_A}{x_A} = MRS_{xy}^B = 1 = \frac{P_x}{P_y}$$

所以，均衡时的价格比为：$\dfrac{P_x}{P_y} = 1$。

(3)小王的初始禀赋配置为：$(w_x^A, w_y^A) = (25, 75)$，小李的初始禀赋配置为：$(w_x^B, w_y^B) = (75, 125)$。假设经过市场交易后，均衡时两人拥有的商品的数量组合分别为：(x_A^*, y_A^*)，(x_B^*, y_B^*)。

均衡时，$(x_A^*,\ y_A^*)+(x_B^*,\ y_B^*)=(x_A^*+x_B^*,\ y_A^*+y_B^*)=(w_x,\ w_y)=(100,\ 200)$

即：$x_A^*+x_B^*=100,\ y_A^*+y_B^*=200$ ①

由(1)可得，均衡时，$MRS_{xy}^A=\dfrac{y_A}{x_A}=1$，所以 $x_A^*=y_A^*$ ②

同时，小王和小李必须满足各自的预算约束：

$$P_x x_A^*+P_y y_A^*=P_x w_x^A+P_y w_y^A \quad ③$$

$$P_x x_B^*+P_y y_B^*=P_x w_x^B+P_y w_y^B \quad ④$$

由(2)得$\dfrac{P_x}{P_y}=1$，所以③、④两式可化简为：

$$x_A^*+y_A^*=w_x^A+w_y^A=25+75=100 \quad ⑤$$

$$x_B^*+y_B^*=w_x^B+w_y^B=75+125=200 \quad ⑥$$

综合①、②、⑤、⑥四式可得均衡时两人分别拥有的商品数量为：

$$(x_A^*,\ y_A^*)=(50,\ 50),\ (x_B^*,\ y_B^*)=(50,\ 150)$$

(4)这种情形的埃奇渥斯框图如图 9-5 所示。初始禀赋配置为 w，所有的帕累托最优配置为契约线上的 EF 段。

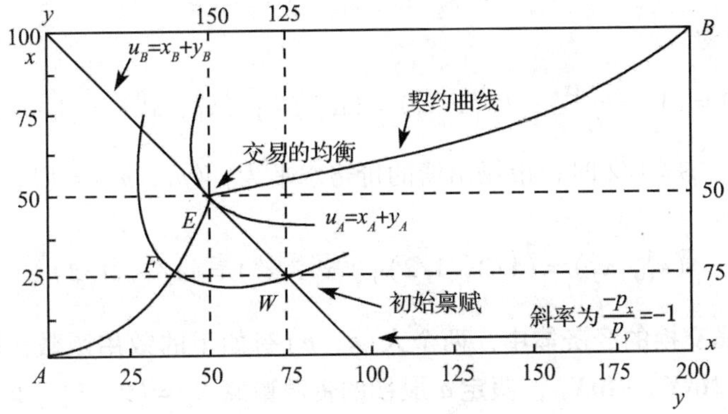

图 9-5 埃奇渥斯框图和帕累托最优配置

2. 假设在一个纯交换经济中有两个消费者 $i=A$，B 和两种商品 $j=1,\ 2$。消费者的初始禀赋为 $w^i=(w_1^i,\ w_2^i)$。消费者 A 的初始禀赋和效用函数分别为 $w^A=(1,\ 0)$ 和 $U^A(x_1^A,\ x_2^A)=(x_1^A)^\alpha(x_2^A)^{1-\alpha}$；消费者 B 的初始禀赋和效用函数分别为 $w^B=(0,\ 1)$ 和 $U^B(x_1^B,\ x_2^B)=(x_1^B)^\beta(x_2^B)^{1-\beta}$。商品 1 和 2 的价格分别用 p_1 和 p_2 来表示。

(1)求竞争均衡(提示：在计算竞争均衡时可把商品 1 的价格标准化为 1)。

(2)假设 $\alpha=1/2$，$\beta=1/2$，使市场出清的价格水平和均衡消费量分别为多少? (上海财大 2007 研)

解：(1)消费者 A 的效用最大化问题为：

$$\max U^A(x_1^A,\ x_2^A)=(x_1^A)^\alpha(x_2^A)^{1-\alpha}$$

$$s.t.\ \ p_1x_1^A+p_2x_2^A=pw^A=p_1$$

解得消费者 A 的价格提供曲线为：

$$(x_1^A,\ x_2^A)=(\frac{\alpha p_1}{p_1},\ \frac{(1-\alpha)p_1}{p_2})=(\alpha,\ \frac{(1-\alpha)p_1}{p_2}) \qquad ①$$

消费者B的效用最大化问题为：

$$\max U^B(x_1^B,\ x_2^B)=(x_1^B)^{\beta}(x_2^B)^{1-\beta}$$

$$s.t.\ \ p_1x_1^B+p_2x_2^B=pw^B=p_2$$

解得消费者B的价格提供曲线为：

$$(x_1^B,\ x_2^B)=(\frac{\beta p_2}{p_1},\ \frac{(1-\beta)p_2}{p_2})=(\frac{\beta p_2}{p_1},\ 1-\beta) \qquad ②$$

因此，市场出清条件为：

$$(x_1^A,\ x_2^A)+(x_1^B,\ x_2^B)=w^A+w^B=(1,\ 1) \qquad ③$$

令 $p_1=1$，则由①、②、③式可得：

$$p_2=\frac{1-\alpha}{\beta}$$

$$(x_1^A,\ x_2^A)=(\alpha,\ \beta)$$

$$(x_1^B,\ x_2^B)=(1-\alpha,\ 1-\beta)$$

所以竞争均衡为：

$$\left\{(p_1,\ p_2)=(1,\ \frac{1-\alpha}{\beta});\ (x_1^A,\ x_2^A)=(\alpha,\ \beta);\ (x_1^B,\ x_2^B)=(1-\alpha,\ 1-\beta)\right\}$$

(2)当 $\alpha=1/2$，$\beta=1/2$ 时，市场出清的价格水平为：$(p_1,\ p_2)=(1,\ 1)$

均衡消费量为：

$$(x_1^A,\ x_2^A)=(1/2,\ 1/2);\ (x_1^B,\ x_2^B)=(1/2,\ 1/2)$$

3. 在两种商品交换的经济体中，两个人(a，b)有如下的效用函数：$U_a(X_a)=\ln X_{1a}+2\ln X_{2a}$，$U_b(X_b)=2\ln X_{1b}+\ln X_{2b}$，假定 a 最初的资源禀赋 $R_a=(9,\ 3)$，即 a 拥有9个 X_1 和3个 X_2；而 b 最初的资源禀赋为 $R_b=(12,\ 6)$，即 b 拥有12个 X_1 和6个 X_2。定义两种商品 X_1 和 X_2 的价格之比 $P_1/P_2=\rho$，并标准化商品2的价格 $P_2=1$。证明：均衡的价格水平 $\rho^*=0.5$。(人大2011研)

解：根据帕累托最优条件 $MRS_{XY}^A=MRS_{XY}^B$ 以及两种商品各自总数量的约束条件，可列出如下方程组：

$$\frac{\frac{1}{X_{1a}}}{\frac{2}{X_{2a}}}=\frac{\frac{2}{X_{1b}}}{\frac{1}{X_{2b}}}=\frac{P_1}{P_2}$$

$$X_{1b}=21-X_{1a}$$

$$X_{2b}=9-X_{2a}$$

由第一个方程得：$4X_{1a}X_{2b}=X_{2a}X_{1b}$，将第二、三个方程代入进去整理得：

$$12X_{1a}-7X_{2a}=X_{1a}X_{2a} \qquad ①$$

因为最优点和初始禀赋点的连线的斜率就是价格比率，因此有以下方程：

$$\frac{X_{2a}-3}{9-X_{1a}}=\frac{P_1}{P_2}=\frac{X_{2a}}{2X_{1a}}$$

整理得：

$$2X_{1a}+3X_{2a}=X_{1a}X_{2a} \quad ②$$

结合①②式得 $X_{1a}=X_{2a}$，于是：

$$\rho^*=\frac{P_1}{P_2}=\frac{X_{2a}}{2X_{1a}}=0.5$$

4. 假设某人生产与消费粮食(F)和蔬菜(C)。在某一时期中，他决定工作200小时，至于把这些时间用到生产粮食上还是蔬菜上是无差异的，此人的粮食产量为：$F=L_F^{0.5}$，蔬菜产量为：$C=L_C^{0.5}$，其中L_F与L_C分别为花在生产粮食和蔬菜上的时间。此人的效用函数为：$U=(FC)^{0.5}$。

试计算：

(1)如果他无法与外部世界进行贸易，他将如何配置他的劳动时间以及他的粮食、蔬菜产量为何?

(2)假设可以进行贸易，且$\frac{P_F}{P_C}=\frac{2}{1}$，给定(1)中的产量，他将如何选择他的消费?（北邮 2012 研）

解：(1)此人的最优化问题即为如何配置 L_F 和 L_C 使效用 U 最大化，可用下式表示为：

$$\max\ (FC)^{0.5}$$

代入 F、C 的表达式，得：

$$\max\ (L_FL_C)^{0.25}$$
$$s.t.\ L_F+L_C=200$$

构造拉格朗日函数：$H=(L_FL_C)^{0.25}+\lambda(200-L_F-L_C)$

效用最大化的一阶条件为：

$$\frac{\partial H}{\partial L_F}=0.25(L_FL_C)^{-0.75}L_C-\lambda=0$$

$$\frac{\partial H}{\partial L_C}=0.25(L_FL_C)^{-0.75}L_F-\lambda=0$$

$$\frac{\partial H}{\partial \lambda}=200-L_F-L_C=0$$

解得：

$$L_F=L_C=100$$

则有：

$$F=L_F^{0.5}=10,\ C=L_C^{0.5}=10$$
$$U=(FC)^{0.5}=10$$

即此人花在生产粮食和蔬菜上的时间都为 100 个小时，粮食和蔬菜的产量都为 10，最大化的效用为 10。

(2)假设可以进行贸易，此人将按照$\frac{MU_F}{MU_C}=\frac{P_F}{P_C}$均衡条件来进行消费决策。根据此人的效用函数，可得边际效用分别为：

$$MU_F=0.5F^{-0.5}C^{0.5},\ MU_C=0.5F^{0.5}C^{-0.5}$$

根据效用最大化均衡条件$\frac{MU_F}{MU_C}=\frac{P_F}{P_C}$，可得：

$$\frac{0.5F^{-0.5}C^{0.5}}{0.5F^{0.5}C^{-0.5}}=\frac{P_F}{P_C}=\frac{2}{1}$$

解得：$C=2F$。

且最优消费组合应满足：

$$P_C\times C+P_F\times F=P_C\times 10+P_F\times 10$$

等号两边同时除以P_C，得到$C+2F=30$。

解得：$F=7.5$，$C=2F=15$。

四、论述题

1. 图9-6中：圆圈1和2代表两个纯消费者，圆圈X和Y分别代表两个生产商品x和y的厂商；实线代表厂商的产品流向，虚线代表消费者卖给厂商的劳动及其他生产要素。请问：

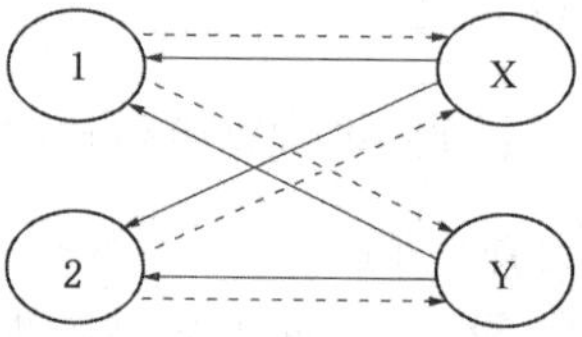

图9-6　新古典经济学框架

(1)简述消费者决策过程与原则。

(2)简述厂商的决策过程与原则。

(3)简述市场上供需交互作用的决策过程。(中山大学2010研)

答：(1)从图9-6中的消费者方面看，出于对自身经济利益的追求，消费者的经济行为首先表现为消费者1和消费者2在生产要素市场上提供生产要素，如提供一定数量的劳动、资本和土地等，使厂商能够生产x、y。同时，消费者1和消费者2取得收入，然后，在产品市场上购买所需的商品x、y，进而在消费中得到最大的效用满足。

消费者面临的问题可以表述为，如何在既定的收入条件下，实现效用的最大化。设收入为m，x、y的价格分别为P_x、P_y，则有：

$$\max_{x,y} u(x,\ y)$$
$$s.t.\ P_x x+P_y y=m$$

运用拉格朗日乘数法，对其进行求解，可得消费者决策的原则是两种商品x、y的边际替代率之比等于价格之比，即$MRS_{xy}=\frac{P_x}{P_y}$。

(2)从图9-6中的厂商方面看，同样也是出于对自身经济利益的追求，厂商的经济行为首先表现为在生产要素市场上购买生产所需的生产要素，如雇用一定数量的工人，租用一定数量的土地等，这是由消费者1和消费者2提供的，然后，进入生产过程进行生产，生产出一定数量的x、y等，进而通过商品的出售获得最大的利润。

厂商面临的问题可以表述为，如何在既定要素价格的条件下，实现利润的最大化。设成本为C，用到的要素分别为L、K，相对应的价格分别为w、r，则有：

$$\max_{L,K}\pi(L,\ K)=pq(L,\ K)-C$$
$$s.\ t.\ wL+rK=C$$

运用拉格朗日乘数法，对其进行求解，可得生产者决策的原则是两种要素 L、K 的边际技术替代率之比等于要素价格之比，即 $MRTS_{LK}=\frac{w}{r}$。

(3)在图 9-6 的左半部，消费者对产品(x、y)的需求和厂商对产品(x、y)的供给相遇于产品市场，根据边际收益等于边际成本，由此便决定了每一种产品(x、y)市场的均衡价格和均衡数量。在完全竞争的产品市场的长期均衡条件下，厂商的超额利润为零，产品市场的均衡价格会降至长期平均成本的最低水平，即厂商是以最低的价格出售产品。在图9-6 的右半部，消费者对生产要素(如劳动、土地)的供给和厂商对生产要素(如劳动、土地)的引致需求相遇于生产要素市场，根据生产要素的边际收益产品等于边际要素成本，决定了每一种生产要素(如劳动、土地)市场的均衡价格(如工资、地租)和均衡数量。厂商购买生产要素所支付的总价格等于工资、利息、地租和利润的总和，这四部分分别构成生产要素劳动、资本、土地和企业家才能的提供者的报酬收入。消费者购买商品的支出等于消费者提供生产要素所获得的收入，即劳动和土地的收入归消费者所有。

通过对图9-6 的描述，可以清楚地看到：在完全竞争条件下，无论是在产品市场，还是在生产要素市场，单个消费者和单个厂商的经济活动都表现为在市场机制的作用下各自追求自身经济利益最大化的过程。正是在这一过程中，每个产品市场和每个生产要素市场，进而所有的市场，都实现了供求相等的均衡状态。在这样的完全竞争的均衡状态中，每一种产品都以最低的成本被生产出来，每一种产品也都以最低的价格在市场上出售，消费者获得最大的满足，厂商获得最大的利润，生产要素的提供者根据各自对生产的贡献都得到了相应的报酬。

2. 分析网络购物和电子商务发展对社会福利的影响。(厦门大学 2021 研)

答：随着互联网的发展和普及，网络购物和电子商务日渐兴起。到目前已经形成淘宝、天猫、京东等大型网购平台以及配套的物流体系，且市场高度集中，似乎呈现出垄断或寡头垄断态势。这些大型平台企业改变了传统的购物模式，也从多个方面对社会福利产生影响。

(1)基于消费者视角而言，网购和电子商务从多个角度影响交易成本进而影响消费者福利。

①网购降低了交易前的搜寻成本和交通成本。传统零售模式下，消费者需要前往商场店铺挑选商品，耗时耗力；互联网平台几乎实现了商品的全品类聚合，使得消费占足不出户即可挑选心仪的商品。

②电子商务提高了监督成本。网购难以保障产品质量，由于产品本身具有不确定性，如果选购商品不合意或是有瑕疵，退款退货又抬高了交易成本。

③消费者很可能遭受价格歧视，使得自身利益受损。电商平台抢占市场份额占据寡头甚至垄断地位之后，对产业链上的供应方和消费者都具有定价权，两头压价，平台攫取高额利润；对消费者具有挤出效应，不但使得消费者福利下降，也会使得社会总福利下降；更进一步，若平台利用大数据和算法对用户精准画像，进行一级价格歧视，则消费者剩余

完全归零，转移到平台。

（2）基于供给方的角度而言，他们的福利也逐渐被侵蚀。

①网购平台最初为了吸引商家入驻，会提供高额补贴，甚至会采取逼迫商家“二选一”这样违背反垄断法的不正当竞争行为。在平台发展初期，供给方的福利比起传统零售模式更高。

②但随着平台逐渐成熟，掌握定价权的平台将会对供给方反戈一击，提高平台的抽成费；此外，由于平台掌握算法，把控流量入口，向商家收取的广告费也会提高，商家的福利逐渐降低。

（3）基于网购平台视角而言，它对社会福利有正反两方面的影响。

①一方面，网络平台企业容易形成寡头垄断，抢占市场份额掌握定价权之后限产抬价，损害消费者、供给方的福利，收缩的需求也造成无谓损失，损害社会福利。

②另一方面，电子商务所依托的电商平台又具有规模经济效应，平台多引进一个供给方对边际成本几近零影响，可以聚合大量厂商，一定程度上带来就业扩张，弥补社会福利的损失。

第 10 章　博弈论初步

10.1　复习笔记

【知识框架(庖丁解牛)】

博弈论初步
- 几个基本概念
- 完全信息静态博弈：纯策略均衡
  - 条件策略和条件策略组合
  - 纳什均衡
  - 寻找纳什均衡的方法——条件策略下划线法
  - 囚徒困境
- 完全信息静态博弈：混合策略均衡
- 完全信息动态博弈

【考点难点归纳(厚积薄发)】

考点一：几个基本概念(见表 10-1)　★★★

表 10-1　几个基本概念

要点	具体内容	
博弈论	博弈论是指研究在策略性环境中如何进行策略性决策和采取策略性行动的科学。在策略性环境中，每一个人进行的决策和采取的行动都会对其他人产生影响。因此，每个人在进行策略性决策和采取策略性行动时，要根据其他人的可能反应来决定自己的决策和行动	
基本要素	参与人	又称局中人，是指博弈中的决策主体。参与人既可以是个人，也可以是团体(企业或国家)
	参与人的策略	指参与人选择行为的规则，也就是指参与人应该在什么条件下选择什么样的行动，以保证自身利益最大化
	参与人的支付	指在所有参与人选择了各自的策略且博弈完成之后，参与人得到的结果
支付函数	也称效用函数，表明了博弈的参与人采取的每种策略组合的结果或收益，它是所有参与人策略或行动的函数，是每个参与人真正关心的东西	
支付矩阵	又称博弈矩阵或收益矩阵，表示参与博弈的多个参与人的收益的矩阵或框图	

考点二：完全信息静态博弈：纯策略均衡　★★★★

1. 条件策略和条件策略组合

条件策略是条件优势策略的简称，是指在同时博弈中，在给定其他参与人的策略时，某个参与人的最优策略。条件策略组合是条件优势策略组合的简称，是指包括该参与人的条件策略以及这些条件在内的所有参与人的策略组合。

2. 纳什均衡

如表10-2所示，（不合作，不合作）既是甲厂商的条件策略组合，也是乙厂商的条件策略组合，在该策略组合上，甲厂商和乙厂商都没有单独改变策略的倾向。

表10-2　寡头博弈：合作与不合作

		乙厂商	
		合作	不合作
甲厂商	合作	5，$\underline{6}$	1，5
	不合作	$\underline{7}$，1	$\underline{2}$，$\underline{3}$

纳什均衡是指在对手选择既定的情况下，每一个对局者的选择都是最佳选择的一种策略组合。因此，在纳什均衡条件下，所有的对局者都不会去改变他们所选择的策略。

3. 寻找纳什均衡的方法——条件策略下划线法

对于一个简单的“二人同时博弈”，可以用一个以二元数组为元素的支付矩阵来表示，并用“条件策略下划线法”来确定它的纳什均衡。具体步骤如下：

（1）把整个博弈的支付矩阵分解为两个参与人的支付矩阵。

（2）在第一个（即位于整个博弈矩阵左方的）参与人的支付矩阵中，找出每一列的最大者，并在其下画线。

（3）在第二个（即位于整个博弈矩阵上方的）参与人的支付矩阵中，找出每一行的最大者，并在其下画线。

（4）将已经画好线的两个参与人的支付矩阵再合并起来，得到带有下划线的整个博弈的支付矩阵。

（5）在带有下划线的整个博弈的支付矩阵中，找到两个数字之下均有下划线的支付组合。由该支付组合代表的策略组合就是博弈的纳什均衡。

4. 囚徒困境

囚徒困境的博弈模型的假设条件是：甲、乙两个被怀疑为合谋偷窃的嫌疑犯被警方抓获，但警方对他们偷窃的证据并不充分。他们每一个人都被单独囚禁，并单独进行审讯，即双方无法互通信息。警方向这两个嫌疑犯交代的量刑原则是：如果一方坦白，另一方不坦白，则坦白者自由；不坦白者从重处理，判刑20年。如果两人都坦白，则每人都各判刑8年。如果两个都不坦白，则警方由于证据不足，只能对每个人各判刑1年。表10-3的支付矩阵描述了这一博弈。表中的报酬均为负数，以表示判刑的年数。

表10-3　囚徒困境

		坦白		不坦白	
甲	坦白	−8	−8	0	−20
	不坦白	−20	0	−1	−1

通过分析可以看出，囚徒困境的博弈有唯一纳什均衡(坦白，坦白)。但是，如果两人都选择不坦白(即合作)，则都可以获得最好的结局。因此，囚徒困境的纳什均衡反映了一个矛盾：即个人理性和团体理性的冲突。

考点三：完全信息静态博弈：混合策略均衡　★★★★

并不是所有的博弈都存在纯策略纳什均衡。比如，如表 10-4 所示，该博弈不存在纯策略纳什均衡，但存在混合策略纳什均衡。混合策略纳什均衡是指给定其他参与人的策略选择概率，每个参与人都为自己确定了选择每一种策略的最优概率的一种均衡状态。可以证明，混合策略均衡总是存在的。

表 10-4　社会福利博弈

		流浪者：寻找工作	流浪者：游荡
政府	救济	3，2	-1，3
	不救济	-1，1	0，0

关于混合策略均衡的一些概念如表 10-5 所示。

表 10-5　混合策略均衡的相关概念

要点	具体解释
混合策略组合	指所有参与人的混合策略的组合
期望支付	指混合策略组合与参与人的支付的乘积之和
条件混合策略	指当其他参与人的混合策略确定之后，某个参与人选择的可以使自己的期望支付达到最大的混合策略(其几何表示为“条件混合策略曲线”)
混合策略条件下的纳什均衡	指不同参与人的条件混合策略曲线的“交点”

考点四：完全信息动态博弈　★★★

在完全信息动态博弈中，参与人的决策有先后之分，尤其是，后行动的参与人可以观察到先行动的参与人所采取的策略。“博弈树”通常被作为用来描述完全信息动态博弈的工具。

在完全信息动态博弈中，可能存在多个纳什均衡的情况。在多个纳什均衡中，有些可能并不合理。对纳什均衡的“精炼”是指从众多的纳什均衡中进一步确定“更好”的纳什均衡。“逆向归纳法”常常被用于纳什均衡的精炼，具体包括以下两个步骤：

(1)从博弈的最后阶段的每一个决策点开始，确定相应参与人此时选择的策略，并把参与人放弃的其他策略删除，以得到原博弈的一个简化博弈。

(2)对简化博弈重复步骤一的程序，从而得到原博弈的一个最简博弈。这个最简博弈，就是原博弈的解；在存在多重纳什均衡时，它就是对纳什均衡的精炼。

10.2　课后习题详解

一、简答题

1. 什么是纳什均衡？纳什均衡一定是最优的吗？

答：(1)纳什均衡是指参与人的这样一种策略组合，在该策略组合上，任何参与人单独改变策略都不会得到好处。即如果在一个策略组合中，当所有其他人都不改变策略时，没有人会改变自己的策略，则该策略组合就是一个纳什均衡。

(2)纳什均衡不一定是最优的。因为每个人从自己理性出发所做出的选择在社会看来可能就不是最优的，存在如“囚徒困境”之类的情况。

2. 在只有两个参与人且每个参与人都只有两个策略可供选择的情况下，纯策略的纳什均衡最多可有几个？为什么？

答：在只有两个参与人且每个参与人都只有两个策略可供选择的情况下，纯策略的纳什均衡最多可以有四个。分析如下：

在只有两个参与人且每个参与人都只有两个策略可供选择的情况下，纳什均衡仅仅要求每个人在对方不改变策略的前提下自己也不改变策略，即参与人是消极应对的。所以，可能存在四个纯策略的纳什均衡，一个一般的例子如表10-6所示。

表10-6　参与人A、B的支付矩阵

		参与人B	
		策略1	策略2
参与人A	策略1	a_{11}，b_{11}	a_{12}，b_{12}
	策略2	a_{21}，b_{21}	a_{22}，b_{22}

表10-6中，若满足$a_{11}=a_{21}$、$a_{12}=a_{22}$、$b_{11}=b_{12}$和$b_{21}=b_{22}$，则该博弈矩阵存在四个纯策略纳什均衡(a_{11}，b_{11})、(a_{22}，b_{22})、(a_{12}，b_{12})和(a_{21}，b_{21})。

3. 在只有两个参与人且每个参与人都只有两个策略可供选择的情况下，纯策略的纳什均衡可能有三个。试举一例说明。

答：一个一般的例子如表10-7所示。表10-7中，若满足$a_{11}=a_{21}$、$a_{12}=a_{22}$、$b_{11}=b_{12}$、$b_{21}>b_{22}$，则该博弈矩阵存在三个纯策略纳什均衡(a_{11}，b_{11})、(a_{21}，b_{21})和(a_{12}，b_{12})。

表10-7　参与人A、B的支付矩阵

		参与人B	
		策略1	策略2
参与人A	策略1	a_{11}，b_{11}	a_{12}，b_{12}
	策略2	a_{21}，b_{21}	a_{22}，b_{22}

4. 在只有两个参与人且每个参与人都只有两个策略可供选择的情况下，如何找到所有的纯策略纳什均衡？

答：在只有两个参与人且每个参与人都只有两个策略可供选择的情况下，可以用“条件策略下划线法”找到所有的纯策略纳什均衡。分析如下：

例如，对于甲乙两个厂商，对于是否合作的选择。首先，是用下划线来表示甲厂商的条件策略。例如，当乙厂商选择合作时，甲厂商的条件策略得出方法如下，比较甲选择合作和非合作时甲的利益的大小，哪个数字大就在该数字下画一条横线；同理，当乙厂商选择不合作时，甲比较选择合作和非合作时甲的利益的大小，哪个数字大就在该数字下画一条横线。

其次，用下划线来表示乙厂商的条件策略。道理是一样的，只不过是乙比较合作与非合作的收益，在收益大的数字下画一条横线。

最后，确定博弈的均衡。一旦把甲厂商和乙厂商的所有条件策略都用下划线方法表示出来以后，确定博弈均衡的任务就变得非常简单——只要找到在两个数字之下都画线的单元格即可。与这些单元格相对应的策略组合就是所要求的均衡策略组合。

5. 设有 A、B 两个参与人。对于参与人 A 的每一个策略，参与人 B 的条件策略有没有可能不止一个？试举一例说明。

答：对于参与人 A 的每一个策略，参与人 B 的条件策略有可能不止一个。当两种选择数值相同时，参与人 B 的条件策略就有两个，如表 10-8 所示。

表 10-8　参与人 A、B 的支付矩阵

		参与人 B	
		合作	不合作
参与人 A	合作	5，3	3，2
	不合作	3，4	3，4

当 A 选择不合作策略时，B 的两种选择是一样的，所以就有两个条件策略。

6. 如果无论其他人选择什么策略，某个参与人都只选择某个策略，则该策略就是该参与人的绝对优势策略（简称优势策略）。试举一例说明某个参与人具有某个优势策略的情况。

答：如表 10-9 所示，无论参与人 A 选择合作还是不合作，参与人 B 都选择合作，因为 3 >2，5 >4。

表 10-9　参与人 A、B 的支付矩阵

		参与人 B	
		合作	不合作
参与人 A	合作	5，3	3，2
	不合作	4，5	3，4

7. 混合策略博弈与纯策略博弈有什么不同？

答：两个决策者原来的“非此即彼”策略称之为“纯策略”，而若赋予这些纯策略一些概率向量则称之为“混合策略”。纯策略博弈不涉及任何概率，是一定会做出的选择，或者可以认为纯策略是混合策略博弈中概率为 1 的特殊情况，即选择该种策略的概率为 1，选择其他任何纯策略的概率为 0。混合策略博弈要考虑具体决策人选择每个概率的大小，从而再作出判断。

8. 条件混合策略与条件策略有什么不同？

答：条件策略是指在同时博弈中，在给定其他参与人的策略时，某个参与人的最优策略。条件混合策略是指当其他参与人的混合策略确定之后，某个参与人选择的可以使自己的期望支付达到最大的混合策略。

条件策略与条件混合策略的差别主要在于前者是纯策略，而后者是混合策略。其中，混合策略是被赋予一定概率的纯策略。

9. 混合策略纳什均衡与纯策略纳什均衡有什么不同?

答: 在博弈中，博弈方只作出一种特定的选择，并且始终坚持这一选择，这样的肯定性策略又称纯策略。与之相对应的，只能按一定概率分布选择几种不同的行动的策略称之为混合策略。

混合策略纳什均衡与纯策略纳什均衡的差异集中体现在：混合策略纳什均衡是在一定的概率条件下得出的均衡，是和概率紧密相关的，会随着概率数值的变化而发生变化，而纯策略纳什均衡和概率无关，是一定会发生的。

另外，就一个具体的博弈支付矩阵而言，可能不存在纯策略纳什均衡，但一定存在混合策略纳什均衡。也就是说，混合策略纳什均衡总是存在的。

10. 设某个纯策略博弈的纳什均衡是有限的。试问：相应的混合策略博弈的纳什均衡会是无限的吗? 试举一例说明。

答: 某个纯策略博弈的纳什均衡是有限的，相应的混合策略博弈的纳什均衡可能会是无限的。

表 10-10　存在有限的纯策略均衡时的混合策略均衡

		乙	
		左	右
甲	上	1，1	1，1
	下	0，0	0，0

如表10-10所示，显然可见，该博弈有两个纯策略纳什均衡，即(上，左)和(上，右)。但是，该博弈有无限个混合策略纳什均衡。比如说，当甲选“上”时，乙以任意概率 $q(0\leqslant q\leqslant 1)$ 选择“左”，$1-q$ 的概率选择“右”，显然这就是相应的混合策略博弈的纳什均衡，均衡数为无限个。

11. 在动态博弈中，纳什均衡与逆向归纳策略有什么不同?

答: 在完全信息动态博弈中，可能存在多个纳什均衡的情况。在多个纳什均衡中，有些可能并不合理，这就需要通过对纳什均衡进行“精炼”，即采用“逆向归纳法”来进行求解。

通过采用“逆向归纳法”求解可以发现，得出的逆向归纳策略总是纳什均衡。但是，纳什均衡并不一定是逆向归纳策略。这是纳什均衡与逆向归纳策略两者之间的关系，也是两者的区别所在。简言之，在存在多重纳什均衡时，逆向归纳法就是对纳什均衡的精炼。

二、论述题

1. 设某个纯策略博弈的纳什均衡不存在。试问：相应的混合策略博弈的纳什均衡会存在吗? 试举一例说明。

答: 某个纯策略博弈的纳什均衡不存在，相应的混合策略博弈的纳什均衡会存在。

举例说明如下：在社会福利博弈中，参与人是政府和一个流浪汉，前者有两个策略：

救济或不救济，后者也有两个策略：寻找工作或游荡。政府想帮助流浪汉，但前提是后者必须试图寻找工作，否则将不给予救济；而流浪汉只有在得不到政府救济时才会寻找工作。双方的博弈支付矩阵如表10-11 所示。

表 10-11　社会福利博弈

		流浪者	
		寻找工作	游荡
政府	救济	3，2	−1，3
	不救济	−1，1	0，0

如表10-11 所示，通过对支付矩阵的分析可以看出，这个博弈不存在纯策略博弈的纳什均衡。但是，相应的混合策略博弈的纳什均衡存在。通过计算可知，在混合策略纳什均衡下，政府以0.5 的概率选择救济，以0.5 的概率选择不救济；同时，流浪汉以0.2 的概率选择寻找工作，以0.8 的概率选择继续游荡。

2. 在下面简化的博弈树模型中，确定纳什均衡和逆向归纳策略。

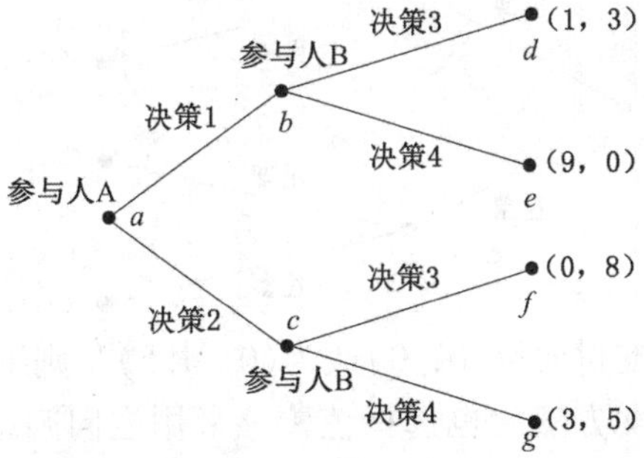

答：纳什均衡是(决策1，决策3)、逆向归纳策略也是(决策1，决策3)。分析如下：

(1)(决策1，决策3)是一个纳什均衡。在该策略组合上，没有哪个参与人愿意单独改变自己的策略。首先，参与人B 不会单独改变自己的策略。如果它单独改变策略，即将原来的决策3 变为决策4，参与人B 的支付将从原来的3 下降到0。其次，参与人A 也不会单独改变自己的策略。如果它单独改变策略，即将原来的决策1 变为决策2，则策略组合就成为(决策2，决策3)，参与人A 的支付将从原来的1 下降到0。

(2)采用逆向归纳法，可以判断出逆向归纳策略也是(决策1，决策3)。首先，如果参与人A 选择决策1，参与人B 肯定不会选择决策4。另一方面，如果参与人A 选择决策2，参与人B 肯定不会选择决策4。在此情况下，考察参与人A 的选择。由博弈树可以看出，参与人A 的最优选择是决策1。最终结果是，参与人A 选择决策1，参与人B 选择决策3，即最优策略组合为(决策1，决策3)。

3. 用逆向归纳法确定下面的“蜈蚣博弈”的结果。在该博弈中，第1 步是A 决策：如果A 决定结束博弈，则A 得到支付1，B 得到支付0，如果A 决定继续博弈，则博弈进入到第2 步，由B 做决策。此时，如果B 决定结束博弈，则A 得到支付0，B 得到支付2，如果B 决定继续博弈，则博弈进入到第3 步，又由A 做决策……如此等等，直到最后，博弈进入到第9999 步，由A 做决策。此时，如果A 决定结束博弈，则A 得到支付9999，B 得

到支付 0；如果 A 决定继续博弈，则 A 得到支付 0，B 得到支付 10000。

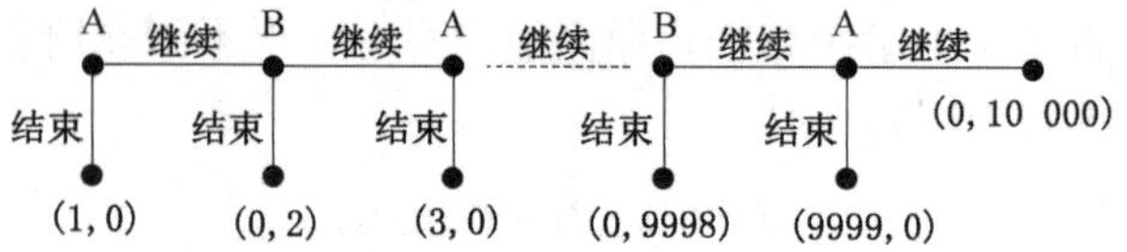

答：采用逆向归纳法可确定“蜈蚣博弈”的结果是 A 在第 1 步的决策就是结束博弈，此时 A 得到支付 1，B 得到支付 0。分析如下：

从第 9999 步开始推理，A 如果选择结束博弈就能得到支付 9999，而继续博弈得到的支付为 0，所以 A 肯定会选择结束博弈。再向后退一步，即第 9998 步，因为 B 知道 A 肯定会在第 9999 步选择结束博弈，则 B 肯定会选择结束博弈，从而得到支付 9998。采用逆向归纳法，以此类推，可以判断出，最终的博弈结果是 A 在第 1 步的决策就是结束博弈。

4. 在下面的情侣博弈中，如果将第二个支付向量(0，0)改为(0，1.5)，纳什均衡和逆向归纳策略会有什么变化？改为(0，1)呢？

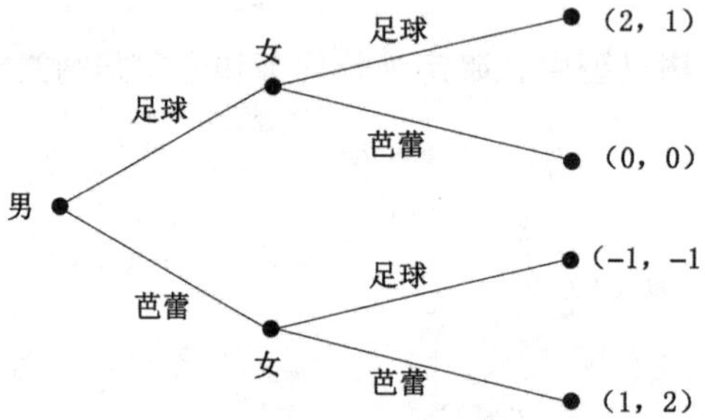

答：(1)如果将第二个支付向量(0，0)改为(0，1.5)，则纳什均衡只有一个(芭蕾，芭蕾)，即男方先选择芭蕾，女方然后也选择芭蕾。采用逆向归纳法来求解变化后的情侣博弈，会发现(芭蕾，芭蕾)这个组合策略也是逆向归纳策略。

(2)如果将第二个支付向量(0，0)改为(0，1)，则纳什均衡有两个：一个是(足球，足球)，即男方先选择足球，女方然后也选择足球，另一个是(芭蕾，芭蕾)，即男方先选择芭蕾，女方然后也选择芭蕾。但是，如果采用逆向归纳法来求解变化后的情侣博弈，会发现策略组合(足球，足球)是不合理的纳什均衡。这是因为，如果男方选择足球，女方出于自身利益的考虑，有一半的概率选择芭蕾。特别是，女方一旦采取报复性的措施，选择芭蕾的可能性更大。采用逆向归纳法来求解变化后的情侣博弈，会发现逆向归纳策略为(芭蕾，芭蕾)。

5. 在只有两个参与人且每个参与人都有三个策略可供选择的情况下，纯策略的纳什均衡最多可有几个？

答：最多有 9 个纯策略的纳什均衡，如表 10-12 所示。

表 10-12

		参与人 2 的策略		
		策略 4	策略 5	策略 6
参与人 1 的策略	策略 1	a_{11}，b_{11}	a_{12}，b_{12}	a_{13}，b_{13}
	策略 2	a_{21}，b_{21}	a_{22}，b_{22}	a_{23}，b_{23}
	策略 3	a_{31}，b_{31}	a_{32}，b_{32}	a_{33}，b_{33}

当收益 $a_{11}=a_{21}=a_{31}$、$a_{12}=a_{22}=a_{32}$、$a_{13}=a_{23}=a_{33}$、$b_{11}=b_{12}=b_{13}$、$b_{21}=b_{22}=b_{23}$、$b_{31}=b_{32}=b_{33}$时，所有策略组合均是纳什均衡。

6. 设有两个参与人 x 和 y。x 有两个纯策略 x_1 和 x_2，y 有两个纯策略 y_1 和 y_2。当 y 选择 y_1 和 y_2 时，x 选择 x_1 得到的支付分别为 x_{11} 和 x_{12}，选择 x_2 得到的支付分别为 x_{21} 和 x_{22}；当 x 选择 x_1 和 x_2 时，y 选择 y_1 得到的支付分别为 y_{11} 和 y_{21}，选择 y_2 得到的支付分别为 y_{12} 和 y_{22}。

(1)试给出相应的博弈矩阵。

(2)这种博弈矩阵的表示是唯一的吗？为什么？

答：(1)博弈矩阵如表 10-13 所示。

表 10-13

		参与人 y 的策略	
		策略 y_1	策略 y_2
参与人 x 的策略	策略 x_1	x_{11}，y_{11}	x_{12}，y_{12}
	策略 x_2	x_{21}，y_{21}	x_{22}，y_{22}

(2)这种博弈矩阵表示不是唯一的。除了(1)中表示方法外，还可以将参与人 y 置于横向而参与人 x 置于纵向，也可用树形图表示。

7. 根据表 10-14 的二人同时博弈模型求：

(1)参与人 A 与 B 的期望支付。

(2)参与人 A 与 B 的条件混合策略。

(3)纳什均衡。

表 10-14

			B 的策略	
			q_1	$1-q_1$
			左策略	右策略
A 的策略	p_1	上策略	3，2	1，1
	$1-p_1$	下策略	0，0	2，3

答：(1)参与人 A 的期望支付为：

$$E_A=3p_1q_1+p_1(1-q_1)+2(1-p_1)(1-q_1)=4p_1q_1-p_1-2q_1+2=p_1(4q_1-1)-2q_1+2$$

参与人 B 的期望支付为：

$$E_B=2p_1q_1+p_1(1-q_1)+3(1-p_1)(1-q_1)=4p_1q_1-2p_1-3q_1+3=q_1(4p_1-3)-2p_1+3$$

(2)A 的条件混合策略为：$p_1=\begin{cases}1, & q_1>0.25\\ [0,\ 1], & q_1=0.25\\ 0, & q_1<0.25\end{cases}$

B 的条件混合策略为：$q_1=\begin{cases}1, & p_1>0.75\\ [0,\ 1], & p_1=0.75\\ 0, & p_1<0.75\end{cases}$

(3)有3个纳什均衡为：①$((p_1, 1-p_1), (q_1, 1-q_1))=((0, 1), (0, 1))$；②$((p_1, 1-p_1), (q_1, 1-q_1))=((0.75, 0.25), (0.25, 0.75))$；③$((p_1, 1-p_1), (q_1, 1-q_1))=((1, 0), (1, 0))$。

8. 根据表10-15的二人同时博弈模型求：

(1)参与人A与B的期望支付。

(2)参与人A与B的条件混合策略。

(3)纳什均衡。

表10-15

			B的策略	
			q_1	$1-q_1$
			左策略	右策略
A的策略	p_1	上策略	3，0	2，1
	$1-p_1$	下策略	3，2	1，1

答：(1)$E_A=3p_1q_1+3(1-p_1)q_1+2p_1(1-q_1)+(1-p_1)(1-q_1)=-p_1q_1+p_1+2q_1+1=p_1(1-q_1)+2q_1+1$

$E_B=2(1-p_1)q_1+p_1(1-q_1)+(1-p_1)(1-q_1)=-2p_1q_1+q_1+1=q_1(1-2p_1)+1$

(2)A的条件混合策略为：$p_1=\begin{cases}1, & q_1<1\\ [0, 1], & q_1=1\end{cases}$

B的条件混合策略为：$q_1=\begin{cases}1, & p_1<0.5\\ [0, 1], & p_1=0.5\\ 0, & p_1>0.5\end{cases}$

(3)纳什均衡为：$((p_1, 1-p_1), (q_1, 1-q_1))=((1, 0), (0, 1))$和$((p_1, 1-p_1), (q_1, 1-q_1))=(([0, 0.5], [0.5, 1]), (1, 0))$。

9. 根据图10-1的博弈树模型求：

(1)纳什均衡。

(2)逆向归纳策略。

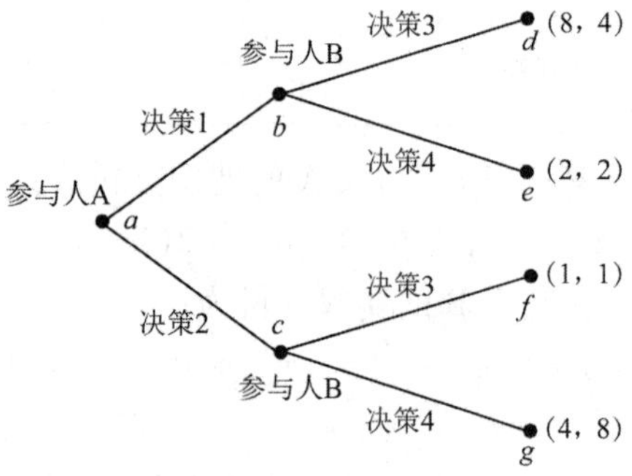

图10-1

答：(1)纳什均衡为：(决策1，决策3)和(决策2，决策4)。

对于策略组合(决策1，决策3)，若参与人B单独改变策略，则策略组合变为(决策1，决策4)，参与人B的支付将从原来的4下降至2；若参与人A单独改变策略，则策略组合变为(决策2，决策3)，其支付将从原来的8降至1。对于策略组合(决策2，决策4)，若参与人B单独改变策略，其支付将从原来的8降至1；若参与人A单独改变策略，其支付将从原来的4降至2。因此在这两个策略组合上，没有哪个参与人愿意单独改变自己的策略。

(2)逆向归纳策略为：(决策 1，决策 3)。

首先来看最后阶段即参与人 B 的决策，如果参与人 A 选择决策 1，参与人 B 会选择决策 3；另一方面，如果参与人 A 选择决策 2，参与人 B 肯定会选择决策 4。在此情况下，考察参与人 A 的选择。由博弈树可以看出，参与人 A 的最优选择是决策 1。最终结果是，参与人 A 选择决策 1，参与人 B 选择决策 3，即最优策略组合为(决策 1，决策 3)。

10. 根据图 10-2 的博弈树模型求：

(1)纳什均衡。

(2)逆向归纳策略。

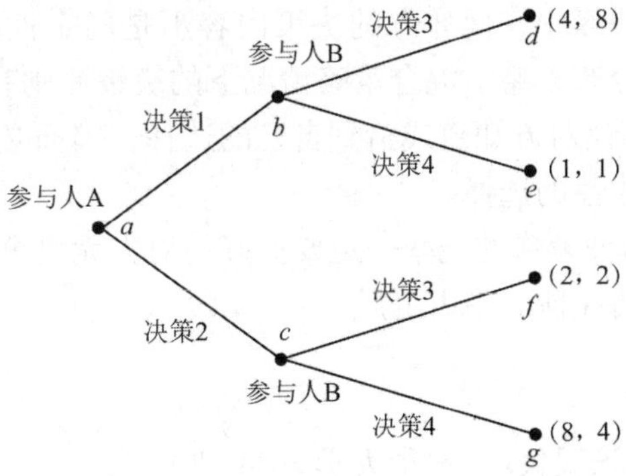

图 10-2

答：(1)纳什均衡为：(决策 1，决策 3)和(决策 2，决策 4)。

对于策略组合(决策 1，决策 3)，若参与人 B 单独改变策略，则策略组合变为(决策 1，决策 4)，参与人 B 的支付将从原来的 8 下降至 1；若参与人 A 单独改变策略，则策略组合变为(决策 2，决策 3)，其支付将从原来的 4 降至 2。对于策略组合(决策 2，决策 4)，若参与人 B 单独改变策略，其支付将从原来的 4 降至 2；若参与人 A 单独改变策略，其支付将从原来的 8 降至 1。故在这两个策略组合上，没有哪个参与人愿意单独改变自己的策略。

(2)逆向归纳策略为：(决策 2，决策 4)。

首先来看最后阶段即参与人 B 的决策，如果参与人 A 选择决策 1，参与人 B 会选择决策 3；另一方面，如果参与人 A 选择决策 2，参与人 B 肯定会选择决策 4。在此情况下，考察参与人 A 的选择。由博弈树可以看出，参与人 A 的最优选择是决策 2。最终结果是，参与人 A 选择决策 2，参与人 B 选择决策 4，即最优策略组合为(决策 2，决策 4)。

10.3　名校考研真题详解

一、名词解释

1. 纳什均衡(Nash equilibrium)(浙江大学 2005 研；厦门大学 2006、2008 研；财政部财科所 2008 研；西安交大 2009 研；中央财大 2012、2015 研；中南大学 2016 研；对外经贸大学 2017 研；东北大学 2017、2018 研；东北财大 2018 研；大连理工大学 2018 研；东南大学 2018 研；中南财大 2007、2009、2015、2019 研)

答：纳什均衡是指这样一种策略集，在这一策略集中，每一个博弈者都确信，在给定竞争对手策略决定的情况下，他选择了最好的策略。纳什均衡是由所有参与人的最优策略所组成的一个策略组合，也就是说，给定其他人的策略，任何个人都没有积极性去选择其他策略，从而这个均衡没有人有积极性去打破。

与其相联系的一个概念是占优策略均衡。占优策略均衡是指这样一种均衡，不管其对手采取什么策略，该竞争者采取的策略都是最优策略。纳什均衡指每一个博弈者都确信，在给定竞争对手策略决定的情况下，他选择了最好的策略。占优均衡是一种纳什均衡。占优均衡若存在，只存在唯一均衡，而纳什均衡可能存在多重解。

2. 混合策略(北京交大2004研；东北大学2007研；华中科大2008研)

答：混合策略是指在博弈中，博弈方的决策内容不是确定性的具体的策略，而是在一些策略中随机选择的概率分布策略。混合策略情况下的决策原则有以下两个：

(1)博弈参与者互相不让对方知道或猜到自己的选择，因而必须在决策时利用随机性来选择策略，避免任何有规律性的选择。

(2)博弈参与者选择每种策略的概率一定要恰好使对方无机可乘，即让对方无法通过有针对性倾向的某一种策略而在博弈中占上风。

二、简答题

1. 用囚徒困境解释滞胀现象。(清华大学2011研)

答：(1)滞胀全称是停滞性通货膨胀，在经济学特别是宏观经济学中，特指经济停滞与高通货膨胀、失业以及不景气同时存在的经济现象，曾经出现在20世纪70代的大多数西方国家。

(2)20世纪70代的滞胀从表面现象上看是石油危机导致的，但是从深层次看是凯恩斯主义政策所决定的。由于各资本主义国家奉行凯恩斯主义政策，强调国家干预在经济发展中的作用，都想用“斟酌使用的”或“微调”的办法来抑制通货膨胀而同时又不想使经济陷入衰退，其结果是，西方经济滞胀现象开始出现。出现经济滞胀归根结底是资本主义国家无法避免的矛盾，但也是各国政策博弈陷入囚徒困境的必然结果，即各国政府在无法期望与其他国家联合反通胀、增加供给的情况下，必然都采用刺激本国需求的方法来防止本国经济在竞争中处于不利的地位(即增发货币使本币贬值从而增加出口)，这将导致通胀反复回升，于是各国政府和财政当局陷入了一个博弈论中标准的“囚徒困境”之中，如表10-16所示。

表10-16 用囚徒困境解释滞胀现象

		乙国	
		联合增加供给	刺激本国需求
甲国	联合增加供给	5，5	1，7
	刺激本国需求	7，1	2，2

(3)从博弈模型看，虽然只有各国联合起来控制通胀、增加能源和粮食供应、打破资源垄断，才能使全球经济获得最好的结局，但是，显然这种国际合作是缺乏理性基础的，最终导致的是滞胀。因此，各国为了不沦为为全球买单的那个“最后的囚徒”而放弃控制通胀，

转而开始刺激需求保增长。这种选择是错误的，但也是无奈和理性的。

2. 表 10-17 为两竞争对手的博弈结果矩阵：

表 10-17　两竞争对手的博弈结果矩阵

	奋争	妥协
奋争	2，1	0，0
妥协	0，0	1，2

请问：什么是纳什均衡？求出该博弈的所有可能的纳什均衡，利用图形说明求出的纳什均衡的意义。（中山大学 2010 研）

答：纳什均衡又称为非合作博弈均衡，是指如果其他参与人不改变自己的策略，任何一个参与人都不会改变自己策略的均衡状态。

从表 10-17 该博弈结果矩阵可知存在两个可能的纳什均衡：两竞争对手均奋争，两竞争对手均妥协。

不论 A、B 均奋争还是均妥协，总的博弈效果是产生了 3 个效用，比一方奋争另一方妥协效用大。如表 10-18 所示。

表 10-18　博弈状态及其效用值

效用值 / 博弈状态	A 得到的效用	B 得到的效用	AB 得到的效用
都奋争	2	1	3
都妥协	1	2	3
A 奋争而 B 妥协	0	0	0
A 妥协而 B 奋争	0	0	0

从表 10-17 以及表 10-18 可以看出，两竞争对手均奋争和两竞争对手均妥协都是纳什均衡解，并且带来的总效用一样。

三、计算题

1. 甲、乙两个学生决定是否打扫宿舍。无论对方是否参与，每个参与人的打扫成本都是 8；而每个人从打扫中的获益则是 5 乘以参与人数。

(1) 请用一个博弈简单描述上述情景。

(2) 找出该博弈的所有纳什均衡。（中山大学 2010 研）

解：(1) 共有以下四种情况：

①当甲乙都参与时，每个人的收益均为 $5\times2-8=2$。

②当甲参与乙不参与时，甲收益为 $5\times1-8=-3$，乙收益为 $5\times1-0=5$。

③当甲不参与乙参与时，甲收益为 $5\times1-0=5$，乙收益为 $5\times1-8=-3$。

④当甲乙都不参与时，每个人的收益均为 0。

具体博弈矩阵如表 10-19 所示：

表 10-19　博弈的收益矩阵

		乙	
		参与	不参与
甲	参与	2，2	-3，5
	不参与	5，-3	0，0

（2）从表 10-19 中可以看出，该博弈的纳什均衡是甲不参与乙也不参与，这一均衡解也是占优策略均衡。从参与人甲的角度看，不论参与人乙参与不参与打扫宿舍，不参与打扫宿舍都是参与人甲的较好的选择。同样的情形，从参与人乙的角度看，不参与打扫宿舍也是参与人乙的较好的选择。所以，这是一个占优策略均衡，即双方都没有动力去改变这一局面，最后谁都不去打扫宿舍。

可以看出，如果甲乙两人都参与打扫宿舍，则他们的境况就要比在其他选择下更好一些。（参与，参与）是帕累托有效率的策略组合，而（不参与，不参与）则是帕累托低效率的策略组合。双方从自己的理性出发的最优策略，从社会看来是最糟糕的策略。

2. 假定一寡头市场有 A、B 两个厂商计划推出新产品，有两种产品可供选择：一为高品质产品 H，另一为低品质产品 L，如果这两个厂商采取的策略与其利润的关系为：

		B	
		L	H
A	L	40，40	10，80
	H	80，10	20，20

式中每格前一数字为 A 的利润，第二数字为 B 的利润。

（1）若这两个厂商同时决定新产品，它们利润会是多少？

（2）若 A 先推出新产品，然后 B 推出新产品，它们的利润各为多少？若 B 先推出呢？（上海交大 2007 研）

解：（1）若这两个厂商同时推出新产品，则 A 推出 L 时，B 必选 H，但 B 选 H 时，A 不会选 L 而要选 H。因此，$(L,\ H)$ 不是均衡。如果 A 选 H 时，B 必选 H，因为如选 L，利润只有 10，因此，$(H,\ H)$ 会是一个纳什均衡。当 A、B 两个厂商都选择高品质产品 H 时，这两个厂商都将获得的利润为 20。

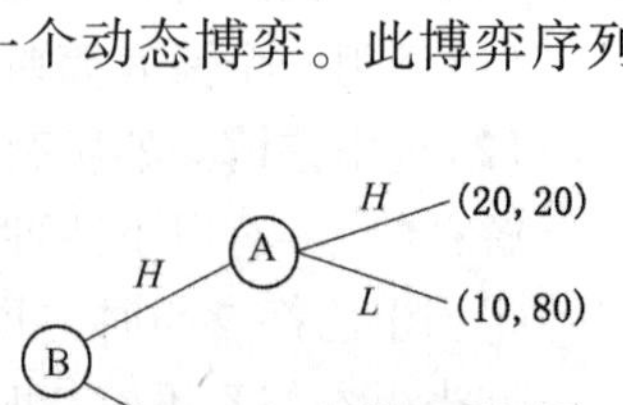

图 10-3　动态博弈

（2）若 A 先推出新产品，然后 B 再推出新产品，则会形成一个动态博弈。此博弈序列将呈现如图 10-3 的博弈树形状。

从图 10-3 可见，A 先推出新产品的话，肯定选择高品质产品 H，于是 B 只能选择高品质产品 H。可见，这时 A 的利润是 20，B 的利润也是 20。

若 B 先推出新产品，然后 A 再推出新产品，则此博弈序列将呈现如图 10-4 的博弈树形状。

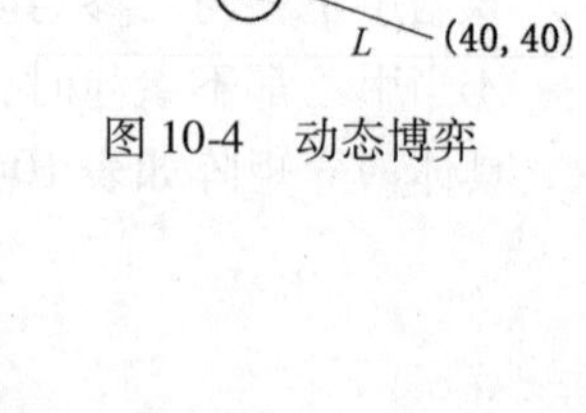

图 10-4　动态博弈

从图 10-4 可见，B 先推出新产品的话，肯定选择高品质产

品 H，于是 A 只能选择高品质产品 H。可见，这时 A 的利润是 20，B 的利润也是 20。

3. 假定某地有两家粥店，它们同时决定是生产甜粥还是生产咸粥。各种可能的情况如下面的支付矩阵所示：

		粥店 2	
		甜粥	咸粥
粥店 1	甜粥	-1，-1	2，2
	咸粥	2，2	-1，-1

求解此博弈的全部纳什均衡(包括纯策略和混合策略纳什均衡)。(中央财大 2013 研)

解：(1)纯策略纳什均衡：

该博弈的纯策略纳什均衡为(咸粥，甜粥)和(甜粥，咸粥)。在纯策略下，两家粥店同时决定生产甜粥还是生产咸粥。先考虑粥店 1 的策略，假定粥店 2 选择生产甜粥，则粥店 1 的最优策略为生产咸粥，此时得到支付为 2；若粥店 2 选择生产咸粥，则粥店 1 的最优策略为生产甜粥，此时双方都得到支付 2。同理，考虑粥店 2 的策略选择，若粥店 1 选择生产甜粥，则粥店 2 的最优策略为生产咸粥；若粥店 1 选择生产咸粥，则粥店 2 的最优策略为生产甜粥，因此，该博弈的纯策略纳什均衡为(咸粥，甜粥)和(甜粥，咸粥)。

(2)混合策略纳什均衡：

假定粥店 1 以概率 p 选择生产甜粥，以概率 $(1-p)$ 选择生产咸粥，粥店 2 以概率 q 选择生产甜粥，以概率 $(1-q)$ 选择生产咸粥。

则粥店 1 的期望支付为：

$$E_1 = -pq + 2p(1-q) + 2(1-p)q - (1-p)(1-q) = p(3-6q) + 3q - 1$$

粥店 1 的条件混合策略可以表示为：

$$p = \begin{cases} 1, & q < 0.5 \\ [0,\ 1], & q = 0.5 \\ 0, & q > 0.5 \end{cases}$$

粥店 2 的期望支付为：

$$E_2 = -pq + 2(1-p)q + 2p(1-q) - (1-p)(1-q) = q(3-6p) + 3p - 1$$

粥店 1 的条件混合策略可以表示为：

$$q = \begin{cases} 1, & p < 0.5 \\ [0,\ 1], & p = 0.5 \\ 0, & p > 0.5 \end{cases}$$

由两家粥店的条件混合策略可得，混合策略的纳什均衡为：

$$((p,\ 1-p),\ (q,\ 1-q)) = ((0.5,\ 0.5),\ (0.5,\ 0.5))$$

即当粥店 1 选择混合策略(0.5，0.5)、粥店 2 选择混合策略(0.5，0.5)时，博弈达到了均衡。

第 11 章　市场失灵和微观经济政策

11.1　复习笔记

【知识框架（庖丁解牛）】

- 市场失灵和微观经济政策
  - 市场失灵
  - 不完全竞争
    - 垄断与低效率
    - 寻租理论
    - 对于垄断的管制
  - 外部影响
    - 外部性的含义
    - 外部性分类
    - 外部性和资源配置失当
    - 解决外部性的办法
    - 科斯定理
  - 公共物品和公共资源
    - 排他性与竞用性
    - 公共物品
    - 公共资源
    - 公共选择理论
  - 信息不完全与不对称
    - 信息不完全与不对称的含义
    - 信息不完全与不对称引起的问题
    - 信誉和信息调控

【考点难点归纳（厚积薄发）】

考点一：市场失灵　★★★

市场失灵是指完全竞争的市场机制在很多场合下不能实现资源的有效配置，不能达到帕累托最优状态的情形。不完全竞争、外部影响、公共物品以及不完全信息都是导致市场失灵的重要原因。

考点二：不完全竞争　★★★

1. 垄断与低效率

垄断造成的低效率如图 11-1 所示。在利润最大化产量 q_m上，价格 P_m高于边际成本 MC，这表明，消费

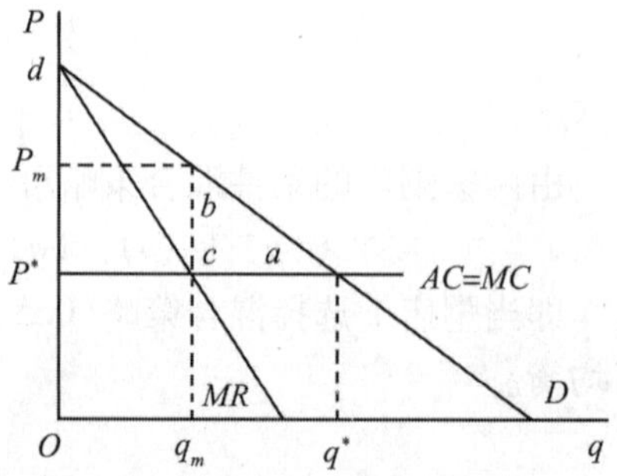

图 11-1　垄断和低效率

者愿意为增加额外一单位产量所支付的价格超过了生产该单位产量所引起的成本。因此，存在帕累托改进的空间。

帕累托最优状态是在 q^* 的产量水平上达到。此时，不再存在任何帕累托改进的空间。q^* 产量水平是垄断厂商与消费者协商的结果。

2. 寻租理论

从理论上分析，相对于完全竞争厂商，垄断厂商总经济福利减少图 11-1 中△abc 的面积。但是，实际上，垄断的经济损失远远超过传统垄断理论中的“纯损”三角形，因为为了获得并维持垄断地位以享受垄断的好处，垄断厂商常常需要进行“寻租”活动。寻租是指为获得和维持垄断地位从而得到垄断利润(即垄断租金)的非生产性活动。

3. 对于垄断的管制

针对垄断造成的市场失灵，政府可采取经济、行政和法律手段限制垄断行为，其中包括行业的重新组合、经济和行政处罚以及实施反垄断法。对垄断行业进行管制(包括价格管制、价格和数量同时管制以及直接经营)，也是解决垄断问题的一种可供选择的政策。

考点三：外部影响 ★★★★

1. 外部性的含义

外部性或外部影响是指生产者或消费者在自己的活动中产生了一种有利影响或有害影响，这种有利影响带来的利益(或者说收益)或有害影响带来的损失(或者说成本)都不是消费者或生产者本人所获得或承担的。外部性的实质在于：一个当事人对其他当事人的福利产生影响但这种影响并未从市场交易中反映出来。

2. 外部性分类(见表 11-1)

表 11-1　外部性分类

外部经济 (私人收益 < 社会收益)		外部不经济 (私人成本 < 社会成本)	
生产	消费	生产	消费
当一个生产者采取的经济行动对他人产生了有利影响，而自己却不能从中得到报酬的情况	当一个消费者采取的经济行动对他人产生了有利影响，而自己却不能从中得到报酬的情况	当一个生产者采取的经济行动使他人付出了代价，而又未给他人以补偿的情况	当一个消费者采取的经济行动使他人付出了代价，而又未给他人以补偿的情况

3. 外部性和资源配置失当

外部性产生的后果：市场对资源的配置缺乏效率。即由于外部性的存在，尽管整个经济仍是完全竞争的，资源配置也不可能达到帕累托最优状态。在存在外部性的条件下，潜在的帕累托改进机会并不能得到实现，原因主要有以下几种：

(1)存在巨大的交易费用。

(2)难以避免“免费乘车者”的现象。

(3)势力的不对称性。

一般而言，在存在外部经济的情况下，私人活动的水平往往要低于社会所要求的最优水平；而在存在外部不经济的情况下，私人活动的水平往往要高于社会所要求的最优水平。

4．解决外部性的办法(见表11-2)

表11-2　解决外部性的办法

办法	具体内容
税收和津贴	①对造成外部不经济的企业进行征税，目的：使该企业的私人成本＝社会成本，税额＝社会成本－私人成本； ②对造成外部经济的企业政府予以补贴，目的：使该企业的私人利益＝社会利益，补贴额＝社会利益－私人利益
企业合并	企业合并可以使外部影响"内部化"，合并后企业的成本与收益等于社会成本与收益
规定财产权	在许多情况下，外部影响之所以导致资源配置失当，是由于财产权不明确。如果财产权完全确定且得到充分保障，则有些外部影响可能不会产生

5．科斯定理

(1)科斯定理的内容：

科斯最早在1960年提出了采用产权纠正外部影响的办法，即所谓的科斯定理。其内容是：只要财产权明晰，并且其交易成本为零或很小，则无论将初始财产权赋予谁，市场均衡的最终结果都是有效率的。

说明：财产权无论是自有的，还是购买的，都构成机会成本的一部分。如果出售财产权，就可以获得收益；否则，就意味着遭受本可以出售获益的机会成本。

(2)结论：

在存在外部影响的情况下，并不一定需要政府干预，只要明确外部影响的所有权，同样可以解决外部影响问题，实现资源的有效配置。

考点四：公共物品和公共资源 ★★★★

1．排他性与竞用性

排他性是指一种物品具有的可以阻止一个人使用该物品的特性。竞用性是指一个人使用一种物品将减少其他人对该物品的使用的特性。根据有无排他性和有无竞用性可将物品分为四类，如表11-3所示。

表11-3　根据有无排他性和有无竞用性对物品的分类

分类	竞用性	排他性
私人物品	有	有
公共物品	无	无
公共资源	有	无
俱乐部物品	无	有

2．公共物品

(1)公共物品的最优产量：

公共物品的最优产量决定条件：社会的边际利益（所有消费者的边际利益之和）等于生产的边际成本。

（2）公共物品与市场失灵：

公共物品市场是非竞争的，每个消费者消费的机会成本为零。每个消费者都想成为“搭便车者”，尽量少支付给生产者以换取消费公共物品的权利。结果，在市场机制条件下，私人不会生产公共物品，只能由政府来生产公共产品。消费者的支付不足以补偿公共物品的生产成本，公共物品的生产者必然减少产量，甚至不生产。

◆小试牛刀◆

搭便车者问题产生于（　　）。（暨南大学 2019 研）

A. 私人成本超过社会成本　　B. 产品具有非竞争性，但是具有排他性

C. 产品具有非排他性　　D. 市场产量高于社会最优产量

【答案】C

【解析】搭便车问题属于公共物品问题。A 项，公共物品的私人成本小于社会成本；B 项，公共物品既具有非竞争性，也具有非排他性；D 项，由于公共物品的特性使得市场产量低于社会最优产量，产生市场失灵。

3. 公共资源

公共资源是指具有竞用性但没有排他性的物品，这些物品数量有限，个人在获取和使用时具有竞用性，但其产权为公共产权，不具有排他性。公共资源的非排他性往往会导致耗竭性使用。

由于公共资源是公共的，使用权、收益权的归属模糊的，因此谁都有权使用，这样就产生了过度消费的问题。所谓“公地的悲剧”就是一个典型的例子。

公地的悲剧主要是用来说明产权界定不清晰所产生的生产无效率。在公共资源产权没有界定时，人们会生产到产品的边际成本等于平均产量（平均收益）为止。而在公共资源产权清晰后，人们生产到产品的边际成本等于边际产量为止。

4. 公共选择理论

（1）集体选择规则的内容如表 11-4 所示：

表 11-4　集体选择规则

规则	具体内容	
一致同意规则	含义	指一项集体行动方案只有在所有参加者都认可的情况下才能够实施
	优点	在一致同意规则下，每一个参加者都对将要达成的集体决策拥有否决权。这能够充分地保证每一个参加者的利益；可以避免发生“免费乘车”的行为；如果能够达成协议，则协议将是帕累托最优的
	缺点	达成协议的成本常常太大，在许多情况下甚至根本就无法达成协议
多数规则	含义	指一项集体行动方案必须得到所有参加者中的多数认可才能够实施
	优点	成本较低，容易达成协议
	缺点	忽略了少数派的利益，少数派被迫服从；可能出现“收买选票”的现象；最终的集体选择结果可能不唯一

续表

规则		具体内容
加权规则		根据一项集体行动方案对不同参加者的重要程度差异，给参加者的意愿“加权”，越重要的，拥有的票数越多。然后，按实际得到的赞成票数(而非人数)的多少来决定集体行动方案
否决规则	过程	①首先让每个参加者提出自己认可的行动方案； ②汇总之后，让每个成员从中否决掉自己所反对的那些方案，最后剩下的未被否决掉的方案即为所有成员都可以接受的集体选择结果； ③如果有不止一个方案留下来，就再借助于其他投票规则来进行选择
	特点	经过筛选之后留下来的集体行动方案都将是帕累托最优的

(2)最优的集体选择规则：

对于按照何种规则进行集体选择，才能保证所得到的结果是最有效率的，公共选择理论中有以下两个主要的理论模型：

①成本模型。按照该模型，任何一个集体选择规则都存在着性质完全不同的两类成本：a. 决策成本：在一项集体选择规则下通过某项集体行动方案所花费的时间和精力；b. 外在成本：在一项集体选择规则下通过某项集体行动方案与某些参加者的意愿不一致而给他们带来的损失。决策成本与外在成本之和为相互依赖成本。理性的经济人将按最低的相互依赖成本来决定集体选择的规则。

②概率模型。概率模型力图使集体决策的结果偏离个人意愿的可能性达到最小。最好的集体选择规则就是那种能使上述偏离可能性达到最小的规则。多数规则相对比较理想。

(3)政府官员制度的效率如表11-5所示：

表11-5　政府官员制度的效率

要点	具体内容
政府官员制度的含义	指那种由通过选举所产生的、被任命的以及经过考试而录用的政府官员来管理政治事务的制度
效率较低的原因	缺乏竞争、机构庞大以及成本高昂
解决途径	解决政府官员制度低效率的主要途径是引入竞争机制。具体做法是： ①使公共部门的权力分散化； ②由私人部门承包公共服务的供给； ③在公共部门和私人部门之间引入竞争机制； ④加强地方政府之间的竞争

考点五：信息不完全与不对称 ★★★

1. 信息不完全与不对称的含义

(1)信息不完全不仅是指那种绝对意义上的不完全，即由于认识能力的限制，人们不可能知道在任何时候、任何地方发生的或将要发生的任何情况，而且是指“相对”意义上的不完全，即市场经济本身不能够生产出足够的信息并有效地配置它们。

(2)信息不对称是指市场上的某些参与者拥有另一些参与者不拥有的信息；或指一方掌握的信息多一些，另一方所掌握的信息少一些。

2. 信息不完全与不对称引起的问题（见表 11-6）

表 11-6 信息不完全与不对称引起的问题

问题	具体内容	
信息与商品市场：逆向选择	含义	指在买卖双方信息非对称的情况下，差的商品总是将好的商品驱逐出市场；或者说拥有信息优势的一方，在交易中总是趋向于做出尽可能地有利于自己而不利于别人的选择
	影响	使得市场价格无法反映市场的真实供求关系，导致市场资源配置的低效率
	应用领域	商品市场上卖者关于产品的质量、保险市场上投保人关于自身的情况等
	研究先河	美国经济学家阿克洛夫在论文《柠檬市场：质量的不确定与市场机制》中提出著名的旧车市场模型
信息与保险市场：道德风险	含义	指从事经济活动的人在最大限度地增进自身效用的同时做出不利于他人的行动
	影响	使得处于信息劣势的一方受到损失，破坏原有的市场均衡，导致资源配置的低效率
	应用领域	主要是保险市场
	解决方法	主要是风险分担
信息不完全和激励机制：委托-代理问题	含义	由于信息的不完全性，委托人往往不知道代理人要采取什么行动或者即使知道代理人采取某种行动，也难以观察和测度代理人从事这一行动时的努力程度，同时两者之间存在的利益分割关系，通常会使得代理人不完全按照委托人的意图行事
	影响	不仅使企业所有者的利润受损，也使社会资源配置的效率受损
	解决办法	最优合约：委托人花费最低限度的成本而使得代理人采取有效率的行动实现委托人目标的合约

3. 信誉和信息调控

建立“信誉”是通过市场机制本身来解决信息不完全和不对称问题的一个方法。信誉，可以看成是消费者对企业行为的一种主观评价。消费者根据自己购买和消费某种产品的亲身体验以及来自其他消费者的“忠告”或其他的因素，对生产和销售该产品的企业的诚信（或欺瞒）程度作出判断，并根据这种判断来决定以后是否会购买该企业的产品。

市场机制并不能够解决所有的信息不完全和不对称问题，因此，政府就有必要在信息方面进行调控。信息调控的目的主要是保证消费者和生产者能够得到充分和正确的市场信息，即增加市场的“透明度”，以便他们能够做出正确的选择。

11.2 课后习题详解

一、简答题

1. 垄断是如何造成市场失灵的？

答：尽管一些垄断可能会带来规模经济、降低产品成本、促进科学研究和采用新技术从而有助于生产力的发展，但许多垄断往往又具有经济上的不合理性，如使生产效率不能最大限度发挥、资源不能得到充分的利用、社会福利受损失等。这可用图 11-2 说明。

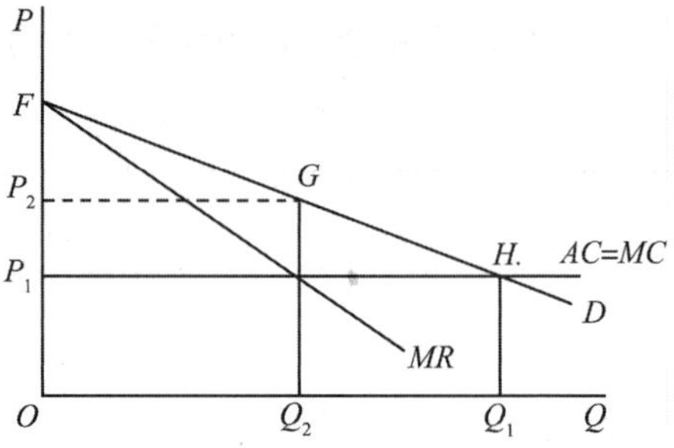

图 11-2　垄断造成的市场失灵

在图 11-2 中，横轴表示厂商产量，纵轴表示价格，曲线 D 和 MR 分别表示厂商需求曲线和边际收益曲线，再假定平均成本和边际成本相等且固定不变并用直线 $AC=MC$ 表示。为了实现利润最大化，厂商产量定在 Q_2，价格为 P_2，它高于边际成本，说明没有实现帕累托最优，因为这时消费者愿意为增加额外一单位产量所支付的价格超过生产该单位所引起的成本。显然，要达到帕累托最优，产量应增加到 Q_1，价格应降到 P_1，这时 $P=MC$。然而，垄断决定的价格和产量只能是 P_2 和 Q_2。如果产量和价格是完全竞争条件下的产量 Q_1 和价格 P_1，消费者剩余是 $\triangle FP_1H$ 的面积，当垄断者把价格提高到 P_2 时，消费者剩余只有 $\triangle FP_2G$ 的面积，所减少的消费者剩余的一部分转化为垄断者的利润，另一部分就是由垄断所引起的社会福利的纯损失，它代表由于垄断造成的低效率带来的损失。

另外，为获得和维持垄断地位从而得到垄断利润的寻租活动是一种纯粹的浪费，进一步加剧了垄断的低效率。

2. 外部影响的存在是如何干扰市场对资源的配置的？

答：微观经济学认为自由竞争的市场机制会使资源配置达到帕累托最优，其实是假定经济活动不存在“外部影响”，即单个经济活动主体的经济行为产生的私人利益和私人成本就是社会利益和社会成本。但在现实生活中，私人利益和社会利益，私人成本和社会成本往往是不一致的。一项经济活动存在外部经济时，人们从该项活动中得到的私人利益会小于社会利益，而存在外部不经济时，人们从事该项活动所付出的私人成本又会小于社会成本，在这两种情况下，自由竞争条件下的资源配置都会偏离帕累托最优。

令 V_P、V_S 和 C_P、C_S 分别代表某人从事某项经济活动所能获得的私人利益、社会利益、私人成本和社会成本，再假定存在外部经济，即有 $V_S>V_P$，但又有 $V_P<C_P<V_S$，则此人显然不会进行该活动。这表明资源配置没有达到帕累托最优，因为从上述两个不等式可以得到：$(V_S-V_P)>(C_P-V_P)$，这一新的不等式说明，社会上由此得到的好处 (V_S-V_P) 大于私人从事这项活动所受到的损失 (C_P-V_P)。可见，这个人如果从事这项活动的话，从社会上其他人所得到的好处中拿出一部分来补偿进行这项活动的私人所受到的损失以后还会有多余，即可能使其他人状况变好而没有任何人状况变坏。这说明，存在外部经济的情况下，私人活动的水平常常低于社会所要求的最优水平。

相反，存在外部不经济时，有 $C_P<C_S$，再假定 $C_S>V_P>C_P$，则此人一定会进行此项活动，从上述两个不等式中可得到 $(C_S-C_P)>(V_P-C_P)$，此不等式说明，进行了这项活动，社会上其他人受到的损失大于此人得到的好处，从整个社会看，是得不偿失的，因此私人活动水平高于社会所要求的最优水平。

因此，外部影响的存在是造成市场失灵的重要原因之一。

3. 公共物品为什么不能靠市场来提供？

答：公共物品是指既不具有排他性也不具有竞用性的物品。公共物品不能靠市场来提供，一个重要的原因在于市场本身提供的公共物品通常将低于最优数量，即市场机制分配给公共物品生产的资源常常会不足。

由于公共物品不具备消费的竞用性，任何一个消费者消费一单位公共物品的机会成本为零。这意味着，没有任何消费者要为他所消费的公共物品去与其他任何人竞争。因此，市场不再是竞争的。如果消费者认识到他自己消费的机会成本为零，他就会尽量少支付给生产者以换取消费公共物品的权利。如果所有消费者均这样行事，则消费者们支付的数量将不足以弥补公共物品的生产成本。结果便是低于最优数量的产出，甚至是零产出。

从社会整体角度而言，公共物品由市场来提供，会造成社会整体帕累托低效率，不利于整个社会资源的配置。公共物品的生产和消费问题不能由市场上的个人决策来解决。因此，必须由政府来承担起提供公共物品的任务。

4. 什么是公地的悲剧？

答：(1)公地的悲剧于 1968 年由英国哈丁教授在《公地的悲剧》一文中首先提出。他说，作为理性人，每个牧羊者都希望自己的收益最大化。在公共草地上，每增加一只羊会有两种结果：一是获得增加一只羊的收入；二是加重草地的负担，并有可能使草地过度放牧。经过思考，牧羊者决定不顾草地的承受能力而增加羊群数量。于是他便会因羊只的增加而收益增多。看到有利可图，许多牧羊者也纷纷加入这一行列。由于羊群的进入不受限制，所以牧场被过度使用，草地状况迅速恶化，悲剧就这样发生了。公地作为一项资源或财产有许多拥有者，他们中的每一个都有使用权，但没有权利阻止其他人使用，从而造成资源过度使用和枯竭。过度砍伐的森林、过度捕捞的渔业资源及污染严重的河流和空气，都是“公地的悲剧”的典型例子。

(2)公地的悲剧的成因在于缺乏约束的条件，当存在过度放牧问题时，每个牧羊人虽然明知公地会退化，但个人博弈的最优策略仍然只能是增加牲畜数量，久而久之，牧场可能彻底退化或废弃。这就是“公地的悲剧”。“公地的悲剧”的发生，人性的自私只是一个必要的条件，而公地缺乏严格而有效的监管是另一个必要条件。所以，“公地的悲剧”并非绝对地不可避免。

(3)公共资源的有效利用条件是边际成本等于从中得到的边际社会收益。当边际社会收益等于边际社会成本时，公共资源就得到有效利用。要实现公共资源的有效利用，可以采用以下三种主要方法：产权、配额和个人可转让配额。

5. 什么是委托-代理问题？

答：委托-代理问题产生于委托人和代理人之间的信息不对称，使得二者的利益不一致甚至出现完全不同的情形。如果委托人对代理人的行为及其可能造成的后果有充分的了解，即具有完全的信息，则不存在委托-代理问题。但是，在现实生活中，委托人对代理人的情况往往缺乏足够的了解：委托人很难有足够的时间和精力来监视代理人的一举一动；即使有这样的时间和精力，也可能缺乏必要的知识和能力；更何况，在许多场合，监督本身也许都不可能。

6. 市场机制能够解决信息不完全和不对称问题吗？

答：(1)在现实经济中，信息往往是不完全的，甚至是很不完全的。信息不完全不仅是指那种绝对意义上的不完全，即由于认识能力的限制，人们不可能知道在任何时候、任何地方发生的或将要发生的任何情况，而且指“相对”意义上的不完全，即市场经济本身不能够生产出足够的信息并有效地配置它们。信息不对称是指市场上的某些参与者拥有一些信息，但另一些参与者却不拥有；或指一方掌握的信息多一些，另一方所掌握的信息少一些。

在信息不完全和不对称的情况下，市场机制有时就不能很好地起作用。例如，由于缺乏足够的信息，生产者的生产可能会带有一定的“盲目性”：有些产品生产过多，而另一些产品又生产过少；消费者的消费选择也可能会出现“失误”，比如购买了一些有害健康的“坏”商品，而错过了一些有益健康的“好”商品。更坏的情况是，由于缺乏足够的信息，有些重要的市场甚至可能根本就无法产生，或者即使产生，也难以得到充分的发展。也就是说，信息不完全和不对称会导致市场失灵。

(2)市场机制能解决一部分信息不完全和不对称问题。例如，为了利润最大化，生产者必须根据消费者的偏好进行生产，否则生产出来的商品就可能卖不出去。生产者显然很难知道每个消费者的偏好的具体情况。不过，在市场经济中，这一类信息的不完全并不会影响他们的正确决策——因为他们知道商品的价格。只要知道了商品的价格，就可以以此计算生产该商品的边际收益，从而就能确定它的利润最大化产量。

但是，市场的价格机制不能解决所有的信息不完全和不对称问题。这种情况在商品市场、要素市场上都是常见的现象。

在市场机制不能解决问题时，就需要政府在信息方面进行调控。信息调控的主要目的是保证消费者和生产者都能够得到充分的和正确的市场信息，以便他们能做出正确的选择。

二、计算题

1. 设一产品的市场需求函数为 $Q=500-5P$，成本函数为 $C=20Q$。试问：

(1)若该产品为一垄断厂商生产，利润最大时的产量、价格和利润各为多少？

(2)要达到帕累托最优，产量和价格应为多少？

(3)社会纯福利在垄断性生产时损失了多少？

解：(1)该产品由垄断厂商生产时，市场的需求函数即为该厂商的需求函数。

于是，由 $Q=500-5P$，可得 $P=100-0.2Q$。

则该厂商的利润函数为：

$$\pi=PQ-C=(100-0.2Q)Q-20Q=-\frac{Q^2}{5}+80Q$$

利润最大化时有$\frac{\mathrm{d}\pi}{\mathrm{d}Q}=0$，即 $-0.4Q+80=0$

解得：$Q=200$

此时有：$P=60$，$\pi=8000$

垄断厂商利润最大化时的产量为200，价格为60，厂商能得到的利润为8000。

(2)要达到帕累托最优，则需要有：$P=MC$。由已知得：$MC=20$，所以应满足：

$$100-0.2Q=20$$

解得：$Q=400$

此时有：$P=20$，$\pi=0$

即达到帕累托最优时的产量为400，价格为20，厂商能得到的利润为0。

(3)当 $P=60$，$Q=200$ 时，消费者剩余为：

$$CS=\int_0^{200}(100-0.2Q)\mathrm{d}Q-PQ$$
$$=(100Q-0.1Q^2)\Big|_0^{200}-60\times 200$$
$$=16000-12000$$
$$=4000$$

当 $P=20$，$Q=400$ 时，消费者剩余为：

$$CS=\int_0^{400}(100-0.2Q)\mathrm{d}Q-PQ$$
$$=(100Q-0.1Q^2)\Big|_0^{400}-20\times 400$$
$$=24000-8000$$
$$=16000$$

所以，社会净福利损失为：16000 - 4000 - 8000 = 4000。这里，16000 - 4000 = 12000 是垄断造成的消费者剩余的减少量。其中，8000 转化为垄断者利润。因此，社会福利纯损失为4000。

2. 在一个社区内有三个集团。他们对公共电视节目小时数 T 的需求曲线分别为：

$$W_1=100-T$$
$$W_2=150-2T$$
$$W_3=200-T$$

假定公共电视是一种纯粹的公共物品，它能以每小时100美元的不变边际成本生产出来。

(1)公共电视有效率的小时数是多少？

(2)一个竞争性的私人市场会提供多少公共电视小时数？

解：(1)公共电视是一种纯粹的公共物品，因此，要决定供给公共物品的有效水平，必须使这些加总的边际收益与生产的边际成本相等，即有：

$$(100-T)+(150-2T)+(200-T)=450-4T=100$$

解得：$T=87.5$(小时)

即公共电视有效率的小时数为87.5小时。

(2)作为私人物品来说，在完全竞争市场上，个人最优数量要求满足个人边际支付意愿等于物品的边际成本。即有：

$$100-T_1=150-2T_2=200-T_3=100$$

解得：$T_1=0$，$T_2=25$，$T_3=100$

从而总量 $=T_1+T_2+T_3=25+100=125$(小时)，这就是竞争性的私人市场会提供的电视总量。

3. 设一个公共牧场的成本是 $C=5x^2+2000$，其中，x 是牧场上养的牛数。牛的价格为 $P=800$ 元。

(1)求牧场净收益最大时的养牛数。

(2)若该牧场有5户牧民，牧场成本由他们平均分担，这时牧场上将会有多少牛？从中会引起什么问题？

解：(1)由已知有牧场的净收益函数为：

$$\pi = Px - C = 800x - (5x^2 + 2000) = -5x^2 + 800x - 2000$$

净收益最大的一阶条件为：

$$\frac{d\pi}{dx} = -10x + 800 = 0$$

解得 $x = 80$。

(2)每户牧民分摊的成本是 $(5x^2 + 2000) \div 5 = x^2 + 400$

因此对每户牧民来说，其边际成本均为：$MC = 2x$

于是养牛头数将是：$2x = 800$，解得 $x = 400$。

在这种情况下，实际放牧量大大超过了最优放牧量，由此引起的后果就是，牧场因放牧过度，数年后一片荒芜，这就是所谓的"公地的悲剧"。

4. 假设有10个人住在一条街上，每个人愿意为增加一盏路灯支付4美元，而不管已提供的路灯数量。若提供 x 盏路灯的成本函数为 $C(x) = x^2$，试求最优路灯安装盏数。

解：路灯属公共物品，每人愿意为增加的每一盏路灯支付4美元，10人共40美元，这可看成是对路灯的需求或边际收益，而装灯的边际成本函数为 $MC = 2x$。

令 $MR = MC$，即 $40 = 2x$，可以求得：$x = 20$(盏)。

因此，路灯安装的最优数是20盏。

5. 假定一个社会由A和B两个人组成。设生产某公共物品的边际成本为120，A和B对该公共物品的需求分别为 $q_A = 100 - p$ 和 $q_B = 200 - p$。

(1)该公共物品的社会最优产出水平是多少？

(2)如该公共物品由私人生产，其产出水平是多少？

解：(1)要决定供给公共物品的最优产出水平，必须使这些加总的边际收益与生产的边际成本相等，即有：

$$(100 - q^*) + (200 - q^*) = 120$$

解得：社会最优产出水平 $q^* = 90$。这就是该公共物品的社会最优产出水平。

(2)如果该公共物品由A生产，则有 $100 - q_A = 120$，解得 $q_A = -20$，从而可知A不会提供该公共物品；如果该公共物品由B生产，则有 $200 - q_B = 120$，解得 $q_B = 80$。因此，如该公共物品由私人生产，其产出水平为80。但需注意，这是在不考虑搭便车的情况下的结果。如果考虑搭便车，可以看出，一旦B提供了80单位的公共物品，则A可搭便车(不付钱即可享受)，那么B可能减少甚至不提供该公共物品，因此答案可能是0。

6. 假定某个社会有A、B、C三个厂商。A的边际成本为 $MC = 4q_A$(q_A 为A的产出)，其产品的市场价格为 $P = 16$ 元。此外，A每生产一单位产品使B增加7元收益，使C增加3元成本。

(1)在竞争性市场中，A的产出应是多少？

(2)社会最优的产出应是多少?

解: (1)在竞争性市场中，厂商 A 将根据利润最大化原则 $P=MC$ 来安排生产，即 A 的产出应满足：

$$16=4q_A$$

解得：$q_A=4$。

即在竞争性市场中，A 的产出为 4。

(2)由题意可知，实际上厂商 A 生产的边际收益是私人边际收益和社会边际收益之和，即 $MR=16+7-3=20$。根据帕累托最优状态的条件，社会最优的产出应满足：

$$20=4q_A$$

解得：$q_A=5$。

即社会最优的产出应是 5。

7. 一农场主的作物缺水。他需决定是否进行灌溉。如他进行灌溉，或者天下雨的话，作物带来的利润是 1000 元，但若是缺水，利润只有 500 元。灌溉的成本是 100 元。农场主的目标是预期利润达到最大。

(1)如果农场主相信下雨的概率是 50%，他会灌溉吗?

(2)假如天气预报的准确率是 100%，农场主愿意为获得这种准确的天气信息支付多少费用?

解: (1)如果农场主相信下雨的概率是 50%，不进行灌溉的话，他的预期利润为：

$$E(\pi)=0.5\times1000+0.5\times500=750(\text{元})$$

如果进行灌溉，则肯定得到的利润为 $1000-100=900$。因此，他会进行灌溉。

(2)他不买天气预报信息时，如上所述，他会进行灌溉，得到利润 900。如果买天气预报信息并假定支付 x 元费用，他若确知天下雨，就不灌溉，于是可获利润：

$$\pi_1=1000-x$$

若确知天不下雨，就灌溉，于是可获利润：

$$\pi_2=900-x$$

由于他得到的信息无非是下雨和不下雨，因此，在购买信息情况下的预期利润为：

$$E(\pi)=0.5(\pi_1+\pi_2)=950-x$$

令 $E(\pi)=950-x=900$(不购买预报信息时的利润)，解出 $x=50$。

8. 设某个养蜂场的蜂蜜产量为 h，生产成本为 $C_h=h^2/100$，蜂蜜的价格为 2 元。在养蜂场的附近有一个苹果园，其苹果产量为 a，生产成本为 $C_a=a^2/100-h$，苹果的价格为 3 元。试问:

(1)如果苹果园和养蜂场独立经营，它们的产量将各为多少?

(2)如果苹果园和养蜂场合并起来，苹果和蜂蜜的产量各为多少?

解: (1)养蜂场的利润函数为 $\pi_h=2h-h^2/100$，利润最大化时有 $\pi_h'=2-h/50=0$，解得 $h=100$；苹果园的利润函数为 $\pi_a=3a-a^2/100+h$，利润最大化时有 $\pi_a'=3-a/50=0$，解得 $a=150$。因此，如果苹果园和养蜂场独立经营，则蜂蜜的产量为 100，苹果的产量为 150。

(2)若苹果园和养蜂场合并，则合并后的利润函数为：

$$\pi = 2h - \frac{h^2}{100} + 3a - \frac{a^2}{100} + h = -\frac{h^2}{100} + 3h - \frac{a^2}{100} + 3a$$

利润最大化的一阶条件为：

$$\begin{cases} \dfrac{\partial \pi}{\partial h} = -\dfrac{1}{50}h + 3 = 0 \\ \dfrac{\partial \pi}{\partial a} = -\dfrac{1}{50}a + 3 = 0 \end{cases}$$

解得 $h = 150$，$a = 150$，合并后，蜂蜜和苹果的产量均为150，可见，合并后蜂蜜产量有所提升。

9．某小镇有2000个人，第 i 个人的效用函数为 $u_i = x_i + \sqrt{y}$。这里，x_i 和 y 分别是第 i 个人消费的私人物品和公共物品。已知私人物品的价格是1，公共物品的价格是10。如果小镇上每个人的效用函数均相同、小镇的总效用等于每个人的效用之和，且小镇上所有人的总收入为 m(假定收入全部用于对私人物品和公共物品的消费)，试求小镇的最优公共物品数量。

解：(1)小镇的总效用最大化问题为：

$$\max u = \sum_{i=1}^{2000} u_i = \sum_{i=1}^{2000} x_i + 2000\sqrt{y}$$

$$s.t.\ \ m = \sum_{i=1}^{2000} x_i + 10y$$

设拉格朗日函数为：

$$L = \sum_{i=1}^{2000} x_i + 2000\sqrt{y} + \lambda\left(\sum_{i=1}^{2000} x_i + 10y - m\right)$$

一阶条件为：

$$\begin{cases} \dfrac{\partial L}{\partial x_i} = 1 + \lambda = 0 \\ \dfrac{\partial L}{\partial y} = \dfrac{1000}{\sqrt{y}} + 10\lambda = 0 \\ \dfrac{\partial L}{\partial \lambda} = \sum\limits_{i=1}^{2000} x_i + 10y - m = 0 \end{cases}$$

解得：$\begin{cases} y = 10000 \\ \sum\limits_{i=1}^{2000} x_i = m - 100000 \end{cases}$

因此，小镇的最优公共物品数量为10000。

10．设某企业的成本函数为 $C = Q^2 - 40Q$。它每生产1单位产品，自己可多得12元，整个社会可再多得4元。试问：

(1)该企业的利润最大化产量是多少？

(2)整个社会的帕累托最优产量是多少？

解：企业的成本函数为 $C=Q^2-40Q$，所以每生产 1 单位产品的边际成本为 $MC=2Q-40$。

(1) 设 MR_p 为每生产 1 单位产品企业的边际收益，则 $MR_p=12$。企业实现利润最大化时的条件为 $MR_p=MC$，即 $12=2Q-40$，解得 $Q=26$，即企业的利润最大化产量为 26。

(2) 设 MR_s 为每生产 1 单位产品整个社会的边际收益，则 $MR_s=16$。整个社会实现帕累托最优时的条件为 $MR_s=MC$，即 $16=2Q-40$，解得 $Q=28$，即整个社会的帕累托最优产量为 28。

三、论述题

1. 图 11-3 是某垄断厂商的利润最大化模型。试说明：

(1) 垄断厂商的利润最大化产量和价格。

(2) 如果政府进行管制，政府制定的"效率"价格和产量应为多少？

(3) 如果政府进行管制，政府制定的"公平"价格和产量应为多少？

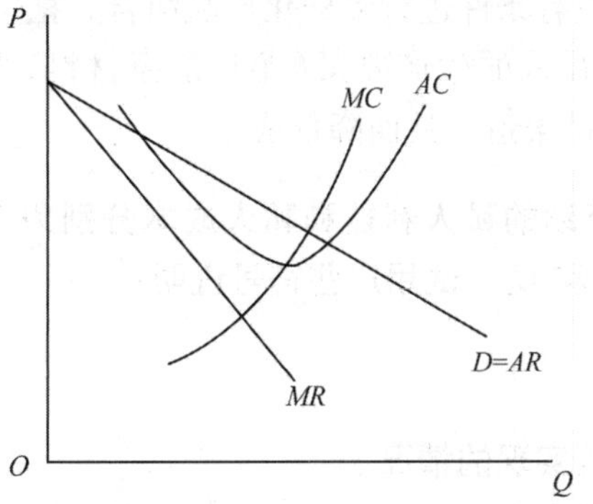

图 11-3　垄断厂商的利润最大化模型

答：(1) 如图 11-4 所示，垄断厂商利润最大化产量为 $MR=MC$ 时确定的产量 Q_m，价格为与之对应的 P_m。

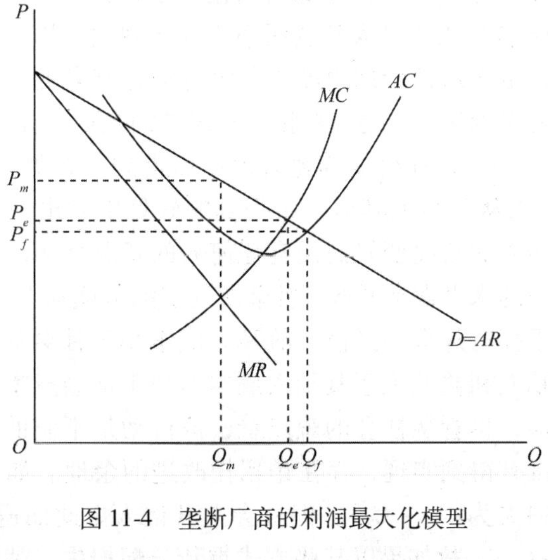

图 11-4　垄断厂商的利润最大化模型

(2)"效率"产量为 $P=MC$ 时确定的产量 Q_e，价格为与之对应的 P_e。

(3)"公平"产量为 $P=AC$ 时确定的产量 Q_f，价格为与之对应的 P_f。

2. 垄断是否也有可能促进经济效率的提高?

答：有些经济学家认为，垄断有可能促进经济效率提高。这是因为：

(1)垄断有利于技术进步。一方面，垄断厂商利用高额利润所形成的雄厚经济实力，有条件进行各种科学研究和重大的技术创新，并将成果运用于生产过程；另一方面，垄断厂商可以利用自己的垄断地位，在长期内保持由于技术进步而带来的更高的利润。

(2)自然垄断。对于有些行业来说，企业的规模经济需要在达到一个产量水平很高的生产规模时才能得到充分的体现，以至于整个行业的产量只有由一个企业来生产时才有可能达到这样的生产规模，而且只要发挥这一企业在这一生产规模上的生产能力，就可以满足整个市场对该种产品的需求。对于这些行业来说，垄断会带来规模经济，降低成本，节省费用支出，从而可以提高经济效率。

(3)范围经济。垄断企业有条件进行多样化产品组合，把生产技术上相互关联的产品放在一个企业内生产经营，使投入的生产要素(尤其是原材料)多次使用以生产不同的产品，并共同享用商品、包装和营销渠道，从而降低成本。

3. 设某个人采取某项行动的私人利益和私人成本分别为 V_p 和 C_p，该行动所产生的社会利益和社会成本分别为 V_s 和 C_s。试用这些符号说明：

(1)外部经济的情况。

(2)外部不经济的情况。

(3)帕累托最优状态不能实现的情况。

答：(1)外部经济是指私人利益小于社会利益的情况，即 $V_p<V_s$。

(2)外部不经济是指私人成本小于社会成本的情况，即 $C_p<C_s$。

(3)外部经济和外部不经济都会造成帕累托最优不能实现。

①外部经济。由于存在外部经济，故私人利益小于社会利益：$V_p<V_s$。如果这个人采取该行动所遭受的私人成本 C_p 大于私人利益而小于社会利益，即有 $V_p<C_p<V_s$，则这个人显然不会采取这项行动，尽管从社会的角度看，该行动是有利的。显而易见，在这种情况下，帕累托最优状态没有得到实现，还存在帕累托改进的余地。如果这个人采取这项行动，则他所受损失部分为 (C_p-V_p)，社会上其他人由此而得到的好处为 (V_s-V_p)。由于 (V_s-V_p) 大于 (C_p-V_p)，故可以从社会上其他人所得到的好处中拿出一部分来补偿行动者的损失。结果是使社会上某些人的状况变好而没有任何人的状况变坏。一般而言，在存在外部经济的情况下，私人活动的水平常常要低于社会所要求的最优水平。

②外部不经济。由于存在外部不经济，故私人成本小于社会成本：$C_p<C_s$。如果这个人采取该行动所得到的私人利益 V_p 大于其私人成本而小于社会成本，即有 $C_p<V_s<C_s$，则这个人显然会采取该行动，尽管从社会的观点看，该行动是不利的。显而易见，在这种情况下，帕累托最优状态没有得到实现，存在帕累托改进的余地。如果这个人不采取这项行动，则他放弃的好处即损失为 (V_p-C_p)，但社会上其他人由此而避免的损失为 (C_s-C_p)。由于 (C_s-C_p) 大于 (V_p-C_p)，故如果以某些方式重新分配损失，就可以使每个人的损失都

减少，亦即使每个人的“福利”都增大。一般而言，在存在外部不经济的情况下，私人活动的水平常常要高于社会所要求的最优水平。

4. 对污染的控制是否越严越好？

答：对污染的控制并不是越严越好。从人们的主观意愿角度来看，零污染是最好的状态，因此从这一角度出发，对污染的控制越严越好。然而，这种观点是片面的，因为它只考虑到控制污染所带来的社会收益，而忽视了为了控制污染所产生的社会成本。

为了制定最优的污染控制政策，必须根据整个社会的目标，同时权衡控制污染的社会收益和社会成本，来确定污染控制的最优水平。增加一单位污染控制所带来的社会收益被称为边际社会收益，增加一单位污染控制所产生的社会成本被称为边际社会成本。从社会效率的角度看，如果边际社会收益超过边际社会成本，则增加对污染的控制是有利的；反之，如果边际社会收益小于边际社会成本，则增加对污染的控制是不利的。只有当控制污染的边际社会收益和相应的边际社会成本恰好相等时，对污染的控制才达到了最有效率的水平，也可以说，污染本身达到了最优的水平。

一般而言，当污染较严重时，控制污染的边际社会收益常常很大，而相应的边际社会成本则较小，因而在这种情况下，需要进一步加大对污染的控制力度。但是，随着污染控制力度的不断加大，污染程度不断减轻，进一步控制污染的边际社会成本将会越来越大，相应的边际社会收益则会越来越小，前者最终会超过后者，使得进一步控制污染变得无利可图。由此可见，在考虑成本方面的因素之后，对污染的控制并不一定是越严越好，污染水平也不一定是越低越好。特别地，如果要将污染程度降低到零，社会将为此付出非常大的成本，而得到的边际收益却非常小。因此，污染控制在其边际社会收益与边际社会成本恰好相等时达到最优水平。

11.3　名校考研真题详解

一、名词解释

1. 无谓损失(deadweight loss)(对外经贸大学 2011 研；东北财大 2013 研；厦门大学 2018 研)

答：无谓损失又称为社会净损失，是指由于市场未处于最优运行状态而引起的社会成本，也就是当偏离竞争均衡时所损失的消费者剩余和生产者剩余之和。

社会净损失是由于垄断、关税、配额、税收或其他扭曲等因素引起的生产者和消费者都得不到的那部分，使资源得不到最佳限度的分配。例如，当垄断企业抬高价格时，消费者将减少消费，这样将导致减少的数量中本来可以实现的消费者剩余都流向了社会，这种社会性损失，就是所谓的社会净损失。

2. 外部性(externality)(东南大学 2003、2018 研；北师大 2004、2018 研；北航 2004 研；南开大学 2005 研；四川大学 2006 研；对外经贸大学 2007 研；中央财大 2009 研；厦门大学 2011 研；北京林业大学 2018 研；大连理工大学 2018 研；东北财大 2019 研；人大 2019 研；武汉大学 2019 研)

答：外部性也称外溢性、相邻效应、外部影响，是指一个经济活动的主体对他所处的经济环境的影响。外部性的影响会造成私人成本和社会成本之间，或私人收益和社会收益之间的不一致，这种成本和收益差别虽然会相互影响，却没有得到相应的补偿，因此容易造成市场失灵。

外部性的影响方向和作用结果具有两面性，可以分为外部经济和外部不经济。那些能为社会和其他个人带来收益或能使社会和个人降低成本支出的外部性称为外部经济，它是对个人或社会有利的外部性；那些能够引起社会和其他个人成本增加或导致收益减少的外部性称为外部不经济，它是对个人或社会不利的外部性。福利经济学认为，除非社会上的外部经济效果与外部不经济效果正好相互抵消，否则外部性的存在使得帕累托最优状态不可能达到，从而也不能达到个人和社会的最大福利。

3. 公共物品(南开大学2005研；北京化工大学2006研；东北财大2006、2007研；上海交大2006研；厦门大学2006、2015研；北师大2007研；财政部财科所2007研；中国传媒大学2008研；南京财经大学2008研；山东大学2012、2018研；北工商2013研；中央财大2014研；北理工2016、2021研；东北大学2018研；北京邮电大学2018研；中央财大2019研)

答：公共物品是指既没有排他性又没有竞争性的产品和服务。排他性是指当某个人使用或消费一种产品和服务时，可以排除与阻止其他人使用或消费该种产品和服务。竞争性是指当某个人使用或消费一种产品和服务时，就减少了其他人使用或消费该种产品和服务的机会。国防、海上导航用的灯塔，就是公共物品。一个人享有公共物品的好处时并不能排除其他人也享有它们的好处，一个人享有它们的好处时也不会减少其他人对它们的享有。

由于公共物品既没有排他性又没有竞争性，所以能够从公共物品获益的人可以避开为公共物品付出费用，这称为“免费搭便车问题”。在公共物品的提供上，人们总是希望由别人来提供，而自己坐享其成。要使公共物品有效率地提供，经常需要政府的行动。

4. 逆向选择(adverse selection)与道德风险(moral hazard)(中山大学2005、2016研；南开大学2005研；东北财大2006、2018、2021研；中科院研究生院2007研；对外经贸大学2009研；武汉大学2009、2012研；东南大学2010、2014研；山东大学2012研；华中师范大学2018研；浙江工商大学2019研；厦门大学2019研)

答：(1)逆向选择是指在买卖双方信息非对称的情况下，差的商品总是将好的商品驱逐出市场；或者说拥有信息优势的一方，在交易中总是趋向于做出尽可能地有利于自己而不利于别人的选择。

逆向选择的存在使得市场价格不能真实地反映市场供求关系，导致市场资源配置的低效率。一般在商品市场上卖者关于产品的质量、保险市场上投保人关于自身的情况等等都有可能产生逆向选择问题。解决逆向选择问题的方法主要有：政府对市场进行必要的干预和利用市场信号。

(2)道德风险是指在双方信息非对称的情况下，人们享有自己行为的收益，而将成本转嫁给别人，从而造成他人损失的可能性。道德风险的存在不仅使得处于信息劣势的一方受到损失，而且会破坏原有的市场均衡，导致资源配置的低效率。

在信息不对称的情况下，代理人为委托人工作，而其工作成果同时取决于代理人所做的主观努力和不由主观意志决定的各种客观因素。当主观努力对委托人来说难以识别时，就会产生代理人隐瞒行动而导致委托人利益受到损害的“道德风险”。道德风险发生的一个典型领域是保险市场。解决道德风险的主要方法是风险分担。

5. 市场失灵（北师大 2001 研；浙江大学 2001 研；社科院研究生院 2002 研；北京工业大学 2005 研；深圳大学 2005 研；南京财经大学 2010 研；中央财大 2017 研；中国地质大学 2015、2019 研）

答：市场失灵是指完全竞争的市场机制在很多场合下不能导致资源的有效配置，不能达到帕累托最优状态的情形。垄断、外部影响、公共物品以及不完全信息都是导致市场失灵的重要原因。

经济学者认为，在现实社会中，种种原因将导致市场失灵，即市场机制的运转无法使社会资源达到最优配置，无法实现社会经济福利的最大化等社会目标。因此，市场机制的作用并不是万能的，必须通过政府对经济的干预来加以克服。

6. 科斯定理（Coase theorem）（人大 2006 研；北师大 2006、2016 研；北理工 2006 研；南开大学 2006 研；厦门大学 2007、2014 研；中央财大 2007、2008 研；财政部财科所 2010 研；对外经贸大学 2012、2017 研；山东大学 2013 研；东北财大 2015 研；湖南大学 2018 研；武汉大学 2019 研；中南财经政法大学 2021 研）

答：科斯定理是一种产权理论。科斯本人并未将科斯定理写成文字，科斯定理的提出是由其好友斯蒂格勒首先根据科斯于 20 世纪 60 年代发表的《社会成本问题》这篇论文的内容概括出来的。其内容是：只要财产权是明确的，并且其交易成本为零或者很小，则无论在开始时财产权的配置是怎么样的，市场均衡的最终结果都是有效率的。

科斯定理解决外部影响问题在实际中并不一定真的有效。原因主要有：资产的财产权不一定总是能够明确地加以规定；已经明确的财产权不一定总是能够转让；分派产权会影响收入分配，而收入分配的变动可能造成社会不公平，引起社会动乱。在社会动乱的情况下，就谈不上解决外部效果的问题了。

二、简答题

1. 全世界每天消费大量的鸡，但没有人担心鸡会灭绝，相反没有多少人吃鲸肉，人们却时时刻刻担心鲸会灭绝，为什么同样一个市场系统可以保证产出足够的鸡，却偏偏威胁到鲸的生存呢？（中山大学 2006 研）

答：（1）同样一个市场系统之所以会出现这种结果是因为市场在配置“鸡和鲸”这两种资源时其效率是不一样的。市场在配置鸡的生产和消费时是有效的，但其在配置鲸时却出现了市场失灵。

市场失灵是指完全竞争的市场机制在很多场合下不能导致资源的有效配置，不能达到帕累托最优状态的情形。导致市场失灵的原因主要有如下几种：外部性、公共物品、垄断、不完全信息等。

鲸是一种公共资源，但市场在配置公共资源时往往无能为力。公共资源是指没有排他性但有竞争性的产品和服务。排他性是指当某个人使用或消费一种产品和服务时，可以排除与阻止其他人使用或消费该种产品和服务。竞争性是指当某个人使用或消费一种产品和服务时，就减少了其他人使用或消费该种产品和服务的机会。当利用市场来对公共资源进行配置时，它很可能很快会被过度地使用，从而造成灾难性的后果。“公地的悲剧”就是一个典型的例子。

(2)从产权角度来看，农民拥有他所养殖的鸡及相关的占有、处分、收益等权利，因此觉得有必要好好照看它们，增加鸡的数量。由于产权的确定性，使市场配置资源的功能得到有效发挥。相反，鲸的产权归属并不明确，不属于任何国家或个人，换言之，它是世界公共资源。于是，一方面大家都知道捕鲸可以赚大钱，不少人蜂拥而上；另一方面，保护鲸类则由于缺乏直接经济利益而无人问津。这就使得单纯依靠市场来配置鲸这种资源时结果缺乏效率。

2. 某人住在市中心的小区，经常有陌生人敲门，或推销物品，或谎称有东西要送给他，不安全因素相当高。从此，他对未预约的敲门声高度警觉。邻里关系也因此而受影响。终于，有人倡议，在楼道统一安装对讲防盗门，以有效解决骗子及推销人员的干扰。有热心人士对各家各户进行了调查，征求意见，并要求每户填写愿意支付的数额，准备集资安装防盗门。结果发现各户愿意支付的钱款不足购买最便宜的防盗门。后来，这位热心人士又提出一种方案，按照安装防盗门的预算，各户平摊收费，在让各住户确认的时候，发现有几户表示不愿安装防盗门，并历数不装防盗门的种种好处。最终，该住宅楼也没能装上防盗门。

请简要回答如下问题：

(1)该防盗门事件可用微观经济学中的什么概念加以解释？此类物品都有什么特征？

(2)为什么虽然案例中的住宅楼很需要装个对讲防盗门，但最后该防盗门没有安上？

(3)为解决案例中的问题，你能否提供一个可行的建议？(中山大学2009研)

答：(1)该防盗门事件可用微观经济学中的市场失灵中的公共物品概念来加以解释。公共物品是相对于私人物品的一个概念，通常将不具备消费或使用的竞争性和排他性的商品称之为公共物品。对于公共物品来说，任何人增加对商品的消费都不会减少其他人所可能得到的消费水平，同时增加一个人的消费，公共物品的边际成本等于零。公共物品可以分为纯公共物品和准公共物品两种。

公共物品具有与私人物品相对应的两个特征：

①非排他性。一种公共物品可以同时供一个以上的人消费，任何人对某种公共物品的消费，都不排斥其他人对这种物品的消费，也不会减少其他人由此而获得的满足。

②非竞争性。公共物品是提供给一切消费者的，无法在消费者之间进行分割。

(2)案例中的住宅楼很需要装个对讲防盗门，但最后该防盗门没有安上，这一事件体现了公共物品市场中市场失灵的现象。之所以发生市场失灵的现象，是由公共物品的特征所决定的。

公共物品具有非排他性和(或)非竞争性。公共物品的非排他性使得通过市场交换获得公共物品的消费权力的机制失灵。对于追求最大利润的私人企业而言，生产者必须能把那些不付钱的人排斥在消费商品之外，否则它就很难弥补生产成本。由于非排他性，公共物品一旦被生产出来，每一个消费者可以不支付就获得消费的权力。因而人们对公共物品的消费不能由市场价格来决定，价格机制无法将社会对公共物品的供需情况如实反映出来。如果要人们根据用价格所表现的偏好来生产这些物品，则谁都不愿意表露自己的偏好，只希望别人来生产这些物品，自己则坐享其成，这就是说，在消费公共物品时，每一个消费者都可以做一个免费乘车者，造成公共物品市场供给不足。公共物品的非竞争性使得私人供给的社会成本增加，而社会利益得不到发挥。这样，公共物品就无法生产出来，因此，在公共物品生产上，市场是失灵的。

(3)解决公共物品的供给是消除公共物品所造成的市场失灵的关键。做到这一点，可以依靠市场和非市场的集体决策两种方式。

针对市场决定公共物品供给量的困难，可供选择的对策是利用具有集体性、非市场性和规则性特点的公共选择。公共选择是由政府代表集体做出的决策，政府的选择最终取决于政治市场的均衡。构成政治市场的需求者是公众、选民或者纳税人，而供给者是由政治家或者官员所组成的政府。与市场运行一样，公共选择也有一定的规则，以协调人们的行动，反映人们的偏好。在现实经济中，公共选择的规则多采用一致同意和多数票规则。就公共物品的供给而言，集体决策即是投票表决，如果一项决策获得一致通过，那么意味着所有的投票人会因此得到好处，从而增进福利。如果一项方案只得到多数票赞成，那么这项方案不是帕累托最优的，但可能是潜在最优的。

三、计算题

1. 一家垄断的钢铁厂的成本函数为：

$$C(q) = q^2 + 60q + 100$$

该企业面临的需求曲线为：$p = 200 - q$

但是钢铁厂每生产出 1 单位的钢铁将产生 0.1 单位的污染物 z，即 $z = 0.1q$。清理污染的成本函数为：

污染总成本 $= 100 + 400z$，其中 z 为污染物数量。

(1)如果企业可以自由排放污染，其产品价格和产出水平为多少？

(2)假定生产者必须内部化其外部性，即它必须支付污染成本，则其产品价格和产出水平为多少？

(3)上述计划能否消除污染？请分别算出(1)(2)两种情形下的污染物数量。

(4)假定政府希望通过税收来减少企业的污染排放。如果政府希望企业减少的污染物排放量与(2)中相同，则应该怎样设计税收？（人大 2006 研）

解：(1)如果企业可以自由排放污染，则企业的利润为：

$$\pi = pq - C(q) = (200 - q)q - (q^2 + 60q + 100) = -2q^2 + 140q - 100$$

利润最大化的一阶条件为：

$$\frac{d\pi}{dq} = -4q + 140 = 0$$

解得企业的产出水平为：$q = 35$；市场价格为：$p = 200 - q = 165$。

(2)如果生产者必须内部化其外部性，则企业的利润为：

$$\pi = pq - C(q) - (100 + 400z) = -2q^2 + 100q - 200$$

利润最大化的一阶条件为：

$$\frac{d\pi}{dq} = -4q + 100 = 0$$

解得企业的产出水平为：$q = 25$；市场价格为：$p = 200 - q = 175$。

(3)上述计划不能消除污染，即不能使污染量减少为零。

①在(1)中的情况下，污染物的数量为：

$$z = 0.1q = 3.5$$

②在(2)中的情况下，污染物的数量为：

$$z = 0.1q = 2.5$$

比较①和②可见，生产者内部化其外部性只能在一定程度上减轻污染程度，不能将污染减少为零。

(4)税收设计应该采用从量税，即对每单位产量征收一定的税。因为总量税显然不能改变企业的边际决策，如果不能改变企业的边际决策，就无法影响企业的产量和排放的污染量。

假设对企业每单位产量征税为 t，则企业的利润为：

$$\pi = pq - C(q) - tq = -2q^2 + (140 - t)q - 100$$

利润最大化的一阶条件为：

$$\frac{d\pi}{dq} = -4q + 140 - t = 0$$

要使污染排放量为(2)中的 $z = 0.1q = 2.5$，则企业的产量为：$q = 25$，则有：

$$-4q + 140 - t = -4 \times 25 + 140 - t = 0$$

解得 $t = 40$，即政府应对企业每单位产量征收40的税收。

2. 有相邻的一个果园A和一个养蜂场H，单位水果价格为2，单位蜂蜜价格为4。果农的成本函数为 $C_A(A, H) = \frac{A^2}{100} - 4H$，蜂蜜成本函数为 $C_H(A, H) = \frac{H^2}{100} - 6A$。

(1)他们各自决策，那么他们的最优产量各是多少？

(2)如果合并，那么最大利润是多少？合并之和的产量分别是多少？(上海财大2010研)

解：(1)设果农的产量为 Q_A，蜂农的产量为 Q_H，则果农的利润函数为：

$$\pi_A = 2Q_A - C_A(A, H) = 2Q_A - \frac{Q_A^2}{100} + 4Q_H$$

根据利润最大化的一阶条件 $\frac{\partial \pi_A}{\partial Q_A} = 0$，得：

$$2 - \frac{Q_A}{50} = 0$$

解得：$Q_A = 100$。

同理，蜂农的利润函数为：

$$\pi_H = 4Q_H - C_H(A,\ H) = 4Q_H - \frac{Q_H^2}{100} + 6Q_A$$

根据利润最大化的一阶条件$\frac{\partial \pi_H}{\partial Q_H}=0$，得：

$$4 - \frac{Q_H}{50} = 0$$

解得：$Q_H = 200$。

即如果他们各自决策，果农和蜂农的最优产量分别是100和200。

(2)合并后的利润函数为：

$$\pi = \pi_A + \pi_H = 2Q_A - \frac{Q_A^2}{100} + 4Q_H + 4Q_H - \frac{Q_H^2}{100} + 6Q_A = 8Q_A - \frac{Q_A^2}{100} + 8Q_H - \frac{Q_H^2}{100}$$

利润最大化需满足以下两个条件：

$$\begin{cases} \frac{\partial \pi}{\partial Q_A} = 8 - \frac{Q_A}{50} = 0 \\ \frac{\partial \pi}{\partial Q_H} = 8 - \frac{Q_H}{50} = 0 \end{cases}$$

解得：$Q_A = Q_H = 400$。

将$Q_A = Q_H = 400$代入合并后的利润函数$\pi = 8Q_A - \frac{Q_A^2}{100} + 8Q_H - \frac{Q_H^2}{100}$，可得：

$$\pi = 8 \times 400 - \frac{400^2}{100} + 8 \times 400 - \frac{400^2}{100} = 3200$$

四、论述题

1. 请用信息经济学的理论解释：为什么保险公司要设计很多种类的保险项目呢？（中山大学2006研）

答：(1)在信息不完全和信息不对称的情况下，市场机制有时就不能很好地发挥其作用。信息不完全不仅指那种绝对意义上的不完全，即由于认识能力的限制，人们不知道在任何时候、任何地方发生的或将要发生的任何情况，而且还指相对意义上的不完全，即市场经济本身不能够生产出足够的信息并有效地配置它们。信息不对称是指市场上某些参与者拥有一些信息，但另一些参与者都不拥有；或指一方掌握的信息多一些，另一方所掌握的信息少一些。

在保险市场上，如果保险公司和投保客户双方的信息是充分的，则根据大数法则所订费率足以保证保险市场的有效运转。但实际上，保险公司对客户的信息掌握不完全。以健康医疗保险为例，哪些人身体好，哪些人身体差，保险公司无法充分了解。结果是身体差的人投保最多。事后保险公司才了解到实际发病率和死亡率大大高于预期的发病率和死亡率。这迫使保险公司按“最坏情况”的估计来制订保险费率，但这样会使费率上升，使身体好的人不愿参加保险。尽管他们有获得保障的需求，但市场无法给他们提供保险。保险市场的有效性被破坏了。

如果保险公司向客户提供单一的保险项目，如提供全额赔偿，会导致严重败德行为，从而破坏市场的运作，不能达到市场的有效性。败德行为是指个人在获得保险公司的保险后，缺乏提防行为，而采取更为冒险的行为，使发生风险的概率增大。败德行为也称为道德风险。败德行为产生的原因是非对称信息。败德行为会破坏市场的运作，严重的情况下会使某些服务的私人市场难以建立。

(2)由于信息的不完全和不对称，保险公司本不知道前来购买保险的人的风险偏好等品质，但它可以通过设计多种不同的保险项目，确定不同的自付比率和保险价格的组合来筛选不同的客户，让客户自我选择。由于出事故的概率不同，客户对自付比率和保险价格的偏好是不同的：谨慎的人由于自己出事故的概率小，会选择高的自付部分与低的保险价格，因为对他而言，出事故的可能性较低。反之，冒失的人由于出事故的概率较高，所以会喜欢选择低的自付部分与高的保险价格那类组合，即宁可支付较高的保险费去换得较低的自付部分。这样，保险公司通过不同的险种，可以在一定程度上区别不同的客户，降低风险。

2. 外部性是什么，怎么用资源配置的方式去解决？(中南财大2019研)

答：(1)外部性的含义：

外部性是指，某一经济主体的经济行为对社会上其他人的福利造成了影响，但却并没有为此而承担后果。根据经济活动的主体是生产者还是消费者，外部性可以分为“生产的外部性”和“消费的外部性”。根据外部影响的性质，外部性可分为“正外部性”和“负外部性”，“正外部性”又称“外部经济”，“负外部性”又称“外部不经济”。当一个生产者采取的经济行动对他人产生了有利的影响，而自己却不能从中得到报酬时，便产生了生产的外部经济。当一个生产者采取的行动使他人付出了代价而又未给他人以补偿时，便产生了生产的外部不经济。当一个消费者采取的行动对他人产生了有利的影响，而自己却不能从中得到补偿时，便产生了消费的外部经济。当一个消费者采取的行动使他人付出了代价而又未给他人以补偿时，便产生了消费的外部不经济。

各种形式的外部影响的存在使得即使在完全竞争条件下，资源配置也将偏离帕累托最优状态：在存在外部经济的情况下，私人活动的水平常常要低于社会所要求的最优水平；在存在外部不经济的情况下，私人活动的水平常常要高于社会所要求的最优水平。

(2)解决外部性的基本方法：

纠正由于外部影响所造成的资源配置不当的政策包括：税收和津贴、企业合并和规定产权也即用资源配置的方式去解决外部性问题。

根据科斯定理，只要财产权是明确的，并且其交易成本为零或者很小，则无论在开始时将财产权赋予谁，市场均衡的最终结果都是有效率的。财产权的明确和可转让之所以能够解决外部性问题，是因为明确的财产权及其转让可以使得私人成本(或利益)与社会成本(或利益)趋于一致。如图11-5所示，以污染问题为例，将财产权(例如开发河流的权利)明确赋予某人，并假定该权利可以自由买卖，则财产权(即污染权或不被污染权)就是一种有价值的特殊“生产要素”。这种要素与资本和劳动一样，无论是生产者从市场上买到的，还是生产者自身原来拥有的，都是生产成本的一部分。如果是从市场上买到的，便构成成本的一部分。如果是自身原来就拥有的，则可以出售而获得收益。如果不出售而自己用于生产，则遭受的是本可出售而获益的机会成本。因此，在这种情况下，生产者生产产品时就存在两种成本，一种是生产产品本身的成本，与其相对应的边际成本就是图11-5中的(生产的)边际私人成本曲线 MC，可称之为生产的边际成本；另一种是使用财产权所遭受的成本或机会成本，以及相应的使用财产权的边际成本。生产者的总成本应当是这两种成本之和。如果将使用财产权的边际成本加到生产的边际成本上，则总的边际私人成本曲线就要从 MC 向上移动，从而利润最大化产量就要从个人最优的产量 X^* 向左边移动到社会最优的产量 X^{**}。即在加入使用财产权的边际成本之后所得到的总的边际私人成本与边际社会成本相一致，从而私人最优产量与社会最优产量相一致。

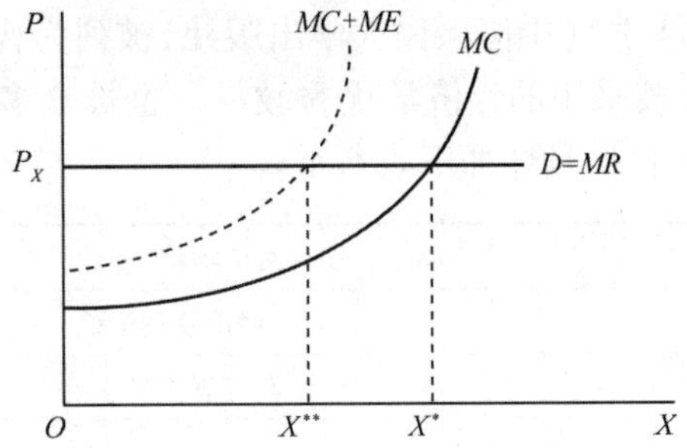

图 11-5　生产的外部不经济

运用科斯定理解决外部性问题也存在一定问题：有的财产权并不能够明确地加以规定，有的资源的财产权即使在原则上可以明确，但由于不公平问题、法律程序的成本问题等也变得实际上不可行；已经明确的财产权并不一定能够转让；即使明确的财产权能够转让，这种转让并不一定能实现资源的最优配置。

附录　指定高鸿业《西方经济学》教材为考研参考书目的院校列表

高鸿业主编的《西方经济学》(中国人民大学出版社)被列为普通高等教育“十一五”国家级规划教材，是我国众多高校采用的经济学优秀教材，也被众多高校(包括科研机构)指定为“经济类”专业考研参考书目，具体如下表所示。

高校(包括科研机构)	对应学院(专业)
清华大学	经济管理学院
北京大学	马克思主义学院
中国人民大学	经济学院、财政金融学院、商学院、农业与农村发展学院、劳动人事学院、马克思主义学院、国际关系学院、社会与人口学院、环境学院、公共管理学院、汉青经济与金融高级研究院
北京师范大学	经济与资源管理研究院、经济与工商管理学院
中央财经大学	财政税务学院、金融学院、商学院、经济学院、文化与传媒学院、管理科学与工程学院、保险学院、体育经济与管理学院、中国经济与管理研究院、统计与数学学院、国际经济与贸易学院、政府管理学院、财经研究院、国防经济与管理研究院、中国金融发展研究院、中国公共财政与政策研究院、人力资本与劳动经济研究中心
对外经济贸易大学	国际经济贸易学院、金融学院、保险学院、中国世界贸易组织研究院、国际经济研究院、公共管理学院
北京邮电大学	经济管理学院
北京理工大学	管理与经济学院、人文与社会科学学院
中国传媒大学	经济与管理学院
北京工商大学	经济学院
北京化工大学	经济管理学院(复试)
北京林业大学	经济管理学院
北方工业大学	经济管理学院
中国财政科学研究院	财政学、会计学
中共中央党校	国际战略研究所、经济学教研部
外交学院	国际经济学院
北京物资学院	产业经济学、劳动经济学、金融学、国际贸易学、统计学、数量经济学、法律经济学、证券与期货专业
华北电力大学(北京)	经济与管理学院
北京信息科技大学	经济管理学院
上海财经大学	马克思主义学院、经济学院、国际工商管理学院、公共经济与管理学院
华东理工大学	商学院

续表

高校(包括科研机构)	对应学院(专业)
上海师范大学	商学院
上海理工大学	管理学院
上海外国语大学	国际金融贸易学院
上海对外经贸大学	金融管理学院、国际经贸学院
南开大学	经济学院、经济与社会发展研究院、商学院、金融学院、金融发展研究院
天津工业大学	经济学院
燕山大学	经济管理学院
河北大学	经济学院
南京航空航天大学	经济管理学院
南京理工大学	经济管理学院
南京农业大学	经济管理学院
南京师范大学	商学院
南京财经大学	国际经贸学院、工商管理学院、会计学院、金融学院、经济学院、营销与物流管理学院、财政与税务学院、产业发展研究院、粮食经济研究院、艺术设计学院、公共管理学院
宁波大学	商学院
浙江师范大学	经济与管理学院
浙江工商大学	经济学院、统计与数学学院、金融学院
浙江理工大学	经济管理学院
浙江财经大学	经济学院、财政税务学院、金融学院
武汉大学	经济与管理学院
华中科技大学	经济学院
中南财经政法大学	经济学院、财政税务学院、金融学院、工商管理学院、公共管理学院、统计与数学学院
华中农业大学	经济管理学院
华中师范大学	经济与工商管理学院
湖北大学	商学院
中南大学	商学院
武汉科技大学	管理学院、文法与经济学院
湖南大学	金融与统计学院、经济与贸易学院
广东外语外贸大学	经济贸易学院
广东海洋大学	经济学院、管理学院
广东工业大学	管理学院
暨南大学	经济学院、产业经济研究院
华南师范大学	经济与管理学院
华南农业大学	经济管理学院
厦门大学	企业管理系、经济系、统计系、财政系、金融系、国际经济与贸易系、经济研究所、宏观经济研究中心、王亚南经济研究院、中国能源经济研究中心、公共政策研究院

续表

高校(包括科研机构)	对应学院(专业)
西南大学	经济管理学院
西南财经大学	经济学院、财税学院、金融学院、工商管理学院、国际商学院、统计学院、中国金融研究中心、证券与期货学院、公共管理学院、经济信息工程学院、保险学院、经济数学学院、法学院、经济与管理研究院、中国西部经济研究中心
西南政法大学	经济学院
重庆工商大学	长江上游经济研究中心(区域经济研究院)、经济学院、财政金融学院
重庆理工大学	经济金融学院
东北大学	工商管理学院
大连理工大学	管理与经济学部、人文与社会科学学部、商学院
辽宁大学	经济学院、国际关系学院、人口研究所
东北师范大学	商学院
东北财经大学	财政税务学院、公共管理学院、国际经济贸易学院、金融学院、经济学院、马克思主义学院、投资工程管理学院、经济与社会发展研究院、产业组织与企业组织研究中心、社会与行为跨学科研究中心、应用金融研究中心、数学学院
山东大学	经济学院、经济研究院、威海分校
中国海洋大学	管理学院、经济学院
青岛大学	经济学院、商学院、旅游与地理科学学院
聊城大学	商学院
青岛科技大学	经管学院
青岛理工大学	商学院、经贸学院
山东建筑大学	商学院(复试)
西安电子科技大学	经济与管理学院
江西财经大学	经济学院、财税与公共管理学院、国际经贸学院、生态文明研究院、金融学院、统计学院、产业经济研究院、江西经济发展与改革研究院
云南大学	经济学院、发展研究院
昆明理工大学	管理与经济学院

说明:(1)本表虽尽量确保准确,但难免有所遗漏,请学员查看所报高校(包括科研机构)当年招生简章及参考书目。本表仅供参考!

(2)本表所列部分高校(包括科研机构)如中国人民大学招生简章中虽然未指定参考书目,可考虑到延续性,事实上所列相关院校(专业)以高鸿业《西方经济学》作为参考书目。

(3)部分高校(包括科研机构)将该书列为相关院校(专业)考研复试参考书目,在本表中在相关专业后标注了“(复试)”字样。

(4)更多相关信息请登录圣才考研网(www.100xuexi.com)。